安徽林业与园林病虫图册

束庆龙　张龙娃　主编

中国科学技术大学出版社

内容简介

本书共编入林业与园林树木病虫害 430 种,其中病害 165 种、害虫 265 种,共包含图片 1000 余幅。树木病害篇分为针叶树病害、常绿阔叶树病害(包括竹、棕榈、月季)、阔叶落叶树病害、树木其他病害,共 4 章,分别介绍了各种病害的寄主(或树种)与危害、病原、症状、发病规律和防治措施;树木害虫篇以目为单位,分为直翅目害虫、等翅目害虫、半翅目害虫、鞘翅目害虫、鳞翅目害虫、膜翅目害虫、双翅目害虫、缨翅目害虫及真螨目害虫,共 8 章,分别介绍了各种害虫的拉丁学名、寄主与危害、形态特征、生活习性和防治措施。

本书是目前安徽省内林业与园林领域最为完整的森林保护工具书,适合林业、园林工作者及有关院校师生选用。

图书在版编目(CIP)数据

安徽林业与园林病虫图册/束庆龙,张龙娃主编. —合肥:中国科学技术大学出版社,2020.5
ISBN 978-7-312-04563-9

Ⅰ. 安⋯ Ⅱ. ①束⋯ ②张⋯ Ⅲ. ①林业—概况—安徽—图集 ②园林植物—病虫害防治—安徽—图集 Ⅳ. ①F326.275.4-64 ②S436.8-64

中国版本图书馆 CIP 数据核字(2018)第 202583 号

出版	中国科学技术大学出版社
	安徽省合肥市金寨路 96 号,230026
	http://press.ustc.edu.cn
	https://zgkxjsdxcbs.tmall.com
印刷	安徽国文彩印有限公司
发行	中国科学技术大学出版社
经销	全国新华书店
开本	787 mm×1092 mm 1/16
印张	23.25
字数	580 千
版次	2020 年 5 月第 1 版
印次	2020 年 5 月第 1 次印刷
定价	158.00 元

《安徽林业与园林病虫图册》

—— 组织委员会 ——

主　任　高乾奉
副主任　汤宗斌　束庆龙　张龙娃
委　员　苏为存　杨景艺　项立升　杨　毅　袁乃然
　　　　刘春奕　阮怀静　胡　君　王　创

—— 编委会 ——

主　编　束庆龙　张龙娃
副主编　高乾奉　汤宗斌　王士娟　唐燕平　顾玉霞
　　　　陈名君　彭　凡
编　委　胡娟娟　吴志辉　苏为存　曹志华　张　鑫
　　　　许皖豫　赵文博　费鹏飞　黄绪翠　董传媛
　　　　黎德安　周　斌　赵晨光　康　克　孙　龙
　　　　杨景艺　项立升　杨　毅　袁乃然　刘春奕
　　　　阮怀静　胡　君　王　创

审　稿（树木害虫篇）　杨春材

前　言

　　树木不仅提供给我们所需的珍贵木材，更与我们的生存环境密切相关。可以说，我们生活的生态环境好坏，主要取决于我们周围的树木数量的多少和质量的优劣。

　　树木是地球上非常适应生存的生物种类。一般来说，天然林经过长期的自然选择与淘汰，具有较强的耐性或抗性，病虫害发生较少或受害较轻。但人工培育的苗木和树木，由于生长环境有显著改变，与它们原先的适生环境存在差异或相差甚远，加之栽培技术和抚育管理措施不到位，极易导致病虫害的大范围发生，从而产生严重危害甚至毁灭性灾害，给生态环境和生产者的经济利益带来巨大损失。

　　为了经济、有效地控制树木病虫害，首先必须正确识别和掌握病虫害的种类及其发生、发展规律。1988年出版的《安徽森林病虫图册》是在20世纪80年代初开展的森林病虫害全面普查的基础上撰写的，该书文字严谨、图片精良，深受广大森林保护工作者欢迎，出版发行30多年来，在安徽森林病虫害防治方面发挥了巨大作用。《安徽林业与园林病虫图册》是在第三次林业有害生物普查的基础上，选择一些重要或有代表性的病虫害（共430种，其中病害165种、害虫265种）进行了介绍，这是自《安徽森林病虫图册》之后，以全面普查和研究为基础而撰写的又一本专业图书，内容全面、图文并茂，附图多为野外现场拍摄的生态照片，它的出版发行将为广大林业和园林工作者的树木病虫害防治工作提供有益的帮助。

　　书中，病害按照树种排列，主要介绍寄主（或树种）与危害、病原、症状、发病规律和防治措施；害虫按照分类位阶排列，主要介绍害虫的拉丁学名、寄主与危害、形态特征、生活习性和防治措施等。为了便于广大林业和园林工作者掌握相关知识和应用技术，本书尽量删繁就简，对一些不重要的内容不予收录，图片以生态照片或危害状照片为主，害虫的生活史并不要求齐全。另外,在本书的"防治措施"中,较多地使用了药剂的俗名或常用名,以更加方便基层工作者参考。

本书由合肥市森林病虫害防治检疫站组织,安徽农业大学与合肥市森林病虫害防治检疫站共同撰写。安徽农业大学杨春材教授在昆虫鉴定、树木害虫篇书稿审阅等方面给予了悉心指导;安徽省内多位人员参与了部分野外调查或为本书提供了部分照片;书中个别照片引自《安徽森林病虫图册》,在此一并表示衷心感谢!

由于编者水平有限,加之所描述的病虫种类较多,观察研究以及资料收集不够充分,书中不妥之处在所难免,恳请读者批评指正。

束庆龙

2019 年 12 月 8 日

目 录

前言 i

树木病害篇

第1章 针叶树病害 1

1.1	苗木立枯病 …………（ 1 ）	1.10	圆柏-梨锈病 …………（ 9 ）
1.2	松赤枯病 ……………（ 2 ）	1.11	侧柏叶枯病 …………（ 10 ）
1.3	松落针病 ……………（ 3 ）	1.12	雪松赤枯病 …………（ 11 ）
1.4	松瘤锈病 ……………（ 3 ）	1.13	雪松烟害（空气污染）（ 12 ）
1.5	松材线虫枯萎病 ……（ 4 ）	1.14	雪松流脂病 …………（ 12 ）
1.6	国外松衰退病 ………（ 5 ）	1.15	雪松溃疡病 …………（ 13 ）
1.7	杉木炭疽病 …………（ 7 ）	1.16	苏铁叶枯病 …………（ 14 ）
1.8	杉木细菌性叶枯病 …（ 8 ）	1.17	水杉赤枯病 …………（ 14 ）
1.9	杉木黄化病 …………（ 8 ）	1.18	柳杉赤枯病 …………（ 15 ）

第2章 常绿阔叶树病害 16

2.1	香樟炭疽病 …………（ 16 ）	2.12	大叶黄杨白粉病 ……（ 23 ）
2.2	香樟毛毡病 …………（ 16 ）	2.13	枸骨冬青煤污病 ……（ 24 ）
2.3	香樟溃疡病 …………（ 17 ）	2.14	枸骨冬青漆斑病 ……（ 24 ）
2.4	香樟紫纹羽病 ………（ 18 ）	2.15	女贞细菌性叶斑病 …（ 25 ）
2.5	香樟黄化病（缺铁性）（ 19 ）	2.16	女贞叶锈病 …………（ 25 ）
2.6	石楠红斑病 …………（ 20 ）	2.17	桂花叶枯病 …………（ 26 ）
2.7	石楠白粉病 …………（ 20 ）	2.18	桂花褐斑病 …………（ 26 ）
2.8	石楠轮纹病 …………（ 21 ）	2.19	桂花煤污病 …………（ 27 ）
2.9	大叶黄杨炭疽病 ……（ 22 ）	2.20	山茶花炭疽病 ………（ 27 ）
2.10	大叶黄杨灰斑病 ……（ 22 ）	2.21	山茶花褐斑病 ………（ 28 ）
2.11	大叶黄杨叶斑病 ……（ 23 ）	2.22	山茶花病毒病 ………（ 29 ）

2.23	山茶花藻斑病 …………（29）	2.36	月季锈病 …………………（39）
2.24	油茶炭疽病 ………………（30）	2.37	竹黑痣病 …………………（39）
2.25	油茶软腐病 ………………（31）	2.38	竹叶锈病 …………………（40）
2.26	油茶煤污病 ………………（32）	2.39	竹叶煤污病 ………………（41）
2.27	油茶饼病 …………………（33）	2.40	竹黑粉病 …………………（41）
2.28	油茶白朽病 ………………（33）	2.41	竹秆锈病 …………………（42）
2.29	油茶白绢病 ………………（34）	2.42	竹丛枝病 …………………（43）
2.30	广玉兰叶斑病 ……………（35）	2.43	竹赤团子病 ………………（43）
2.31	八角金盘炭疽病 …………（36）	2.44	毛竹枯梢病 ………………（44）
2.32	狭叶十大功劳白粉病 ……（36）	2.45	毛竹基腐病 ………………（44）
2.33	青冈栎褐粉病和紫粉病 …（37）	2.46	棕榈叶尖枯病 ……………（45）
2.34	月季黑斑病 ………………（37）	2.47	棕榈心腐病 ………………（46）
2.35	月季白粉病 ………………（38）		

第3章　阔叶落叶树病害　　47

3.1	杨树黑斑病 ………………（47）	3.17	枫杨丛枝病 ………………（57）
3.2	杨（青杨）叶锈病 …………（48）	3.18	枫杨槲寄生害 ……………（57）
3.3	毛白杨锈病 ………………（48）	3.19	泡桐炭疽病 ………………（58）
3.4	杨树白粉病 ………………（49）	3.20	泡桐白粉病 ………………（59）
3.5	杨树灰斑病 ………………（50）	3.21	泡桐丛枝病 ………………（59）
3.6	杨树叶斑病 ………………（50）	3.22	重阳木丛枝病 ……………（60）
3.7	杨树水疱型溃疡病 ………（51）	3.23	楸树根结线虫病 …………（60）
3.8	杨树拟茎点溃疡病 ………（52）	3.24	三角枫漆斑病 ……………（61）
3.9	杨树黄化病 ………………（53）	3.25	三角枫毛毡病 ……………（62）
3.10	杨树枯萎病 ………………（53）	3.26	悬铃木霉斑病 ……………（62）
3.11	柳树叶斑病 ………………（54）	3.27	悬铃木白粉病 ……………（63）
3.12	柳树叶锈病 ………………（54）	3.28	喜树角斑病 ………………（63）
3.13	竹柳叶锈病 ………………（55）	3.29	檫树溃疡病 ………………（64）
3.14	枫杨白粉病 ………………（55）	3.30	黄栌白粉病 ………………（64）
3.15	枫杨毛毡病 ………………（56）	3.31	朴树白粉病 ………………（65）
3.16	枫杨煤污病 ………………（56）	3.32	苦楝叶斑病 ………………（65）

3.33	苦楝丛枝病 …………… （66）	3.63	桃褐腐病 ……………… （86）
3.34	杜鹃饼病 ……………… （67）	3.64	桃树流胶病 …………… （86）
3.35	杜鹃黑痣病 …………… （67）	3.65	桃树冠瘿病 …………… （87）
3.36	杜鹃褐斑病 …………… （68）	3.66	葡萄霜霉病 …………… （88）
3.37	杜鹃丛枝病 …………… （69）	3.67	葡萄黑痘病 …………… （88）
3.38	杜鹃黄化病 …………… （69）	3.68	枣锈病 ………………… （89）
3.39	紫薇白粉病 …………… （70）	3.69	枣树炭疽病 …………… （90）
3.40	紫薇煤污病 …………… （70）	3.70	枣疯病 ………………… （91）
3.41	紫薇褐斑病 …………… （71）	3.71	柿树角斑病 …………… （92）
3.42	紫薇丛枝病 …………… （71）	3.72	柿树圆斑病 …………… （92）
3.43	紫荆角斑病 …………… （72）	3.73	柿树炭疽病 …………… （93）
3.44	牡丹（芍药）红斑病 …… （72）	3.74	猕猴桃溃疡病 ………… （94）
3.45	合欢锈病 ……………… （73）	3.75	板栗白粉病 …………… （94）
3.46	合欢枯萎病 …………… （74）	3.76	板栗疫病 ……………… （95）
3.47	石榴褐斑病 …………… （74）	3.77	板栗膏药病 …………… （96）
3.48	垂丝海棠角斑病 ……… （75）	3.78	板栗紫纹羽病 ………… （97）
3.49	樱花褐斑穿孔病 ……… （76）	3.79	核桃细菌性黑斑病 …… （98）
3.50	桑树白粉病 …………… （77）	3.80	核桃炭疽病 …………… （99）
3.51	桑树赤锈病 …………… （77）	3.81	山核桃褐斑病 ………… （100）
3.52	桑树污叶病 …………… （78）	3.82	山核桃斑点病 ………… （100）
3.53	桑疫病 ………………… （78）	3.83	山核桃焦叶病 ………… （101）
3.54	桑芽枯病 ……………… （79）	3.84	山核桃溃疡病 ………… （102）
3.55	桑树萎缩病 …………… （80）	3.85	山核桃枝枯病 ………… （103）
3.56	银杏茎腐病 …………… （81）	3.86	山核桃膏药病 ………… （104）
3.57	银杏叶枯病 …………… （82）	3.87	山核桃茎腐病 ………… （105）
3.58	银杏黄化病 …………… （83）	3.88	山核桃根腐病 ………… （106）
3.59	桃叶细菌性穿孔病 …… （83）	3.89	山核桃和核桃其他病害 …… （107）
3.60	桃褐锈病 ……………… （84）	3.90	油桐角斑病 …………… （108）
3.61	桃白粉病 ……………… （84）	3.91	花椒锈病 ……………… （109）
3.62	桃缩叶病 ……………… （85）	3.92	香椿锈病 ……………… （110）

第4章 树木其他病害　　　111

4.1	树木菟丝子害 ………… （111）	4.2	树木苔藓地衣害 ……… （112）

4.3	树木根腐病（积水因素）……（113）	4.6	立木腐朽 ……………………（116）
4.4	树木冻害 ……………………（114）	4.7	园林树木衰退 ………………（117）
4.5	树木日灼 ……………………（115）	4.8	树木药害 ……………………（118）

树木害虫篇

第5章 直翅目害虫　　120

5.1	东方蝼蛄 ……………………（120）	5.5	中华剑角蝗 …………………（124）
5.2	黄脊雷蓖蝗 …………………（121）	5.6	南方油葫芦 …………………（124）
5.3	青脊竹蝗 ……………………（122）	5.7	江苏侧隆螽 …………………（125）
5.4	短额负蝗 ……………………（123）	5.8	纺织娘 ………………………（126）

第6章 等翅目害虫　　127

6.1	黑翅土白蚁 …………………（127）	6.3	台湾乳白蚁 …………………（129）
6.2	黄翅大白蚁 …………………（129）	6.4	栖北散白蚁 …………………（131）

第7章 半翅目害虫　　132

7.1	黑蚱蝉 ………………………（132）	7.17	柄脉叶瘿绵蚜 ………………（145）
7.2	蟪蛄 …………………………（133）	7.18	囊柄瘿绵蚜 …………………（146）
7.3	红蝉 …………………………（133）	7.19	杨枝瘿绵蚜 …………………（146）
7.4	小绿叶蝉 ……………………（134）	7.20	杭州新胸蚜 …………………（147）
7.5	黑尾大叶蝉 …………………（135）	7.21	竹舞蚜 ………………………（148）
7.6	八点广翅蜡蝉 ………………（135）	7.22	枫杨刻蚜 ……………………（149）
7.7	带纹疏广蜡蝉 ………………（136）	7.23	山核桃刻蚜 …………………（149）
7.8	浙江朴盾木虱 ………………（137）	7.24	紫薇长斑蚜 …………………（150）
7.9	樟个木虱 ……………………（138）	7.25	竹梢凸唇斑蚜 ………………（151）
7.10	桑木虱 ………………………（139）	7.26	朴绵叶蚜 ……………………（151）
7.11	合欢羞木虱 …………………（140）	7.27	柳黑毛蚜 ……………………（152）
7.12	青桐木虱 ……………………（141）	7.28	栾多态毛蚜 …………………（153）
7.13	石楠盘粉虱 …………………（141）	7.29	三角枫多态毛蚜 ……………（154）
7.14	黑刺粉虱 ……………………（142）	7.30	罗汉松新叶蚜 ………………（155）
7.15	榆绵蚜 ………………………（143）	7.31	中国槐蚜 ……………………（156）
7.16	秋四脉绵蚜 …………………（144）	7.32	棉蚜 …………………………（157）

7.33	桃粉大尾蚜 …… (157)	7.56	霍须盾蚧 …… (176)
7.34	樱桃瘿瘤头蚜 …… (158)	7.57	梨圆蚧 …… (176)
7.35	警根瘤蚜 …… (159)	7.58	香樟袋盾蚧 …… (177)
7.36	石楠修尾蚜 …… (160)	7.59	乌桕白轮蚧 …… (177)
7.37	夹竹桃蚜 …… (160)	7.60	檫树白轮蚧 …… (178)
7.38	杧果蚜 …… (161)	7.61	广菲盾蚧 …… (179)
7.39	茶二叉蚜 …… (161)	7.62	枣大球坚蚧 …… (180)
7.40	梨二叉蚜 …… (162)	7.63	杏毛球坚蚧 …… (181)
7.41	月季长管蚜 …… (163)	7.64	竹巢粉蚧 …… (182)
7.42	板栗大蚜 …… (164)	7.65	扶桑绵粉蚧 …… (182)
7.43	吹绵蚧 …… (164)	7.66	栗绛蚧 …… (183)
7.44	草履蚧 …… (165)	7.67	麻皮蝽 …… (184)
7.45	日本纽绵蚧 …… (166)	7.68	茶翅蝽 …… (185)
7.46	紫薇绒蚧 …… (167)	7.69	广二星蝽 …… (185)
7.47	竹丝球绒蚧 …… (169)	7.70	瓦同缘蝽 …… (186)
7.48	柿绒蚧 …… (169)	7.71	华沟盾蝽 …… (187)
7.49	竹半球链蚧 …… (170)	7.72	悬铃木方翅网蝽 …… (187)
7.50	栗新链蚧 …… (171)	7.73	杜鹃冠网蝽 …… (188)
7.51	白蜡蚧 …… (171)	7.74	娇膜肩网蝽 …… (189)
7.52	日本龟蜡蚧 …… (172)	7.75	樟脊冠网蝽 …… (190)
7.53	红蜡蚧 …… (174)	7.76	梨冠网蝽 …… (191)
7.54	角蜡蚧 …… (175)	7.77	樟颈曼盲蝽 …… (192)
7.55	桑白盾蚧 …… (175)	7.78	淡娇异蝽 …… (193)

第8章　鞘翅目害虫　　195

8.1	日本松脊吉丁 …… (195)	8.10	光肩星天牛 …… (202)
8.2	铜绿丽金龟 …… (195)	8.11	杨柳绿虎天牛 …… (203)
8.3	中华弧丽金龟 …… (196)	8.12	栗山天牛 …… (203)
8.4	无斑弧丽金龟 …… (196)	8.13	桑天牛 …… (204)
8.5	斑青花金龟 …… (197)	8.14	锈色粒肩天牛 …… (206)
8.6	白星花金龟 …… (198)	8.15	黄星桑天牛 …… (207)
8.7	暗黑鳃金龟 …… (198)	8.16	刺角天牛 …… (208)
8.8	斑点喙丽金龟 …… (199)	8.17	云斑白条天牛 …… (209)
8.9	星天牛 …… (200)	8.18	橙斑白条天牛 …… (210)

8.19	桃红颈天牛 …………… (211)	8.40	黑瘤象 …………… (234)
8.20	松墨天牛 …………… (212)	8.41	紫薇梨象 …………… (234)
8.21	双斑锦天牛 …………… (214)	8.42	毛束象 …………… (235)
8.22	竹红天牛 …………… (215)	8.43	女贞球象 …………… (235)
8.23	双条杉天牛 …………… (216)	8.44	橡实剪枝象 …………… (236)
8.24	粗鞘双条杉天牛 …………… (217)	8.45	板栗剪枝象 …………… (237)
8.25	杉棕天牛 …………… (218)	8.46	大竹蠹 …………… (238)
8.26	锥天牛 …………… (219)	8.47	杉肤小蠹 …………… (238)
8.27	中华裸角天牛 …………… (219)	8.48	柏肤小蠹 …………… (239)
8.28	双条合欢天牛 …………… (220)	8.49	皱背叶甲 …………… (240)
8.29	栎旋木柄天牛 …………… (221)	8.50	黑额光叶甲 …………… (241)
8.30	茶天牛 …………… (223)	8.51	榆黄叶甲 …………… (241)
8.31	茶丽纹象 …………… (224)	8.52	白杨叶甲 …………… (242)
8.32	栗实象 …………… (224)	8.53	柳蓝叶甲 …………… (243)
8.33	油茶象 …………… (225)	8.54	葡萄十星叶甲 …………… (244)
8.34	松瘤象 …………… (226)	8.55	核桃扁叶甲 …………… (245)
8.35	一字竹象 …………… (227)	8.56	泡桐叶甲 …………… (246)
8.36	香樟齿喙象 …………… (228)	8.57	黑胸瓢萤叶甲 …………… (248)
8.37	长足大竹象 …………… (229)	8.58	女贞瓢跳甲 …………… (248)
8.38	北京枝瘿象 …………… (231)	8.59	紫茎甲 …………… (249)
8.39	板栗雪片象 …………… (232)		

第9章　鳞翅目害虫　　251

9.1	大袋蛾 …………… (251)	9.12	大叶黄杨长毛斑蛾 …………… (262)
9.2	茶袋蛾 …………… (252)	9.13	松实小卷蛾 …………… (263)
9.3	小袋蛾 …………… (253)	9.14	国槐小卷蛾 …………… (263)
9.4	杨银叶潜蛾 …………… (254)	9.15	黄杨绢野螟 …………… (265)
9.5	咖啡豹蠹蛾 …………… (254)	9.16	白蜡绢野螟 …………… (266)
9.6	黄刺蛾 …………… (256)	9.17	棉卷叶野螟 …………… (267)
9.7	褐边绿刺蛾 …………… (257)	9.18	桃蛀螟 …………… (268)
9.8	丽绿刺蛾 …………… (258)	9.19	樟叶瘤丛螟 …………… (269)
9.9	桑褐刺蛾 …………… (259)	9.20	盐肤木瘤丛螟 …………… (270)
9.10	扁刺蛾 …………… (259)	9.21	山栀子三纹野螟 …………… (271)
9.11	重阳木锦斑蛾 …………… (260)	9.22	瓜绢野螟 …………… (272)

9.23	黄翅缀叶野螟 …… (273)	9.57	苹掌舟蛾 …… (303)
9.24	微红梢斑螟 …… (274)	9.58	槐羽舟蛾 …… (304)
9.25	楸螟 …… (275)	9.59	黑蕊尾舟蛾 …… (304)
9.26	国槐尺蠖 …… (276)	9.60	竹篦舟蛾 …… (305)
9.27	紫线尺蛾 …… (277)	9.61	美国白蛾 …… (306)
9.28	丝棉木金星尺蛾 …… (277)	9.62	星白雪灯蛾 …… (308)
9.29	油桐尺蠖 …… (278)	9.63	大丽灯蛾 …… (308)
9.30	柿星尺蛾 …… (279)	9.64	人纹污灯蛾 …… (309)
9.31	木橑尺蛾 …… (280)	9.65	旋皮夜蛾 …… (309)
9.32	点尾尺蛾 …… (281)	9.66	旋目夜蛾 …… (311)
9.33	樟翠尺蛾 …… (281)	9.67	桑剑纹夜蛾 …… (312)
9.34	马尾松毛虫 …… (282)	9.68	竹笋禾夜蛾 …… (312)
9.35	思茅松毛虫 …… (284)	9.69	两色夜蛾 …… (313)
9.36	野蚕 …… (285)	9.70	银纹夜蛾 …… (314)
9.37	绿尾大蚕蛾 …… (286)	9.71	钩白肾夜蛾 …… (314)
9.38	樟蚕 …… (287)	9.72	枫杨癣皮夜蛾 …… (315)
9.39	樗蚕 …… (288)	9.73	癣皮夜蛾 …… (315)
9.40	银杏大蚕蛾 …… (289)	9.74	胡桃豹夜蛾 …… (316)
9.41	天蚕 …… (290)	9.75	小地老虎 …… (316)
9.42	南方豆天蛾 …… (290)	9.76	大地老虎 …… (317)
9.43	榆绿天蛾 …… (291)	9.77	苎麻夜蛾 …… (318)
9.44	咖啡透翅天蛾 …… (292)	9.78	乌桕毒蛾 …… (319)
9.45	葡萄天蛾 …… (292)	9.79	茶毒蛾 …… (320)
9.46	构月天蛾 …… (293)	9.80	榆黄毒蛾 …… (320)
9.47	芝麻鬼脸天蛾 …… (294)	9.81	刚竹毒蛾 …… (321)
9.48	核桃鹰翅天蛾 …… (294)	9.82	桑毛虫 …… (322)
9.49	大背天蛾 …… (295)	9.83	杨雪毒蛾 …… (323)
9.50	丁香天蛾 …… (295)	9.84	丽毒蛾 …… (324)
9.51	杨二尾舟蛾 …… (295)	9.85	紫光箩纹蛾 …… (325)
9.52	杨扇舟蛾 …… (297)	9.86	樟细蛾 …… (325)
9.53	杨小舟蛾 …… (298)	9.87	含羞草雕蛾 …… (326)
9.54	仁扇舟蛾 …… (300)	9.88	银杏超小卷叶蛾 …… (327)
9.55	栎掌舟蛾 …… (301)	9.89	蔗扁蛾 …… (329)
9.56	榆掌舟蛾 …… (302)	9.90	疖蝙蛾 …… (330)

9.91	闽鸠蝠蛾 …………… (331)	9.93	柑橘凤蝶 …………… (333)
9.92	青凤蝶 …………… (332)	9.94	白带螯蛱蝶 …………… (334)

第10章　膜翅目害虫　　336

10.1	榆三节叶蜂 …………… (336)	10.10	榆少锤角叶蜂 …………… (344)
10.2	杜鹃三节叶蜂 …………… (337)	10.11	六万松叶蜂 …………… (345)
10.3	玫瑰三节叶蜂 …………… (338)	10.12	日本扁足叶蜂 …………… (346)
10.4	浙江黑松叶蜂 …………… (339)	10.13	杨扁角叶蜂 …………… (346)
10.5	南华松叶蜂 …………… (339)	10.14	竹瘿广肩小蜂 …………… (347)
10.6	樟叶蜂 …………… (341)	10.15	黄连木种子小蜂 …………… (348)
10.7	朴童锤角叶蜂 …………… (342)	10.16	栗瘿蜂 …………… (349)
10.8	绿柳叶蜂 …………… (342)	10.17	梨茎蜂 …………… (350)
10.9	杏丝角叶蜂 …………… (343)		

第11章　双翅目害虫　　351

11.1	山核桃瘿蚊 …………… (351)	11.2	江苏泉蝇 …………… (353)

第12章　缨翅目害虫及真螨目害虫　　354

12.1	茶黄蓟马 …………… (354)	12.3	木樨瘤瘿螨 …………… (355)
12.2	柳叶刺皮瘿螨 …………… (354)		

参考文献　　356

树木病害篇

第1章 针叶树病害

1.1 苗木立枯病

【寄主与危害】该病也称猝倒病,各地苗圃普遍发生,常造成大量苗木死亡。寄主有杉、松、香榧、红豆杉等针叶树苗木,以及山核桃、泡桐、香椿、臭椿、榆树、枫杨、银杏、桑树、木荷、刺槐等阔叶树幼苗。

【病原】引起苗木立枯病的因素很多,但归纳起来有非侵染性和侵染性两大类:① 非侵染性病原主要是由于圃地积水、土壤板结、覆土过厚以及烈日曝晒,从而引起种芽腐烂,苗根窒息或日灼性猝倒;② 侵染性病原主要是立枯丝核菌(*Rhizoctonia solani* Kühn)、镰刀菌(*Fusarium* spp.)、腐霉菌(*Pythium* spp.)、疫霉菌(*Phytophthora* spp.)等。

【症状】该病是由多种病原所引起的综合性病害,症状通常有以下类型:

① 种芽腐烂型:种子或幼芽出土前即感病腐烂,造成缺苗。② 茎叶腐烂型:幼苗出土期或出土后,由于苗木密集、湿度大,易被病菌侵染而腐烂。③ 幼苗猝倒型:幼苗茎木质化前,茎基部感病,出现水渍状腐烂、缢缩、倒伏,倒伏时子叶仍呈绿色,随后根部相继腐烂,全苗迅速干枯,这是该病害最主要的类型。④ 苗木立枯型:幼苗木质化后,茎基部感病枯死,但不倒伏。如图1.1所示。

图1.1 苗木立枯病

【发病规律】该病在下列情况下容易发生:① 松、杉苗等连作三年以上,或前作是番茄、马铃薯、棉花和蔬菜的圃地。② 苗圃地下水位高,排水不良,土壤黏重及土壤偏碱。③ 雨天整地,整地粗糙,床面不平或苗床太低。④ 种子质量差,播种过迟,覆土过厚。⑤ 氮肥过多,苗木生长柔嫩;施用未经充分腐熟的基肥(猪栏肥、堆肥等)。⑥ 苗木过密,生长细弱。

【防治措施】(1) 选好圃地:选择疏松、深厚、排水良好的苗圃地育苗。切忌在蔬菜、棉麻地上育苗,也要尽量避免松(杉)苗连作,提倡与大豆、水稻、苦楝、栎类等轮作。

(2) 深耕细整:圃地应提前翻耕,做到深耕细整,土粒要打碎,床面要平整,在春季多雨地区应做高床,以利排水。

(3) 土壤消毒:① 物理消毒:利用曝晒、冻伐、火烧等方法进行消毒;② 化学消毒:采用撒毒土和灌药等方式消毒,常用的药剂有70%敌克松、50%多菌灵、硫酸亚铁、生石灰等。

(4) 种子消毒:可用多菌灵、托布津等药剂消毒,用量为种子重量的0.2%～0.5%。方法是先将药粉和适量细土拌匀,然后拌种子;或将种子喷湿后直接拌药粉。

(5) 合理施肥:肥料应以有机肥为主,化肥为辅;以基肥为主,追肥为辅。所施有机肥料要充分腐熟,并重施磷、钾肥。

(6) 科学播种:适时播种;播种间距要均匀一致,不能过密或过稀。覆土不能过厚,在多雨地区,一般厚度以种子似隐似现为宜。

(7) 加强管理:及时揭草、松土、除草和间苗,疏通沟渠,旱灌涝排,保持土壤水分适中。

(8) 化学防治:揭草后立即喷药,以防止病害发生,可用1∶1∶(120～170)波尔多液或0.5%～1%硫酸亚铁溶液,以后每隔14天喷一次,连喷2～3次。在喷施硫酸亚铁后,应立即用清水淋洗幼苗,以免发生药害。在病害发生时,用70%敌克松500～800倍液或50%多菌灵500倍液喷洒幼苗及周围土壤,可控制病害蔓延,但喷药后也应立即用清水洗苗,以免茎、叶部发生药害。在地湿时或雨后,最好将药拌成药土撒在苗基部。

1.2 松赤枯病

【寄主与危害】该病是幼龄及中龄松树上常见的病害,有时在局部地区危害较重,严重影响树木的生长。寄主有马尾松、黄山松、黑松、湿地松、火炬松、金钱松、杉木、柳杉、华山松、云南松、油松等多种树种。

【病原】半知菌亚门中的枯斑盘多毛孢[*Pestalotiopsis funerea* (Desm.) Stey.]。

【症状】新老针叶都能危害,但以嫩叶受害较重。病针叶上最初出现黄色段斑,并渐变为褐色、灰褐色,最后呈灰白色或暗灰色。病斑与健康组织交界处常有1条暗红色环圈。病斑以上部分往往枯死(叶尖枯死),一般自病斑处折弯。受害严重时树木的新梢似火烧状。后期病斑上散生黑色小点,即病菌的分生孢子盘,潮湿时,分生孢子盘产生出褐色或黑褐色的丝状或卷发状的分生孢子角。如图1.2所示。

图1.2 松赤枯病

【发病规律】病菌以分生孢子和菌丝体在

树上及地面上的病叶中越冬。越冬后的孢子萌发率可达70%以上,且萌发速度快。分生孢子借风雨传播,全年中的多数时间均可散发,但多集中在5~8月,孢子的扩散量随降雨量的增减而增减,通常初夏有一个高峰期。由于孢子的潜育期较短,因此,赤枯病一年中可进行多次再侵染。9月下旬到10月,发病渐趋停止。

【防治措施】(1)营林措施:营造混交林;加强抚育管理,增强树势,提高抗病能力。

(2)化学防治:对发病林分施用10%多菌灵粉剂、10%退菌特粉剂或施放"621"烟剂,也可选用1∶1∶100波尔多液、50%多菌灵或75%百菌清可湿性粉剂500倍液进行喷雾。

1.3 松落针病

【寄主与危害】该病在安徽省为一种弱寄生性病害,对生产危害不大。寄主有马尾松、黄山松、黑松等多种松树。

【病原】子囊菌亚门中的散斑壳菌属真菌(*Lophodermium* spp.),以松针散斑壳菌[*Lophodermium pinastri* (Schrad.) Chev.]为主。

【症状】主要危害2年生以上的老叶。病叶在夏季出现许多褐色斑点或段斑,秋后变为灰黄色。大量感病针叶提前脱落,严重时2年生针叶几乎全部落光,当年生针叶短小,树冠稀疏,树木逐渐衰退。病菌子实体通常要到翌年春在病叶上产生。子实体(子囊盘)长椭圆形,长径可达1 mm以上,隆起,黑色具油漆光泽,成熟时中央有1条纵裂缝。病针叶上的子实体两端通常有黑色细横线。如图1.3所示。

图1.3 五针松落针病

【发病规律】该病发生与气象因子、林分因子和树木生长状况密切相关。温暖湿润的气候有利于该病的传播;郁闭度大、被压木、迎风面的林分发病重;土壤干旱、瘠薄、病虫害严重、抚育管理不善的林分发病重。

【防治措施】(1)营林措施:加强林分管理,及时伐除生长衰弱木、被压木,修除病枝,深埋地上病叶,减少侵染源;改善树木生长环境,提高林木自身抗病能力。

(2)化学防治:春夏在病菌孢子飞散期喷施1∶1∶100波尔多液、50%多菌灵或70%敌克松500~700倍液,每隔15天喷一次,连喷2~3次。

1.4 松瘤锈病

【寄主与危害】寄主有11种松树和26种栎类(麻栎、栓皮栎、槲栎、板栗等)。瘿瘤上部的枝干易枯死或风折,但高海拔地区的松林多为生态林,危害不大。

【病原】锈菌目中的栎柱锈菌[*Cronartium quercuum* (Berk.) Miyabe ex Shirai]。

【症状】在松树主干或侧枝上产生大小不一的瘿瘤,通常为球形,大的直径可达60 cm以上,小的仅为5 cm左右。每年4月瘤表面产生橘黄色锈孢子器,成熟后散出锈孢子。在栎(栗)属植物叶片上出现退绿斑,随后在退绿斑的背面生出黄色粉堆(夏孢子堆),此后又在病斑中长出毛状冬孢子柱。如图1.4所示。

(a) 黄山松瘤锈　　　　　　　　　　　(b) 栎类叶锈

图 1.4　松瘤锈病

【发病规律】病菌在栎类叶片上产生担孢子,随风传播,落在松树枝干上后自伤口侵入皮层,以菌丝状态越冬。潜育期一般为 2～3 年。瘿瘤形成后,每年 2 月在瘿瘤的皮层下产生性孢子器;4 月上旬产生锈孢子器,成熟后散出锈孢子,随风传播到栎树叶上进行侵染;5～6 月产生夏孢子堆,进行重复侵染;7～8 月产生毛状的冬孢子柱;8～9 月冬孢子萌发产生担子及担孢子,又侵染松树。病菌菌丝体为多年生,每年产生新的性孢子及锈孢子,并刺激瘿瘤逐年增大。该病害仅在低温、高湿条件下发生,因而常见于高纬度或高海拔地区,如黄山松瘤锈病分布在海拔 500～1200 m 的范围内,以 700 m 处的云谷寺一带最为严重。

【防治措施】(1) 营林措施:适宜发病的区域不营造松-栎混交林(或相距 2 km 以上);保持适当密度,使林间通风透光;在春季锈孢子器未成熟以前,剪除枝上病瘤或砍伐重病株。

(2) 化学防治:用 0.025%～0.05% 的农用硫酸链霉素喷洒树干和枝条。

1.5　松材线虫枯萎病

【寄主与危害】该病具有发病速度快、传播迅速、防治困难等特点,是我国松林中最危险的一种病害,被列为最重要的森林植物检疫对象。黑松、马尾松、黄山松、赤松、云南松等发病较重,火炬松、湿地松、斑克松、海岸松、雪松等也可受侵染,但造成危害的极少。

【病原】松材线虫[*Bursaphelenchus xylophilus* (Steiner et Buhrer) Nickle]。也有学者认为病原是松材线虫体表携带的一种细菌,此病主要由细菌分泌毒素所致。

【症状】松材线虫通过松褐天牛补充营养的伤口进入木质部,寄生在树脂道中,大量繁殖并移动遍及全株,导致树脂道破坏使植株失水。外部症状是针叶陆续变为黄褐色乃至红褐色,萎蔫,最后整株枯死。病死木的木质部往往由于有蓝变菌存在而呈现蓝灰色。如图 1.5 所示。

【发病规律】① 松材线虫主要依靠松墨天牛(*Monochamus alternatus* Hope)等松天牛传播,病害发生过程:每年 5～7 月,天牛成虫从枯死病株体飞出→在健康松树嫩梢上取食以补充营养→线虫从天牛咬食伤口处侵入→侵入后在树体内大量繁殖,7～8 月高温季节,受害松树生长衰退→天牛在衰弱木上产卵→受害树迅速枯死,天牛幼虫蛀入木质部→翌春,线虫在松树体内向天牛的蛹室周围集中→天牛在树体内羽化为成虫时,线虫经气门进入天牛的气管→天牛飞出松树,线虫被携带到其他松树上危害;② 长期缺乏抚育,衰弱木、被压木、枯立木多的林分危害重;③ 高温和干旱对病害发展有利;④ 在安徽省,黑松、马尾松、黄山松较易感病,湿地松、火炬松等从美国引种的松树较抗病。

(a) 发病林分　　　　　　　　　　　(b) 病株

图 1.5　松材线虫枯萎病

【防治措施】(1) 植物检疫:严格执行检疫制度,防止病死的松材原木外运和输入。

(2) 清除侵染源:这是控制松材线虫病发生蔓延的最主要方法。线虫和天牛全部在枯死木内越冬,其他场所均无,只要在 4 月底前对病死木(包含 1 cm 以上的枝丫、树根)彻底清理并立即烧毁(不允许烧毁的山场可采取不锈钢丝网罩法处理),可避免病原物的再次传播。对怀疑是病木的松树,可在木材加工厂进行高温、变性或水浸处理,杀死树干内的线虫和天牛。如果侵染源处理得彻底,坚持数年,该病即可得到有效控制。

(3) 消灭媒介天牛:在天牛羽化、补充营养时期,在林内挂设天牛引诱剂,或喷洒 1% 杀螟松以及噻虫啉等杀虫剂杀灭天牛。在松墨天牛幼虫低龄期,释放肿腿蜂、白僵菌等有寄生作用的生物。两类生物可分别施用或联合施用(即肿腿蜂携带白僵菌),以降低林间天牛数量。

(4) 打孔注射药剂:有特殊意义的名松、古松可采此法保护。① 注射时间:12 月至翌年 3 月 10 日前(树液流动之前)。② 药剂种类:甲维盐·阿维菌素可溶剂类、甲维盐微乳剂类、阿维菌素乳油类和甲维·吡虫啉可溶剂类等。③ 注射量:按照胸径大小,确定所需注射量。

(5) 加强松林抚育:定期抚育间伐,清除衰弱木,增强树势,保持林木旺盛生长。

1.6　国外松衰退病

【寄主与危害】国外松(火炬松和湿地松的简称)衰退病在安徽以及国内栽培国外松的地区均有不同程度的发生,轻者影响树木的生长,重者则导致整片林分枯死,是国外松生产中的主要病害。此外,选地不当的杉木等速生树种也可发生。

【症状】国外松衰退通常开始表现为生长不良,生长量下降,抽枝受阻,针叶减少,树冠稀疏;吸收根和菌根显著减少;继而整个梢头停止生长或生长很慢,针叶呈灰暗色,有时抽不出新针叶或抽出的新梢易受枯梢病菌等侵染,病梢枯死,最后整株枯萎死亡。如图1.6所示。

（a）衰退中期

（b）衰退后期

图1.6 国外松衰退病

【病原】该病发生是多方面因素共同作用的结果。如图1.7所示。安徽国外松衰退原因可归纳为:① 诱发因素:气温年较差较大、年降雨量分布不均匀、土壤黏重板结或容重过大、低洼积水、土壤瘠薄、林分密度过大。② 激化因素:干旱严重且重复发生、割脂过早过度、霜冻、马尾松毛虫等害虫危害和松针褐斑病等病害侵害。③ 促进因素:松枯梢病菌、根腐病菌、立木腐朽菌、天牛和小蠹虫等病虫害危害。

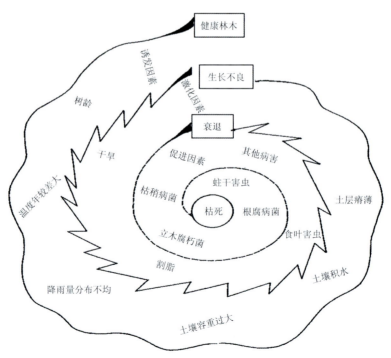

图1.7 国外松衰退病发生发展螺旋图

【防治措施】（1）避免或减轻诱发因素的影响。选择雨量充足、土层深厚肥沃、排水良好的地段造林。土层深厚不仅有利于林木的生长,还可缓冲或减轻干旱对林木的不利影响。国外松的正常生长需要土层深度在70 cm以上,表土层在20~30 cm。造林后,特别是在幼林期,应加强抚育管理,如适当施肥、松土、除草等,促进林分早日成林。国外松生长较快,林分接近郁闭时（7~8年生）,务必及时进行间伐修枝,保持适当的林分密度,以各单株间的林木枝条互不重叠为宜。

（2）控制激化因素的危害。注意林地保湿,减轻干旱的影响。控制叶部病、虫害的发生。割脂应注意时间与强度,采脂任务完成后立即将其砍伐并进行及时处理,以免次生性病虫害滋生蔓延。

（3）杜绝促进因素的出现。加强林分的抚育管理和病虫害控制,保持林木健康生长。避免树木生长衰退、次生性病虫害逐年加重的局面。

1.7 杉木炭疽病

【寄主与危害】 炭疽病是杉木的最主要病害,发病轻者针叶枯死,发病重者大部分梢头枯死,严重影响杉木的生长。除杉木以外,多数树种都受炭疽病的危害。

【病原】 半知菌亚门中的胶胞炭疽菌（*Colletotrichum gloeosporioides* Penz.）;有性世代为围小丛壳菌[*Glomerella cingulata* (Stonem.) Spauld. et Schr.]。

【症状】 该病危害杉木新老针叶和嫩梢,主要发生在春、秋季,以先年秋梢受害最重。多数叶尖变褐枯死,严重时针叶完全枯死,并延及幼茎。通常在枝梢顶芽以下10 cm左右的茎叶处发病,此现象称为颈枯。在枯死不久的针叶上可见许多小黑点,即病菌的分生孢子盘,以叶背气孔带上为多。湿度大时,在小黑点上可见淡粉红色分生孢子堆。如图1.8所示。

【发病规律】 一般年份病菌在3月下旬（气温在12 ℃以上）开始侵染,4月上旬发病,4月下旬至6月上旬为发病盛期,7~8月气候干旱(气温在30 ℃以上)时停止发病,9~10月又继续危害。病菌存在潜伏侵染现象,新梢带菌是普遍的,发病与否主要取决于树木生长势,故有人认为该病是未适地适树的恶果。

图1.8 杉木炭疽病

【防治措施】（1）适地适树:对立地条件差而又难以改良的地段坚决不造杉木林。

（2）栽培措施:认真整地,提高造林质量;幼林加强抚育管理,特别要注意适时疏伐,保持树冠互不重叠。发病林分可采取垦复、盖草、施肥（尿素或磷肥）或压青等林业措施促进杉木生长。

（3）化学防治:一般无需化学防治,必要时于抽梢期喷洒1∶1∶100波尔多液、50%多菌灵500倍液或50%甲基托布津400~600倍液等,连续喷洒2~3次,有一定效果。

1.8 杉木细菌性叶枯病

【寄主与危害】 该病主要侵染杉木的针叶和嫩梢,引起针叶或梢头枯死,严重影响杉木生长。

【病原】 杉木假单胞杆菌(*Pseudomonas syringae* pv. *cunninghamiae* Nanjing He et Goto)。

【症状】 当年新叶感病,最初出现针头大小褐色斑点,周围有淡黄色水渍状晕圈,叶背面晕圈不明显。病斑逐渐扩大为不规则形,暗褐色,对光观察,可见周围有半透明环带,外围有淡红褐色或淡黄色水渍状变色区。病斑进一步扩展,使成段针叶变褐,长 2~6 mm,两端有淡黄色晕带。最后,病斑以上部分的针叶枯死或全叶枯死。老叶上的症状与新叶相似,但病斑色泽较深,中部暗褐色,外围红褐色。后期病斑中部变为灰褐色。嫩枝上病斑开始时同新叶上相似,后扩展为梭形,晕圈不明显。严重时多数病斑汇合,嫩梢变褐色枯死。如图 1.9 所示。

图 1.9 杉木细菌性叶枯病

【发病规律】 病原细菌在活针叶、枝梢的病斑中越冬,随雨滴的飘溅传播,自伤口侵入,潜伏期 5~8 天。4 月下旬开始发病,6 月为发病高峰期,7 月以后基本停止,秋季又继续发展,但比春季轻。自然条件下,杉木针叶互相刺伤造成伤口,从而增加了细菌侵染的机会。故林缘、道路旁和风口处常发病较严重。5~6 月和 9~10 月多雨月份有利于病害流行。

【防治措施】 (1) 适地适树:选择林地土层深厚肥沃、土壤疏松湿润、受风小的山坡、山洼造林,避免在风口、山脊等受风影响较大的立地造林。

(2) 抚育管理:对发病较轻的林分,结合施肥、培土等措施,促进杉木生长,提高抗病能力。发病严重的林分,尤其对长势较差的"小老树林",应及时进行改造,换栽其他适生的树种。

(3) 化学防治:在发病初期,喷施 1000 单位的盐酸四环素、兽用土霉素钙盐 500 倍液,或 70%百菌清 600 倍液,或 1000 万单位硫酸链霉素可湿性粉剂 500 倍液,或 1∶2∶100 波尔多液,每隔 10~15 天喷一次,连喷 2~3 次。

1.9 杉木黄化病

【树种与危害】 杉木等多种树木。感病后部分或整株叶片发黄,有的黄化 3~5 年后,感病树木成片枯死,有的虽不枯死,但长势缓慢,影响成林成材,是杉木林发生普遍、危害严重的一种病害。

【病原】 该病是生理性病害,由土壤黏重板结,或土壤瘠薄、营养缺乏、肥力不足,或土壤含水量过高过低,或不适宜的气候条件等所致。

【症状】最初嫩针叶及嫩茎退绿变黄,严重时整株针叶出现发黄、紫红或红褐色等症状,生长受到抑制,树势明显衰退,针叶逐渐呈红褐色枯死。如图 1.10 所示。

(a) 受害林分　　　　　　　　　　　　　(b) 病株

图 1.10　杉木黄化病

【发病规律】土壤含水率过高的杉木林易黄化枯死,含水率越高黄化枯死越严重;心土黏重、紧实或土层浅薄、下面是岩石半风化体,根系分布较浅,黄化枯死严重。

【防治措施】(1) 适地适树:杉木需要深厚、疏松、湿润和肥沃的土壤才能生长良好,因此,适地适树,加强抚育管理,是减轻杉木黄化病的有效途径。在土壤过湿,心土黏重紧实,土层瘠薄的地段坚决不栽杉木。

(2) 抚育管理:丘陵红壤虽然土层深厚,但营养贫乏、结构不好、透水保水力差的地区,应提高抚育质量,采取林粮间作、套种绿肥、压青等技术措施,增加土壤的有机质,改良土壤理化结构,防止杉木黄化病的发生。

(3) 改换造林树种:已发生黄化病枯死或生长极差的林地,应因地制宜,改种其他树种。

1.10　圆柏-梨锈病

【寄主与危害】该病菌的冬孢子阶段的寄主为圆柏、龙柏、翠柏等柏类树木;性孢子、锈孢子阶段的寄主是梨、山楂、木瓜、海棠、杜梨等蔷薇科植物。对圆柏为害不大,极少数可引起针叶大量枯死,甚至小枝死亡。对果树为害十分严重,受病植株在春夏即大量落叶,导致果实产量降低,从而造成重大经济损失。

【病原】担子菌门、锈菌目中的梨胶锈菌(*Gymnosporangium asiaticum* Miyabe ex Yamada)。

目前报道还有另外两种锈菌:① 圆柏-苹果锈病,病原菌为山田胶锈菌(*G. yamadai* Miyabe),安徽农业大学校园内曾发生过寄主是桧柏、龙柏、矮桧、翠柏,转主寄主是苹果、沙果、海棠等情况;② 圆柏-石楠锈病,病原菌为日本胶锈菌(*G. japonicum* Syd.),该锈菌在安徽境内尚未发现。

【症状】圆柏-梨锈病发生在圆柏的刺状叶、绿色小枝或木质小枝上。叶上冬季出现黄色小点,略为隆起。早春,咖啡色冬孢子堆突破表皮露出。受害木质小枝常略肿大呈梭形,小枝上冬孢子堆常多数聚集。冬孢子堆成熟后,遇水浸润即膨胀成橘黄色胶质物,如花瓣状。树上冬孢子堆多时,雨后如黄花盛开。在转主寄主梨属植物上主要为害叶片。病叶上初产生橙黄色小斑点,后扩大成近圆形病斑,直径4～8 mm,中部橙黄色,边缘淡黄色,病组织肥厚向背面隆起。后病斑正面生许多蜜黄色小点,终变黑色,即病菌的性孢子器。约半月后,病斑背面产生许多黄白色毛状物,即病菌的管状锈孢子器。叶柄、幼果和果柄有时也受侵染,病部肥肿,也产生性孢子器和锈孢子器。

圆柏-苹果锈病仅危害圆柏的木质小枝,小枝受害处肿大成半球形或球形小瘤,直径为3～5 mm,但也有的达15 mm,可能是多年生的活瘤。春季在瘤上产生暗褐色至紫褐色冬孢子堆,遇雨胶化成橘黄色花瓣状。转主寄主苹果上的症状与梨锈病相似。圆柏-石楠锈病危害圆柏较大的木质枝条,受害枝条稍肿大,呈长梭形,冬孢子堆突破表皮生出,肉桂色,常互相纵向连接成一长列。转主寄主石楠属植物上的症状与梨锈病相似。如图1.11所示。

(a) 圆柏锈病　　　　　　　　　　　(b) 梨锈病

图1.11　圆柏-梨锈病

【发病规律】梨胶锈菌以菌丝体在桧柏病组织中越冬。翌年2～3月形成冬孢子角突破寄主表皮而外露,3月下旬冬孢子逐渐成熟。气温在5 ℃以上时,冬孢子角遇雨即胶化,冬孢子萌发产生黄粉状的担孢子,它不能侵染桧柏,只能侵染转主寄主,如梨树等。在转主寄主上形成的锈孢子不能再侵染梨树等,转而侵害桧柏的嫩叶或新梢,完成侵染循环。

【防治措施】(1) 远离转主寄主:在苹果、梨、山楂、海棠、木瓜等果园周围5 km左右范围内不栽植圆柏类树木。同理,在圆柏栽植区附近亦不栽植以上果树,以避免发生锈病。

(2) 圆柏防治:应于冬季剪除圆柏上的菌瘿和重病枝,并集中烧毁;于3月上中旬,在圆柏上喷施波美3～5度石硫合剂1～2次或25%粉锈宁1000倍液,可有效抑制冬孢子萌发产生担孢子;在8月锈孢子成熟放散前,再向圆柏树冠上喷药1～2次。

(3) 木瓜、苹果、梨等防治:对于离桧柏近的木瓜、苹果和梨树等,应在展叶至开花前后,即在担孢子传播、侵染盛期及时喷药保护。药剂可选用1∶1∶100波尔多液或25%粉锈宁可湿性粉剂1500倍液,每隔15天喷一次,连喷2～3次。

1.11　侧柏叶枯病

【寄主与危害】侧柏等。该病发生严重时,林区一片枯黄,仅见残留梢部的绿叶,甚至成片死亡或濒于死亡。

【病原】侧柏绿胶杯菌（*Chloroscypha platycladus* Dai）。

【症状】幼苗和成林均受害。主要发生在春季，病菌侵染当年生新叶和幼嫩细枝。病菌侵染后，当年不出现症状，经秋冬之后，于翌年3月叶迅速枯萎。6月中旬前后，在枯死鳞叶和细枝上产生黑色颗粒状物，遇潮湿天气吸水膨胀呈橄榄色杯状物，即为病菌的子囊盘。树冠内部和下部发病严重，当年秋梢基本不受害。树冠似火烧状凋枯，病叶大批脱落，枝条枯死。在主干或枝干上萌发出一丛丛小枝叶。连续数年全株枯死。如图1.12所示。

图1.12 侧柏叶枯病

【发病规律】病菌以菌丝体在受害叶中越冬，3月呈现症状，6月在枯死叶上形成子囊盘。吸水膨胀释放出子囊孢子，进行新的侵染，每年只侵染1次。病害在发生初期往往会出现发病中心，中心多位于林间岩石裸露、土层瘠薄的地段。侧柏生长势弱的病害重；树龄大、林分密度大的发病重；若冬季寒冷干燥，翌年病情就严重。总之，凡影响侧柏生长的各种不利因素，都有利于该病的发生发展。

【防治措施】（1）营林措施：适度修枝和间伐，以改善保留木的生长环境，减少侵染源。有条件的可以用客土培土，增施肥料，促进生长。

（2）化学防治：在子囊孢子释放高峰时，喷施50%多菌灵或40%百菌清500倍液。

1.12 雪松赤枯病

【寄主与危害】雪松。主要表现嫩梢枯死，影响当年树木生长。

【病原】蝶形葡萄孢菌（*Botrytis latebricola* Jaap.）。

图1.13 雪松赤枯病

【症状】危害针叶和嫩梢。3月中旬先危害上一年针叶，4～5月危害新萌发的春梢上针叶。致使针叶逐渐变黄褐色枯萎（有时叶尖端仍呈淡绿色）。病害由针叶束蔓延至嫩梢后，导致嫩梢枯死。病菌也可直接危害嫩梢，产生淡褐色小斑，引起梢头变褐色，弯曲死亡，如病害停止发展，在小枝上形成边缘隆起的溃疡斑。阴雨天气，病部可见灰色霉状物。如图1.13所示。

【发病规律】病菌在小枝溃疡斑和病落叶痕上越冬，翌年3月气温达10℃以上时开始侵染。4～5月雪松新梢和针叶萌发期，也是发病高峰期，此时若低温多雨，可加速病害发生发展。6月上旬以后，随着气温升高，病害停止发展。

【防治措施】（1）卫生防治：冬季结合修剪，清除病枝病梢。

（2）化学防治：从梅雨季节开始，每隔10～15天喷施一次70%甲基托布津，或50%多菌灵

500倍液,或1∶1∶100波尔多液,或胶体硫200倍液,连喷2~3次。

1.13 雪松烟害(空气污染)

【树种与危害】雪松、松树等。短期内可造成大量梢头枯死,一次急性受害后,可以逐渐恢复生长;反复受害,植株渐趋枯死。

【病原】毒气污染。雪松受工业排放的有害气体毒害,尤其是遭受二氧化硫的毒害。

图1.14 雪松烟害

【症状】危害嫩梢。症状与病菌引起的赤枯病相似(与赤枯病区别是:枯死针叶上无病原物;发生时间比较集中;发生方向与风向有关;周围有污染源存在),主要表现是针叶尖端先枯黄,后向基部扩展,针叶变红褐色,后期呈焦枯状。如图1.14所示。

【发病规律】新梢易受害,较老的针叶抗性强;烟害危害范围与风向密切有关,如果雪松等易受害树木正值抽新梢阶段,处在污染源下方的树木极易受害。天气阴沉、气压很低、高温高湿等情况下容易受害。对二氧化硫等烟害比较敏感的树木有雪松等,而女贞、刺槐、垂柳、棕榈、悬铃木等抗病性较强。

【防治措施】(1)选择抗性强的树种绿化。

(2)对敏感植物喷洒石灰水、石硫合剂等可起到一定的保护作用。对已受害的植株,应及时加强水、肥管理,促使新叶萌发,减少死亡。

1.14 雪松流脂病

【树种与危害】雪松、杉木、松类等针叶树。植物细胞分解为树脂并自树皮流出,常称之为流脂病。该病导致植株生长衰退,针叶枯黄脱落,严重时枯萎死亡。

【病原】该病是生理性病害。各种损伤是流脂的主要原因,但在雪松流脂后,有铁锈薄盘菌(*Cenangium ferruginosum* Fr. ex Fr.)侵入,加重流脂病的危害。

【症状】主要发生在雪松主干及主干与大枝交叉的枝杈处,侧枝上几乎不发病。树脂从树皮裂缝处及枝杈处流出,新鲜脂液无色透明,过一段时间变为乳白色胶状物。一部分树皮裂缝变大,树皮慢慢翘起,在裂缝处形成绿色愈伤组织;随着病斑扩大,另一部分树皮微凹、干缩,呈暗褐色。流脂严重时,病斑以上针叶逐渐失去光泽,枯黄脱落,上部枝干枯死。如图1.15所示。

【发病规律】该病发病期在每年3~11月,其中主要发病高峰期为5月初到5月下旬,次高峰期为9月中下旬到10月初,7、8月高温季节流脂相对较轻,到11月中下旬逐渐停止。机械损伤、冻伤等因素造成的伤口易流脂;盐碱地或黏重板结、积水的地块,植株生长不良也易流脂。

【防治措施】(1)栽培措施:选择土层深厚、排水良好的地段栽植;避免栽植在盐碱地或黏重板结、积水的地块。栽植的苗木不宜过大;浅栽高培土,栽植深度宜浅不宜深。

(2)避免伤口产生:在移栽或抚育管理操作中,对雪松主干进行保护,不要造成人为伤口,减少锯口、虫伤,防止流脂发生。

(3) 化学防治：刮除病斑并涂药，药剂可选用甲基托布津、石硫合剂或843康复剂。

(a) 初期症状　　　　　　　　　(b) 后期症状

图 1.15　雪松流脂病

1.15　雪松溃疡病

【寄主与危害】 寄主有多种林木，在雪松上极少发生，危害不大。

【病原】 半知菌亚门的聚生小穴壳菌（*Dothiorella gregaria* Sacc.）。

【症状】 主要危害树干。病菌侵染后，在雪松的树干幼嫩表皮部出现圆形或椭圆形瘤状小泡，破裂后流出灰绿色的松脂，呈小滴状滴落下来；或者在树干或枝条上出现表皮下陷症状。病斑可连成一片发展成大的凹陷斑，有时病斑处整个皮层干缩凹陷，导致凹陷斑上方的侧枝生长停滞，直至枯死。在下陷斑上有时可见到墨绿色的分生孢子器。如图1.16所示。

图 1.16　雪松溃疡病

【发病规律】 病菌主要以菌丝和分生孢子器在枝干上的病斑内越冬。孢子盛发期为4月下旬至5月上旬。雪松溃疡病与栽培措施和立地条件有很大关系，如雪松栽在草坪内、根际周围常受践踏、土壤板结、地势低、水位高、空气烟尘密度大、管理粗放等因素都不利于雪松生长，以致树势弱，易感染溃疡病。而地势较高，根部土壤疏松，树体生长旺盛，发病轻。多数在雪松大树或大苗移栽后、过度失水等情况下发生。

【防治措施】 （1）栽培措施：春秋两季适时施肥，增强土壤肥力；合理灌溉，冬季注意做好防寒保护。

（2）化学防治：对病斑喷洒或涂抹杀菌剂（最好先用刀刮净病组织），药剂可选用多菌灵、甲基托布津、代森锰锌或乙磷铝300～500倍液。

（3）参见杨树水疱型溃疡病。

1.16 苏铁叶枯病

【寄主与危害】 该病是苏铁的一种常见病,影响植株生长和观赏价值。

【病原】 半知菌亚门中的 *Pestalotia cycadis* Allesch 和 *Septoria* sp.。

图1.17 苏铁叶枯病

【症状】 危害叶片,病斑黄褐色,从叶尖、叶缘开始危害,逐渐向内发展,病健交界处明显,呈1条褐色线。后期叶片背面的病斑上布满黑色小颗粒,为病菌的分生孢子器。如图1.17所示。

【发病规律】 病菌以菌丝、分生孢子器在寄主的病残组织内越冬,分生孢子成熟后可借风力、昆虫等进行传播。病菌易从叶尖、叶缘处的伤口或气孔侵入,严重时叶片病斑累累,大面积干枯。

【防治措施】(1)栽培措施:加强养护管理,保持通风透光和适宜湿度,及时剪除病叶。
(2)化学防治:发病初期及时喷洒多菌灵、甲基托布津等杀菌剂进行控制。

1.17 水杉赤枯病

【寄主与危害】 水杉等。病株提前落叶,生长量下降,观赏价值降低。

【病原】 半知菌亚门尾孢属中的针枯尾孢菌(*Cercospora sequoiae* Ell. et Ev.)。

【症状】 该病主要危害1~4年生的幼树,大树也可受害。危害枝叶和嫩茎,从下部枝叶开始发病,逐渐向上发展蔓延。感病枝叶,初生褐色小斑点,后变深褐色,小枝变褐枯死。在绿色小枝上,病害可形成下陷的褐色溃疡斑,包围主茎,导致上部枯死;或不包围主茎,但长期不能愈合,溃疡斑深陷主干,形成沟腐。在潮湿条件下,病斑产生黑色小点,为病原菌子实体。如图1.18所示。

【发病规律】 病菌以菌丝体在寄主组织中

图1.18 水杉赤枯病

越冬。翌年4~5月产生分生孢子,借风雨传播,萌发后从气孔侵入,形成初侵染。一般20天左右出现症状。一个生长季内,分生孢子可多次重复侵染。高温多雨有利于病害大发生,梅雨季节常形成发病高峰,秋季9月形成第二次高峰。

【防治措施】(1)营林措施:保持适当密度,注意通风透光。增施磷钾肥,少施氮肥,增强树势,提高抗病能力。
(2)化学防治:发病期间喷施1∶1∶150波尔多液、401抗菌剂800倍液或25%多菌灵200倍液,每隔14天喷一次,连续喷2~3次。

1.18 柳杉赤枯病

【寄主与危害】 柳杉等。该病导致苗木或大树局部枝条或全株呈暗褐色枯死,影响生长。若主茎上发生溃疡斑,则易遭风折。

【病原】 尾孢属真菌(*Cercospora sequoiae* Ell. et Ev. =*C. cryptomeriae* Shirai)。

【症状】 主要危害1~4年生苗木的枝叶。一般苗木下部先发病,初为褐色小斑点,后扩大并变成暗褐色。病害逐渐发展蔓延到上部枝叶,常使苗木局部枝条或全株呈暗褐色枯死。在潮湿的条件下,病斑上会产生许多稍突起的黑色小霉点(病菌子实体)。病害也可危害绿色主茎,或从小枝、叶扩展到绿色主茎上,形成暗褐色或赤褐色稍下陷的溃疡斑,如果溃疡斑绕主茎一周,则其上部便会枯死。有时主茎上的溃疡斑虽扩展缓慢,但不易愈合。如图1.19所示。

【发病规律】 病菌主要以菌丝在病组织内越冬,在翌年4月下旬至5月上旬产生分生孢子,由风雨传播,萌发后经气孔侵入,约3周后出现症状,再经7~10天病部产生孢子,进行再次侵染。

图1.19 柳杉赤枯病

病害发生与空气湿度和降雨密切相关,春夏之间降雨持续时间长的年份发病重。苗木过密、通风透光差、湿度大、氮肥偏多都有利于苗木发病。1~4年生实生苗最易发病(扦插苗较抗病),随着树龄的增长,发病逐渐减轻,7~10年生以上很少发病。

【防治措施】 参见水杉赤枯病。

第 2 章　常绿阔叶树病害

2.1　香樟炭疽病

【寄主与危害】 该病是苗圃及幼树常见而严重的病害之一,罹病植株生长势衰弱,1～2年生幼苗多从顶梢开始干枯,逐渐向基部扩展,严重时可致整株枯死。其他寄主有山茶、油茶、杉木、泡桐、女贞、八角金盘、枇杷、银杏、枣等。

【病原】 子囊菌亚门围小丛壳菌[Glomerella cingulata (Stonem.) Spauld. et Schrenk],无性阶段为半知菌亚门胶胞炭疽菌(Colletotrichum gloeosporioides Penz.)。

图 2.1　香樟炭疽病

【症状】 危害叶片、嫩枝和果实。幼茎上的病斑呈长椭圆形,大小不一,初为紫褐色,渐变黑褐色,病部下陷,以后互相融合,枝条变黑枯死;重病株上的病斑沿主干向下蔓延,最后整株死亡。叶片、果实上的病斑近圆形,数个病斑融合后呈不规则形,暗褐色至黑色,嫩叶往往皱缩变形。遇到潮湿天气,在嫩枝、叶片的病斑上可看到淡粉红色的分生孢子团。在春夏之交,有时病斑上出现有性世代的子囊壳。如图 2.1 所示。

【发病规律】 以分生孢子盘或子囊壳在病株组织或落叶上越冬。高温、高湿有利于病害的发生。土壤干旱、贫瘠的地方发病严重,幼树比老树发病重。病菌的适宜发育温度为 22～25 ℃,在 12 ℃以下或 38 ℃以上病菌停止发展。

【防治措施】（1）栽培措施:选择(或改造)排水良好,土壤肥沃、湿润的地段栽植。栽植前挖大穴并施足基肥。维持合理密度,保证通风透光,增强植株抗病力。剪除枯死枝或衰弱枝,扫除病落叶,集中烧毁,减少侵染源。

（2）化学防治:新叶、新梢期喷洒1∶1∶100 波尔多液,发病期喷施75％百菌清可湿性粉剂500～600 倍液、50％炭疽福美可湿性粉剂 500 倍液或 70％甲基托布津可湿性粉剂 800 倍液,每隔 7～10 天喷一次,连续喷 2～3 次。

2.2　香樟毛毡病

【寄主与危害】 该病是香樟的一种常见病害,发病时褐色的绒毡状病斑布满整个叶片,引起叶片卷曲、干枯,提前脱落,对树木的生长有较大的影响。

【病原】 瘿螨(Eriophyes sp.),属蜘蛛纲,蜱螨目,锈壁虱科。

【症状】 主要危害叶片。先在叶背面产生苍白色不规则的病斑,后产生初为白色、逐渐变为褐色、弯曲或卷曲且密集的茸毛,叶背长茸毛处下陷,红褐色,叶面突起,病部弯曲缩小,叶片畸形。随着病害的发展,病斑不断扩大,甚至可以布满整张叶片,引起叶片的卷曲、干枯。叶正面病斑对应处稍成褪绿斑。如图2.2所示。

(a) 危害状　　　　　　　　　　　(b) 病斑放大

图2.2　香樟毛毡病

【发病规律】瘿螨一年发生10代,以成虫在受害的叶片、芽鳞或枝条的皮孔中越冬。翌年春季气温回升时,成虫通过风吹、雨溅、爬行等方式传播到当年抽出的春梢、新叶上,开始侵染,并不断繁殖扩大危害,但不侵入叶片组织内部。低洼、阴湿、土壤肥沃处的植株生长浓绿幼嫩时,病害发生严重;高温干旱的条件下发病重;夏秋之交季节危害最甚,晚秋后逐渐停止。

【防治措施】(1) 栽培措施:冬季结合修剪,清除病叶;生长季节,发现病叶,立即剪除,放入塑料袋带回烧毁;避免植株生长环境过于潮湿,保持通风透光。

(2) 化学防治:早春在春芽萌动前,喷洒波美3~5度石硫合剂或3%柴油乳剂,消灭越冬瘿螨。发病期喷洒10%吡虫啉1500倍液、50%螨代治(溴螨酯)乳油2000倍液或25%灭螨锰1500倍液,每隔7~10天喷一次,连续喷2~3次。

2.3　香樟溃疡病

【寄主与危害】香樟、桃、梅、板栗、香椿等。主要危害幼龄枝条,苗木及新造幼林最易发病,严重时导致苗木和幼树死亡;香樟大树移植时间不当也能感病;种植多年的大树一般只感染枝条,常造成小枝枯死,削弱树木生长势。

【病原】据报道,病原菌有多种:① 有性世代为葡萄座腔菌[*Botryosphaeria dothidea* (Moug. ex Fr.) Ces. et de Not.],无性阶段为 *Fusicoccum aesculi*;② 有性阶段为囊孢壳菌(*Physalospora* sp.),无性阶段为大茎点霉(*Macrophoma* sp.)等。

【症状】当年新病斑初为圆形小黑斑,在湿度较大的情况下,黑斑边缘呈水渍状,若在低湿和植株抗性强的条件下,有的黑斑边缘变为枣红色。病斑扩展后,形成大型黑色梭斑,一般长5~10 cm,有的可达30 cm左右。病斑后期变为茶褐色至灰白色,凹陷,形成典型的梭形溃疡斑。老病斑在适宜条件下会连年扩展,相互连接成片,病部皮层变褐腐烂,致使整个或部分树干变黑,植株逐渐死亡。幼苗、幼树或枝条发病严重时,病斑当年可绕树干一周,引起上部死亡。后期在病斑上产生黑褐色的小点,即病菌的子实体。如图2.3所示。

图 2.3　香樟溃疡病

【发病规律】原菌在病组织和病残体上越冬。病菌孢子随气流、风雨或林事操作传播，由伤口或皮孔侵入植株。每年 4 月上旬至 5 月期间以及 9 月下旬为病害发生高峰期，至 10 月下旬病害渐止。凡是影响树木生长的因素均易引起病害的发生，如移栽时根系伤口多、根盘太小、根系留得太短、树体伤口、低温冻害、地势低洼积水、干旱、长途调运苗木失水过多、栽植过深等导致树木生长不良，均易诱发病害的发生。

【防治措施】（1）栽培措施：选用健壮无病的苗木栽植。造林地要选择排水系统良好的地块，或挖排水沟；避免栽植在土壤污染的地块，保证苗木有良好的生长环境；苗木在运输、栽植过程中，尽量保护苗木皮层不破损、少失水。

（2）化学防治：在发病初期，削掉枝干上的黑斑病组织，并涂上代森锰锌液等化学药物；发病前或初期全株喷洒波尔多液或甲基托布津等进行保护。

2.4　香樟紫纹羽病

【寄主与危害】该病又称紫色根腐病，引起根部皮层腐烂，苗木受害后，易导致苗木枯死；大树受害后，生长逐渐衰弱，感病严重时可导致整株植物死亡。除香樟外，板栗、刺槐、榆、杨、桑、柳、栎等树木也易受害。

【病原】担子菌亚门的紫卷担子菌[*Helicobasidium purpureum*（Tul.）Pat.]。

【症状】从细根开始发病，逐渐蔓延至侧根及主根，甚至扩展至树干基部。病部皮层腐烂，易与木质部剥离。病根及干基表面有紫色网状菌丝层或菌丝束，有的形成一层质地较厚的毛绒状紫褐色菌膜，如膏药状贴在干基处，夏天在上面形成一层很薄的白粉状孢子层（担子与担孢子）。有时在病根表面菌丝层中还产生紫色球状的菌核。病株地上部分表现为顶梢不抽芽，叶短小、发黄皱缩、卷曲，枝条干枯，最后全株枯萎死亡。如图 2.4 所示。

【发病规律】以菌丝、菌核、菌索在病根上

图 2.4　香樟紫纹羽病

越冬。借菌索在土壤中蔓延或通过病根与健根的相互接触传播，而担孢子的传病作用很小。该病 4 月开始发生，6～8 月为发病盛期。地势低洼、排水不良、平时地表蔽荫、潮湿的环境容易发病。有明显的发病中心，发病植株可不断向四周扩展。

【防治措施】（1）栽培措施：选择排水良好、土壤疏松、前作没有发病的地块育苗和造林；若必须选择病区造林,则应用禾本科植物轮作 3~5 年后再育苗或造林;加强抚育管理,保持合理密度,注意排水和增施经过腐熟的有机肥,促进植物生长,增强抗病性。

(2) 选择无病苗造林:严禁带病苗木上山,对疑似发病苗木用 2% 硫酸铜液浸根 5 分钟,或用 20% 石灰水浸根 0.5 小时,处理后用清水冲洗根部,然后移栽。

(3) 病株处理:在感病初期,将病根全部切除,切面用 0.1% 氯化汞水消毒。周围土壤可用 20% 石灰水、25% 硫酸亚铁或 40% 多菌灵 500 倍液(5~10 g/m²)浇灌消毒。

2.5 香樟黄化病(缺铁性)

【树种与危害】该病又称缺绿病,引起叶片褪绿发黄,植物生长衰退,严重时引起枯梢落叶,乃至全株死亡。此外,广玉兰、杜鹃、红叶李、栀子花、悬铃木、刺槐、苹果、桃等也易发生。

【病原】该病是生理性病害。土壤呈碱性或遭受污染使根际土壤碱化,可溶性铁变为非溶性的,不能被植物吸收利用。

【症状】由于铁在植物体内不易移动,所以缺铁黄化首先表现嫩叶先发病,逐步发展至老叶乃至整株。在发病初期,嫩叶淡绿色,但叶脉仍为绿色;在严重缺铁时,嫩叶全部为黄白色,并出现枯斑,甚至枯焦脱落。在市区栽植的香樟根际土壤受污染严重的情况下,从发病开始至整株枯死仅数年时间,其病害发展过程是:嫩叶黄化→整株黄化→新梢枯死→全株枯死。如图 2.5 所示。

(a) 危害状　　　　　　　　　　(b) 不同枝条防治效果比较

图 2.5　香樟黄化病

【发病规律】目前市区栽植的香樟缺铁性黄化比较普遍,该原因引起的黄化多发生在土壤受到水泥、石灰、洗涤剂等污染的地段。一年当中,秋、冬季比春季发病重;在同一季节不同年份,病情呈逐年加重趋势。

【防治措施】(1) 选地:栽植穴及其周围的土壤未受污染,否则,应更换土壤。

(2) 增施有机肥:栽植穴增施有机肥,改善土壤物理化学性质,促进香樟生长。也可对土壤施用一定的氮肥,并结合各种土壤酸化物来降低土壤的 pH。

(3) 树干注液肥:树干注射 1.5% 硫酸亚铁+1% 尿素的水溶液或硫酸亚铁 15 g、尿素 50 g、硫酸镁 5 g、水 1000 mL 的混合液(将带有药瓶的针头插入树干中,使药物慢慢注入树体内),均有良好的复绿效果。

2.6 石楠红斑病

【寄主与危害】 危害椤木石楠。该病是近年来合肥地区出现的新病害,引起叶片枯死脱落,连续两年发病可使多年生石楠枯死,幼苗发病当年即可死亡。

【病原】 半知菌亚门中的虫形孢属真菌[*Entomosporium mespili*（DC.）Sacc.]。

【症状】 主要危害嫩叶,也危害叶柄及嫩梢。发病初期在叶片上形成稍凸起的黑褐色小点,病斑边缘有明显红色、较宽的晕圈,扩大后呈近圆形。发病严重时,数个病斑相邻的晕圈可连成一片,形成红色大晕斑。后期病斑中部坏死而呈浅灰色或灰棕色,而边缘晕圈仍呈红褐色,病斑上有数个黑褐色疱状突起,为病菌的分生孢子器。一般染病叶片 5 月开始脱落。如图 2.6 所示。

(a) 叶片危害状

(b) 整株枯萎

图 2.6 石楠红斑病

【发病规律】 病菌以菌丝体在病叶组织或病落叶上越冬,翌年春天产生分生孢子,随风雨传播,侵染当年生的叶片。近地面叶片先受到侵染,后向上部叶片蔓延。整个生长季节均可产生分生孢子而进行多次重复侵染。春季低温多雨、夏季频繁修枝或施肥皆易导致病害加重。

【防治措施】 (1) 栽培措施:清除病落叶并集中烧毁;病株需进行重度修剪,使植株通风透光,降低植株间的湿度;夏季不要修枝和施肥。

(2) 化学防治:春季在新梢抽出后,喷洒 70% 甲基托布津可湿性粉剂 800 倍液、50% 多菌灵可湿性粉剂 500 倍液或 75% 百菌清可湿性粉剂 500～600 倍液,每隔 10～15 天喷一次,连续喷 3～4 次。

2.7 石楠白粉病

【寄主与危害】 危害石楠、椤木石楠。发病后引起幼叶扭曲畸形,严重影响树木生长势和景观效果,尤其对苗木的危害更为严重。

【病原】 半知菌亚门粉孢属(*Oidium* sp.)中的真菌。

【症状】 主要侵害嫩叶、嫩梢,成熟叶片染病很轻或不染病。嫩梢、嫩叶染病后扭曲畸形,初期病叶上出现白色粉状小点,后病斑粉状小点不断扩大、增多,引起全叶覆盖薄的白色粉层,最终嫩梢叶片全部染病。一般叶片不产生枯死斑点,但严重时叶片黄化脱落。如图2.7所示。

（a）病梢

（b）成片危害

图2.7　石楠白粉病

【发病规律】越冬情况不详。春天展叶不久就出现感染,导致新叶不能正常展叶而呈扭曲状。4月中旬病情加重,4～6月为病害发生的高峰期,引起病叶变色、脱落。在郁闭度高的环境下病害发生严重,若遇连续降雨后病情有所下降。目前,该病在合肥地区每年发病情况差异较大,时重时轻,其原因尚不清楚。

【防治措施】(1)栽培措施:调节种植密度,修剪过密枝条,避免植株生长环境湿度过大、光照不足;剪除早期发病枝叶,集中销毁,减少病菌来源。

(2)化学防治:发病初期喷施20%粉锈宁可湿性粉剂2000倍液。

2.8　石楠轮纹病

【寄主与危害】危害石楠。发病严重时,叶片上病斑累累,叶片变黄色,影响植物生长和观赏价值。

【病原】半知菌亚门石楠拟盘多毛孢[*Pestalotiopsis photiniae* (Thüm.) Y. X. Chen.]。

【症状】主要危害叶片。病斑多发生在叶片的叶缘,呈不规则圆形斑。病斑边缘深褐色,中部色稍淡,呈同心轮纹状。后期病斑枯死呈灰白色,上面散生黑色粒状物,即病原菌的分生孢子盘。如图2.8所示。

【发病规律】病原菌以分生孢子盘、菌丝在寄主植物叶片或病残体上越冬,翌年条件适宜,即产生分生孢子,病菌分生孢子直接从伤口及气孔处侵入寄主危害,常年均可发生,但以秋季危害较重。

【防治措施】(1)栽培措施:结合冬季清理及石楠换叶期,彻底清除和烧毁病落叶,减少病菌来源。

(2)化学防治:发病初期喷施70%甲基托布津1000倍液或75%百菌清500倍液。

图2.8　石楠轮纹病

2.9 大叶黄杨炭疽病

【寄主与危害】该病是大叶黄杨、金边黄杨上最常见的病害,发病严重时,在叶片上形成大量枯斑,致使植物生长势衰退,严重影响其观赏价值。

【病原】半知菌亚门中的胶胞炭疽菌(*Colletotrichum gloeosporioides* Penz.)。

【症状】主要危害叶片,有时也危害嫩梢。病部初期呈湿腐状,褐色,病健交界处不明显。后期病部枯黄,并产生轮纹状排列的小黑点,即病菌的分生孢子盘。在潮湿条件下,病斑上有粉红色的黏孢子团。病叶易脱落。嫩梢上的病斑为椭圆形的溃疡斑,边缘稍隆起。如图2.9所示。

【发病规律】病菌以菌丝、分生孢子或分生孢子盘在寄主组织内或病残体中越冬,老叶从4月初开始发病,5~6月扩展迅速;当年新叶从8月开始发病。分生孢子靠风雨、浇水等途径传播。连阴雨天气发病重。

图2.9 大叶黄杨炭疽病(边缘为灰斑病)

【防治措施】(1)营林措施:秋、冬季清扫病落叶、修剪病枝,发病初期剪除病叶,集中烧毁,减少侵染来源;增施有机肥、磷钾肥,提高植物抗病性。

(2)化学防治:发病初期及时喷药。药剂可选用75%百菌清可湿性粉剂500倍液,或50%炭疽福美可湿性粉剂500倍液,或1:1:160波尔多液,或25%苯菌灵乳油900倍液,每隔7~10天喷一次,连续喷2~3次。

2.10 大叶黄杨灰斑病

【寄主与危害】危害大叶黄杨等。危害性与炭疽病类似,有时甚至两种病害混生在一起。发病严重时病叶可在当年脱落,甚至造成枝梢枯死。

【病原】毛盘多毛孢菌(*Pestalotia breviseta* Sacc.)。

【症状】主要危害叶片。初期受侵叶片产生褪绿小黄斑,后逐渐扩展成不规则的大斑,呈灰白色或浅土黄色。病斑交界处为褐色或深褐色,边缘隆起。后期常几个病斑连成一片,占据全叶面积一半以上。如图2.10所示。

【发病规律】病菌以菌丝体或分生孢子盘在病叶或病残体中越冬,翌年4月开始侵染,7~10月为发病盛期。严重时叶片感染率达到80%以上,导致大部分叶片枯萎脱落,植株成片枯萎死亡。高温高湿、植株密集、管理粗放、树势衰退有利于该病的发生。

【防治措施】(1)栽培措施:加强栽培管理,培育壮苗,提高植株抗病能力;秋、冬季和初春彻底清除病叶和病落叶,集中烧毁,减少侵染源。

(2)化学防治:在发病初期,用无毒高脂膜200倍液喷布植

图2.10 大叶黄杨灰斑病

株,每隔20天一次,连续喷3次;在发病盛期,喷洒50%多菌灵或75%百菌清500～800倍液,每隔7～10天喷一次,连续喷3次。

2.11 大叶黄杨叶斑病

【寄主与危害】危害大叶黄杨、金边黄杨、大果黄杨等。发病严重时造成叶片提前脱落,形成秃枝丛,甚至导致植物成片枯死。

【病原】半知菌亚门中的假尾孢属真菌[*Pseudocercospora destructive* (Rav.) Guo et Liu]。

【症状】主要危害叶片。初期在新叶上产生黄色小斑点,后扩展成不规则形的大斑,病斑被1条较宽的褐色隆起线纹包围,外有黄色晕圈。病斑中央黄褐色或灰褐色,上密生黑色小点,即病原菌的子座,在放大镜下,小黑点呈黑色绒毛状。病叶早落。如图2.11所示。

【发病规律】病菌以菌丝体或子座在病叶中越冬,翌年5～6月开始发病,8～9月为发病高峰期,11月后基本停止。植株栽植过密、生长衰弱时病害严重。

【防治措施】(1)清除病源:秋、冬季清扫病落叶,集中烧毁或深埋,减少侵染来源。

(2)化学防治:发病初期喷洒75%百菌清可湿性粉剂500倍液、50%多菌灵可湿性粉剂500倍液或1:1:100波尔多液,每隔7～10天喷一次,连续喷2～3次。

图2.11 大叶黄杨叶斑病

2.12 大叶黄杨白粉病

【寄主与危害】危害大叶黄杨。受害植株叶片表现皱缩畸形,影响生长,降低观赏价值。

【病原】半知菌亚门冬青卫矛粉孢菌[*Oidium euonymi-japonici* (Are.) Sacc.];有性阶段属于子囊菌白粉菌目(*Microsphaera euonymi-japonici* Vienn.-Bourg.)。

图2.12 大叶黄杨白粉病

【症状】主要危害嫩叶和新梢。叶片上病斑多分布于叶正面,初期为小圆形、白色病斑,后期小斑融合成边缘不清晰的大片白粉病斑,厚毡状,影响光合作用;新梢发病严重时病叶皱缩,病梢扭曲,萎缩,其上布满白色粉状霉层,病叶早落,树木生长衰退。如图2.12所示。

【发病规律】以菌丝及子实体在病株或病残体上越冬。翌年5月产生分生孢子,借风力或人为活动传播,一年内可发生多次侵染。6～7月高温高湿,植株过密,有利于病害发生发展。夏季当气温超过30℃以上时,病害停止发展。一般秋季发病轻,秋后病斑出现黑色小颗粒,为病菌的闭囊壳。

【防治措施】(1)营林措施:加强养护管理,注意通风透光,合理施肥,及时清沟排水;冬季清除落叶和剪除病枝和过密枝条;初期发现感病枝叶及时剪除,集中烧毁。

(2)化学防治:加强病情监测,发现病株时及时喷药控制,药剂可选用15%粉锈宁1000倍液、波美0.3~0.5度石硫合剂或高脂膜与退菌特等量混用的600倍液。

2.13　枸骨冬青煤污病

【寄主与危害】危害严重时叶片和枝条的表面满覆黑色烟煤状物,妨碍植物的正常光合作用及生长发育,不仅降低观赏价值,甚至成为令人不悦的污染源。桂花、山茶、紫薇、黄杨、大叶黄杨、竹、海桐、罗汉松等多种针、阔叶树及花卉等均易受害。

【病原】子囊菌亚门中的煤炱菌属(*Capnodium* sp.)。

【症状】由于煤污病的病原种类多,同一种植物上也可感染多种煤污病病原,其症状上也略有差异,但绝大多数煤污病都是在叶片正面产生致密的黑色霉层或煤粉层;叶背面通常可见到一些刺吸式害虫以及它们存在的痕迹,如蚜虫、介壳虫等。如图2.13所示。

【发病规律】以菌丝、分生孢子或子囊果在病枝、叶上越冬。翌年产生分生孢子、子囊孢子,借风雨、气流和昆虫传播,以介壳虫类的分泌物或植物分泌物为营养,不断生长繁殖进行多次重复侵染。管理粗放、通风不良、荫蔽潮湿

图2.13　枸骨冬青煤污病

及介壳虫发生严重的地方发病严重。

【防治措施】(1)营林措施:清除病株残体,减少侵染来源。改善植物生长的环境条件,合理密度,定期修剪,保持通风透光,切忌潮湿、庇荫环境。

(2)治虫防病:对介壳虫,喷施40%速蚧杀乳油或6%吡虫啉可溶性液剂等,每隔7~10天喷一次,连续喷2~3次,可取得良好的效果。

2.14　枸骨冬青漆斑病

【寄主与危害】枸骨冬青等。在叶片上形成大量病斑,影响植物生长。目前仅个别植株发生,危害不大。

【病原】喜马斑痣盘菌[*Rhytisma himalense* Syd. et Butler]。

【症状】危害叶片,主要症状特征是叶片上先出现圆形至不规则形褐色病斑,随后在叶片上产生许多漆黑色病斑(为病菌的子实体),外围具有大片的黄色变色区。如图2.14所示。

【发病规律】参见三角枫漆斑病。

【防治措施】参见三角枫漆斑病。

图2.14　枸骨冬青漆斑病

2.15　女贞细菌性叶斑病

【寄主与危害】危害女贞、小叶女贞。该病害在局部地区发生,严重时引起提前落叶,对树木生长有一定的影响。

【病原】女贞假单胞杆菌[*Pseudomonas ligustri* (d'Oliveira) Savulescu]。

【症状】初期在叶片上产生针尖大小的褐色斑点,后逐渐变成近圆形至不规则形斑点,大小为 1~5 mm,褐色至黑褐色,周围有黄绿晕圈。如图 2.15 所示。

【发病规律】病斑多见于 7~10 月。种植密集地块易发病,风口处、道路两侧易受伤的位置发病重,春秋两季低温多雨时发病重。

【防治措施】(1)栽培措施:改善生态环境,注意排水;保持植株间通风透光,降低林内湿度;增施有机肥,提高植株抗病能力;彻底清除病落叶,集中烧毁。

图 2.15　女贞细菌性叶斑病

(2)化学防治:发病初期喷 1∶1∶100 波尔多液,发病期喷 65% 代森锌可湿性粉剂 500 倍液或试用土霉素钙盐 500 倍液,每隔 14 天喷一次,连续喷 2~3 次。

2.16　女贞叶锈病

【寄主与危害】该病在局部地区发生,主要危害女贞、小叶女贞、小蜡,导致植株生长衰退,但目前危害成灾的不多见。

【病原】担子菌亚门、锈菌目中的女贞锈孢菌(*Aecidium klugkistianum* Diet.)。

图 2.16　女贞叶锈病

【症状】危害叶片和叶柄。春季叶片正面生圆形黄褐色的病斑,直径 5~12 mm,内生橘黄色小点状的性孢子器;叶片背面病斑上生黄色倒杯形或短毛状锈孢子器,长约 0.5 mm;病斑及锈孢子器也可生在叶柄上。叶片感病后病部增厚,叶正面常凹陷,叶背面相应部分则隆起;叶柄感病后肿大。病情严重时,叶片畸形、枯死。如图 2.16 所示。

【发病规律】该病侵染循环尚不清楚。春季低温多雨,有利于病菌侵染,4~6 月为病害发生盛期。晚秋至初冬(如 11 月前后),若气候温暖,病害可再次发生。

【防治措施】(1)栽培措施:及时清除落叶,集中烧毁;苗木不宜过密,保持通风透光,减轻病菌侵染。

(2)化学防治:4~5 月喷施 1~2 次 1∶(1~2)∶200 波尔多液。

2.17 桂花叶枯病

【寄主与危害】该病又名枯斑病、叶斑病或赤枯病,是桂花的一种严重的叶部病害,造成提早落叶,影响观赏价值。寄主有桂花等木樨属植物。

图 2.17 桂花叶枯病

【病原】半知菌亚门中的木樨生叶点霉(*Phyllosticta osmanthicola* Trin.)。

【症状】病斑多发生在叶尖或叶缘。初为褪绿的淡褐色小点,并渐向内扩展,后为圆形或向里扩大呈不规则形块状,灰褐色至红褐色,病斑边缘深褐色,稍突起。病斑上散生许多黑色小点粒,为病菌的分生孢子器。病斑扩大可使全叶一半干枯。有时病部卷曲脆裂。如图 2.17 所示。

【发病规律】病菌以菌丝和分生孢子器在病叶上越冬。翌年产生分生孢子,经风雨传播,侵染新的植株或新的叶片,5月可见新叶发病,至11月停止。高温、高湿、通风不良的环境发病较重;肥料不足或遭受冻害和机械损伤,树势衰弱时易发病;气候炎热又未及时浇水时发病重;通常树冠下部叶片比顶部受害重,老叶比新叶受害重。

【防治措施】(1)栽培管理:冬季摘除病叶,并加以烧埋,减少越冬病源;增施肥料;天气燥热时应及时浇水,以促进树木生长,提高抗病能力。

(2)化学防治:在苗木出圃时,喷50%甲基硫菌灵900倍液;从6月下旬起,对发病植株喷洒 1∶1∶(100~200)波尔多液,或65%代森锌500倍液,或50%苯来特1000~1500倍液,或70%甲基托布津500~800倍液。

2.18 桂花褐斑病

【寄主与危害】该病是桂花常见病害之一,病重时叶片病斑密集,叶片枯黄,造成全株提早落叶,严重影响树木生长和观赏价值。

【病原】半知菌亚门中的木樨生假尾孢[*Pseudocercospora osmanthicola* (P. K. Chi et Pai) Liu et Guo]。

【症状】主要危害叶片。受害叶片开始时出现小黄斑,后渐变为黄褐色至灰褐色、近圆形或不规则形病斑;或受叶脉限制扩展而呈多角形病斑。病斑直径 2~10 mm,外有 1 个黄色晕环。病部在潮湿天气产生黑色霉点,此即为病菌的分生孢子梗和分生孢子。如图 2.18 所示。

【发病规律】病菌以菌丝体在病叶或病落叶上越冬。翌年春产生分生孢子,借气流和水滴传播。

图 2.18 桂花褐斑病

春季至秋季均可发病,10月以后病情减退。高温、高湿环境有利于发病,生长衰弱的植株容易感病。品种间的抗病性有一定差异,一般来说丹桂比金桂、银桂抗病力强。

【防治措施】(1)营林措施:加强养护管理,注意及时排除土壤积水,增施钾肥和腐殖质肥,提高植株抗病力。结合修剪,将苗木上的病叶及时摘除,并集中烧毁。

(2)化学防治:重病区在苗木出圃时,喷洒1∶1∶(100~200)波尔多液或高锰酸钾1000倍液。

2.19 桂花煤污病

【寄主与危害】见枸骨冬青煤污病。

【病原】煤炱菌属(*Capnodium* spp.)、刺盾炱属(*Chaetothyrium* spp.)。

【症状】主要危害叶片,也危害枝梢。初期产生圆形分散或辐射状、黑色的煤烟状小霉斑,后逐渐扩大。发病严重时,病部表面形成菌丝紧密的煤烟层(菌丝及子实体),病斑相互连集成片,蔓延扩展至全叶及枝梢,使全株呈污黑色,仅剩顶端新叶保持绿色。随着时间的推移,叶片变黄,提早落叶,花芽形成困难。如图2.19所示。

图2.19 桂花煤污病

【发病规律】以菌丝、分生孢子或闭囊果在叶、病枝上越冬。翌年气候条件适宜时,分生孢子、子囊孢子借风雨、气流和昆虫传播。病菌以蚜虫、介壳虫类的分泌物或植物分泌物为营养。分生孢子可以进行重复侵染,使病害在生长季节不断加重。煤污病主要在高温、潮湿的气候条件下蔓延危害。因此管理粗放、通风不良、荫蔽潮湿及蚜虫和介壳虫发生严重的地方发病严重。

【防治措施】(1)栽培措施:冬季将病残体清除后集中烧毁;生长季节一旦发现病叶,应及时清除、烧毁。改善栽培条件,合理种植密度,定期修剪,保持植株通风透光,切忌潮湿荫蔽。

(2)化学防治:市区发生的煤污病菌主要以介壳虫、蚜虫等刺吸式害虫的分泌物为营养,只要控制住这类害虫,煤污病自然会消失。因此,治虫是防治该类病害的关键措施。

定期监测,若发现蚜虫为害,喷施50%避蚜雾、50%抗蚜威或25%西维因等药剂,加入紫药水10000倍液效果更好。若发现介壳虫为害,喷施40%速蚧杀乳油、6%吡虫啉可溶性液剂或菊酯类农药,每隔7~10天喷一次,连续喷2~3次。

(3)泥水冲洗:在煤污层很厚、影响植物生长和观赏价值时,用黄泥水冲洗叶片也有立竿见影的效果。

2.20 山茶花炭疽病

【寄主与危害】山茶花炭疽病是山茶种植区普遍发生的重要病害,以春、秋季发生较多,常引起落叶、落蕾、落花、落果和枝条的干枯,削弱树势,减少切花产量。

【病原】山茶花炭疽菌(*Colletotrichum camelliae* Mass.)。

【症状】该病侵害山茶花地上部分的所有器官,主要侵染叶片及嫩梢。叶片上初期为水渍状、浅褐色小斑点,渐扩大成近圆形、赤褐色或褐色的大病斑,上有深褐色与浅褐色相间的线纹;

图 2.20 山茶花炭疽病

后期病斑变为灰白色,边缘稍隆起且为褐色,叶片上轮生或散生许多黑色的小点,即病原菌的分生孢子盘;在湿度大的条件下,从黑色小点内溢出粉红色黏性孢子团。枝梢发病时,叶片突然枯萎,但叶片不变色,数天后叶片逐变为暗绿色或棕绿色,最后变黑枯死。病叶常留在枝条上,但容易破碎。枝干上的溃疡斑梭形、与枝干平行,溃疡斑常有同心轮纹。花器受侵染发生在鳞片上,病斑不规则、黄褐色或黑褐色,后期变为灰白色,分生孢子盘通常在鳞片的内侧口。果皮上的病斑为黑色圆形,后期轮生黑色点粒。如图 2.20 所示。

【发病规律】病菌以菌丝和分生孢子盘在病枯枝、落叶内或在叶芽、花芽鳞片基部、溃疡斑等处越冬。该病有潜伏侵染的现象。翌年春季,新产生的分生孢子由风雨传播,自伤口侵入。4~11 月均可发病,高温、高湿、多雨有利于炭疽病的发生。土壤贫瘠、板结黏重,植株生长不良的情况下容易发病。施用氮、磷、钾的比例不当,通风不良、光照不足,均能加重炭疽病的发生。高温烈日后遇上暴雨,常引起病害的暴发。

【防治措施】(1) 适地适树:栽植地应选择半阴通风、土壤疏松肥沃、呈酸性(pH 5.0~6.5)、排水良好的地块。

(2) 抚育管理:增施有机肥及磷、钾肥;合理密度、保证植株通风透光。发病后及时清除枯枝落叶,剪除有病枝条(从病斑以下 5 cm 的健康组织剪掉,剪口用杀菌剂消毒)。

(3) 化学防治:春季在新梢抽出后,喷洒 1∶1∶100 波尔多液、70% 甲基托布津可湿性粉剂 800 倍液或 50% 多菌灵可湿性粉剂 800 倍液,每隔 10~15 天喷一次药。在雨过天晴后喷药效果最好。

2.21　山茶花褐斑病

【寄主与危害】危害山茶花、茶、油茶等。多发生于苗圃和盆栽山的茶花上,发病严重时可使新梢或整个树木生长衰退。

【病原】茶拟盘多毛孢菌[*Pestalotiopsis theae*(Sawada)Stey]。

【症状】主要危害山茶花叶片和嫩梢。叶片上病斑主要表现在成熟叶或老叶上。病菌多从叶尖或叶缘侵入,初为黄绿色小点,逐渐扩大成近圆形、半圆形或不规则的大斑,黑褐色,边缘明显隆起,病部与健部界限分明。病斑间可相互愈合,后期在病斑上产生呈不明显的轮纹状排列的黑色小点。在潮湿环境下,从小黑点中涌出黑色的胶状物,即分生孢子角。发病严重时,病叶干枯、破裂、脱落。新梢上病斑长形,浅褐色,水渍状,边缘明显,后逐渐凹陷、缢缩、具有小纵裂的溃疡斑。如图 2.21 所示。

【发病规律】病菌以菌丝体或分生孢子盘在树上病组织或病残体内越冬。翌年春天,在适宜的温、湿度条件下产生分生孢子,

图 2.21　山茶花褐斑病

借风雨传播。分生孢子萌发后从伤口侵入寄主组织。该病在高温、高湿的夏、秋季发生较多,排水不良、密植、过于荫蔽、管理粗放及树势衰弱等情况下发生严重。

【防治措施】(1)营林措施:勤锄草、松土,及时排水,合理施肥,适当增施有机肥(磷、钾肥及硫酸亚铁),合理密度,增强植株抗病力。清除落叶,重病枝、叶应及时剪除,以减少侵染源。

(2)化学防治:在春季发病初期,每隔7~10天喷洒50%代森锌800倍液或1∶1∶200波尔多液一次,连续喷2~3次。在夏、秋季病害大发生期,喷甲基托布津800倍液或50%多菌灵500倍液,每隔10~15天喷一次,共喷3~4次。

2.22 山茶花病毒病

【寄主与危害】在山茶花栽植区均有发生。引起花叶或在花瓣上产生"碎色",使植株生长衰退。

【病原】引起茶花花叶的病毒有多种,如山茶花叶黄斑病毒(Camellia yellow mottle leaf virus,简称CYMLV)、山茶花黄斑病毒(Camellia yellow mottle virus,简称CYMoV)等。

图 2.22 山茶花病毒病

【症状】病害症状因病毒种类、山茶花品种不同而异。常见症状有:① 叶面产生大小不一的黄色斑驳。早春新叶的叶脉附近出现淡黄色斑,向全叶扩展,形成黄绿相间斑驳,颜色十分鲜艳;② 叶面产生大小不一的环斑,环斑边缘黄色,中间绿色,斑驳数量多时可布满全叶;③ 红色花朵在花瓣上出现红白相间斑驳,白色斑驳形状大小不一。如图2.22所示。

【发病规律】带病毒的插条、接穗、砧木都可以通过嫁接传染病毒,也可以通过嫁接传染到茶梅和油茶上,但是否由介体传播,尚不清楚。

【防治措施】(1)植物检疫:苗木或砧木、接穗调运或引进时,应加强检疫。

(2)建立无病母本园:无论用何种方式繁殖苗木,都应选择无病毒繁殖材料,建立无病毒母本园。山茶花种植者要认识到病毒病对山茶花生产的危险性,不能将有黄色斑驳、花叶或者有环斑等的山茶花作为"新品种"保留或用作繁殖材料。

(3)化学防治:发病初期喷黄叶速绿植物病毒复合液500倍液,或70%丛毒灵可湿性粉剂100倍液,或10%宝力丰病毒立灭水剂,或5%菌毒清可湿性粉剂400倍液,每隔10天左右喷一次,连续喷3~4次。

2.23 山茶花藻斑病

【寄主与危害】该病是树木上的一种常见病害,感病植株提前落叶,嫩梢生长不良,树势衰退。寄主有山茶、油茶、茶、桂花、木兰、含笑、冬青、梧桐、香樟、广玉兰等多种植物。

【病原】头孢藻(*Cephaleuros virescens* Kunze),是一种寄生性的绿藻。营养体为叶状体,发病部位见到的毛毡状物,即其孢子囊和孢子囊梗。

【症状】主要危害叶片,有时也危害嫩枝。叶片上病斑主要发生在叶正面,病斑为灰绿色或黄褐色,中部灰褐色或深褐色,边缘仍为绿色。病斑正面稍隆起,背面凹陷,边缘不整齐,呈放射状向周围扩展。表面有细条纹状的毛毡状物,直径2～10 cm。后期病斑上的毛毡状物逐渐消失,病斑由灰绿色转为暗褐色或灰白色,表面光滑。如图2.23所示。

【发病规律】病原藻以营养体在寄主组织或病残体上越冬,翌年春季,孢子囊成熟脱落后,借风雨传播,遇水后散出游动孢子。游动孢子借雨、水传播,在潮湿、炎热的条件下,可不断产生游动孢子,进行再侵染。温暖、潮湿的气候条件,有利于孢子囊的产生、传播以及游动孢子的释放、萌发和侵染。植株密集,荫蔽过度,土壤瘠薄、积水、缺肥、管理不善等,造成植株生长不良,有利于藻斑病的发生和蔓延。

图2.23 山茶花藻斑病

【防治措施】(1)栽培措施:最重要的措施是降低湿度。合理密植,及时排水,适时修剪,保证植株间良好的通风透光条件。及时清除病残体,发现病叶及时摘除销毁,减少侵染来源;合理施肥,注意控制水分,切忌过干、过湿,确保植株正常的生长条件。

(2)化学防治:发病初期喷施1:0.5:(160～200)波尔多液,每隔10～15天喷一次,共喷2～3次。开花后喷洒波美0.3～0.5度石硫合剂或苯来特可湿性粉剂1000～1500倍液。

2.24 油茶炭疽病

【寄主与危害】危害油茶、茶梅、山茶花、杉木、泡桐等。该病一直是油茶林中的主要病害,染病后引起落果、落蕾、落叶、枝梢枯死,甚至整株衰亡,各地常年因病减产10%～30%,重病区可减产50%以上。但近年来由于推广新品种,该病危害显著减轻。

【病原】半知菌亚门中的胶孢炭疽菌(*Colletotrichum gloeosporiodes* Penz.)。

【症状】该病危害果、叶、枝梢、花芽、叶芽等当年生各幼嫩部位:果实:病斑黑褐色,圆形,大多脱落或开裂;叶片:嫩叶病斑多在叶缘或叶尖,半圆形或不规则形,黑褐色,有轮纹具紫红色边缘;老病斑下陷,褐色,后期病斑中心灰白色;嫩梢:病斑多发生在新梢基部或中部,椭圆形或梭形,略下陷,边缘淡红色,后期黑褐色,若环绕一周即枯死;花、叶芽:病斑以鳞片的基部为多,不规则,黑褐色,渐变为灰白色。后期病斑上轮生小黑点,为病菌的分生孢子盘,雨后产生黏性淡粉红色的孢子堆。如图2.24所示。

【发病规律】果实炭疽病一般出现于5月初,8～9月为盛期,10月停止。品种为是否发病的关键:有些100%感病,有些100%抗病,有些介于两者之间。雨水是发病轻重的关键:春雨早,发病早;春雨多,发病重。有些植株每年发病,早且重,称之为历史病株。

【防治措施】该病因发生期长,侵染来源广,受害部位多,需采取综合措施。

(1)选育抗病品种:根本措施是选用抗病品种。

(2)清除病源:现有林分中查清历史病株,伐除后补植抗病品种;冬季清除病枝、病叶枯梢、病蕾、病果,以减少病害的侵染来源;在果病初期,及时摘除病果,减少再侵染。

（3）化学防治：喷施丙环唑（敌力特），或50%多菌灵500倍液，或1∶1∶100波尔多液，或25%嘧菌脂等，连喷3～4次。防治关键期在花期和5月前，在安徽于春梢生长后（4月上、中旬）开始防治为好。

（a）病株

（b）病果

图2.24　油茶炭疽病

2.25　油茶软腐病

【寄主与危害】危害多种油茶、茶树等山茶科植物，还侵害其他14个科50多种植物。该病引起油茶大量落叶、落果，甚至叶、果全部落光，不仅影响花芽分化和产量，对植株的生长也十分不利。

【病原】半知菌亚门油茶伞座孢菌（*Agaricodochium camelliae* Liu，Wei et Fan）。病斑上的蘑菇状子实体是它的分生孢子座。

【症状】主要危害叶、芽和果实。叶片：受害叶片初期在叶尖、叶缘或叶的中部出现圆形、半圆形水渍状病斑，阴湿天气病斑迅速扩大，叶肉腐烂，只剩表皮，病叶纷纷脱落。果实：6月开始发病，7～8月最严重，受害果实上出现土黄色或褐色圆斑。气候干旱时病果开始脱落。后期病斑上长出一些黄色小颗粒。如图2.25所示。

【发病规律】叶片在3月开始发病，4～5月阴雨天气蔓延较快，大量发生，6～8月出现高峰，引起落叶、落果，严重时叶、果全部脱落。10月以后，逐渐停止。该病在湿度大、生长衰弱、密度大而荫蔽的油茶林发病较重。在排水不良、杂草丛生的苗圃发病较多。

【防治措施】（1）密度过大的林分，要及时整枝修剪或疏伐，使林内保持通风透光。

（2）冬、春季进行深挖垦复，清除病叶、病果，减少越冬病菌。

（3）苗圃要选择排水良好的地方，并加强管理。

（4）在病害大发生前（5月前），喷1∶1∶100波尔多液、50%多菌灵400倍液或50%退菌特400～600倍液，连喷2次。

(a) 危害状

(b) 病斑放大

(c) 落叶、落果

图 2.25　油茶软腐病

2.26　油茶煤污病

【寄主与危害】 该病又叫烟煤病，常与吸汁性害虫双重危害，如不及时控制，会导致整株枯萎、甚至油茶园衰败。寄主有油茶、茶梅、山茶花等多种林木。

图 2.26　油茶煤污病

【病原】 子囊菌亚门中的煤炱属（*Capnodium* spp.）和小煤炱属（*Meliola* spp.）真菌。

【症状】 危害叶片和枝条，以叶片为明显。在感病的叶片和枝条表面覆盖一层黑色烟煤状物（病原菌的营养体和繁殖体）。由于该菌的营养菌丝、繁殖结构和孢子等大多是暗色的，故菌落呈黑色烟尘状。煤炱菌利用蚧类、粉虱等昆虫排出的蜜露为营养来源，因此，在煤污病发生时，病枝叶上常可见到这类昆虫的为害。受害植株叶片表面被黑色煤层覆盖，使之不能正常进行光合作用。如图 2.26 所示。

【发病规律】 病菌在叶片和枝干上越冬或越夏；病菌孢子或菌丝借昆虫和气流传播。煤炱菌主要以昆虫排出的蜜露为营养来源，有时也利用寄主叶片本身的渗出物，在枝叶表面营腐生生活。据报道，诱发油茶煤污病的昆虫主要是同翅目中的刺绵蚧（*Metaceronema japonzca* Mask）和油茶黑胶粉虱（*Aleurotrachelus camelliae* Kuwana）。

煤炱菌喜凉爽、高湿的环境，因此，阴坡、山坞、密林比阳坡、山脊、疏林发病重。长期荒芜的林地、草灌丛生、通风透光不良、湿度大，也有利于介壳虫和病害的发生蔓延。在一年中，3～5月和 9～11 月为发病高峰期，与刺绵蚧排蜜高峰期 3～4 月和 9～10 月相一致。

【防治措施】(1) 营林措施:加强油茶林的抚育管理,如清除杂草灌木,修剪过密枝和病虫枝,使林内通风透光,促使林木生长健壮,提高油茶抗病能力和形成不利于病虫害发生的环境条件。

(2) 化学防治:煤污病防治的关键是治虫。选择在介壳虫孵化盛期至2龄前进行喷药。常用的农药有50%马拉松1000倍液、25%亚胺硫磷2000倍液、50%三硫磷1500~2000倍液、波美1~2度石硫合剂、10~20倍松碱合剂等。施用农药应注意保护天敌,在介壳虫密度不是很高的林分中不宜滥用,三硫磷对介壳虫天敌黑缘红瓢虫的毒性较小,可优先选用。

(3) 生物防治:黑缘红瓢虫(*Chilocorus rubidus* Hope)是介壳虫的主要天敌,4月在介壳虫虫口指数低于50%的林分中,每株施放1~2头瓢虫就可达到控制介壳虫和煤污病的目的。

2.27 油茶饼病

【寄主与危害】该病又称油茶叶肿病、茶苞病、茶桃等。该病近几年在安徽省部分油茶林发生严重,由于发病后导致新梢枯死,对油茶的生长和产量影响较大。

【病原】担子菌亚门外担子菌目细丽外担子菌[*Exobasidium gracile* (Shirai) Syd.]。

【症状】危害嫩叶、嫩梢、花及子房,导致过度生长。芽、叶肥肿变形;嫩梢受害呈肥肿状;子房受害后肿大如桃,直径5cm,称茶桃或油茶苞。病部有一层白色的粉状物,即病菌的担子和担孢子。如图2.27所示。

【发病规律】病菌以菌丝体在寄主受病组织内越冬或越夏。病菌孢子以气流传播。潜育期为1~2周。病害一般只在早春发病1次,但在较阴凉的大山区又遇低温的年份,发病期可延迟到4月底。阴雨连绵的天气有利于发病。

叶龄影响病菌的侵入和发病,叶片淡绿色阶段易受侵染并发病;叶片绿色阶段能产生次要发病形态;叶片深绿色阶段发病受抑制。林分环境对病害的发生有显著影响,在山洼或阴坡、通风不良、阳光不足的茂密林分中发病较重。病害与油茶品种的关系较为密切,春季萌动较迟的品种抗病(时间避病)。

图2.27 油茶饼病

【防治措施】(1) 降低林分密度,增加通风透光条件,减轻病害。

(2) 在担孢子成熟飞散前,摘除病原物并烧毁或土埋,减少病害再次侵染来源。

(3) 在孢子飞散前,喷洒1∶1∶100波尔多液、500倍敌克松液或10%吡唑醚菌酯500倍液,有一定的防治效果。

2.28 油茶白朽病

【寄主与危害】油茶等。该病又名半边疯、白腐病,是油茶老林内常见的病害。病株生长衰退,最后半边或全株枯死。

图 2.28　油茶白朽病

【病原】担子菌亚门中的碎纹伏革菌（*Corticium scutellare* Bertk et Curt.）。

【症状】主要危害老树的主干，并常延及枝条，发病多从背光的阴面开始。病部局部凹陷，发病的皮层为石膏状白粉层平铺表面，即病菌子实体。病斑纵向发展快于横向发展，因而树木呈半边枯死。如图 2.28 所示。

【发病规律】一般树龄超过 20 年开始发病，以后随树龄增加而病情加重，80 年以上的发病率可达 50% 以上。阴坡、山坳、密林、土壤瘠薄、管理差的油茶林发病较重。

【防治措施】（1）营林措施：及时垦复、施肥，以促进生长。冬季至早春，清除病株、病枝，以减少侵染源。对于发病严重的林分，已失去经济价值，应重新造林。

（2）化学防治：轻病枝、干在刮除病菌后，涂抹 1∶3∶15 波尔多浆。

2.29　油茶白绢病

【寄主与危害】该病又称菌核性根腐病，以苗木受害严重。苗木受害后，水分和养分输送受阻，以致生长不良，叶片逐渐变黄凋萎，最后全株直立枯死。寄主有油茶、乌桕、核桃、柑橘、苹果、香榧、香椿、青桐、马尾松、杉木、楸树、梓树、楠、香樟等树种以及许多农作物。

【病原】半知菌亚门中的齐整小核菌（*Sclerotium rolfsii* Sacc.）。

【症状】病害多发生于接近地表的苗木茎基部，初期皮层出现暗褐色斑点，不久即在其表面产生白色绢丝状菌丝体。天气潮湿时，菌丝可蔓延至地面，并沿土表伸展。最后在病株根茎部及附近的浅土中，出现油菜籽状小菌核，初呈白色，后变淡红色、黄褐色，终至茶褐色。病苗容易拔起，其根部皮层腐烂，表面有白色绢状菌丝层及小菌核产生。如图 2.29 所示。

图 2.29　油茶白绢病

【发病规律】病菌主要以菌核在土壤中越冬，也可在病株残体或杂草上越冬。翌年土壤温、湿度适合时，菌核萌发产生新的菌丝体，侵入苗木茎基部或根颈部为害。因此，土壤中的病原菌是每年苗木发病的重要侵染来源。病菌菌丝能沿土表向邻株蔓延，特别在潮湿天气，当病、健株距离相近时，菌丝极易蔓延扩展，形成小块病区。夏季降雨时，病菌菌核易随水流传播而引起再次侵染。此外，调运病苗、移动带菌泥土以及使用染菌工具也都能传播病菌。

一般在6月上旬开始发病,7～8月为病害盛发期,9月末病害基本停止。随后在病部菌丝层上形成菌核,进入休眠阶段。菌核在土壤中能存活5～6年。

土壤湿度较大、黏重板结的圃地发病率较高;有机质丰富、含氮量高的圃地发病较轻。

【防治措施】防治白绢病必须采取"预防为主,综合防治"措施。

(1)整地晒地:整地时深翻土壤,将病株残体及其表面的菌核埋入土中,可使病菌死亡。采用土壤曝晒法效果良好,即在炎热的季节,用透明的聚乙烯薄膜覆盖于湿润的土壤上,促使土温升高以杀死菌核。

(2)土壤消毒:播种前每亩(1市亩≈667 m²)地用75%五氯硝基苯粉(或80%敌菌丹粉)1 kg+细土15 kg(撒在播种沟内或结合整地翻入土壤里)进行消毒,或施用多菌灵+福美双混合药粉。

(3)实行轮作:发病严重的圃地,可与玉米、小麦等不易受侵害的禾本科作物进行轮作。轮作年限应在四年以上。

(4)加强管理:筑高床、疏沟排水,及时松土、除草,并增施氮肥和有机肥料,以促使苗木生长健壮,增强抗病能力。

(5)病情处理:在发病初期,用1%硫酸铜液浇灌苗根,防止病害继续蔓延,或用10 ppm萎锈灵、25 ppm氧化萎锈灵抑制病菌生长。在菌核形成前,拔除病株,并清理其周围的病土,添换新土。在发病的苗圃地,每亩施生石灰粉50 kg,可减轻下一年的病情。

2.30 广玉兰叶斑病

【寄主与危害】危害广玉兰、含笑、玉兰、厚朴等。该病很少成灾,在发生严重时,可引起大量落叶,影响树木生长及其观赏。

【病原】半知菌亚门中的木兰叶点霉($Phyllosticta\ magnolia$ Sacc.)。

【症状】主要危害叶片。病斑初期为黄色至浅褐色,近圆形或不规则形,数个病斑可连成更大病斑。病斑边缘有赤褐色线纹,中部灰白色,其上散生黑色粒状物(病原菌的分生孢子器),后期病斑处易破裂。如图2.30所示。

【发病规律】病菌在寄主植物病叶和病残体上越冬。翌年春天产生分生孢子,借风雨传播。梅雨季节长、夏季雨水多容易发病;一般8～9月病情较重;叶片受到损伤有利于病菌侵入危害。

【防治措施】(1)清除病源:及时清除病落叶,集中烧毁或深埋。对零星发病的重病叶,可及时摘除并销毁。

(2)化学防治:发病前喷1∶1∶100波尔多液或70%可杀得300～500倍液1次,进行预防。发病后喷70%甲基托布津800～1000倍液,每隔10～15天喷一次,连续喷2～3次。

图2.30 广玉兰叶斑病

2.31　八角金盘炭疽病

【寄主与危害】危害八角金盘、香樟、山茶、杉木、枇杷、银杏、女贞、枣等多种针、阔叶乔、灌木、园林花卉、果树等植物。八角金盘炭疽病是近年来八角金盘上最严重的病害,受害植株病叶开裂、皱缩、畸形,降低其观赏性,严重时病叶干枯而死。

【病原】病原为胶孢炭疽菌(*Colletotrichum gloeosporioide* Penz.)和球状炭疽菌[*Colletotrichum coccodes* (Wall) Hughes]。

图 2.31　八角金盘炭疽病

【症状】主要危害幼叶、叶柄和浆果。叶片初期在叶脉或叶脉间出现针头大小的褐色略凹小点,周围具淡黄色晕圈,病斑背面突起;后期病斑扩大成 3～6 mm,病斑正面灰白色、疥癣状略增厚,病斑背面圆形疣状突起,病斑中间开裂,病部发硬发脆。病斑多时病叶可以开裂、皱缩、畸形,最后病叶干枯而死。叶柄、叶脉和浆果果柄上病斑褐色,淡黄色晕圈不明显,病斑椭圆型或长圆形,病斑开裂明显,多个病斑融合时呈龟裂状。如图 2.31 所示。

【发病规律】病菌以菌丝和分生孢子盘在病残体上越冬。条件适宜时病菌产生大量的分生孢子,随风雨、气流传播,从寄主的伤口或气孔侵入。该病是典型的高温性病害,6～9 月高温条件下病害蔓延迅速。

【防治措施】(1)栽培措施:早春收集病枝、叶,结合修剪,将苗木中的病叶及时摘除,并集中烧毁,减少侵染源。及时排水、松土、施肥,促进植株生长,增强抗病力。

(2)化学防治:春季在新梢抽出后喷洒 1∶1∶100 波尔多液、70% 甲基托布津 800 倍液或 50% 多菌灵 800 倍液,每隔 10～15 天喷一次。雨过天晴后喷药效果最好。

2.32　狭叶十大功劳白粉病

【寄主与危害】该病是十大功劳的主要病害之一,发生十分普遍,严重影响植株的生态功能和观赏价值。

【病原】子囊菌亚门白粉菌目中的单丝壳菌[*Sphaerotheca pannosa* (Wallr.) Lév.],无性阶段为半知菌亚门丛梗孢目中的白尘粉孢(*Oidium leuconium* Desm.)。

【症状】主要危害叶片。起初在感病部位出现白色的小粉斑,逐渐扩大为圆形或不规则的白粉斑,严重时白粉斑相互连接成片,布满全叶。如图 2.32 所示。

【发病规律】病原菌以菌丝体在叶中越冬。翌年病菌随芽萌发而开始活动,侵染幼嫩部位,

图 2.32　狭叶十大功劳白粉病

产生新的病菌孢子,借助风力等方式传播。春季以 5～6 月,秋季以 9～10 月发生较多。

【防治措施】(1)营林措施:保持合理密度,通风透光,降低湿度,避免施过多的氮肥,适当多施磷肥。

(2)物理防治:结合修剪去除病枝、病芽和病叶,减少侵染源。

(3)化学防治:发病初期喷洒 15% 的三唑酮(粉锈宁)可湿性粉剂 1000 倍液或 70% 甲基托布津可湿性粉剂 1000 倍液,每隔 7～10 天喷一次,连续喷 2～3 次。

2.33 青冈栎褐粉病和紫粉病

【寄主与危害】危害青冈栎叶背的白粉病有两种:褐粉病与紫粉病。是安徽省山区青冈栎的常见病,影响树木的光合作用和生长势。

【病原】① 褐粉病:子囊菌亚门中的来特单丝壳白粉菌[*Sphaerotheca wrightii* (Berk. et Curt.) Höhn.];② 紫粉病:[*Cystotheca lanestris* (Harkn.) Miyabe]。

【症状】① 褐粉病:在叶背面生黑褐色粉霉状物,很似煤污病,但不脱落,在叶片正面,病斑对应处出现淡黄色斑块;② 紫粉病:前期为白色粉状,后期逐渐成为暗褐色绒状菌层。如图 2.33 所示。

(a) 褐粉病　　　　(b) 紫粉病(叶表面症状)　　　　(c) 紫粉病(叶背面症状)

图 2.33　青冈栎褐粉病和紫粉病

【发病规律】青冈栎褐粉病、紫粉病实际上都属于白粉病类,但菌体是黑褐色或后期为暗紫褐色不同于一般白粉病。目前对该病害缺乏专门的观察和研究,发病规律尚不清楚。

【防治措施】参见板栗白粉病。

2.34 月季黑斑病

【寄主与危害】危害月季等多种蔷薇科植物,严重影响植物的生长发育和观赏价值。

【病原】半知菌亚门中的蔷薇放线孢菌[*Actinonema rosae* (Lib.) Fr.]。

【症状】病菌侵害叶片和嫩梢。叶片上病斑呈圆形、近圆形或不规则形,紫褐色,边缘呈明显放射状。后期病斑中心变为灰白色,并产生许多针头大的黑色小颗粒,此即病菌的分生孢子盘。病斑可相互汇合,致使叶片枯黄,提早落叶。嫩梢、叶脉、叶柄上的病斑为长椭圆形,稍隆

图2.34 月季黑斑病

起,暗黑色。如图2.34所示。

【发病规律】病菌以菌丝体在芽鳞、叶痕及枯枝落叶上越冬。翌年早春形成分生孢子,借风雨、或浇灌水喷溅传播。孢子萌发后直接自表皮侵入,可重复侵染,整个生长季节均可发病,呈现逐渐加重趋势。植株衰弱时易发病。

【防治措施】(1)清除病源:入冬时结合修剪,彻底清除病枝及枯枝落叶,一并销毁。用1%的硫酸铜液于休眠季节喷洒植株,杀死病残体上越冬菌源。

(2)控制湿度:栽植或花盆摆放密度要适宜,保持通风透光;浇水宜用沟灌、滴灌或盆边浇水,切忌喷灌。

(3)化学防治:发病期间喷洒50%多菌灵500倍液、70%甲基托布津1000倍液或1∶1∶100波尔多液,每隔7～10天喷一次;冬季修剪后喷波美3～5度石硫合剂以铲除病菌。

(4)科学施肥:增施有机肥和磷、钾肥,提高植株抗病性。

2.35 月季白粉病

【寄主与危害】该病是月季、玫瑰生产上的重要病害,发生早、蔓延速度快、危害时间长,如不及时防治,会导致该病迅速流行,造成毁灭性危害。

【病原】子囊菌亚门蔷薇单囊壳[*Sphaerotheca rosae*(Jacz.)Z. Y. Zhao.]和毡毛单囊壳[*Sphaerotheca pannosa*(Wallr. ex Fr.)Lév.]。

【症状】主要危害叶片、叶柄、嫩梢及花蕾。嫩叶正反面生白色粉层,扩展后覆满整个叶片,呈淡灰色,有时叶色变为紫红色;新叶皱缩、扭曲、畸形;成熟叶染病初期在叶上生不规则粉状霉斑,后病叶从叶尖或叶缘开始逐渐变褐,致全叶干枯脱落;花蕾染病萎缩枯死,花萼、花瓣、花梗畸形,病重者不能开花。如图2.35所示。

【发病规律】病菌以菌丝体或闭囊壳在芽、叶或枝上越冬。翌年子囊孢子或分生孢子经风传播,从叶片气孔或直接侵入植物体。气

图2.35 月季白粉病

温15 ℃时开始发病,17～25 ℃为发病适宜温度,30 ℃以上较少发病。病菌对湿度适应范围很广,温暖、潮湿季节发病迅速,5～6月和9～10月是发病盛期。土壤中氮肥过多或钾肥过少时易发病。

【防治措施】(1)合理施肥:适当增施磷钾肥,避免过多施用氮肥。

(2)栽培管理:保持通风透光,及时剪除病枝、病叶,并集中焚烧或深埋处理。

(3)化学防治:发病前喷洒保护剂,如10%粉锈宁可湿性粉剂800倍液或75%百菌清可湿

性粉剂600～800倍液,每隔7～10天喷一次,连喷2～3次。

2.36 月季锈病

【寄主与危害】 危害月季、玫瑰等蔷薇属植物。该病是蔷薇属的一种多发性病害,常引起植株叶早落,生长不良,严重影响其观赏价值。

【病原】 以多孢锈菌属的短尖多孢锈菌[*Phragmidium mucronatum* (Pers.) Schltdl.]和多花蔷薇多孢锈菌(*P. rosae-multiflorae* Diet.)为常见。该类锈菌虽产生5种类型的孢子,但为单主寄生菌。

【症状】 主要危害芽和叶片,但嫩枝、叶柄、花托、花梗等部位亦能受侵害。春季萌芽期,病芽初期呈淡黄色,基部肿大,在1～3层鳞片内长出大量橘黄色粉状物,似小黄花。病芽不能生长,有的弯曲、畸形,15～20天后枯死。嫩叶受害后,叶片上产生不规则黄色病斑,其叶正面丛生不明显的黄色小点状性孢子器,叶背面生有橘红色锈孢子堆,后在其上产生橘黄色夏孢子堆,严重时叶面布满黄色斑点。秋季叶背面病斑上产生黑褐色粉状的冬孢子堆,秋季腋芽若被病菌侵染,冬季多枯死。植株受害部位常畸形,病株提早落叶,生长衰弱。如图2.36所示。

(a) 叶正面　　　　　　　　　(b) 叶背面

图2.36　月季锈病

【发病规律】 以菌丝在芽内或发病部位越冬,或以冬孢子在枯枝病叶和落叶上越冬。每年4月下旬开始发病,5月下旬至7月初、8月下旬至9月下旬为发病盛期。8月上中旬,平均气温在27℃以上,夏孢子不萌发。9月下旬以后,仅腋芽发病。雨水多而均匀的年份和四季温暖的多雨雾地区有利于该病的发生与流行,而在夏季高温或冬季寒冷地区则发病较轻。

【防治措施】 (1) 选用抗病品种:选择抗锈病的月季品种和无病母株繁育。

(2) 栽培措施:清除病枝、病叶,减少侵染来源。发病初期发现病芽,立即摘除销毁。合理施肥,适当增施钾镁肥和充分腐熟的有机肥,促进植物健壮生长。

(3) 化学防治:发病期喷50%多菌灵可湿性粉剂800倍液、50%代森锰锌500倍液或25%粉锈宁可湿性粉剂1500倍液,每隔10～15天喷一次,连喷2～3次。

2.37 竹黑痣病

【寄主与危害】 该病又称叶疹病,在竹产区普遍发生,竹子受害后生长衰退,病叶易枯萎脱落,出笋显著减少。寄主有桂竹、淡竹、毛竹、水竹、孝顺竹、青皮竹、慈竹、粉单竹、矢竹等。

【病原】子囊菌亚门中的多种黑痣菌（*Phyllachora* spp.）引起，现已知有以下 4 种：刚竹黑痣菌（*P. phyllostachydis* Hara）；圆黑痣菌（*P. orbicular* Rehm）；白井黑痣菌（*P. shiraiana* Syd.）；中国黑痣菌（*P. sinensis* Sacc.）。

【症状】仅危害叶片。病害于每年 8～9 月开始发生，在叶表面生圆形或纺锤形、黄红色的病斑。翌年 4～5 月病斑上产生有光泽的小黑点，稍隆起，为病菌的子座，病斑外围仍呈黄红色。有时斑点互相联合成不规则形，受害严重时，病叶变褐枯死。如图 2.37 所示。

（a）危害状　　　　　　　　（b）子实体

图 2.37　竹黑痣病

【发病规律】病菌以菌丝体或子座在病叶中越冬。翌年 4～5 月子实体成熟，释放子囊孢子，子囊孢子借风雨传播。病竹发病从近地面的叶片开始，然后逐渐往上蔓延。

【防治措施】（1）营林措施：按期采伐老竹，保持竹林通风透光；及时松土、施肥，促进竹林生长，增强抗病力；早春收集病叶烧毁，减少侵染源。

（2）化学防治：在 6 月喷洒 1∶1∶100 波尔多液、75％百菌清或 50％托布津 500～800 液，每隔 10～15 天喷一次，连喷 2 次。

2.38　竹叶锈病

【寄主与危害】刚竹等。发病严重时锈斑布满全叶，造成提早落叶，对受害竹的生长有明显影响。

图 2.38　竹叶锈病

【病原】锈菌目柄锈属中的锈菌（*Puccinia* spp.）。在南京发现竹叶锈病菌有两种：刚竹柄锈菌（*Puccinia phyllostachydis* Kusano）和长角柄锈菌（*P. logicornis* Kom.），它们可以侵染多种竹，但寄主不完全相同。

【症状】侵染成竹和幼苗，叶上不产生坏死性病斑，而在叶背面产生黄褐色突起的孢子堆；叶片褐色、失绿，严重时叶片萎蔫、卷曲、下垂、生长不良。如图 2.38 所示。

【发病规律】竹叶锈病的转主寄主不详。以菌丝和夏孢子越冬。发病高峰期分别在 4 月和 9～10 月。

竹苗密集、湿度大的竹林发病较严重。

【防治措施】（1）加强苗圃管理：竹林保持适当种植密度，改善植株通风透光条件。

（2）清除病源：及时收集病落叶烧毁，以减少菌源。

（3）化学防治：在生长季节喷1∶1∶100波尔多液、波美0.1～0.2度石硫合剂或15％粉锈宁800～1000倍液，可控制该病的发展。

2.39　竹叶煤污病

【寄主与危害】病株遭受煤污病菌和蚜虫、介壳虫等双重危害，致使生长衰弱，严重时可造成叶脱落，小枝枯死，竹林衰败。

【病原】子囊亚门中的煤炱菌（*Capnodium* spp.）。多数煤污病菌以昆虫的分泌物为营养，在蚜虫和介壳虫发生的时候，煤污病也随之发生。

【症状】危害叶片、小枝及嫩茎。受害竹叶及嫩茎表面覆盖着一层黑色霉层，影响竹子光合、呼吸等生理机能。叶背面通常可发现一些刺吸式昆虫危害的痕迹，如竹舞蚜（见图7.21）等。如图2.39所示。

【发病规律】病菌借风雨和昆虫传播，常在春秋两季发病。竹叶煤污病的发生常与竹林管理不善、竹林密度过大、竹子生长细弱以及蚜虫、介壳虫的危害有密切关系。

【防治措施】（1）加强管理：合理砍伐，留养适度，保持竹林通风透光，可减少病虫发生。

图2.39　竹叶煤污病

（2）治虫除病：防治煤污病的根本措施是治虫。当蚜虫、介壳虫活动时，用40％乐果1000倍液、40％亚胺硫磷乳剂500～800倍液或松脂合剂20倍液进行防治，能取得较好的效果。也可用乐果乳剂浇灌根部土壤，使药液被竹根吸收，从而达到治虫防病的目的。

（3）用黄泥水喷洒病部，泥干后连同菌苔一起脱落。

2.40　竹黑粉病

【寄主与危害】寄主为桂竹、水竹、刚竹等。病害可使新梢枯死，影响发笋，两年发病的竹林将明显衰败，但目前在安徽境内该病造成显著损失的情况并不多见。

【病原】白井黑粉菌（*Ustilago shiraiana* P. Henn.）。

【症状】该病又称黑穗病。主要侵染新梢，偶尔危害较老的茎和竹笋。春季（4～5月）病梢稍肿大，叶鞘淡紫色，后开裂散出黑粉，为病菌的厚垣孢子，受害笋顶端数节密生黑粉。受害枝常形成不明显的丛枝状。如图2.40所示。

【发病规律】病菌通过孢子随风传播。多发生在生长密集、郁闭度过大、通风不良、经营管理不善的竹林，尤其在沟边宅旁、湿度较大的竹林发病重。每年发病一次。

【防治措施】（1）栽培措施：一旦竹林内出现少数发病竹株，应在黑粉飞散前及时砍除病竹，并将其烧毁。

（2）化学防治：喷施50%多菌灵500倍液，也可选用萎锈灵或苯来特等。

（a）危害状

（b）病枝放大

图2.40　竹黑粉病

2.41　竹秆锈病

【寄主与危害】 危害淡竹、刚竹、箭竹、刺竹和哺鸡竹等，在局部竹林发病严重。受害部位变黑，材质发脆，影响竹材工艺价值，发病严重的竹子枯死，竹林逐渐衰败。

【病原】 皮下硬层锈菌[*Stereostratum corticioides*（Berk et Br.）Magnus]。

【症状】 病害多发生于竹秆中下部或基部，逐渐向上扩展。重病竹林上部小枝也会发病。病部最初产生梭形退色黄斑，6～7月，竹秆表面或老病斑的周围产生点状、条状或梭形黄斑。11月至翌年4月，在黄斑上产生黄色、革质的毡状物，即病菌冬孢子堆。5～6月，在原产生冬孢子堆处外围产生一层铁锈色粉状物，即病菌的夏孢子堆。该菌是先产生冬孢子堆，后产生夏孢子堆，与一般锈菌产孢顺序相反。如图2.41所示。

【发病规律】 该锈菌的转主寄主尚未发现。冬孢子虽能产生担孢子，但担孢子不能侵染竹，唯一的侵染来源是一年1次产生于冬孢子堆下的夏孢子。病害多发生于2～3年生以上的植株。地势低洼、生长过密、通风不良、湿度大的竹林发病重。

【防治措施】（1）营林措施：加强抚育管理，如培土和施肥可促使发笋旺盛，避免竹林衰败。在竹林发病率低于10%时，通过每年常规砍竹（3月前砍竹）时注意砍除病竹，病情能基本得到控制。

图2.41　竹秆锈病

（2）化学防治：发病竹林必须于3月上中旬对竹秆病部涂药，一年1次，药剂可用1∶1的煤焦油加柴油配成的溶液（也可直接用重柴油）。病部涂药需连续三年才能取得显著效果。500 m范围内的病竹林应该同时进行防治，以免发生新的侵染。

2.42 竹丛枝病

【寄主与危害】该病又称扫帚病,分布极广。病竹生长衰弱,发笋量显著减少,严重者逐渐枯死,竹林常因病而衰败。寄主有刚竹、淡竹、苦竹、桂竹、水竹等。

【病原】属于子囊菌亚门中的竹瘤座菌[*Balansia take* (Miyake) Hara]。也有学者认为是植物菌原体(*Phytoplasmas*),真正的病原有待进一步研究。

【症状】被侵染的新梢,初延伸成多节细弱的蔓状枝,病枝上叶片明显变小。秋天或翌春才开始产生小侧枝,以后丛生小枝逐年增多,老病枝常呈鸟巢状下悬。每年4~5月,病枝新梢端部叶鞘内产生白色米粒状物,即病菌的子实体,大小为(5~8) mm×(1~3) mm,在9~10月病枝秋梢端部也会产生米粒状物,但不如春天多。如图2.42所示。

图 2.42 竹丛枝病

【发病规律】病菌在未枯死的病枝内越冬。病枝上子实体中的分生孢子在5~6月成熟。通过风雨传播,从新梢端部嫩叶喇叭口侵染梢端生长点,约经40天以上的潜育期,被侵新梢重新开始生长,但叶片显著变小。病小枝不断生长,直至夏秋高温期才停止,成细长蔓枝,以后发展成丛枝。病枝梢在冬天常被冻死,促使翌春产生更多的丛生小枝。多年生的病丛枝越来越细弱,而且容易枯死。

【防治措施】(1) 营林措施:按竹龄大小合理砍伐,并及时松土、施肥,促进竹林旺盛生长,提高抗病力。

(2) 物理防治:发现病株,立即剪除病枝并烧毁。

(3) 造林时不要在有病竹林内选取母竹。

2.43 竹赤团子病

【寄主与危害】危害刚竹、毛竹、桂竹、水竹、淡竹等。小枝受害后,枝叶逐渐枯黄,小枝易折落,目前危害性不大。

【病原】子囊菌亚门中的竹黄菌(*Shiraia bambusicola* Henn.)。

【症状】该病主要危害小枝。发病初期,感病小枝叶鞘膨大破裂,产生灰白色米粒状物,肉质,后变为软木质。颜色逐渐变为淡黄色至赤灰色。随后,米粒状物继续膨大成球形、长椭圆形、不规则块茎状,粉红色,为病原菌的子座。如图2.43所示。

【发病规律】病菌的孢子借风、雨传播,病害多于春季发生。管理不善、生长衰弱的竹林易发病。

图 2.43 竹赤团子病

此外,春夏高温、多雨有利于病害发生。

【防治措施】(1)营林措施:造林时不取病竹栽植;合理密植,对过密竹林应适当疏伐,减小密度。

(2)物理防治:发现病竹及早砍除,随时剪除病枝并集中烧毁。

2.44 毛竹枯梢病

【寄主与危害】危害毛竹。该病发生轻者枝梢枯死,重者整株枯死,曾连续多年被列为国内植物检疫对象,但近20年几乎鲜见发生。

【病原】属子囊菌亚门中的竹喙球菌(*Ceratosphaeria phyllostachydis* Zhan.)。

【症状】该病危害当年生新竹。感病新竹主梢或枝条的节叉处先出现舌状或梭形病斑,色泽由淡褐色逐渐加深至紫褐色。当病斑包围枝(干)一圈时,其上部叶片变黄,纵卷直至枯死脱落。根据发病部位及发病程度,在病竹林内最后出现3种类型症状:枯梢、枯枝和整株枯死。翌春,在枯死的病部开始产生稀疏的黑色颗粒状物,即为病原菌的子实体。如图2.44所示。

图2.44 毛竹枯梢病

【发病规律】病菌以菌丝体在寄主组织内潜伏越冬,一般可存活3～5年。每年4月开始形成子囊壳,子囊壳于5月中旬到6月中旬成熟,并在阴雨或饱和湿度的条件下释放孢子,借风雨传播。在发病竹林内,如果病枯枝(株)残留量多,4月气温回升快,5～6月雨水多(达300 mm),7～8月高温干旱期长,病害严重。在山岗、林缘、高山、阳坡、纯林内的新竹发病重。

【防治措施】(1)抚育管理:冬春出笋前,结合常规砍竹,彻底清除林内枯枝、枯梢和枯株,减少病菌的侵染来源。有些地方采取调节当年新竹成竹的措施来控制该病的发生,即连续三年不留笋(选小年－大年－小年),可"饿死"林内病原菌。

(2)化学防治:在5月中下旬到6月中下旬新竹发枝放叶期,喷施50%苯来特1000倍液或1:1:100波尔多液,每隔10天喷一次,连喷2～3次。

2.45 毛竹基腐病

【寄主与危害】危害毛竹等。轻者在竹秆基部留下凹陷的烂斑,降低材质,易遭风折;重者病斑包围竹秆一圈或大部,造成全株枯死。

【病原】半知菌亚门中的暗色节菱孢菌(*Arthrinium phaeospermum* Ellis)。

【症状】危害幼竹和笋,主要发生在嫩竹(笋)近基部几节上。初期病斑为褐色至紫酱色的小点,此时由于笋箨包裹着,不易被发现;后期(5～6月)病部表面布满白色、淡紫色或粉红色的霉状物。重者嫩竹(笋)枯萎,轻者带病成竹的秆基部留下若干带状或块状烂疤,中间凹陷或开裂,此时病斑变成浅黄色至苍白色,病竹易风折。如图 2.45 所示。

【发病规律】病菌主要以菌丝和孢子在土壤中和病株残体内存活越冬。发病时间一般在 4 月底、5 月初,此时竹笋高约 1.5 m,基部的第 3~5 节笋箨开始张开,笋嫩壁尚未木质化,处于易感病状态,这时如遇大雨,反溅的雨水可以把土壤中的病菌孢子带到张开的笋箨内,加上未脱落的笋箨内积有足够的雨水,非常有利于孢子的萌发和侵入。整个发病期一般持续 20~30 天,待幼竹木质化后就不再侵染。发病程度与 4~5 月的降雨量、温度有密切联系,多雨低温的气候条件有利于病害的发生和发展。地势低洼、地下水位高、排水不良的竹林受害重。

图 2.45　毛竹基腐病

【防治措施】(1)营林措施:低洼积水处的竹林要开沟排水,降低地下水位。出笋前竹林内添加不带菌的客土 20 cm,既有利于竹林培育,对该病防治也有一定效果。4 月底、5 月初的发病初期,要尽快剥除竹秆基部的笋箨,减少感病部位的局部积水现象。

(2)化学防治:对常发病的竹林,出笋前,在病竹林土壤中每亩施用生石灰 125 kg,再用锄头浅翻一遍。在出笋后的发病初期,用 70% 甲基托布津、20% 粉锈宁乳剂 200 倍液或 40% 稻瘟净 80 倍液喷洒嫩竹基部,有一定效果。

2.46　棕榈叶尖枯病

【寄主与危害】该病是棕榈的常见病害。受害植株叶片尖端,甚至叶片大部染病枯死,影响植株正常生长和观赏价值。

【病原】半知菌亚门盾壳霉菌(*Coniothyrium* sp.)。

图 2.46　棕榈叶尖枯病

【症状】危害叶片。初期从叶尖沿叶缘变色,随后逐渐形成灰黑色、长椭圆形病斑。病斑由叶片尖端向叶基部扩展蔓延,连成不规则大斑,其边缘深褐色,较宽,与健康组织交界明显。后期,受害部位渐变灰白色,其上生有大小约 0.1 mm 的黑色小点(分生孢子器),不规则分布在叶片两面。叶柄也可受害,病部为段斑,边缘有较宽的深褐色环斑,中央部位灰白色干枯,其上生有小黑点。如图 2.46 所示。

【发病规律】病菌以菌丝或子实体(分生孢子器)在病组织内越冬,翌年早春开始侵染,4 月病斑就陆续出现,产生分生孢子进行传播侵染。5 月以后气温升高、湿度增大时,病情逐渐加重,直至秋末气温降低、湿度减小时病情才逐渐下降。

【防治措施】(1)栽培管理:增施磷钾肥,移栽过密植株,提高生长势。

（2）清除病源：在病菌分生孢子成熟前剪除病叶集中烧毁，减少侵染源。

（3）化学防治：发病期喷洒 50% 多菌灵 500 倍液或扑海因 1000～2000 倍液，每隔 10～15 天喷一次，连喷 2～3 次。

2.47 棕榈心腐病

【寄主与危害】 危害棕榈等。可在局部地段引起成片棕榈枯萎死亡。

【病原】 半知菌亚门中的宛氏拟青霉（*Paecilomyces varioti* Bainier）。

【症状】 该病又称心腐病或干腐病。心叶灰黄色，无光泽，基部变褐腐烂，心叶轻拉即脱离。后期叶片枯萎下垂，整株死亡。干基横断面变色，面积占圆盘的 3/4 左右，有烂梨气味，在潮湿的环境下，横断面次日生长出大量白色菌丝体。如图 2.47 所示。

（a）危害状　　　　　　　　　（b）干基剖面

图 2.47　棕榈心腐病

【发病规律】 病菌在病株内越冬，翌年 5 月开始扩展，由伤口侵入，潜育期数月。一般 6～8 月为死亡高峰期，10 月后逐渐下降。气温过低、地势低洼、土壤黏重板结或剥棕过多，影响棕榈正常生长的环境，均易发病。

【防治措施】（1）营林措施：选择或改善立地条件，尤其是注意清沟排水，保持土壤良好的透气条件。

（2）化学防治：刮除病斑，然后涂 50% 代森铵原液或 50% 多菌灵 10 倍液，有一定效果。

第 3 章　阔叶落叶树病害

3.1　杨树黑斑病

【寄主与危害】 黑斑病是杨树叶部的主要病害之一,各栽培区都有发生,病株叶片不能正常进行光合作用并提早落叶,严重影响树木生长,且防治难度大。寄主有多种杨树。

【病原】 半知菌亚门中的杨生盘二孢菌[*Marssonia brunnea*（Ell. et Ev.）Sacc.]。

【症状】 主要危害叶片,有的嫩梢也可受害。病害由下部叶片逐渐向上蔓延。多数杨树上的病斑先出现在叶正面,后叶背也可能产生,病斑圆形或近圆形,直径一般不超过 0.5 mm。嫩叶上病斑初为红色,后为黑褐色;老叶上病斑开始即为黑褐色。病部中央有乳白色黏液状分生孢子堆。病斑常密集着生,连接成不规则斑块,严重时叶变黑枯死。叶柄、嫩梢上病斑呈梭形,中央稍凹陷。也有的杨树（如小叶杨）病斑先在叶背产生,后叶正面也有,病斑直径 0.2~1 mm,其他症状同上。如图 3.1 所示。

(a) 苗木危害状　　　　　　　　　　　(b) 病叶

图 3.1　杨树黑斑病

【发病规律】 病菌以菌丝体在落叶或枝梢病斑中越冬,翌年春产生分生孢子,借风雨、云雾等传播。在安徽一般 4 月中、下旬开始发生,直至秋后停止,但以春季为重。病害发生与否取决于发病季节雨日和雨量,据意大利报道:春季旬平均气温在 10~15 ℃,1~2 天持续降雨量在 20~30 mm 时;夏季旬平均气温在 15~20 ℃,1~2 天内持续降雨量达 30~40 mm 时,将出现一次发病高峰。

【防治措施】（1）苗圃地选择:选择排水良好的圃地;避免连作,若连作要彻底清除枯枝落叶;育苗地尽量远离感病的杨树大苗区或大树。

（2）栽培管理:注意清沟排水;合理密植,确保苗木或林木通风透光;适当施肥,促进幼苗初期生长,增强抗病力。

(3)化学防治:在苗木生长出1~2片真叶时开始喷药。药剂可选择70%代森锰锌可湿性粉剂600倍液,或1:1:160倍的波尔多液,或65%代森锌500倍液,或50%多菌灵600倍液等,每隔15天喷一次,连续喷2~3次。

3.2 杨(青杨)叶锈病

【寄主与危害】叶锈病在各地均有发生,也是当前杨树叶部的主要病害之一。发病后引起早期落叶,严重影响树木的生长和秋季木质化的形成,易诱发枝枯病。寄主有青杨派和黑杨派中的很多种类及其之间的杂交种。

【病原】锈菌目、栅锈菌属(*Melampsora* sp.)。安徽地区仅见夏孢子,未见冬孢子,对该病的病原缺乏深入研究,可能是落叶松-杨栅锈菌(*Melampsora larici-populina* Kleb.)侵染所致,每年初侵染来源有两种可能:① 以夏孢子越冬的本地接种体。② 由北方转主寄主(落叶松)通过风力逐步传入的接种体。

图3.2 杨(青杨)叶锈病

【症状】主要危害叶片,也可在芽和嫩枝上发生。发病后在叶背面产生许多黄色粉状物,为夏孢子堆,有时正面也有。由于夏孢子堆是突破表皮而外露的,造成叶片表面出现大量伤口,不仅影响叶片的光合作用,而且导致叶片大量失水,以致引起落叶、枯梢,以及下一年放叶迟、叶片小等症状。病害一般由下部叶片开始,逐渐向上蔓延。如图3.2所示。

【发病规律】侵染循环机理尚不清楚。在安徽境内,该病发病高峰期为9月上旬至10月上旬。病害与树龄呈负相关,随着树龄的增加,病情减轻,7年生以上,发病显著减轻。林分植株密度大、通风透光不良、湿度过大时,病害发生较重。

【防治措施】(1)选择抗病品种:品种间抗性差异极大,务必选用本地的抗病品种。

(2)化学防治:在发病前以及发病初期及时喷药,药剂可选择65%可湿性代森锌500倍液、敌锈钠200倍液或50%托布津800倍液等,每隔10~15天喷一次,连续喷2~3次。

3.3 毛白杨锈病

【寄主与危害】危害毛白杨苗木或大树,但以苗木受害较重。目前由于毛白杨很少栽植,加之选育出一些抗病品种,该病的危害性显著下降。

【病原】锈菌目中的杨栅锈菌(*Melampsora rostrupii* Wagn.)。

【症状】病菌可危害叶、芽和嫩梢。春天杨树展叶期,可看到树上满布黄色粉堆,形似1束黄色锈球花的畸形病芽,受侵染严重的病芽经3周左右便干枯。叶片受侵染后,在叶背面可见到散生的黄色粉堆,即病菌的夏孢子堆。病叶局部或全部枯死,早落。在较冷地区,早春病叶上可见赭色、近圆形疱状物,即病菌的冬孢子堆。如图3.3所示。

【发病规律】病菌主要以菌丝状态在冬芽或其他组织内潜伏越冬。翌年春天冬芽萌动时,越冬菌丝开始发育,并在新梢或嫩叶上产生夏孢子堆,成为初侵染中心。当中心病株数量达到10%以上时,如果气候条件适宜,则易导致该病流行。病害一般于4月(气温12 ℃左右)开始发生,5~6月(气温18~25 ℃)形成发病高峰,7~8月气温升高,不利于夏孢子的萌发侵染,并且毛白杨枝叶老化,病害处于停滞状态。9月气温下降,随着第2次新梢和嫩叶出现,病害又有扩展,至11月病害停止发展。

相对湿度在50%以上时均可发病,在80%~85%时有利于病害发生,但湿度过高或雨量过大,病害反而有减轻的趋势。

【防治措施】(1)选地:育苗区应尽可能远离发病的大苗区(300 m以上)。

(2)清除病源:春天发现病芽及时摘除,并装入塑料袋中带回处理。

(3)化学防治:发病初期喷50%代森铵100倍液或50%退菌特500~1000倍液等。

图3.3　毛白杨锈病

3.4　杨树白粉病

【寄主与危害】该病在安徽一直有零星发生,但至今还没有造成大面积为害的实例。发病植株易造成提前落叶,影响树势。寄主有多种杨树。

【病原】子囊菌亚门白粉菌目中的球针壳属,如杨球针壳白粉菌[*Phyllactinia populi* (Jacz.) Yu]、棒球针壳菌[*P. corylea* (Pers.) P. Karst.];钩丝壳属,如杨钩丝壳白粉菌 *Uncinula salicis* (DC.) Wint. f. *populorum* Rabenh. 和 *U. mandshurica* Miura。

【症状】主要危害叶片,有时也侵染新梢。发展初期叶片上出现褪绿色黄斑点,圆形或不规则形,逐渐扩展,其后生有白色粉状霉层(即无性世代的分生孢子),严重时白色粉状物可连接成片,致使整个叶片呈白色。后期病斑上产生黄色至黑褐色小粒点(即有性世代的闭囊壳)。病害发生严重时,叶片小,生长势衰弱。安徽省杨树白粉病有两种:发生在叶表面的称为表白粉病;发生在叶背面的称为里白粉病。如图3.4所示。

(a) 表白粉病　　　　　　　　　　(b) 里白粉病

图3.4　杨树白粉病

【发病规律】病菌以闭囊壳在落叶上和新梢病部越冬。翌年春季闭囊壳产生子囊孢子,经风力传播成为初次侵染源。一般 6～9 月发病,白粉病症状明显。分生孢子可重复侵染。秋后形成闭囊壳,并逐渐成熟。

【防治措施】(1) 清除病源:及时清扫病叶和落叶,并烧毁,减少来年侵染源。

(2) 加强管理:林分密度不宜过大,注意通风透光;加强水肥管理,提高树势。

(3) 化学防治:发病初期使用粉锈宁乳油 1200 倍液或国光三唑酮乳油 1500～2000 倍液进行叶面喷雾,每隔 12～14 天喷一次,连续喷 2～3 次;也可喷洒 25% 丙环唑乳油 4000 倍液。

3.5 杨树灰斑病

【寄主与危害】该病在安徽省有少量发生,感病植株叶片早落,严重时整个新梢枯萎。

【病原】半知菌亚门杨棒盘孢菌（*Coryneum populinum* Bres.）。

【症状】病害主要发生在叶片上,也可危害幼梢。病斑灰白色,周边褐色,后期灰斑上生出许多小黑点,久之连片呈黑绿色霉状（病菌的分生孢子堆）。嫩梢病后死亡变黑,俗称"黑脖子",其以上部分叶片全部死亡变黑,刮风时小枝易由病部折断。如图 3.5 所示。

【发病规律】病菌以分生孢子在病叶上越冬,是翌年春季的初侵染来源。在皖北地区,一般于每年 6 月发病,8 月进入发病盛期,10 月基本停止发展。

图 3.5 杨树灰斑病

在年平均降雨量大、降雨次数多的年份,病害发生时间早、病情重。苗木生长过密、通风不良有利于发病。

【防治措施】(1) 合理选地:育苗地要远离大苗区。

(2) 营林措施:苗木要合理密度,保持通风透光。

(3) 化学防治:从 6 月开始喷药防治,使用 65% 代森锌 500 倍液或 1∶1∶(125～170) 波尔多液,每隔 15 天喷一次,连喷 3～4 次。

3.6 杨树叶斑病

【寄主与危害】病株叶片上病斑累累,光合作用受阻,提前脱落,生长量显著下降。危害寄主范围尚不清楚。

【病原】半知菌亚门中的 *Phyllosticta populina* Sacc.。

【症状】主要危害叶片,先产生褐色小点,并逐渐扩大呈圆形或近圆形的病斑,病斑中部灰白色,上生小黑点（为病菌的分生孢子器）。后期,数个病斑融合成为大而不规则病斑,叶片焦枯状,易提前脱落。如图 3.6 所示。

图 3.6 杨树叶斑病

【发病规律】幼苗发病较重;苗木密度大、生长不良的情况下发病重;不同品种病情差异显著。

【防治措施】参见杨树黑斑病。

3.7 杨树水疱型溃疡病

【寄主与危害】该病是安徽省长江以北地区杨树上的常见病害之一,分布广泛,为害较为严重,常导致树木生长不良或幼树的死亡。寄主有杨树、柳树、青钱柳、枫香、刺槐、油桐、山核桃、苹果、桃树、杏、梅、石榴、海棠、雪松等。

【病原】子囊菌亚门中茶藨子葡萄座腔菌[*Botryosphaeria ribis* Gross. et Dagg.];无性阶段为半知菌亚门的聚生小穴壳菌(*Dothiorella gregaria* Sacc.)。

【症状】多发生于树干基部0.5~1 m高度范围内,在树皮表面形成近圆形的水疱,直径为0.5~2 mm,其内充满无色或淡黄色液体。水疱破裂后向外流出液体,遇空气变为淡褐色、红褐色,乃至黑褐色,以后水疱处干瘪下陷。当病斑环绕树干一周,上部即枯死。后期病斑上出现黑色针头状分生孢子器。粗皮树种不形成水疱,仅皮下变褐腐烂,流出红褐色液体。如图3.7所示。

(a) 粗皮不形成水疱

(b) 薄皮形成水疱

图3.7 杨树水疱型溃疡病

【发病规律】在安徽,一般从4月初开始发生,5月中旬至6月为发病高峰期,7~8月病情减缓,入秋后病害又有发展,11月基本停止。该病具有潜伏侵染特点,春季造林后发生的溃疡病,是先年在苗圃期间已受侵染、苗木本身带菌的结果。病害发生与否主要取决于树势。杨树苗从起苗、运输、假植到定植过程中失掉大量水分,如果定植后又没有及时浇水和管理,导致生理机能失调,树势衰弱,抗病能力降低,诱发潜伏的病菌活动。据研究:树皮肿胀度大于80%时不易染病,小于75%时易受感染,小于70%时严重发病。

【防治措施】该病防治的根本措施是保水,促进林木健壮生长。具体措施如下:

(1) 栽培措施:随起苗随栽植,避免假植时间过长;减少路途运输时间;栽后及时浇水;在起苗、运输、假植时尽可能减少伤根和碰伤树干,栽前务必浸水处理。

(2) 化学防治:以秋防为主,结合春季防治。喷施10倍碱水,或40%福美砷50倍液,或50%退菌特,或70%甲基托布津,或50%多菌灵,或50%代森铵100倍液等均有一定效果。

3.8 杨树拟茎点溃疡病

【寄主与危害】 该病是安徽省在21世纪初发生最为严重的枝干病害,主要危害杨树幼苗和新栽植苗木。发病后轻者影响苗木生长,重则直接导致苗木死亡,给杨树生产带来重大损失。

【病原】 拟茎点菌属中的大孢拟茎点霉(*Phomopsis macrospora* Kobay et Chiba)。

【症状】 主要危害树干皮层。2~3月开始发病,先是树干上出现黑色斑块,林农称之为黑斑病或黑疤病。如果病斑数量少、立地条件好、管理精细,病株能战胜病菌的侵染,恢复其生长发育;但如果病斑多、立地条件又较差,则病株很快枯萎死亡。在枯死不久的病树上,从树皮下散生出黑色的小颗粒,为病菌的分生孢子器。如图3.8所示。

(a) 危害状　　　　　　　　(b) 子实体

图3.8　杨树拟茎点溃疡病

【发病规律】 该病的诱发因素:① 苗木密度过大。通风透光条件差,湿度大,既利于病菌侵染,又不利于苗木木质化形成,易遭受冻害和诱发病害。② 根系生长不良。地势低洼、土壤黏重,排水不良或树穴积水,引起根系窒息。③ 施肥灌溉不当。秋季过度施肥、浇水,造成苗木木质化程度低,冬季易遭受冻害。④ 栽植前未浸水或浸水时间过长。造成失水或根系、尤其是细根腐烂变质。⑤ 其他因素。品种抗病性差异;起苗时根系损伤过多;苗木运输或假植时间过长;浇水不及时;栽植时间不适等。

【防治措施】 (1) 适地适树。

(2) 培育健康壮苗:保持合理密度(3000株/亩),改善通风透光条件;加强水、肥管理,增施有机肥,减少氮肥施用量,促进苗木木质化。

(3) 提高造林质量:起苗、造林时尽量少伤根,避免长途运输和长期假植;栽前务必浸水处理(浸泡2~3天);栽植深度要根据具体条件而定,如雨水少且土壤疏松、深厚的地块可正常深栽,在雨水多、土质黏的地块要深沟排水,或浅栽高培土;栽植后加强水、肥管理,干热天气及时浇水;轻病株抹叶、减少水分蒸发。

(4) 药剂处理:用50%多菌灵200倍液、65%代森锌200倍液或10%碱水(碳酸钠)涂抹轻病株患处;将中等病株平茬,促进根系萌发新的枝条;将重病株拔除、烧毁。

3.9 杨树黄化病

【树种与危害】黄化现象发生较为普遍,尤以江淮丘陵地区夏季发生较重,造成在生长中期就开始落叶,严重影响树木生长。

【病原】该病是一种生理性病害,主要因素有:① 土层瘠薄板结:与北方平原地区相比,江淮地区以及南方地区的土层较薄,并多数比较黏重板结,根系分布较浅,生长不良,抗干旱能力差。② 高温干旱:夏季长期干旱、温度高、蒸发量大、土层瘠薄、根系不能向深层吸水,叶片易受旱而枯黄脱落。

【症状】在高温干旱年份的6月底至7月初,杨树从基部和内膛开始,叶片黄化脱落,并逐渐向上蔓延,严重时几乎落光,仅留下梢头几片新叶。如图3.9所示。

图3.9 杨树黄化病

【防治措施】(1) 适地适树:不同品种黄化落叶差异较大,如20世纪70年代推广栽培的老品种抗性较强。

(2) 加强管理:注意松土、除草,保持土壤水分;最好林粮间种,既有收益,又利于林木生长,但间作应选择矮秆作物。

(3) 秸草覆盖:林地用秸草覆盖,可以起到保水、保肥、保持土壤疏松等多种功能;并且减少农民烧草而造成的环境污染,一举多得。

3.10 杨树枯萎病

【寄主与危害】枯萎病又称根腐病,该病发病后可引起整株枯萎死亡,局部损失严重。寄主有杨树、合欢、板栗、石榴等。

图3.10 杨树枯萎病

【病原】半知菌亚门中的镰刀菌(*Fusarium* sp.)。

【症状】主要症状是根系变黑,有酒糟味,造成整株枯死,后期在树皮上产生淡粉红色的孢子座。该病易被误认为是枝干病害。其区别方法是枝干病害根系是好的,地上部分去除后还会萌发,但枯萎病不可能再萌发。(枯萎病与根腐病类似,只是根腐病在树皮上不一定形成子实体)。如图3.10所示。

【发病规律】土壤过度潮湿、板结是最主要的诱发因素。

【防治措施】(1) 避免在地势低洼、土壤黏重的地段上造林;注意林地排水。

(2) 其他详见合欢枯萎病。

3.11　柳树叶斑病

【寄主与危害】 该病危害垂柳、旱柳等柳属植物。病株叶片上布满黑色病斑,对植株生长和观赏价值有一定的影响。

【病原】 半知菌亚门中的柳生叶点霉(*Phyllosticta salicicola* Thüm.)。

【症状】 危害叶片。发病初期,病斑呈圆形,黑色,病健部分界限明显。病斑后期逐渐扩大,呈圆形、椭圆形或不规则形,中央呈灰白色。在湿度大的条件下,病斑中央密生黑点粒状物(分生孢子器)。如图 3.11 所示。

【发病规律】 病菌在寄主植物病残体上越冬,借风、雨和扦穗传播,主要在雨季发生,高温、高湿发病严重,枝干和叶片上有介壳虫等其他病虫为害时发病更为严重。

【防治措施】 参见杨树灰斑病。

图 3.11　柳树叶斑病

3.12　柳树叶锈病

【寄主与危害】 该病危害各年龄段的柳树,尤其对苗木的危害较大,发病严重时,病株因大量病叶早落而枯死。寄主有旱柳、龙爪柳、垂柳等。

【病原】 锈菌目中的鞘锈状栅锈菌(*Melampsora coleosporioides* Diet.)。

【症状】 主要危害叶片和嫩梢,以叶背为主。在叶片上产生橙黄色的粉状堆,即病菌的夏孢子堆。落叶前后,病斑处形成棕褐色突起的小斑点,即冬孢子堆,埋生于叶片表皮下(图 3.12)。

(a) 垂柳

(b) 河柳

图 3.12　柳树叶锈病

【发病规律】 病菌以夏孢子越冬作为初侵染源,6~10 月发生,以秋季发病普遍。苗木过密易于感病;龙爪柳发病重,旱柳发病较轻。

【防治措施】(1)营林措施:播种育苗或插条育苗不宜过密,保持通风透光。

(2)化学防治:发病初期喷1:2:160波尔多液保护新梢,发病盛期喷波美0.3~0.4度石硫合剂、敌锈钠200倍液或25%可湿性萎锈灵200~400倍液等。在药液中最好加0.05~0.1%洗衣粉,以增加药液黏着性,每隔10~15天喷一次,连喷2~3次。

3.13 竹柳叶锈病

【寄主与危害】该病危害竹柳幼苗和大树,对苗木危害更大,严重时造成大量病叶早落。

【病原】锈菌目中的祁连金锈菌(*Chrysomyxa qilianensis* Wang, Wu et Li)。

【症状】在叶片表面产生大量锈黄色孢子堆(即锈孢子器),后期锈孢子器包被膜陆续破裂,散出大量黄色粉状锈孢子,病叶土黄色,干枯脱落。如图3.13所示。

【发病规律】尚不清楚。

【防治措施】(1)栽培措施:合理密植,控制灌水和氮肥施用量,增强苗木抗病力。

图3.13 竹柳叶锈病

(2)适时喷药:自发病初期喷洒敌锈钠200倍液或20%粉锈宁乳剂1000倍液,每隔10~15天喷一次,连喷2~3次。

3.14 枫杨白粉病

【寄主与危害】该病危害枫杨、板栗等。植株感病后叶片硬化,引起提早落叶。

【病原】子囊菌亚门球针壳属(*Phyllactinia*)中的榛球针壳菌[*P. corylea* (Pers.) P. Karst.]。

【症状】该病多发生于叶背,初期叶上表现为褪绿斑,严重时白色粉层布满叶片,9~10月病叶上出现先黄色、后黑色的小点,即病原菌的闭囊壳。如图3.14所示。

【发病规律】病菌以闭囊壳在病叶或病梢上越冬。翌年4~5月释放出子囊孢子,侵染嫩叶及新梢,在病部产生白粉状的分生孢子。生长季节分生孢子通过气流和雨水溅散传播,进行多次侵染危害。

图3.14 枫杨白粉病

【防治措施】(1)栽培管理:冬季清除病落叶,剪去病梢,集中烧毁。低洼潮湿地要及时清沟排水。合理施肥,防止苗木徒长。

(2)化学防治:在发病期间,喷撒硫黄粉或波美0.2度石硫合剂,每月喷两次,或者喷施50%托布津800~1000倍液或25%粉锈宁1500倍液。

3.15 枫杨毛毡病

【寄主与危害】受害叶片发生皱缩或卷曲,质地变硬,严重影响叶片的光合作用,发病叶片枯黄,早落,树木生长逐年衰弱。寄主有枫杨、三角枫、香樟等。

图 3.15 枫杨毛毡病

【病原】瘿螨(*Eriophyes* spp.),属蛛形纲真螨目瘿螨科瘿螨属。

【症状】危害叶片。受害叶片细胞受刺激后,组织产生增生现象,形成毛毡状病斑,病斑先灰白色、后呈棕褐色。病斑主要分布叶脉附近,也能相互连接覆盖整个叶片。受害叶片发生皱缩或卷曲,质地变硬,枯黄,早落。如图3.15所示。

【发病规律】瘿螨一年发生10多代,有世代重叠现象,一年中的不同时期都可以看到卵、若螨、成螨同时存在。瘿螨以成螨在芽鳞内、病叶内以及枝条的皮孔内越冬。翌年随着芽的开放和嫩叶抽出,瘿螨便爬到叶背面进行为害、繁殖。高温干燥天气有利于该病的发生。近距离传播靠风和螨虫,远距离传播通过带病苗木和无性繁殖材料的运输。

【防治措施】(1)检疫:加强对苗木的检疫,防止扩散。

(2)清除病源:发现病芽、病叶及时摘除、销毁,秋季清除病落叶并集中处理。

(3)化学防治:在春季发芽前,喷洒波美5度石硫合剂,杀死越冬病原物,或者在发芽前和发病前喷洒哒螨酮、克螨特、吡虫啉等药剂。

3.16 枫杨煤污病

【寄主与危害】病株叶片同时遭受蚜虫等刺吸式害虫的吸汁侵害和煤污层覆盖,严重影响植株的生长和观赏价值。寄主有枫杨、竹类、油茶、山茶花、桂花等数百种树木。

【病原】子囊菌亚门、煤炱菌科真菌(*Capnodium* spp.)。

【症状】受害植株的叶片上先出现黑色煤烟状小粒点,随后煤污层逐渐扩大增厚,严重时整个叶片被黑色粉层覆盖;同时,可在叶片背面发现一些蚜虫等刺吸类害虫危害的痕迹。如图3.16所示。

【发病规律】以菌丝体、分生孢子和子囊座在寄主上越冬。借气流和昆虫传播。蚜虫等刺吸类害虫的排泄物和分泌物是煤污病发生的主要诱因,分生孢子和子囊孢子在这类害虫的排泄物和分泌物上萌发、生长,并不断进行繁殖,使叶片煤污层逐渐扩大增厚。

图 3.16 枫杨煤污病

【防治措施】(1)加强管理:在日常养护过程中,及时疏除过密枝条,确保通风透光。

(2)物理防治:发病后应首先防治蚜虫、介壳虫等有刺吸式口器的害虫,除虫治病。

3.17　枫杨丛枝病

【寄主与危害】该病危害枫杨。病害严重时,病枝不开花,植株生长显著衰退,易诱发其他各种灾害发生。

【病原】半知菌亚门中的胡桃微座孢菌[*Microstroma juglandis*（Bereng.）Sacc.］。但近代也发现有植物菌原体的存在。

【症状】该病在长江以南发生普遍。受害病株整个枝丛颜色为黄绿色,基部显著肿大,叶片黄绿色,明显小并略有皱曲,多着生于粗侧枝或主干上,这是枫杨病枝的明显特征,并且主要发生在多年的大树上。如图 3.17 所示。

图 3.17　枫杨丛枝病

【发病规律】病菌以分生孢子在病枝内越冬,翌年 5 月病叶上产生白粉状子实体,借风力传播。病菌在病枝上可存活多年。大树感病后不一定都表现出丛枝,只有当病菌侵入新梢和嫩芽内时,才会出现丛枝症状。

【防治措施】(1) 清除病源:及时清理枯枝落叶和病残体,剪除、烧毁病丛枝。
(2) 化学防治:树木发芽前喷施具有内吸性的 50% 特克多悬浮剂 1500 倍液。

3.18　枫杨槲寄生害

【寄主与危害】槲寄生从寄主上吸取养分和水分,对寄主有害。但槲寄生的茎枝具有舒筋活络、活血散淤的功效,是一种中药材。寄主范围很广,在安徽省以枫杨最为常见。

【病原】桑寄生科、槲寄生属植物[*Viscum coloratum*（Kom.）Nakai]。

【症状】槲寄生以吸根生长在枫杨等寄主上,受害树木的枝干上出现大小、多少不等的常绿寄生物小灌丛。由于寄生物的枝叶与寄主植物迥然不同,很容易识别。如图 3.18 所示。

(a) 危害状

(b) 病原体枝叶

图 3.18　枫杨槲寄生害

【发病规律】槲寄生具有叶绿素,能进行光合作用,但缺乏正常植物的根,属于半寄生植物。

种子主要靠鸟类传播。槲寄生通常在河边、山洼等湿度大的环境下发生较多。

【防治措施】每年清除一次槲寄生植物,坚持数年,效果显著。因槲寄生可入药,一举两得,易推广。

3.19　泡桐炭疽病

【寄主与危害】幼苗大树均可受害,但以幼苗和幼树受害重,可导致幼苗、幼树死亡。寄主有泡桐、杉木等(见杉木炭疽病)。

【病原】胶孢炭疽菌[*Colletotrichum gloeosporioides* Penz.]。

【症状】叶片、叶柄、嫩茎等部位均受害,叶片上病斑直径约 1 mm,近圆形,黄褐色,后期病斑中间破裂。叶脉、叶柄、嫩梢上病斑圆形或椭圆形,中央凹陷。嫩叶叶脉受害时,叶片常皱缩、畸形,幼茎受害严重时,常呈黑褐色枯死,似木炭,但不倒伏。在潮湿的气候条件下,病斑内长出许多小黑点,即病菌分生孢子盘,突破表皮散出粉红色胶状孢子堆。严重时病斑连片,造成大量落叶,茎部干缩枯死。如图 3.19 所示。

(a) 病梢　　　　　　　　　　　　(b) 病苗

图 3.19　泡桐炭疽病

【发病规律】病菌以菌丝体在病组织内越冬。在翌年 4~5 月条件适宜时产生新的分生孢子,经风雨传播,进行初次侵染。在苗木生长季节中,病菌可进行再侵染。4 月中下旬,留床苗开始发病;5 月中旬至 6 月上旬,实生苗开始发病,6~8 月为发病盛期,10 月渐止。在发病季节,降雨量多、湿度大时发病重;土壤积水,苗木栽植过密、通风透气不良的环境易发病。苗圃管理粗放、树势衰弱也有利于病害发生。

【防治措施】(1) 选择抗病品种。

(2) 栽培管理:合理密植,科学施肥灌水,增强树势,提高植株抵抗力;苗圃地避免重茬;冬季彻底清除和烧毁病苗及病枝叶。

(3) 改进育苗技术:采用温床塑料薄膜育苗和小苗移栽,可减少此病发生。

(4) 化学防治:幼苗出土后喷药,每隔 15 天喷一次,连喷 2~3 次。药剂选用 1∶2∶(150~200)波尔多液、65%代森锰锌 500 倍液或 50%退菌特 800 倍液。

3.20 泡桐白粉病

【寄主与危害】 危害毛泡桐的叶片,目前仅零星发生,危害不大。

【病原】 白粉菌目球针壳属中的壮丽球针壳白粉菌(*Phyllactinia imperialis* Miyabe)。

【症状】 危害叶片,在叶片背面生白色粉层,晚秋在白粉层上产生黑色小点,为病菌的闭囊壳。如图3.20所示。

【发病规律】 该病发生较迟(秋季),在安徽境内仅发现于高海拔地区,属于冷凉天气下发生的病害。其他规律尚不清楚。

图3.20 泡桐白粉病

【防治措施】 当前发病较轻,一般不需要专门防治,若需防治可参考枫杨白粉病。

3.21 泡桐丛枝病

【寄主与危害】 该病发病率一般在30%左右,重者可达80%以上,感病的幼苗、幼树重者当年枯死,大树则影响植株生长,是泡桐生产的主要限制因子。寄主有泡桐、竹子等。

【病原】 植物菌原体(Candidatus *Phytoplasma astris*)。

【症状】 危害枝、叶、根、花器。枝条:腋芽和不定芽大量萌发,导致枝条丛生,即枝叶数目增多,但体积变小,节间缩短,呈鸟巢状,逐步枯死。花器:柱头变小枝,花瓣变叶,花托多裂(返祖),并有越季开花现象(即秋季开花);根系:与地上枝条对应的地下根系也呈丛根状。如图3.21所示。

图3.21 泡桐丛枝病

【发病规律】 在自然界,传播途径主要通过一些刺吸式昆虫,如茶翅蝽(*Halyomorpha picus*)、烟草盲蝽(*Cyrtopeltis tenuis*)、臭木椿(*Halyomorpha mista*)、中国拟菱纹叶蝉(*Hishimonoides chinensis*)等;在生产活动中,嫁接、无性繁殖材料或苗木是传播的有效途径。据观察:实生苗发病轻于无性根蘖苗、平茬苗,川桐、白花泡桐、毛泡桐较抗病,高海拔地区、多雨地区发病轻;成片行道树发病重;病害存在隐症现象。

【防治措施】 (1) 选用抗病品种。

(2) 育壮苗、大苗,避免留床苗、平茬苗。

(3) 温水浸根(疑似病苗):50℃温水浸根10~15分钟,凉24小时后栽植;温水加1000单位土霉素浸根20分钟;3000单位四环素泥浆浸根。

(4) 四大定植:大苗、大坑(1 m×1 m×1 m)、大水、大肥(50 kg农家肥),浅栽高培土。

(5) 虫害防治:及时防治茶翅蝽等传媒害虫。

(6)病株处理:① 修除病枝:在6~8月或初秋将病枝修除。强修枝比弱修枝效果好。切口处涂1∶9土霉素碱凡士林药膏,注意不要撕破树皮,修枝不要过度。② 注射四环素:假设胸径为20 cm的树木,注射0.2%四环素2000 mL可取得良好的效果。使用方法是先将药用1%稀盐酸溶解,再加入适当水,如2~4 g四环素加水1000 mL,每株大约用4 g药粉。根颈处打孔2~3个,深至直径的2/3处,插入针管,徐徐注入药液。有报道称,可保两年内不出现症状。

3.22　重阳木丛枝病

【寄主与危害】危害重阳木等多种树木。轻者引起叶片皱缩,影响正常生长;重者可造成整个树冠萎缩,甚至枯死。

【病原】植物菌原体(*Phytoplasma*),又称类菌原体(MLO)。

【症状】感病重阳木在枝、叶、干、花、根部均可表现畸形。隐芽大量萌发,侧枝丛生,纤细,呈扫帚状。叶片小而薄,叶柄淡紫色,也有黄色,有时皱缩。该病发生在侧枝上对树木生长影响较小,如发生在主干上则会大大降低树木的高生长和粗生长。如图3.22所示。

(a) 局部感病　　　　　　　　　　　　(b) 整株感病

图 3.22　重阳木丛枝病

【发病规律】参见泡桐丛枝病。
【防治措施】参见泡桐丛枝病。

3.23　楸树根结线虫病

【寄主与危害】受害植物达2000种以上,木本植物中常见的有楸树、梓树、柳、泡桐、法国梧桐、桂花、小叶黄杨、海棠、牡丹、桃树等。该病影响根系的吸收能力,使病株地上部分生长受阻,削弱树木生长势。

【病原】根结线虫(*Meloidogyne* spp.)。

【症状】根部产生大小不等瘤状根结,直径在1~2 cm,初为淡黄色、光滑,后变深色,剖开小瘤内有1个白色粒状物(雌成虫体)。虫瘿基本上生于须根的侧面,扁圆形;老虫瘿表皮粗糙,质地坚硬。感病植株地上部分表现出叶片变小、发黄、易脱落或干枯。如图3.23所示。

【发病规律】根结线虫以2龄幼虫或卵在土壤中或以未成熟的雌虫在寄主根内越冬。传播主要依靠水流、肥料、种苗及农事作业,因本身移动能力很弱,主动传播范围一般在70 cm以内。

病土和病残体是主要侵染来源,幼虫侵入幼根后固定寄生,刺激组织膨大形成根结。土壤含水量适宜、土壤沙性强而疏松、连作等均有利于病害发生。

【防治措施】(1)加强检疫:不从疫区调运苗木。

(2)栽培措施:重病地块实行轮作(如松、杉、柏等),间隔期2~3年;防除野草寄主;增施有机肥料,增强树势。

(3)温水浸苗:对染病的苗木可用50 ℃温水浸10分钟。

(4)病株处理:挖除土壤表层(5~15 cm)

图3.23 楸树根结线虫病

的病根和须根团(带走烧毁),保留较大的根系,随后施入生石灰2.5~4 kg(撒施,后覆土掩盖);选取杀线虫剂(如15%铁灭克、20%灭线磷等),在2~3月初使用。施药方法:在树干四周每隔30 cm处层层打穴,穴深在15 cm以上,穴与穴之间的距离也为30 cm左右。将药液按比例均匀灌入每个洞穴中,然后覆土踏实,并在洞穴表面泼少量的水加以封盖。

3.24 三角枫漆斑病

【寄主与危害】危害三角枫。该病发生以山区较重,严重时病株率达100%,可导致染病植株落叶期提前约半个月以上。

图3.24 三角枫漆斑病

【病原】子囊菌亚门中的环纹符氏盘菌(*Vladracula annuliformis*)。

【症状】危害叶片。发病初期,叶片上产生点状褪绿斑,病斑中央褐色,边缘紫红色,后病斑逐渐扩大成圆形、近圆形或梭形大病斑;发病后期,病斑上出现黑色、膏药状、稍隆起的许多小漆斑,多呈不规则形,边缘圆滑,染病植株落叶期提前。如图3.24所示。

【发病规律】以菌丝及子座在病残体上越冬。翌春产生子囊盘及子囊孢子,从雨季开始借气流及水滴传播,以子囊孢子进行初侵染。一般于4月开始侵染嫩叶,潜育期为20天左右,30~45天开始形成漆斑。在7~9月进入无性阶段,产生分生孢子。10月初开始形成子囊盘,至翌年3月末子囊盘成熟。降水多、湿度大的年份有利于病害的发生,长期处于庇荫下的树木发病严重。

【防治措施】(1)栽培管理:秋、冬季收集有病枝叶和落叶及时烧毁,以消灭侵染源。

(2)化学防治:从5月开始,每隔10~15天用1∶1∶100波尔多液喷施一次,连喷2~3次。

3.25 三角枫毛毡病

图3.25 三角枫毛毡病

【寄主与危害】危害三角枫。发病严重时导致叶片枯黄早落,树木生长衰弱。

【病原】蛛形纲中的瘿螨(*Eriphyes* spp.)

【症状】主要发生在叶片上。初期在三角枫叶背面发生苍白色病斑,渐变为淡褐色似毛毡状病斑;叶正面稍隆起,褪色;染病的叶片叶肉组织增生,影响叶片的光合作用,叶片枯黄脱落。如图3.25所示。

【发病规律】该瘿螨体长仅180～250 μm,蠕虫形,有足2对,每年发生10余代,以成虫在寄主植物病叶、枝条、芽及皮孔处过冬,虫体潜藏在毛毡中吸汁危害,叶片茸毛对该虫有保护作用。

【防治措施】(1)清除病源:及时彻底清除、销毁病残体。

(2)化学防治:早春发芽前喷洒波美5度石硫合剂;展叶期喷洒吡虫啉、克螨特等。

3.26 悬铃木霉斑病

【寄主与危害】危害悬铃木。该病在局部地区发生。据报道,实生苗受害后,可导致苗木枯死,造成苗圃缺苗断垄现象。

【病原】半知菌亚门中的法桐尾孢菌(*Cercospora platanfoli* Ell et Ev.)。

【症状】危害叶片。病叶背面生黑褐色霉层,有大小两种类型,小型霉斑直径0.5～1 mm,大型霉斑直径2～5 mm,在相对应的叶片正面呈现大小不一的近圆形褐色病斑。如图3.26所示。

【发病规律】病菌以蛹孢型分生孢子在病落叶上越冬。5月下旬开始发病,6～7月为盛期,至11月停止。夏、秋季多雨时发病重。实生苗木幼小或过密发病严重,扦插苗、幼树、尤其大树受害较轻。

图3.26 悬铃木霉斑病

【防治措施】(1)改进育苗技术:换茬播种育苗或用插条育苗法,严禁重茬播种育苗。

(2)清除病源:秋季收集留床苗落叶烧毁,减少越冬菌源。

(3)化学防治:在5月下旬至7月,对播种培育的实生苗喷1∶2∶200波尔多液2～3次,重点喷叶背面。

3.27 悬铃木白粉病

【寄主与危害】危害悬铃木。多危害树冠中下部的嫩梢、嫩叶,由于悬铃木树体庞大,更新能力强,目前对树木生长影响不大。

【病原】白粉菌目中的悬铃木白粉菌[*Erysiphe platani* (Howe) U. Braun & S. Takam];无性阶段为半知菌亚门中的粉孢属(*Oidium* sp.)。

【症状】危害叶片、嫩梢、嫩芽。叶片:背面产生白粉状斑块,正面叶色发黄、深浅不均,发病严重的叶片正反两面均布满白色粉层,皱缩卷曲,以致叶片枯黄,提前脱落。新梢:表层覆盖一层白粉,染病新梢节间缩短,后期病梢上的叶片大多干枯脱落;嫩芽:芽的外形瘦长,顶端尖细,芽鳞松散,染病重的芽当年枯死,染病轻的芽在翌年萌发后形成白粉病梢。如图3.27所示。

【发病规律】以闭囊壳在落叶上越冬,或以菌丝的形式潜伏在芽鳞片中越冬。翌年待被侵染树体萌芽时,休眠菌丝侵入新梢;或落叶上的闭囊壳

图 3.27 悬铃木白粉病

放射出子囊孢子进行初侵染。温、湿度适宜时,病菌开始大量繁殖传播,进行再侵染,一年内可侵染多次。每年初夏和入秋时节为病原菌的最适生长温度,是发病盛期。8~9月开始形成有性阶段的子实体(闭囊壳),9~10月成熟、越冬。密度过大、树冠郁闭、通风透光性差的情况下发病重;土壤黏重、施肥不足和管理粗放等引起树体生长不良,抗病性下降,利于白粉病菌的侵染。

【防治措施】(1)清除病源:冬季结合修剪及时剪除病枝、病芽和清理病落叶,集中烧毁。

(2)抚育管理:合理修剪,保持通风透光;多施有机肥和磷钾肥,避免偏施氮肥。

(3)化学防治:在休眠期修剪之后,喷施波美5度石硫合剂;在展叶初期,喷施1∶1∶100波尔多液或代森锌进行预防;在发病后,喷施25%粉锈宁可湿性粉剂1000~1200倍液,每隔10~15天喷一次,连续喷2~3次。

图 3.28 喜树角斑病

3.28 喜树角斑病

【寄主与危害】危害喜树。发病严重时叶片受害率高达70%以上,病叶提前脱落。

【病原】拟尾孢菌(*Pseudocercospora camptothecae* Liu et Guo)。

【症状】主要危害叶片,病斑多分布于叶片的中部,叶面病斑暗紫褐色,多角形或不规则形,叶背病斑颜色较淡,后期病斑上产生黑色粒状物或绒毛状物。最后病斑变黑枯焦脱落。如果病斑位置靠近叶柄处,叶片易早落。如图3.28所示。

【发病规律】病菌以菌丝或孢子在芽鳞内和病部越冬,成为翌年的初侵染源。病害流行期一般在每年7～10月,8～9月高温干燥时,病情有所下降。病害对大树危害不大,但对苗木或幼树则伤害较大。

【防治措施】(1)抚育管理:改善立地条件,保持通风透光,增强树势;冬季清除落叶,深埋或烧毁,减少病源。

(2)化学防治:展叶后如遇降雨,及时喷洒1∶1∶100波尔多液进行保护,发病初期(6月底至7月初)喷80%代森锰锌800倍液,连喷2次。

3.29 檫树溃疡病

【树种与危害】檫树等。受害大树生长衰退,苗木易枯萎死亡。

【病原】该病由日灼所致,为生理性病害。

【症状】幼树染病多在近地面的干基部,5年生以上的则在树干中部的皮层处。病斑黑褐色,天气阴湿时不开裂,若高温干旱,则皮层与木质部分离,常纵裂成溃疡状。如图3.29所示。

【发病规律】高温干旱时易发生,三伏天发病最重;树干大多是西南方向受害,东南方向几乎不受害;10年生以下较10年生以上发病重;林缘较林内发病重;纯林较混交林发病重;土壤贫瘠的比土壤肥沃的发病重。

图3.29 檫树溃疡病

【防治措施】(1)选择东南坡、土层较深厚、土壤较肥沃的地段栽植。

(2)营造混交林,边缘用其他树木遮阴,保持一定的郁闭度和树冠下枝。

(3)林缘树干用石灰涂白。

3.30 黄栌白粉病

【寄主与危害】危害黄栌。该病是黄栌的主要病害之一,病株被白粉菌覆盖后影响光合作用,重者可导致叶片干枯或提早脱落。病株秋季红叶不红,变为灰黄色或污白色,严重影响红叶的观赏效果(黄栌俗称红叶,是一种观叶树种)。

【病原】子囊菌亚门中的漆树钩丝壳(*Uncinula verniciferae* Henn.)。无性阶段为半知菌亚门中的粉孢属(*Oidium* sp.)。

【症状】主要危害叶片,有时也侵染嫩梢。叶片上初期出现针头状白色粉点,逐渐扩大成污白色圆形斑,病斑周围呈放射状,后期病斑连成片,整叶布满厚厚一层白粉,严重时全树大多数叶片为白粉覆盖。8月底9月初,在叶片的白粉中出现小颗粒状物,初为黄色,后为黄褐色,最后变为黑褐色,为病菌的闭囊壳。如图3.30所示。

图3.30 黄栌白粉病

【发病规律】病菌多数以闭囊壳在落叶和病枝上越冬或以菌丝在芽内越冬。翌年夏初闭囊壳吸水开裂放出子囊孢子进行初侵染,或菌丝体直接产生分生孢子进行初侵染,在生长季节以分生孢子进行再传染。7、8月的降雨量多少,决定当年的发病轻重。在发病初期至8月上旬,病情发展缓慢。在8月中旬至9月上旬,病情发展迅速。该病多从植株下部叶片开始发病,之后逐渐向上蔓延。植株密度大、通风不良发病重,生长在窝风的山谷中的树发病重;植株生长不良、分蘖多的发病重。

【防治措施】(1) 栽培措施:秋季彻底清除病落叶,剪除有病枯枝,集中销毁。加强肥水管理,增强树势,以增加抗病力;清除近地面和根际周围的分蘖小枝,以减轻病害发生。

(2) 化学防治:地面喷撒硫黄粉,每亩 1.5~2.5 kg,消灭越冬病源。在黄栌发芽前,在树冠上喷洒波美3度石硫合剂。发病初期喷洒20%粉锈宁800~1000倍液或70%甲基托布津1000~1200倍液,连喷2~3次。

3.31 朴树白粉病

【寄主与危害】危害朴树。该病是朴树常见的病害,主要危害叶片,严重时叶片布满白粉,叶片提前枯落,影响生长和观赏价值。

【病原】白粉菌目、钩丝壳属中的一种真菌(*Uncinula* sp.)。

【症状】叶片感病,初期在叶面形成白色粉末状物,后期在其上产生黑色小点。老叶病部一般无明显变化,或仅表现为边缘不明显的轻微褪色斑,幼叶发病可见轻微皱缩现象。如图3.31所示。

【发病规律】病菌以闭囊壳在病落叶上越冬。翌年初夏,闭囊壳释放出子囊孢子并借气流传播到朴树新叶上进行侵染。在生长季节、条件适宜的情况下,不断产生分生孢子进行再侵染,至秋季形成闭囊壳随病落叶进入越冬阶段。病菌喜阴湿的环境,密植或枝叶过密有利于病害的发生;植物徒长或生长衰弱易发病;幼叶发病重;高氮低钾的土壤发病重。

图3.31 朴树白粉病

【防治措施】(1) 合理密度:避免幼林密植,修除过密枝和丛生枝。

(2) 清除病源:病区每年冬季应清除病枝、病叶,并烧毁或深埋。

(3) 科学施肥:多施用磷钾肥,少施用氮肥。

(4) 化学防治:展叶期喷洒1:1:100波尔多液保护新叶;发病初期喷波美0.3度石硫合剂或50%托布津800倍液,每隔10~15天喷一次,连喷2次。

3.32 苦楝叶斑病

【寄主与危害】危害苦楝。主要危害苗木和幼树的叶片,引起早期落叶。

【病原】半知菌亚门中的楝尾孢菌(*Cercospora meliae* Ell. et Ev.)。

图 3.32 苦楝叶斑病

【症状】病害发生于叶片的正反两面,开始在叶片的正面出现褐绿色圆斑,以后病斑中心变灰白色至白色,边缘褐色似蛇眼状,后期病斑穿孔,其外围有1个黄褐色晕圈。小病斑直径 1～5 mm,大病斑可达10 mm。天气潮湿时,病斑两面密生许多黑色小霉点,以叶背面为多,此为病菌的分生孢子座。如图 3.32 所示。

【发病规律】病菌以菌丝体在病落叶上越冬,6月上旬子座上产生新的分生孢子,借气流传播,进行初次侵染。在6月下旬至7月上旬,树冠下部的叶片首先出现病斑,病斑上产生分生孢子进行新的侵染,并逐渐向上部叶片扩展。8～9月为发病盛期,病害延续至10月中旬。苗木过密、生长细弱的苗木发病严重;高温高湿的季节发病重;留床苗发病重,移栽苗发病轻。

【防治措施】(1)清除病源:秋季清理留床苗地面的落叶并集中烧毁,以减少越冬菌源。

(2)栽培措施:出苗后适时间苗,避免苗木过密;加强水肥管理,及时移栽,确保通风透光,提高苗木的抗病力。

(3)化学防治:6～7月喷洒1:1:100波尔多液,8～9月喷2次75%百菌清1000倍液。

3.33 苦楝丛枝病

【寄主与危害】该病又称簇顶病,是苦楝上的一种毁灭性病害,发病严重的植株常枯死。

【病原】植物菌原体($Phyplasma$ sp.);有的地区发现有类细菌。

【症状】感病植株局部新梢顶端生长受抑制,节间变短,腋芽、不定芽大量萌发,小枝丛生,重病株枝梢端部形成团状的丛生小枝。小枝上叶小、黄化、明脉,有的还出现皱缩和斑驳等现象。病株春季发叶比健株要推迟1个月左右,一般2～3年即枯死。如图 3.33 所示。

【发病规律】通常1年生苦楝苗木只有个别单株发病,9月才出现症状;造林后,2年生幼树在8～9月发病;3年生以上幼树在5月中旬开始发病,以后陆续出现症状;10年以上大树发病较轻。植物菌原体在树体内分布不均,轻病株症状有的会自然消失,外表恢复正常状态。

图 3.33 苦楝丛枝病

该病可通过嫁接或昆虫(主要是斑叶蝉属 $Erythroneure$ spp.)传染。在嫁接传染方面,枝接比皮接和芽接容易传毒,症状表现也快,病情也较重;在叶蝉传毒方面,若虫比成虫传毒效率高且快,且叶蝉头数愈多传毒愈易成功。

【防治措施】(1)清除病源:及时伐除病株,集中销毁,减少侵染源。

(2)药剂防虫:喷施乐果等杀虫剂防治叶蝉等,以减轻叶蝉的传毒作用。

(3)注射四环素:在病株树干上钻洞,斜插玻管并注入10万单位四环素类抗生素,让药液深入韧皮部,可抑制病害的发展。

3.34 杜鹃饼病

【寄主与危害】杜鹃等。受害后病部变黑褐色干枯脱落,严重影响观赏价值和树木的生长势。

【病原】担子菌中的日本外担子菌(*Exobasidium japonicum* Shirai)。

【症状】该病又叫杜鹃叶肿病,危害花芽、嫩叶和新梢等幼嫩组织。叶片正面初淡黄色半透明,后为黄色,下陷;叶背面淡红色,肥厚肿大,随后隆起呈瘿瘤,如饼状。花瓣感病后,异常肥厚,呈不规则的瘿瘤。花芽受害成为肉质,变厚、变硬。后期瘿瘤表面覆有灰白色粉状物,此为病原菌的担子和担孢子。最后病部变黑褐色,干枯脱落。如图3.34所示。

【发病规律】病菌以菌丝体在植株组织内越冬。翌年春天产生担孢子,经风吹、雨水飞溅传播,侵染幼嫩组织。潜育期7~17天。病害一年发生2次,分别在春末夏初和秋末冬初,以春末夏初(3~5月)最为严重。温度较低(月平均气温15~20 ℃)、相对湿度较高(80%以上),阴雨连绵,阳光不足,植株生长柔嫩,病害易流行。

(a) 叶正面

(b) 叶背面

图3.34 杜鹃饼病

【防治措施】(1)清除病源:初现病状而在病部未形成白色粉状物时,立即摘除感病组织集中烧毁。

(2)化学防治:发芽前喷波美2~5度石硫合剂;抽梢展叶期间喷洒1∶1∶(100~200)波尔多液或80%代森锌500倍液;发病期间喷洒65%的代森锌500倍液或波美0.3~0.5度石硫合剂,连续喷洒2~3次。

3.35 杜鹃黑痣病

【寄主与危害】杜鹃受害后在叶片上产生漆斑状子实体,影响光合作用和观赏价值。

【病原】子囊菌亚门、斑痣盘菌属中的白井氏斑痣盘菌(*Rhytisma shiraiana* Hemmi et

Kurata)或杜鹃斑痣盘菌(*Rhytisma rhododendri* Fr.)。

图 3.35 杜鹃黑痣病

【症状】该病又称杜鹃漆斑病。发病初期,感病叶表面产生黄白色小斑点,以后逐渐扩大,形成黑色圆形病斑。病斑表面粗糙,有光泽,呈黑痣状,病部隆起。如图 3.35 所示。

【发病规律】该病菌在病落叶内越冬,翌年春季产生子囊孢子进行侵染。无再侵染。雨水多、湿度大时发病严重,以山区自然林分危害较重。

【防治措施】(1)清除病源:发现病叶及时摘除病叶,集中销毁。

(2)化学防治:发病前喷施 1∶1∶160 波尔多液进行预防。

3.36 杜鹃褐斑病

【寄主与危害】发病严重时造成杜鹃大量落叶,不仅影响当年的花蕾发育和开花,而且对下一年的花蕾发育也有很大影响。

【病原】半知菌亚门中的尾孢属真菌(*Cercospora rhododendri* Ferraris)。

【症状】主要危害叶片。初期出现红褐色小点,逐渐扩展为直径 1～5 mm、黑褐色、近圆形或多角形病斑,正面色深,反面色浅,后期病斑中央变为灰白色,边缘深褐色或紫褐色,后期病斑上产生褐色小霉点,即病菌的分生孢子梗和分生孢子。发病严重时,病斑可相互连合,导致全叶枯黄、早落。如图 3.36 所示。

【发病规律】病菌以菌丝在植株病叶或残体组织上越冬。翌年春,温、湿度适宜时形成分生孢子,借风雨传播,侵入叶片。温室栽培的杜鹃可常年发病。雨水多、雾多、露水重、梅雨期有利于病害的发生;通风和透光不良、管理粗放、土壤黏重,植株生长不良发病重;杜鹃品种不同,抗病性不同,一般西洋杜鹃较易感病。

图 3.36 杜鹃褐斑病

【防治措施】(1)选择抗病品种。

(2)栽培措施:加强养护管理,摘除病叶,清除落叶,并集中烧毁。夏季保持通风透光,控制湿度,改进浇水方法,切不可自上而下淋浇,以减少病菌传播。增施有机肥,并配施氮、磷、钾肥,切勿偏施氮肥,促进植株健壮,提高抗病能力。

(3)化学防治:发病期间喷施 70% 甲基托布津 1000 倍液或 50% 多菌灵 500～800 倍液,每隔 10～15 天喷一次,连续喷 2～3 次。

3.37 杜鹃丛枝病

【寄主与危害】该病零星发生，发生时严重影响植株的生长发育，甚至导致整株死亡。

【病原】植物菌原体（*Phytoplasmas* sp.）。

【症状】危害杜鹃的枝、叶、花。引起隐芽大量萌发，侧枝纤细、丛生呈扫帚状，叶变小，花小而少，甚至不开花。如图3.37所示。

【发病规律】在个别花圃零星发现，可借嫁接传播。

【防治措施】（1）严格检疫。认真进行产地检疫和调运检疫，严防扩散蔓延。

（2）控制病源。不从病株上采集接穗等繁殖材料；花圃作业中，发现病株及时刨除销毁。

图3.37 杜鹃丛枝病

3.38 杜鹃黄化病

【树种与危害】杜鹃等多种植物易发生此病（见香樟黄化病）。发病后严重影响生长发育，甚至部分枝条或整株枯死。

【病原】杜鹃黄化病是生理性病害，主要是因为土壤缺铁或铁素不能被吸收利用，从而影响叶绿素合成，使叶片变黄变白。

图3.38 杜鹃黄化病

【症状】多发生嫩梢新叶上。初期叶脉间叶肉褪绿，失去光泽，后逐渐变成黄白色，但叶脉仍保持绿色，使病叶呈网纹状。随着黄化程度逐渐加重，除主脉外，全叶变成黄色或黄白色。严重时，沿叶尖、叶缘向内焦枯，顶梢干枯、甚至死亡。如图3.38所示。

【发病规律】一般情况下，在石灰质碱性土壤中，能被吸收利用的可溶性2价铁，被转化为不溶性的3价铁盐而沉淀，使植株根部不能吸收。盆栽杜鹃浇水频繁，使土壤中的可溶性铁过多地淋洗流失。在土壤黏重、排水不良或地下水位过高的地区，植株根系发育受影响，根部正常的生理活动受影响，降低了对铁素的吸收能力。

【防治措施】（1）选土：避免在碱性和含钙质较多的土壤中种植；庭园露地栽植，不要靠近曾被水泥或石灰等碱性物质污染过的地方。盆栽杜鹃宜用酸性土。

（2）改土：施用堆肥、绿肥或其他有机肥料，也可将硫酸亚铁混入肥料中施用。

（3）治疗：如果土壤偏碱，可在浇灌用水中加入0.3%的硫酸亚铁溶液，保持盆土酸性。

3.39　紫薇白粉病

【寄主与危害】叶表被覆白粉层,影响树木正常生长发育;花穗畸形,失去观赏价值。

图 3.39　紫薇白粉病

【病原】南方小钩丝壳[*Uncinuliella australiana*（McAlp.）Zheng et Chen]。

【症状】主要危害叶片,也危害嫩梢和花蕾等幼嫩组织,感病组织迅速密被白色粉状菌丝层。嫩叶感病后,扭曲变形,覆盖一层白粉,叶色逐渐枯黄,提早脱落,影响生长。后期白粉层上产生黄白色斑块,夹有黑色小点(闭囊壳)。严重时枝、叶卷曲枯死,似烧焦状。花受侵染后,表面被覆白粉层,花穗畸形。如图 3.39 所示。

【发病规律】病菌以闭囊壳或菌丝在病落叶、病株芽鳞和枝梢上越冬。来年春天释放子囊孢子,经气流传播(或潜伏于芽内的菌丝)侵染嫩叶,适宜的条件下,菌丝迅速覆盖全叶,并产生分生孢子,扩大侵染。梅雨季节雨水多时病害严重;通风不良、植株徒长有利病害发生发展。

【防治措施】（1）清除病源：紫薇萌生力强,重病的大树可于冬季剪除所有当年生的枝条,清除病落叶、病梢,可以减轻侵染。

（2）设置隔离带：在种植紫薇时有层次地种植针叶树,起阻碍病害发生蔓延的作用。

（3）栽培管理：紫薇种植不宜过密,及时修剪,以利通风透光,降低湿度。

（4）化学防治：喷洒 20% 粉锈宁 3000 倍液,或 65% 代森锌 500 倍液,或 75% 百菌清 800 倍液,或 70% 托布津 1000 倍液,在初病时,每隔 10 天喷一次,共喷 2～3 次。

3.40　紫薇煤污病

【寄主与危害】紫薇、枫杨、竹类、桂花、山茶花、油茶等数百种树木。受害严重的植株叶片乌黑一片,不仅影响树木生长发育,严重时可导致植株不能开花,失去观赏价值。

【病原】煤炱菌属（*Capnodium* sp.）。

【症状】主要危害叶片和枝条。多数情况下病菌先沿着叶面主脉生长,逐渐增多后在叶面上形成厚厚的黑色煤层,较易剥落,剥去煤层后病部无明显变化,仅稍褪绿,不形成坏死斑。受害严重的植株树叶表面密被煤烟状物,乌黑一片(图 3.40)。

【发病规律】病菌以子囊壳或菌丝体在寄主枝干缝隙处及病叶上越冬。每年 5～6

图 3.40　紫薇煤污病

月和9～10月为发病盛期。夏季高温少雨时,病害停止蔓延。该病的发生流行与紫薇毡蚧(*Eriococcus lagerstroenuae* Kuwana)和长斑蚜[*Tinocallis kahawaluokalani*(Kirkaldy)]的发生为害密切相关,两种昆虫的虫口密度与该病害病情指数呈正相关。路旁、厂矿企业等环境较差的地域发病早而重。

【防治措施】(1)栽培管理:种植密度要适宜,及时修剪,以利于通风透光。

(2)清除病源:剪除带病菌、带蚜虫和介壳虫的枝干,及时清理地面的枯枝落叶并烧毁。

(3)化学防治:一旦发现蚜虫和介壳虫,应及时喷洒2.5%溴氰菊酯2000倍液、40%高效氧化乐果800倍液或20%杀灭菊酯2000倍液;同时喷洒代森锌、代森铵防治煤污病。

3.41 紫薇褐斑病

【寄主与危害】紫薇发病后植株提早落叶,影响生长和观赏价值。

【病原】无性世代为千屈菜科假尾孢菌[*Pseudocercospora lythracearum*(Head et Wolf) Liu et Guo],有性世代为紫薇小球腔菌(*Mycosphaerella lythracearum* Wolf)。

【症状】危害叶片。发病初期叶片呈现针头状小突起,初为淡褐色,后变为褐色,并逐渐扩大为近圆形,少数为不规则形,直径2～8 mm,紫褐色至褐色,边缘暗褐色,后期病斑上下两面生有灰褐色霉层,即病菌的分生孢子梗和分生孢子。叶面出现数个病斑后,全叶迅速变黄,提前脱落。如图3.41所示。

【发病规律】病菌以菌丝体和子座在植株病叶或病残体上越冬。翌年5月上中旬,病菌产生分生孢子,借助风雨传播。植株下部叶片先发病,逐渐向上蔓延;高温、高湿有利于病害发生与发展。

【防治措施】(1)栽培措施:清除病落叶,集中销毁。

(2)化学防治:发病初期喷施1:1:100波尔多液、70%百菌清700倍液或50%多菌灵500倍液,每隔10～15天喷一次,连续喷2～3次。

图3.41 紫薇褐斑病

图3.42 紫薇丛枝病

3.42 紫薇丛枝病

【寄主与危害】目前仅个别植株发生,危害不大,但受害植株梢头易枯萎死亡,影响生长。

【病原】植物菌原体(*Phytoplasmas* sp.)。

【症状】病株梢头的枝条丛生,叶片薄而小,密集簇生在一起,有时枝条由柱形变成扁平带状(该症状在国槐丛枝病也有发生,其他树木丛枝病少见)。如图3.42所示。

【发病规律】参见泡桐丛枝病等。

【防治措施】该病传播能力有限,发现病枝及时剪除即可。

3.43 紫荆角斑病

【寄主与危害】危害紫荆。该病害发生十分普遍,染病植株的叶片大约入秋时就病斑累累,提前枯死、脱落,降低生态功能和观赏价值。

【病原】半知菌亚门中的紫荆集束尾孢霉[*Pseudocercospora chionea*(Ell. et Ev.)Liu et Gao]和紫荆粗尾孢霉(*Cercospora ceidicola* Ell.)。

【症状】主要危害叶片。由于病斑扩展受到叶脉限制,往往形成多角形病斑,颜色由褐色至黑色。病斑大的5~15 mm,小的1~6 mm,后期病斑上密生黑色小霉点,即病原菌的子座。在环境潮湿时,小粒点上生灰白色霉状物。如图3.43所示。

(a) 病株　　　　　　　　　　　　　(b) 病叶

图3.43　紫荆角斑病

【发病规律】病菌以子座和菌丝体在病落叶上越冬,翌年春天当条件适合时,产生的分生孢子经风雨传播,从自然孔口或伤口侵入。雨季分生孢子繁殖迅速,数量多,传播快,所以雨水较多的地区和年份发病严重,病斑后期常连接成片,造成枯叶,提早脱落。

【防治措施】(1)清除病源:冬季彻底清除病叶,并集中销毁或深埋。

(2)栽培管理:注意通风透光,合理施肥,使之生长健壮,增强抗病性。

(3)化学防治:发病前喷洒1∶1∶150波尔多液,每隔10~15天喷一次,连续喷2~3次;发病期喷洒70%甲基托布津1000倍液或65%代森锰锌500倍液,每隔7~10天喷一次,根据病情可适当缩短间隔期。

3.44 牡丹(芍药)红斑病

【寄主与危害】该病又名褐斑病、叶霉病。凡栽种牡丹的地区都可发生。该病造成叶片焦枯,连年严重感病的植株生长矮小,不开花,甚至全株枯死。

【病原】半知菌亚门中的牡丹枝孢霉(*Cladosporium paeoniae* Pass.)。

【症状】主要危害叶片,也可侵染茎、叶柄、花器、果实和种子。发病初期叶片出现褐色近圆形小斑,边缘不明显,后期病斑扩大为不规则形大斑,多数病斑具轮纹(芍药病斑为暗褐色),有时相连成片,导致整叶枯焦。潮湿条件下,叶背病斑处出现墨绿色霉层,为分生孢子梗和分生孢子。茎与叶柄上病斑呈长圆形，3～5 mm，褐色，中间开裂并下陷。花萼与花瓣受害严重时边缘枯焦。如图3.44所示。

【发病规律】病菌以菌丝在病组织及地面枯枝上越冬，翌年春季产生分生孢子，孢子借风雨传播，自伤口侵入，亦可从无伤表皮直接侵染。植株下部叶片比上部受害重，开花后病情发展明显加快，天气潮湿、植株过密有利于病害发展蔓延。凡花圃内病株残体未清除或清除不彻底的病害严重。

【防治措施】（1）合理选地：选择地势开阔、排水良好，通风向阳的地块，地势平坦的地段要做好清沟排水工作。

（2）栽培管理：栽培时施足基肥，以磷、钾肥为主；保持合理密度、及时中耕除草，以维持良好的通风透光环境。

（3）清除病源：秋、冬季及时清除病组织残体；发病期间及时摘除病叶、病蕾和病花。

（4）化学防治：早春在植株萌动前喷一次波美3～5度石硫合剂；发病期喷60%防霉宝超微粉剂600倍液或50%多菌灵可湿性粉剂500倍液等，每隔7天喷一次，连喷2～3次。

图 3.44　牡丹红斑病

3.45　合欢锈病

【寄主与危害】危害合欢。该病一旦发生，严重影响植株的生长。

【病原】锈菌目中的日本伞锈菌（*Ravenelia japonic* Dietel et Syd.）。

【症状】主要危害叶片、嫩梢、叶柄及荚果。感病嫩梢、叶柄上产生近圆形、椭圆形或梭形病斑，直径2～4 mm，导致叶片早落，枝枯死；嫩梢及叶柄因发病而扭曲、畸形，发病严重者则枯死。幼树主干上的病斑呈梭形下陷，呈典型溃疡斑。叶片上病斑近圆形，很小，直径0.4～1 mm。荚果上病斑多数呈扁圆形，直径0.4～1 mm。感病初期，病斑上均产生黄褐色粉状物，为病原菌夏孢子堆，后期在病斑处产生大量、密集、漆黑色的小粒状物，为病原菌冬孢子堆。冬孢子堆甚至可以蔓延至病斑以外的寄主表面。如图3.45所示。

图 3.45　合欢锈病

【发病规律】病株于8月在叶、嫩梢上出现浅黄色病斑，其上产生很多粉状夏孢子。夏孢子借气流传播,在气候条件适宜时,夏孢子萌发自寄主气孔或直接穿透表皮侵入,潜育期为7~14天。9月上中旬,在夏孢子堆下菌丝体开始产生冬孢子堆。

【防治措施】(1)加强栽培管理,促进树木生长。

(2)8月初喷1∶1∶100波尔多液、20%粉锈宁800~1000倍液或多菌灵800~1000倍液,每隔10~15天喷一次,连喷2~3次。

3.46 合欢枯萎病

【寄主与危害】该病是合欢的主要病害,在局部地块可造成毁灭性灾害。寄主有合欢、石榴、杨树、板栗等。

图3.46 合欢枯萎病

【病原】半知菌亚门中的尖孢镰刀菌合欢专化型[*Fusarium oxysporum* f. *perniciosum* (Hepting) Toole]。

【症状】感病植株的叶片下垂呈枯萎状,叶色淡绿色或淡黄色,随后叶片脱落,枝条开始枯死,最后整株枯萎死亡。切开植株边材,可明显地观察到受害部分呈褐色病变。在叶片尚未枯萎前,病株的皮孔中会产生大量的病原菌分生孢子。如图3.46所示。

【发病规律】该病为系统侵染性病害,病原菌以菌丝体在病株上或随病残体在土壤里过冬。翌年春季产生分生孢子,通过风雨传播。分生孢子自寄主根部伤口直接侵入,也能从树木枝、干的伤口处侵入危害。从根部侵入的病菌自根部导管向上蔓延至干部和枝条的导管,造成枝条枯萎。从枝、干伤口侵入的病菌,初期使树皮呈水渍状坏死,以后干枯下陷。土壤黏重板结、含水量高、通透性差的立地易发病。

【防治措施】(1)适地适树:合欢喜在较疏松的土壤中生长,而街道上的土壤多数较为板结,通透性差。因此,合欢作行道树易发病,应避免栽植。

(2)抚育管理:定期松土、锄草,增加土壤通透性,注意防旱排涝。在春、秋季生长旺盛期合理施肥,使树木生长健壮,增强抗病能力。尽量少剪枝,剪后伤口要涂保护剂。

(3)化学防治:在生长季节未发病前,开穴浇灌内吸性药剂,如用50%甲基托布津500倍液、40%多菌灵500倍液或50%代森铵400倍液浇灌根部。对已经枯萎或感病严重的植株,应及时砍除、烧毁,并浇灌20%石灰水消毒土壤,防止病害蔓延。

3.47 石榴褐斑病

【寄主与危害】该病又称角斑病、黑斑病,石榴栽植地普遍发生,发病严重时,叶片提早全部脱落,严重削弱树势,对石榴的生长发育及翌年开花均有影响。

【病原】半知菌亚门中的石榴假尾孢[*Pseudocercospora punicae* (P. Henn.) Deighton]。

【症状】主要危害叶片,也可危害果实、嫩枝。在发病初期,叶面出现针头大小的紫色或红褐色斑点,边缘有褪绿圈,以后慢慢扩展为圆形至椭圆形或不规则形、多角形病斑,直径为 0.5～3.5 mm。在后期,病斑深褐色至黑褐色,病斑边缘常呈黑线状。严重时病斑之间相互连接,导致叶片早期焦枯脱落。在气候干燥时,病部中心区常为灰褐色。病斑正、背面产生墨绿色霉层(分生孢子梗及分生孢子)。果实上病斑呈圆形,黑褐色。嫩枝感病后形成枯死段斑,枯死枝梢上产生分生孢子器。如图 3.47 所示。

图 3.47　石榴褐斑病

【发病规律】病菌以子座或菌丝体在病落叶上越冬。在翌年春天,越冬分生孢子或新生分生孢子借风雨传播,侵染寄主,生长季节可发生多次再侵染。一般在 7 月下旬至 8 月中旬,叶片开始发病,9～10 月叶片开始脱落,这对花芽分化十分不利,也是来年生理落果严重的原因之一。10 月中、下旬病情逐渐减轻。梅雨季节或秋雨连绵的季节有利于病害扩展蔓延,夏季高温少雨天气病情明显减轻。

【防治措施】(1) 栽培措施:栽植密度不宜过大,冬末春初要进行一次疏枝或修剪,促进通风透光,降低湿度。适时施肥,促进植株生长。每年冬季结合清园,及时清除枯枝病叶并集中烧毁,减少翌年侵染源。

(2) 选用抗病品种:一般白石榴、千瓣白石榴及黄石榴较抗病;玛瑙石榴、千瓣红石榴易感病。

(3) 化学防治:在初春,使用 80% 五氯酚钠 1500 倍液喷洒植株和地表,以杀死越冬后的病菌。在发病初期,喷 20% 多菌灵硫黄胶悬剂 500 倍液、65% 代森锌可湿性粉剂 600～800 倍液或 70% 甲基托布津可湿性粉剂 1000 倍液,每隔 10～15 天喷一次,连喷 3～4 次。

3.48　垂丝海棠角斑病

【寄主与危害】病叶上常病斑累累,提前脱落,严重时仅剩枝条上部少量叶片,严重影响植株生长和景观效果。寄主有垂丝海棠、西府海棠、山楂、苹果、贴梗海棠等。

【病原】半知菌亚门中的苹果假尾孢[*Pseudocercospora mali* (Ell. & Ev.) Deighton]。

【症状】主要危害叶片。病斑黄褐色至褐色,近圆形或多角形,外有褪绿晕圈。在发病后期,病斑中间颜色变浅灰褐色,边缘褐色,叶片病斑处正、背两面生有灰黑色绒状小点。多个病斑可相互连接成大斑,病叶易脱落,严重时出现空枝现象。如图 3.48 所示。

【发病规律】病菌在病残体上越冬。翌年最早在 4 月下旬至 5 月上旬可见到新病斑。6～7 月为发病高峰期,出现病叶早落,严重发病的年份仅枝梢顶部保留少量叶片。8 月下旬重新发

图 3.48 垂丝海棠褐斑病

叶,秋梢叶片又可受侵害。9～10月为秋季发病高峰期,出现大量落叶。病情与降雨、湿度密切相关,干旱年份发病轻,多雨潮湿年份发病重。

【防治措施】(1)栽培措施:冬季结合清园剪除病枝,清除地面落叶。春天发芽时发现死枝及时剪除。海棠不宜种植过密。雨季及时清沟排水。

(2)化学防治:多雨年份进行喷药保护,药剂可选择40%达科宁700～1000倍液、10%博邦水分散粒剂1500倍液或50%多菌灵500倍液。

3.49 樱花褐斑穿孔病

【寄主与危害】该病十分普遍,其特点是斑点后期形成穿孔,影响光合作用和观赏价值。寄主有桃、李、杏、梅、樱桃、樱花等多种核果类果树木。

【病原】半知菌亚门中的核果假尾孢[*Pseudocercospora circumscissa*(Sacc.)Liu et Guo]。

【症状】主要发生在叶部,也有发生于新梢。受害叶片初期为紫褐色小点,后逐渐成圆形斑,直径1～4 mm。病斑边缘清晰,外围有紫褐色晕圈,后期在病斑的正、反两面或仅在反面产生灰褐色霉状物,即分生孢子梗和分生孢子。最后病斑干枯脱落形成穿孔。严重时整个叶片变黄,提早落叶。秋后在落叶的病斑处产生黑色小粒点,为病菌的子囊座。新梢偶有受害,病斑紫褐色。如图3.49所示。

【发病规律】病菌以菌丝以及子实体在病落叶上越冬。在翌年春天、条件适宜时产生孢

图 3.49 樱花褐斑穿孔病

子,并借风雨和气流传播。一般自6月开始发病,在8～9月发病重。雨水多、湿度大易发病。日本樱花、日本晚樱受害最为严重。

【防治措施】(1)栽培措施:清除病枝、落叶并集中销毁,以减少侵染源。

(2)化学防治:在萌芽前,喷波美2～4度石硫合剂或1:1:120波尔多液。从6月开始,在发病初期,喷65%代森锌可湿性粉剂500倍液或50%多菌灵600倍液,每隔7～10天喷一次,连喷2～3次。

3.50 桑树白粉病

【寄主与危害】 危害桑、臭椿等。该病是桑树叶部常见的病害,受害的桑叶因养分消耗,影响桑叶品质,促使提前硬化,采摘后容易干燥,以病叶饲蚕,蚕体质虚弱,容易诱发蚕病。

【病原】 子囊菌亚门桑生球针壳[*Phyllactinia moricola*(P. Henn.)Homma.]。

【症状】 危害叶片。多由下部叶片向上发展,枝梢先端嫩叶不受侵害,但晚秋期也能侵害上部叶片。初发病时,叶背散生白粉状圆形霉斑,后不断扩大,连接成片。严重时白粉布满叶背,同时在叶表面相应处随之发生淡黄褐色病斑。发病后期,病斑中央密生黄色小粒点,即闭囊壳;后黄色小粒点逐渐变黑,白色粉霉消失(图 3.50)。

图 3.50 桑树白粉病

【发病规律】 病原以闭囊壳黏附在枝干、病叶中越冬。翌年散出子囊孢子,随风、雨飞散到桑叶成为初次侵染源。长江流域多在 9~10 月盛发。硬化早的桑品种容易发病;盛夏期气温过高对病菌生长不利,病害发生受到抑制;地下水位低或干旱的丘陵地易发病;密植及缺钾的桑园发病严重。

【防治措施】 (1) 选用抗病品种。

(2) 栽培措施:及时采叶,采叶应自下向上;做好水肥管理,注意抗旱保湿,推迟桑叶硬化。

(3) 化学防治:发病初期喷洒 50% 多菌灵 800 倍液;采叶期喷 70% 甲基托布津 1000 倍液,隔 10~15 天再喷一次;冬季喷波美 2~4 度石硫合剂,杀灭枝条和地面上的越冬病菌。

3.51 桑树赤锈病

【寄主与危害】 在发病严重时,整片桑园无一片好叶。用病叶饲喂蚕,虽无中毒现象发生,但患病芽叶畸形卷曲,布满金黄色病斑,叶质低劣,产量下降。寄主有桑及数种与桑近缘的植物。

【病原】 属担子菌亚门、锈菌目中的桑春孢锈菌[*Aecidium mori*(Barclay)Diet.]。

图 3.51 桑树赤锈病

【症状】 危害叶片、嫩芽、新梢等各幼嫩部位。嫩芽发病,病部局部肥厚,畸形弯曲,出现橙黄色病斑,芽叶生长停止,变焦脱落。叶片发病初期,正、背两面散生圆形而有光泽、略隆起微黄的病斑,后期病斑表面破裂散出橙黄色粉末(锈孢子),布满全叶,俗称金桑。叶柄、新梢受害后,畸形弯曲,后期病斑渐变黑褐色,稍凹陷,易折断。桑花受害后呈不规则膨大。桑葚受害后失去光泽、变黄,后期布满橙黄色粉末。如图 3.51 所示。

【发病规律】以菌丝潜伏在枝条,特别是在冬芽组织内越冬,翌年早春随着芽叶展开产生锈孢子,并随风、雨传播,是当年的初次侵染源。随后病叶上不断形成孢子进行再次侵染。长江流域在4～6月发病重,南方温暖地区的5～6月和9～10月为发病高峰期。

【防治措施】(1) 选用抗病品种:选用黄鲁桑、湖桑等抗病、耐病品种。

(2) 栽培管理:冬季剪除1年生的病枝,消灭越冬病源。春季一旦发现病芽、病叶和病梢,应及早剪除烧毁,以防止锈孢子飞散传播。雨后及时开沟排水,降低湿度。

(3) 化学防治:喷25%三唑酮1000倍液或12.5%三唑酮2000倍液。重点喷桑芽。

3.52　桑树污叶病

【寄主与危害】危害桑树。该病是桑叶夏、秋季常见病害,发病的叶背面覆上一层黑色煤污状物,桑叶提前硬化,容易萎凋,叶质低劣,不能喂蚕,影响秋蚕生产。

图3.52　桑树污叶病

【病原】半知菌亚门中的桑旋孢霉[Sirosporium mori (Syd. et Syd.) M. B. Ellis]。

【症状】主要危害较老的桑叶,嫩叶上很少见到。叶片发病后在叶背先发生煤灰色的圆形霉斑,随病情扩展,在对应的叶表面也产生同样大小的灰黄色至暗褐色变色斑。严重时病斑融合或布满叶背,造成整个叶片变色。如图3.52所示。

【发病规律】病菌以菌丝和分生孢子在病叶组织上越冬,分生孢子萌发率较低,是次要侵染来源。潜伏在病叶组织内的越冬菌丝于夏、秋季发育,产生分生孢子,借风雨传播引起初侵染,后在新病斑上产生分生孢子进行再侵染。该病多发生在晚秋落叶前,叶片硬化早的桑树品种易发病;夏秋两季干旱的年份发病重;通风透光差、积水闷热的桑园易发病。

【防治措施】(1) 栽培措施:秋蚕期尽可能先采枝条下部叶,防止叶片硬化发病;夏伐后适时增施肥料;秋季干旱应及时灌溉,延缓桑叶硬化;晚秋季节彻底清除病叶,沤制堆肥;冬耕时将残叶深翻入土,消灭越冬病源。

(2) 化学防治:发病早期用65%代森锌可湿性粉剂500倍液、70%代森锰锌500倍液或50%多霉威800倍液喷洒叶片。

3.53　桑疫病

【寄主与危害】寄主为桑树。该病又称桑细菌性黑枯病、烂头病。在发病严重的桑园,叶片枯黄,枝条梢端芽叶变黑枯死,小枝枯萎,该病对桑叶和桑葚产量影响极大。

【病原】假单胞杆菌属中的丁香假单胞杆菌(Pseudomonas syringae pv. mori Van Hall.)。

【症状】危害叶片、新梢。叶片上形成点发性近圆形或散发性多角形病斑,病斑先呈湿润性油渍状,对光透视似半透明,随后渐变黄褐色,常数个相连成大病斑,叶片发黄。干燥时,病斑中央裂开,严重时病叶自行脱落。侵染新梢时,梢叶全部变黑枯死,故称烂头病。后沿枝条向中下部扩展,在枝条表面形成粗细不等、稍隆起的点线状黑褐色病斑,枝条内部有更明显的黄褐色点线状病斑,有时只有内部病变,外表无病状。如图 3.53 所示。

【发病规律】病菌在病枝活组织内或土壤的残体上越冬,翌年春暖潮湿时大量繁殖,在芽叶上侵染并出现症状,为本病的初侵染。在高湿条件下病菌在病斑处迅速繁殖,易形成细菌溢菌脓,借助于风雨、昆虫和枝条接触,传播到邻近的幼芽嫩叶,并通过伤口和气孔侵入,引起再侵染。一年可发生多次侵染。高温、多雨年份病害易流行,夏、秋季暴雨、暴晴天气下发病严重。地势低洼、土壤潮湿、水肥管理不当的桑园发病重。遭受风害和虫害严重的桑园、特别是暴风雨加上湿热环境更易导致病害暴发。不同桑品种的发病率差别大。

(a) 病叶

(b) 病梢

图 3.53　桑疫病

【防治措施】(1) 选用抗病品种:连续多年发生病害的地区,可进行品种更新。

(2) 避免产生伤口:加强害虫防治;夏、秋季摘叶要留柄,防止粗暴采叶,以免伤害冬芽、树皮。

(3) 清除病源:生长季节一旦发现病叶、病梢,应及时剪除并烧毁。冬季剪梢时剪除病枝,在病斑以下 10~15 cm 处剪除,以剪断面不见黑线病斑为准。发病严重的桑园应该在春季做降干剪伐。

(4) 加强水肥管理:低洼潮湿的桑园要注意开沟排水,适当增施农家肥、土杂肥,提高桑树的抗病力。

(5) 化学防治:酸性土壤地区,在冬初或早春桑树发芽前对土壤施用石灰氮(每亩 25~30 kg),杀死土壤中的越冬病菌。夏伐后的发病初期,先剪除病枝叶,后选用 300~500 单位盐酸土霉素溶液或 100 单位农用链霉素溶液,每隔 7~10 天喷一次,连喷 2~3 次。

3.54　桑芽枯病

【寄主与危害】寄主为桑树。该病是桑树枝干上的重要病害,常与拟干枯病混发、复合为害。受害株轻者枝梢 1/3 以上枯死,重则整株枯死,影响桑叶和桑葚产量。

【病原】子囊菌亚门桑生浆果赤霉菌[*Gibberella baccata* (Wallr.) Sacc.]，无性态为砖红镰孢(*Fusarium lateritium* Nees)。

【症状】主要危害桑芽。早春在冬芽及其附近伤口四周产生红褐色凹陷的油渍状斑，后逐渐扩大，并密生粉红色至橙红色肉质略隆起的小粒，即病原菌分生孢子座。小病斑常融合成大斑，当病斑扩展到环绕枝条一周时，病部以上的枝条干枯而死。2~3个月后，在枯死枝条的分生孢子座上，常单独形成暗蓝色颗粒，即病原菌的子囊壳。病部易变形，呈癌肿状，外皮易破裂露出黑褐色纤维。发病重的枝条皮层腐烂，很易剥离，并散发出酒糟气味。如图3.54所示。

图3.54　桑芽枯病

【发病规律】病菌以菌丝在枝条内越冬。翌年2月开始形成分生孢子座，3~4月突破外皮，产生分生孢子并借风雨传播，进行多次侵染。5月下旬产生子囊壳，子囊孢子成熟后在8~10月释放出来，从桑枝腋芽附近伤口侵入，以菌丝状态越冬。秋季采叶过度、偏施氮肥的幼树易发病，地势低洼、密度大、土质黏、桑树受冻、虫害发生多的桑园发病重。品种间抗病性有较大的差异。在相同条件下，幼龄桑树比壮龄桑树容易染病。

【防治措施】(1)栽培措施：选用抗病品种。春季注意检查病枝、病芽，应及时剪除并烧毁，对轻病枝要求在病斑下6 cm处剪除。夏秋两季适当增施钾肥，避免迟施、偏施氮肥。合理采摘夏、秋叶，采摘秋叶注意留柄，保护冬芽；桑叶脱落后，应及时清园；冬季桑园管理严防枝条创伤。

(2)化学防治：发病严重的桑园，冬季或早春在枝条上喷洒波美5度石硫合剂。枝干伤口用1%硫酸铜液或65%代森锌500倍液进行消毒，然后涂抹20%石灰水或波尔多浆(硫酸铜0.5 kg、生石灰1 kg、水10 L，调成糊状，现配现用)进行保护。

3.55　桑树萎缩病

【寄主与危害】该病是桑树的一种毁灭性病害。危害多个品种的桑树。

【病原】桑花叶型萎缩病的病原体为类病毒(Viroids)；萎缩型和黄化型萎缩病为植物菌原体(*phytoplasma*)。

【症状】该病是系统侵染性病害，从局部枝条开始，逐渐发展到全株。

桑萎缩病可分为黄化型、萎缩型和花叶型3种，症状区别是：桑花叶型萎缩病形成黄绿相间的花叶；桑黄化型萎缩病初期生菊花状病梢，严重时丛生成团，叶小如猫耳朵状；桑萎缩型萎缩病表现为枝条上部叶缩小、皱缩，小枝丛生但不成团。如图3.55所示。

【发病规律】以上3种类型的病原物均在病株中越冬，都可以嫁接传染，都可通过接穗及苗木的调运而被远距离传播。不同点：花叶型还可通过汁液传染，但不能通过昆虫传染；黄化型和萎缩型还可通过菱纹叶蝉(*Hishmonus sellatus*)和拟菱纹叶蝉(*Hishmonoides sellatiformis*)传染，而汁液不能传病。花叶型在气温30 ℃以下发生，30 ℃以上出现隐症现象；萎缩型和黄化型相反,在30℃以上的夏季发病症状显著,而在20℃以下的春季发病较轻。

【防治措施】(1)严格检疫:建立无病育苗基地,严禁病区的苗木和接穗外调到无病区或新区。

(2)选用抗病品种:因地制宜选用适生高产的抗病品种。

(3)挖除病株:每年6~8月田间巡查,做到早发现早挖除,防止病害传播蔓延。

(4)栽培管理:桑园施肥应以有机肥为主,化肥为辅,避免偏施氮肥;注意开沟排水;夏伐要适时,不宜过迟,秋叶要适当留养,以利于桑树生长和提高抗病能力。

(5)控制媒介昆虫:适时防治菱纹叶蝉和拟菱纹叶蝉等传播病害的昆虫。

(6)药剂治疗:对花叶型萎缩病,使用吖啶橙1000倍液、尿嘧啶替加氟1000倍液喷施病株后,桑树枝条生长量增加,症状明显减轻。

图 3.55 桑树萎缩病

3.56 银杏茎腐病

【寄主与危害】茎腐病在夏季高温炎热的地区发病严重,常导致苗木成片枯萎死亡。寄主有银杏、香榧、杜仲、鸡爪槭、扁柏、柏木、侧柏、金钱松、柳杉、杉木、水杉、马尾松、湿地松、火炬松、枫香、麻栎、刺槐、乌桕、臭椿、大叶黄杨、槐树等20多种针阔叶树苗,尤以银杏、香榧、杜仲、鸡爪槭、扁柏等受害最重。

【病原】菜豆壳球菌[*Macrophomina phaseoli*(Maubl.)Ashby],主要诱因是高温损伤。

【症状】危害当年生苗木。先在茎基部出现水渍状黑褐色病斑,很快延及基茎一周,并迅速向上扩展,叶片黄萎,逐渐枯死,下垂,但不脱落。苗木枯死3~5天后,外皮层肥肿,与木质部脱离,内皮层腐烂成粉末状,生有许多黑色小菌核。最后病斑向下扩展使根系皮层腐烂,拔起病苗时,病根的皮层脱落,残留在土壤中,仅拔出木质部。2年生苗,偶有1年生苗,有时根部未死,尚能在当年从根颈处萌发出新芽。如图3.56所示。

【发病规律】病害发生与寄主的状态和环境条件关系密切,当幼苗遇到高温炎热时,茎基部受高温损伤,为病菌侵入创造了条件。病害一般在梅雨季节结束后10~14天开始发生,至9月

图 3.56　银杏茎腐病

逐渐停止发展,病害的严重程度取决于 7~8 月气温,如夏季天气持续亢热,发病重;反之则发病轻。苗圃地土壤黏重,低洼积水,苗木生长差,叶片少,发病重。

【防治措施】(1) 栽培管理:苗圃地应设在排水良好的沙壤土上,施足基肥,及时间苗,使苗木生长健壮,相互庇荫,增强抗病力。

(2) 苗床遮阴:在苗床上架设荫棚,可显著降低土表温度,从而达到防病效果。荫棚架设应在梅雨季节结束后立即进行,遮阴时间从上午 10 点至下午 4 点,到 9 月上旬结束。但应注意苗木遮阴不能过度,否则会影响苗木生长,降低抗病力。

(3) 地面覆盖:在苗木间覆稻草或撒稻壳既可防止高温灼伤苗茎,又可克服苗木遮阴过度,省工省时。

培育银杏苗时必须作好防病准备,因为该病在夏季炎热的地区几乎是不可避免要发生的。

3.57　银杏叶枯病

【寄主与危害】危害银杏。该病是银杏最常见的病害,病株叶片多数于 8 月初开始脱落,严重时,6 月中旬就开始大量落叶,导致冠部枝条光秃,果实瘦小,种子产量、品质显著下降。

【病原】该病是银杏叶部多种病害的统称,据报道叶枯病的病原主要有链格孢菌 (*Alternaria* sp.)、炭疽病菌 (*Colletotrichum* sp.) 和多毛孢菌 (*Pestalotia* sp.)。此外,尾孢菌 (*Cercospora* sp.)、枝孢霉 (*Cladosporium* sp.) 和叶点霉 (*Phyllosticta* sp.) 等也可引起叶枯病。

【症状】仅危害叶片。通常由叶片先端部位先染病,病斑褐色,不规则。病斑可相互融合,扩展至整个叶缘,并逐渐向叶基延伸,甚至扩及全叶,最后叶片变褐色枯死、脱落。6~8 月,在病斑上出现多种黑色、灰绿色毛绒状物或黑色点状物(病菌子实体)。如图 3.57 所示。

【发病规律】在苗木上,病害多在 6 月上旬开始出现;在幼树和大树上较迟,8~9 月为发病盛期,10 月逐渐停止。无论幼树或大树,生长衰弱的植株发病可能提前。在土层浅薄、板结、低洼积水的地段上,或基肥不足、地下害虫危害猖獗的苗圃,或起苗时伤根、定植窝根等情况下,叶枯病发生均较严重。一般黄化类植株感病早而严重。

图 3.57　银杏叶枯病

【防治措施】(1) 预防措施:苗木应选择土壤深厚、肥沃、排水良好,地下水位低的地段栽植;起苗、定植时注意保护根系,以免损伤;幼林最好与豆类作物间作,以利于银杏生长。

（2）化学防治:发病初期喷洒50%多菌灵500倍液,可取得较好的效果。

3.58　银杏黄化病

【树种与危害】银杏等多种植物。长期黄化会导致生长不良、造林不成林。

【病原】该病是生理性病害,引起黄化的因素很多,主要有以下原因:① 土壤含水量高,部分根系腐烂;② 土壤瘠薄或黏重板结,根系生长不良;③ 苗木生长过密,通风不良,杂草丛生等。

【症状】黄化一般6月出现,轻者叶片先端黄化,呈鲜黄色;重者全叶黄化。由于叶片早期黄化,导致叶枯病早期发生,以致8月叶片变褐枯死,并大量脱落。如图3.58所示。

【防治措施】（1）适地适树,提高造林质量,保证树木的正常生长环境。

图3.58　银杏黄化病

（2）发病后依据不同的诱病因素,采取相应治理措施,尤其是土壤改良措施,如松土、增施有机肥、清沟排水等。

3.59　桃叶细菌性穿孔病

【寄主与危害】该病是桃树上最常见的叶部病害,易造成大量落叶,削弱树势,降低产量;作为绿化树种,也影响生态功能和观赏价值。寄主有桃、李、杏、樱桃、梅等多种核果类果树。

【病原】黄色短杆状的细菌[*Xanthomonas pruni*（Smith）Dowson]。

【症状】主要危害叶片,多发生在靠近叶脉处。初生水渍状小斑点,逐渐扩大为圆形或不规则形、直径2 mm、褐色或红褐色的病斑,周围有黄绿色晕环。以后病斑干枯脱落形成穿孔,影响光合作用,严重时导致早期落叶。果实受害,从幼果期即可出现症状,随着果实的生长,果面上出现1 mm大小的褐色斑点,后期斑点变成黑褐色。病斑多时,连成一片,果面龟裂。如图3.59所示。

【发病规律】病菌在枝条的腐烂部位越冬,翌年春天病部组织内细菌开始活动,桃树开花前后,病菌从病部组织中溢出,借风雨或昆虫传播,经叶片的气孔、枝条的芽痕和果实的皮孔侵入。一般年份春雨期间发生,夏季干旱月份发展较慢,到雨季又开始后期侵染。

图3.59　桃叶细菌性穿孔病

【防治措施】（1）栽培管理:加强桃园管理,增强树势,清除病枝、病果、病叶。

（2）化学防治：发芽前喷波美 5 度石硫合剂或 1∶1∶100 波尔多液，5～6 月喷洒 65％代森锌可湿性粉剂 500 倍液 1～2 次，花后喷硫酸锌石灰液（配方：硫酸锌 1 kg、消石灰 4 kg、水 200 L），发病期还可喷洒 72％农用链霉素 2000 倍液。

3.60　桃褐锈病

【寄主与危害】危害桃树。该病在部分年份、局部地区发生，发病严重时，叶片常枯黄脱落。

图 3.60　桃褐锈病

【病原】锈菌目中的刺李疣双胞锈菌[*Tranzschelia pruni-spinosae*（Pers.）Diet.]。

【症状】该病主要危害叶片。叶正、反两面均可受侵染，先侵染叶背，后侵染叶面。叶面染病产生红黄色圆形或近圆形病斑，边缘不清晰；背面染病产生稍隆起的褐色圆形小疱疹状斑，即病菌夏孢子堆；夏孢子堆突出于叶表，破裂后散出黄褐色粉状物，即夏孢子。后期，在夏孢子堆的中间形成黑褐色冬孢子堆。如图 3.60 所示。

【发病规律】病菌以冬孢子在落叶上越冬，在南方地区也能以夏孢子越冬。该病发生于秋季，引起早期落叶。病菌为一种全孢型（产生 5 种孢子）转主寄生的锈菌，中间寄主为毛茛科白头翁和唐松草属植物。

【防治措施】（1）清除病源：结合冬季清园，认真清除落叶，铲除转主寄主，集中烧毁或深埋。桃树发芽前喷布波美 5 度石硫合剂或 45％晶体石硫合剂 30 倍液。

（2）化学防治：喷施 20％国光三唑酮乳油 1500～2000 倍液、12.5％烯唑醇可湿粉剂 2000～2500 倍液或 25％国光丙环唑乳油 1500 倍液，每隔 10～15 天喷一次，连喷 2 次。

3.61　桃白粉病

【寄主与危害】危害桃树。该病零星分布，目前危害较轻。

【病原】白粉菌目三指叉丝单囊壳白粉菌[*Podosphaera tridactyla*（Wallr.）de Bary.]

【症状】危害叶片、果实和枝条，以叶片为主。在叶片两面产生白色粉层，严重时白粉布满整个叶片，叶片凹凸不平。如图3.61所示。

【发病规律】病菌以闭囊壳（在寒冷地区）、菌丝体或分生孢子在病枝条上越冬。翌年春末夏初，病菌产生大量子囊孢子或分生孢子进行初侵染，随后可进行多次再侵染。苗木和大树均有发生，雨量适中、湿度较高的天气有利于该病的发生发展，过分干燥对病害发展不利。

【防治措施】（1）清除病源：秋季落叶后及时清理病落叶并集中烧毁。

图 3.61　桃白粉病

(2)化学防治:春季发芽前喷洒波美 3~5 度石硫合剂或 45% 晶体石硫合剂 30 倍液,发病初期喷洒 70% 甲基硫菌灵可湿性粉剂 1000 倍液或 80% 代森锰锌可湿性粉剂 800 倍液,每隔 10~15 天喷一次,连喷 2~3 次。

3.62 桃缩叶病

【寄主与危害】早春发病,初夏就开始落叶,不仅影响当年产量,而且还严重影响翌年花芽形成,并易遭其他病害侵染。若连年发病,树势会急剧衰弱,导致桃园衰退,寄主有桃、油桃、扁桃、蟠桃等(李、杏、梅、樱桃等果树上也发生与桃缩叶病症状相似的病害,但为同属不同种的真菌侵染引起,其发病规律与防治措施基本相似)。

【病原】子囊菌亚门畸形外囊菌[*Taphrina deformans* (Berk.) Tul.]。

【症状】主要危害叶片,也可危害嫩枝和幼果。春天发芽时,感病嫩叶呈卷曲状,发红。叶片长大后增厚且变脆、卷曲,红褐色,在叶片表面长出银白色粉状物,病叶变褐色,焦枯脱落,腋芽再次长出新叶,长出的新叶一般不再受害。发病嫩枝灰绿色或黄色,节间缩短,略为粗肿,病枝上常簇生卷缩的病叶,严重时病枝渐向下枯死。幼果发病初期生黄色或红色病斑,微隆起;随着果实增大,渐变褐色,畸形,果面龟裂,有疮疤,易早落。如图 3.62 所示。

【发病规律】病菌以子囊孢子或芽孢子在树皮或芽鳞片中越夏,条件合适时孢子会继续芽殖。芽孢子在鳞片与树皮中过冬。翌年早春桃芽萌发期间,如气温在 10~16 ℃,经常下雨,桃芽容易遭受病菌侵染,展叶后病菌仍可侵入叶片危害,刺激叶片中细胞分裂,使病叶肥厚皱缩变色。在 4~5 月发病,当年一般只发生一次侵染。一般在江河沿岸、湖畔及低洼潮湿地发病重;实生苗桃树比芽接桃树易发病;中、晚熟品种较早熟品种发病轻。

图 3.62 桃缩叶病

【防治措施】(1)选择抗病品种:新建桃园时,选择既高产优质又抗病的品种,如安农水蜜桃、雨花珍露、曙光甜油桃等。

(2)抚育管理:对于进入结果期的桃园,要做好土壤、肥料、水分管理,精心整形修剪,改善通风透光条件。在 4~5 月结合生长期修剪,发现缩叶病叶片立即摘除,集中烧毁,该作业要求在初夏前缩叶尚未形成白色粉状物时开始。

（3）化学防治：休眠季节喷波美 3～5 度石硫合剂，铲除越冬病原菌；春季桃芽开始膨大时是防治桃缩叶病的关键时期，喷波美 0.3～0.5 度石硫合剂、70% 甲基托布津可湿性粉剂 800 倍液或 50% 多菌灵胶悬剂 800 倍液。

3.63 桃褐腐病

【寄主与危害】该病又称菌核病，是桃树上的重要病害之一，引起大量烂果、落果，而且在储运期间亦可继续危害，造成巨大损失。寄主有桃、李、杏、樱桃等核果类果树。

【病原】半知菌亚门中的灰丛根孢菌（*Monilia cinerea* Bon.）；有性世代属于子囊菌亚门中的核果链核孢菌［*Monilinia laxa*（Aderh. et Ruhl.）Honey］。

【症状】危害桃树的花、叶、枝干和果实，以果实最重。果实从幼果至成熟期均可受害，且越成熟受害越重。初期病果出现褐色圆斑，迅速扩大使全果变褐软腐，表面产生轮纹状排列的灰褐色绒状霉层，腐烂病果易脱落，但干缩变成深褐色或黑色的僵果，挂在树上至翌年

图 3.63　桃褐腐病

也不落。如图 3.63 所示。

【发病规律】病菌主要在僵果（落地或挂在树上）或枝梢的溃疡斑上越冬，翌春产生大量分生孢子成为初侵染菌源。此菌有性世代极少产生。僵果内的病菌对外界不良环境的抵抗力极强。果实近熟期发病最重，多雨多雾天气有利于此病发生。

【防治措施】（1）清除病源：结合冬季修剪，彻底清除树上的病梢、枯枝和树上、树下的僵果。

（2）桃园管理：保持通风透光，降低园内湿度；增施磷钾肥，提高树体抗病能力。

（3）化学防治：4 月下旬至 5 月是防治该病的关键时期，每隔 7～10 天喷一次药以保护幼果，常用药剂有 70% 甲基托布津 800～1000 倍液、65% 代森锌 500 倍液、靓果安 500～800 倍液等。

（4）治虫防病：及时防虫，减少虫害造成的伤口，降低病菌侵染的机会。

3.64 桃树流胶病

【寄主与危害】流胶病发生于多种阔叶树，尤以核果类树木受害最重。胶质物为树木细胞退化和分解产物，对树势有显著影响。该病主要发生在枝干上，果实也可流胶。依据发病原因可分为生理性流胶和侵染性流胶两种。

1. 生理性流胶

【症状】主要发生在主干和主枝上。雨后树胶与空气接触变成茶褐色、硬质、琥珀状的胶块，被腐生菌侵染后病部变褐腐烂，致使树势越来越弱，严重时造成树木枯死。

【病原】霜害、雹害，水分过多或不足，施肥不当，修剪过度，栽植过深，土壤黏重板结或土壤过酸等，都能引起桃树流胶。其中树体上伤口是引致流胶的最主要原因。

【发病规律】气候不适、雨水过多发病重;土壤黏重、酸性较大、排水不良发病重;管理不当、结果过多发病重;树龄大、长势差发病重。

2. 侵染性流胶

【症状】 主要危害枝干。病菌侵染当年生枝条,多从伤口和侧芽处入侵,出现以皮孔为中心的瘤状突起,当年不流胶,具有潜伏侵染特征,翌年瘤皮开裂溢出胶液,发病后期病部表面生出大量梭形或圆形的小黑点,每年有两次高峰期,5月上旬至6月上旬一次,8月下旬至9月上旬一次,这是与生理性流胶的最大区别。如图3.64所示。

【病原】 子囊菌亚门中的葡萄座腔菌[*Botryosphaeria dothidea*(Moug. ex Fr.)Ces. et de Not.]。

图 3.64　桃树流胶病

【发病规律】病菌以菌丝体、分生孢子器在病枝内越冬,翌年3月下旬至4月中旬散发出分生孢子,随风传播,伤口侵入,也可从皮孔及侧芽侵入。雨天从病部溢出大量病菌,顺枝干流下或溅附在新梢上,成为新梢初次感病的主要菌源。

此外,害虫伤口引起流胶也很普遍。

【防治措施】(1)栽培措施:加强排水工作,增施有机肥,酸性土壤适度增施过磷酸钙,以中和土壤酸度,改善土壤的理化性质;科学修剪,在操作时尽量减少伤口。

(2)化学防治:生长期喷洒50%混杀硫悬浮剂500倍液或50%多菌灵可湿性粉剂800倍液等,每隔15天喷一次,连喷3~4次。

(3)治虫防病:依据害虫种类,有针对性地喷洒杀虫剂。

3.65　桃树冠瘿病

【寄主与危害】该病又称根癌病。受害植株根系发育不良,细根极少,地上部分长势衰弱,严重发病时,叶黄化、早落,甚至整株枯死。寄主有59科300余种,主要危害核果类植物,但对杨树、刺槐、油茶等林木也有危害。

图 3.65　桃树冠瘿病

【病原】细菌,为根癌土壤杆菌[*Agrobacterium tumefaciens*(Smith et Towns.)Conn],此菌又名根癌农杆菌。

【症状】病害发生于主干基部的根茎或侧根上。染病部位初始膨大呈球形瘤状物,乳白色或肉色,质地较软,表面光滑,随后逐渐变成褐色或深褐色,瘤状物缓慢增大,质地渐硬,表面粗糙,有龟裂。如图3.65所示。

【发病规律】病菌在病瘤或残体内能存活一年左右,若两年内未获得侵染机会将失去生活力。病菌借助灌溉和雨水、采条嫁接、害虫或农具等进行传播,通过伤口侵入。进入皮层组织,开始繁殖,并刺激伤口附近细胞分裂,导致癌肿细胞迅速增殖。连作、偏碱性和湿度大的沙壤上易发病。苗木根部各种伤口处易感染发病。

【防治措施】(1)严格检疫:不从病区引苗木,发现病苗及时销毁;嫁接时不从病树上取接穗。

(2)实行轮作:不在前作发病的土地上育苗,或在病区实行轮作,轮作年限应在两年以上。

(3)化学防治:对疑似苗木用1‰~2‰硫酸铜液或70%甲基托布津800倍液等浸根10分钟,并用抗根癌菌剂蘸根。

(4)物理防治:轻病株可挖开根基土壤,暴露晒根,切除病瘤并敷以抗根癌菌剂,用潮土覆盖。

3.66 葡萄霜霉病

【寄主与危害】危害葡萄。该病是葡萄的一种世界性病害,也是我国葡萄的主要病害。病害引起新梢生长发育不良,冬季越冬芽易发生冻害枯死,严重削弱树势。

【病原】鞭毛菌亚门中的葡萄生单轴霉[*Plasmopara viticola* (Berk. et Cur.) Berl. et de Toni]。

【症状】危害各幼嫩部位。叶片:初期出现淡黄色油渍状病斑。叶背面产生白色霜霉状物(孢囊梗和孢子囊),最后,病斑变褐干枯,叶片早落;新梢:病斑呈油渍状、黄褐色,病部生白色霉层。幼果:变硬、凹陷皱缩,长出白霉,脱落,果实着色后不再感病。生长早期发病可使新梢、花穗枯死;中、后期发病可引起早

图3.66 葡萄霜霉病

期落叶。如图3.66所示。

【发病规律】秋季低温多雨易引发该病的流行;果园地势低洼,种植密度大,通风不良,病害发生严重;迟施、偏施氮肥刺激秋季枝叶过分茂密而果实延迟成熟发病重。

【防治措施】(1)清除菌源:秋季彻底清扫果园,剪除病梢,收集病叶,集中深埋或烧毁。

(2)加强果园管理:及时夏剪,改善架面通风透光条件;注意除草、排水、降低地面湿度;适当增施磷钾肥,对酸性土壤施用石灰,提高植株抗病能力。

(3)避雨栽培:在葡萄园内搭建避雨设施,防止雨水飘溅,控制原菌的传播和侵染条件。

(4)化学防治:施用1∶0.7∶200倍波尔多液对该病有特效。喷施50%代森锌500倍液、40%金安洗(烯酰吗啉)悬浮剂或50%阿克白(烯酰吗啉)可湿性粉剂也有良好的效果。休眠季节可喷洒波美3~5度石硫合剂。

3.67 葡萄黑痘病

【寄主与危害】该病又叫疮痂病、鸟眼病,是葡萄的重要病害之一,在多雨年份常造成巨大损失。

【病原】半知菌亚门中的一种真菌(*Sphaceloma ampelinum* de Bary)。

【症状】主要危害葡萄的绿色幼嫩部分,如果实、果梗、叶片、叶柄、新梢和卷须等。叶片:开

始时呈现疏密不等、针头大小的黑褐色圆形小斑,周围有黄色晕圈,直径1～4 mm,病斑边缘暗褐色,中央浅褐色至灰白色,以后病斑干枯穿孔,但病斑周缘仍保持紫褐色的晕圈。嫩梢:初现椭圆形或不规则的褐色条纹,以后呈灰褐色,边缘深褐色或紫色,病斑中部凹陷开裂,严重时新梢扭曲至干枯。幼果:果面发生淡紫色小斑,近圆,渐扩大,直径3～7 mm。病斑边缘紫褐色,中央渐变灰白色,稍凹陷,上有黑点。如图3.67所示。

图3.67 葡萄黑痘病

【发病规律】病菌在病蔓、病梢、病果、病叶等病组织越冬。病菌生命力强,在病组织内可存活3～5年。每年5月产生分生孢子,借风雨传播,侵入寄主,引起初次侵染。后产生分生孢子,进行重复侵染,潜育期一般6～12天。多雨、高湿天气有利于分生孢子的形成、传播和侵入,干旱年份或少雨地区发病显著减轻。凡地势低洼、排水不良、管理粗放、树势衰弱的果园有利于病害的发生。欧美杂交种葡萄较抗病。

【防治措施】(1)选育抗病品种。

(2)消灭越冬菌源:结合秋季清园及冬季修剪,彻底清除病梢、病穗、僵果,刮除主蔓上的枯皮,扫清落叶并集中烧毁,以减少越冬病菌。于葡萄发芽前喷一次10%硫酸亚铁,以铲除枝蔓上的越冬菌源,如果做得仔细、彻底,可显著减少越冬病源。

(3)化学防治:从葡萄展叶开始直到果粒着色前,每隔10～15天喷一次药。开花前及谢花70%～80%时是全年防治的关键期,连喷2次药。常用药剂有1:0.7:200波尔多液、50%多菌灵可湿性粉剂800倍液、75%百菌清可湿性粉剂600倍液等。

同时要控制氮素营养,多施磷钾肥,以调节树势,保持通风透光。

3.68 枣锈病

【寄主与危害】危害枣树。该病常造成大量落叶,枣果皱缩,糖度降低,对产量和品质影响很大。

【病原】 锈菌目中的枣层锈菌[*Phakopsora zizyphi-vulgaris*(Henn.)Dietel]。该菌只发现夏孢子和冬孢子两个阶段。

【症状】仅危害叶片。在发病初期,叶背面散生淡绿色小点,随后长出暗黄褐色突起,即夏孢子堆,直径约0.5 mm,多发生在叶脉两侧及叶尖、叶基处,有时密集成片。叶正面与夏孢子堆相对应处,出现黄绿色小点,使叶面呈花叶状,后渐成灰褐色枯斑。冬孢子堆多在落叶期或落叶后形成,位于夏孢子堆边缘,较小,黑褐色,稍突起。在枣果接近成熟前大量落叶,枣果皱缩。如图3.68所示。

图3.68 枣锈病

【发病规律】病菌以夏孢子堆在落叶上或菌丝在病芽中越冬,由风力传播。病菌一般于 5 月底开始飞散,7 月中、下旬开始发病,8 月下旬至 9 月初出现大量夏孢子堆,不断进行再侵染,使发病达到高峰。发病轻重与当年 7~8 月降雨量及枣林内的湿度成正比。

【防治措施】(1)栽培措施:枣园不宜栽植过密,适当疏剪枝条,枣行内间种花生、红薯、豆类等低秆作物,保持通风透光。雨季及时挖沟排水,防止枣园过湿。冬季清除落叶,集中烧毁或掩埋,减少病菌来源。

(2)化学防治:在 7 月上旬至 8 月上旬,对叶背面喷洒 1∶(2~3)∶240 波尔多液、50% 多菌灵 800 倍液或 25% 粉锈宁 1200 倍液。波尔多液还有促使叶色浓绿,延缓落叶期的作用。若 7 月多雨,需喷药两次。

3.69 枣树炭疽病

【寄主与危害】危害枣、油茶等。该病在局部枣树种植区发生,发病严重时,不仅造成大量落果,而且采收后仍继续腐烂,损失惨重。

【病原】胶孢炭疽菌(*Colletotrichum gloeospirioides* Penz.);有性阶段属于子囊菌亚门的围小丛壳[*Glomerella cingulata* (Stonem.) Spauld. Et Schrenk]。

【症状】危害叶、果、芽、枝、花等各幼嫩部位。果实染病后,最初出现淡黄色、水渍状斑点,逐渐扩大为不规则黄褐色斑块,中间产生圆形凹陷,病斑连接成片,红褐色,有轮纹,早落。后期病斑上产生轮生黑色小点(分生孢子盘),湿度大时,产生胶粘状分生孢子堆(果实、枝条上),病果果肉变褐,味道发苦,不能食用;叶片上病斑近圆形、不规则形,病叶变黄早落,有的呈黑褐色焦枯状,悬挂枝头;芽花坏死腐烂;枣吊、枣头、枣股受侵染后,前期不表现出症状,以潜伏状态存在。病菌以菌丝体在残留的枣吊及枣头、枣股上越冬,并和病僵果一起成为翌年的初侵染的来源。如图 3.69 所示。

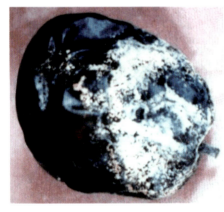 

(a)病果　　　　　　　　　　　　(b)病叶

图 3.69　枣树炭疽病

【发病规律】病菌以菌丝、子实体、分生孢子在病组织中越冬。一般在 7 月中旬到 8 月中旬发病较重。病菌借露水和风雨进行传播,发病轻重程度与降雨量多少密切相关,如果 6 月雨水多,往往从 6 月下旬就开始发病,干旱年份发病则轻或不发生。密度大、阴湿、透风差的枣园发病重。

【防治措施】(1)清除病源:摘除残留在树上的越冬枣吊,清扫掩埋落地的枣吊、枣叶,并进行冬季深翻;结合修剪剪除病虫枝、枯枝,对枣园全面喷护树将军等药剂杀菌,减少侵染来源。

(2)化学防治:在6月下旬发病之前,喷1∶2∶200波尔多液进行保护;7月上旬开始喷施800倍液的噻唑锌加新高脂膜800倍液或50%多菌灵700倍液加新高脂膜800倍液,每隔7～10天喷一次,连喷2次。

3.70 枣疯病

【寄主与危害】危害枣树。该病是枣树的一种毁灭性病害,一般幼树发病后1～2年枯死,大树染病3～6年逐渐死亡,是限制枣树栽培的重要因素。

【病原】植物菌原体(Ca. *Phytoplasma ziziphi*)。

【症状】病株由于生理状态变化,各器官上的主芽及副芽连续不断萌发,产生以下症状:① 花变叶。② 枝叶丛生。③ 根部萌发疯蘖。以上都表现出枝条节间缩短,叶变小及黄化等。④ 冬季疯枝上残枯病叶不落。一旦发病,翌年很少结果。如图3.70所示。

图3.70 枣疯病

【发病规律】该病在生产上可通过嫁接、分根等传播;在自然条件下可通过凹缘菱纹叶蝉、中华拟菱纹叶蝉等昆虫传播。

【防治措施】(1)栽培措施:① 轻病株发现病枝(芽)及时去除,重病株彻底刨除。连续几年,可显著减低病情。② 选用抗病的酸枣品种作砧木。③ 培育无病苗木,即在无枣疯病的枣园中采取接穗、接芽或分根进行繁殖。

(2)化学防治:① 注射四环素或土霉素。用盐酸四环素(OTC)液浸泡枣树接穗0.5小时,可达到灭菌消毒的效果;用OTC等注射病株,有治疗作用。据韩国媒体报道:在发病初期,用手摇钻在病树根茎部钻孔,以胸径15 cm的枣树为例,一次性注射500 mL的OTC液(1～2 g OTC液溶在500 mL水中)。用药量依据树木大小而定,一般直径每增大或减小1 cm,用药量增加或减少50～100 mL,但不能少于200 mL,可在三年内有效地控制其症状发展。注射时间在枣果收获后(9～10月)为好。② 喷施氯化铁。发病初期喷施0.2%的氯化铁溶液,每隔5～7天喷一次,连喷 2～3 次,每次用药量为 75～100 L/亩,对于预防枣疯病具有良好效果。

3.71 柿树角斑病

【寄主与危害】危害柿树。该病在各地普遍发生,受害后叶片早落,造成枝条发育不充分,容易遭受冻害而枯死,或引起其他病害。

【病原】半知菌亚门中的真菌（*Pseudocercospora kaki* T. K. Goh et W. H. Hsieh）。

图 3.71　柿树角斑病

【症状】危害叶片及果蒂。初期在叶正面出现黄绿色病斑,形状不规则。后期受叶脉限制,病斑呈多角形,中间褐色,边缘黑色,其上散生许多小黑点,为病菌的分生孢子堆。病斑多时,往往连接在一起,形成大型枯斑。果蒂上的病斑多近圆形,深褐色。一般自蒂的尖端向下面扩展,病斑上生黑色小点粒。如图 3.71 所示。

【发病规律】病菌以菌丝体在病蒂及病叶中越冬。分生孢子经风雨传播,从气孔侵入,潜育期 25～38 天。7 月底、8 月初开始发病。发病严重时,9 月即大量落叶、落果。当年产生的分生孢子可进行再侵染。5～8 月降雨早、雨日多、雨量大,有利于分生孢子的产生和侵入,发病早而严重;老叶、树冠下部叶及内膛叶发病严重;抚育管理不及时,土壤缺肥,营养不良的植株发病重。

【防治措施】(1) 清除病源:清除挂在树上的病蒂是减少菌源的主要措施。秋、冬季或春季发芽前,结合修剪,将落叶、病果蒂、枯枝清除干净,以减少侵染源。

(2) 栽培管理:增施有机肥料,改良土壤,促使树势健壮,提高抗病力。

(3) 化学防治:从落花后的 20～30 天(大约 6 月中旬)开始,每隔 14 天喷一次 1：(3～5)：300 波尔多液、50%甲基托布津 500 倍液或 50%灭菌丹 500 倍液。

3.72 柿树圆斑病

【寄主与危害】危害柿树。柿树圆斑病常和角斑病混合发生,是造成柿树早期落叶、落果的重要病害之一。发病后导致树势衰弱,严重影响产量。

【病原】子囊菌亚门中的真菌（*Mycosphaerella nawae* Hiura & Ikata）。

图 3.72　柿树圆斑病

【症状】主要危害叶片,也能危害柿蒂。叶片上病斑为深褐色,中心色浅,外围有黑色边缘,圆形或近圆形,直径一般 2～3 mm,个别在 1 mm 以下或 5 mm 以上。每个叶片上可产生 100 个以上病斑。在病叶变红的过程中,病斑周围出现黄绿色晕环。柿蒂上病斑圆形,褐色,发病时间比叶片晚一些,病斑一般也较小。后期病斑上出现黑色小粒点,即病菌的子囊果。病株叶片提前脱落;果变小、变红、变软或畸形,早落。如图 3.72

所示。

【发病规律】以未成熟的子囊果在病叶上越冬。一般于翌年6月上旬至7月上旬子囊果成熟,形成子囊孢子,借风力传播,经气孔侵入。7月中下旬开始表现症状,病斑逐渐扩大,8月中下旬病斑数量大增,9月上中旬开始大量落叶,9月中下旬至10月上旬柿叶基本落光。先年病叶多、当年6~8月雨水多时,该病发生严重。凡立地条件不良、水肥不足导致树势衰弱的柿园,发病早而重。

【防治措施】该病无再侵染,防治关键是消灭初侵染源。

(1) 清除病源:冬季或初春认真清除落叶,并结合冬剪剪除柿树上的病虫枝和留在柿树上的柿蒂,减少侵染源。清扫落叶必须大面积进行,才能收到较好的效果。

(2) 加强柿园管理,增施有机肥,增强树势。

(3) 在该病流行的柿园,每年6月上、中旬喷洒1∶2∶300波尔多液,保护叶片。如能准确掌握子囊孢子的扩散时间,喷一次即可。此外,用65%代森锌500倍液效果也较好。

(4) 柿园避免与君迁子混栽,以防止病菌交叉侵染。

3.73 柿树炭疽病

【寄主与危害】该病可造成大量柿子果实腐烂、枝条枯死,叶片脱落。寄主同杉木炭疽病。

【病原】半知菌亚门中的胶孢炭疽菌[*Colletotrichum gloeosporioides* Penz.]。

【症状】主要危害新梢和果实,有时也侵染叶片。果实染病:形成圆形病斑,直径达5 mm以上,凹陷,中部密生轮纹状排列的小粒点,灰黑色,即病菌的分生孢子盘;湿度大时,从黑点内挤出粉红色黏状分生孢子团。病果不久便脱落或软化提前成熟。新梢染病:病斑椭圆形,并凹陷,表面有纵裂纹,上生黑色小粒点。当病斑绕枝条一周时,病斑以上枝条枯死。叶片染病:先叶脉和叶柄发黄,渐变黑色,病斑呈不规则形。如图3.73所示。

图3.73 柿树炭疽病

【发病规律】病菌主要以菌丝体在枝梢病部或病果、叶痕及冬芽中越冬。翌年春末、夏初产生分生孢子,借风雨、昆虫传播,侵染新梢和果实。一般年份枝梢在6月上旬开始发病;果实发病多从6月下旬7月上旬开始,陆续发病直至采收期。高温高湿有利于发病,雨后气温升高或夏秋多雨季节发病较重。7月中下旬即开始落果。管理粗放、树势弱时易发病。

【防治措施】(1) 清除初侵染源。结合冬剪剪除病枝,对2年生病枝进行重剪,及时摘除病果,清除地下落果,集中烧毁。

(2) 抚育管理:加强栽培和肥水管理,增强树势,防止枝条徒长,对于长势弱的树喷施一些促健壮、增强抗病力的叶面肥。

(3) 化学防治:柿树发芽前喷波美5度石硫合剂。6月上旬至7月喷1∶5∶400波尔多液一次。8月上、中旬根据实际情况再喷一次1∶3∶300波尔多液,也可喷25%密菌脂悬浮剂、65%代森锌500倍液或65%福美铁300~500倍液。

3.74 猕猴桃溃疡病

【寄主与危害】 危害中华猕猴桃等。该病是一种严重威胁猕猴桃生产的毁灭性病害,尤其在高海拔地区,流行年份可导致全园近于毁灭。2004年曾被列入《全国林业检疫性有害生物名单》。

【病原】 细菌中的丁香假单胞杆菌猕猴桃致病变种(*Pseudomonas syringae* pv. *actinidiae* Takikawa et al.)。

图3.74 猕猴桃溃疡病

【症状】 危害新梢、枝蔓、叶片和花蕾,以1~2年生枝梢为主。在枝蔓上产生1~3 cm长的纵裂缝,并流出水渍状黏液,高湿条件下,在裂缝处分泌白色菌脓,最后流(菌)脓部位组织下陷变黑呈铁锈状溃疡斑,病部上端枝条发生龟裂,萎缩枯死。叶片受害后出现1~3 mm不规则形的暗褐色病斑,病斑周围有黄色晕圈,重病叶向内卷曲,枯焦、易脱落。如图3.74所示。

【发病规律】 该病是一种低温、高湿性病害,容易在冷凉、湿润地区发生。病菌通过冻伤等各类伤口侵入,借风雨、嫁接等活动进行近距离传播;通过苗木、接穗的运输进行远距离传播。2月中、下旬开始发病,3月为发病高峰期,6月后发病减轻,夏、秋、冬季处于潜伏状态。凡是影响树体健康的因素都会引发溃疡病。例如:土壤黏重板结、排水不良、施肥不当(偏氮、过量化肥及未经腐熟的生粪)、重叠枝多、多雨年份、迎风带、高寒区等。不同品种抗性有显著差异,一般硬毛品系比软毛品系抗病。

【防治措施】 (1) 选用抗病品种:据报道,79-1、78-16、金魁及硬毛品种较抗病,可选用。

(2) 加强检疫:严禁从病区调运苗木、接穗和插条,一旦发现就地销毁。

(3) 清除病源:冬季将带病菌的枯枝落叶集中烧毁,早春结合修剪除去病虫枝、病叶、徒长枝、下垂枝等,以减少传染病源。冬剪后,对全树枝蔓立即喷一次溃腐灵400倍液+叶枯唑800倍液,保护剪口免受溃疡病菌侵染。剪除或刮除的病组织要带出果园烧毁或就地深埋。

(4) 化学防治:在采果后或入冬前期,喷洒波美5度石硫合剂。在新梢萌芽到新叶簇生期,喷洒6%春雷霉素可湿性粉剂400倍液或1000万~1500万单位农用链霉素1000倍液,以后每隔10天左右喷一次,连喷数次。对于已发病的植株,应彻底刮除病斑,用波美5度石硫合剂涂抹伤口保护。

3.75 板栗白粉病

【寄主与危害】 受害植株的叶片发黄、卷曲、易早落,产量大幅度下降。该病可致育苗失败。寄主有板栗、麻栎、锥栗、朴树、梓树、柳树、核桃、赤杨、鹅耳枥、柿树等多种阔叶树。

【病原】 板栗白粉病分表白粉病和里白粉病两种,其病原分别为:① 表白粉病是子囊菌亚门的中国叉丝壳菌(*Microsphaera sinensis* Y. N. Yu)。② 里白粉病为栎球针壳菌[*Phyllac-*

tinia roboris (Gachet) S. Blumer]。

【症状】主要危害苗木和幼树的叶片，也危害新梢及幼芽。① 表白粉病：在感病的叶片正面、嫩梢和芽等细嫩组织表面着生一层灰白色粉状物；幼叶受害，叶片生长不正常，畸形；后期在白粉层上产生许多棕色至黑色的小颗粒（闭囊壳），感病组织干枯死亡。② 里白粉病：白粉层产生于叶片背面，叶正面可见不规则形的褪绿黄斑。入秋后，在白粉层上产生先淡黄色、后黑褐色小颗粒（闭囊壳）。病株叶片发黄，严重时叶片卷曲，易早落并影响花芽分化及生长。如图3.75所示。

(a) 叶正面　　　　　　　　　　　(b) 子实体

图 3.75　板栗白粉病

【发病规律】病菌常以闭囊壳在病枝、病叶上或以菌丝在芽内越冬。翌年春，闭囊壳放出子囊孢子，借气流传播到嫩叶、嫩梢上进行初侵染。表白粉病通常于4月上、中旬在新叶上即出现白色粉层，4月中、下旬产生大量分生孢子，进行再侵染。5～7月为发病高峰期。10～11月中旬，白粉层上大量产生闭囊壳，进入越冬期。里白粉病发病时期比表白粉病大约迟1个月。板栗林或苗木过密，低洼潮湿，通风透光不良，光照不足，有利于病害的发生。偏施氮肥，苗木生长柔嫩，也利于病菌侵染。

【防治措施】（1）清除病源：冬季结合修剪，清除病落叶，剪除病梢。耕翻时将病残体深埋地下，发病季节在早上露水未干、白粉不易飞扬时从病梢发病处6个芽以下剪除并烧毁。

（2）合理施肥：不偏施氮肥，防止植株徒长。

（3）适宜密度：苗木和栗园保持合理密度，保持通风透光，增强植株的抗病性。

（4）化学防治：发病初期喷洒波美0.2～0.3度石硫合剂，每15天喷一次，连喷2～3次；盛夏时可改用1∶1∶100波尔多液、50%多菌灵800倍液或50%甲基托布津800倍液等。

3.76　板栗疫病

【寄主与危害】该病又称干枯病、胴枯病。该病在美国对美洲栗天然林造成毁灭性危害。但我国板栗是高度抗病品种，该病在新造林幼林期间有一定的危害，成林极少染病。在我国的寄主有板栗、日本栗、锥栗等；在国外的寄主有美洲栗、欧洲栗、毛枝栗、红花漆、栎属树种等。

【病原】子囊菌亚门隐丛赤壳属栗疫菌［*Cryphonectria parasitica*（Murr.）Barr.＝*Endothia parasitica*（Murr.）Anders. et Anders.］。

图 3.76　板栗疫病

【症状】主要危害主干及大枝。在光滑的树皮上形成圆形或不规则形的水渍状或隆起的病斑，呈黄褐色。在粗糙树皮上很难识别，但剥开树皮，受害的皮层深褐色至黑褐色，形成层变色渐死。在病树皮和木质部之间常可见到羽毛状扇形菌丝层，开始为污白色，后变为黄白色。发病枝条上的叶片变褐色并逐渐枯死，且经久不落。春、夏季节在病树皮上可见到许多橘黄色瘤状分生孢子座，遇潮湿天气，从子座内涌出淡黄色或橘黄色卷须状胶质分生孢子角。进入秋、冬季，子座由橘黄色变成酱红色，并在其中形成子囊壳。如图 3.76 所示。

【发病规律】病菌以多年生菌丝体和子座在病树上越冬。翌年3月底至4月上旬病菌开始活动，4月中、下旬产生新的分生孢子，5月中旬大量出现分生孢子角。分生孢子借雨水、气流、昆虫和鸟类传播。10月下旬开始产生有性世代。子囊孢子主要借气流传播。分生孢子和子囊孢子均可进行侵染，并可发生多次再侵染。孢子萌发后，只能从伤口侵入，日灼、冻害、嫁接和虫害等所致伤口，是病菌孢子的主要侵染途径。病害从苗木到大树都可受害。土质好，树势旺，发病轻；土层瘠薄、根浅、树势弱，发病重；嫁接苗比实生苗发病重；林缘、纯林发病重。

【防治措施】（1）加强抚育管理，增强树势，提高栗树抗病能力，是防治该病的根本措施。

（2）尽可能减少灼伤、冻伤、虫伤和人为的刀伤等损害。嫁接口要及时消毒或敷以混有福美砷的药泥，外裹塑料薄膜，尽量避免接口附近的树皮在充分愈合前过早暴露。

（3）清除病株及重病枝，及时烧毁，减少侵染源。

（4）晚秋树干涂白。涂白剂配方：用生石灰 10 kg、石硫合剂原液（波美 20 度）1 kg、食盐 1 kg、清水 40 L 混合制成。若加入油脂 0.1 kg，可防止过早脱落。

3.77　板栗膏药病

【寄主与危害】植株遭受病菌、介壳虫的双重危害后，轻者枝干生长不良，重者则导致枝干枯死。该病是板栗林的主要病害。寄主有板栗、油茶、核桃、猕猴桃、梨、桃、李、樱桃、梅、桑树、油桐、漆树、山茱萸、毛白杨、青冈栎、栓皮栎、枹树、苦槠、构树、檫树、女贞、野花椒等多种阔叶树。

【病原】安徽板栗膏药病有三种：① 灰色膏药病：担子菌亚门中的茂物隔担耳（*Septobasidium bogoriense* Pat.）。② 褐色膏药病：田中隔担耳［*S. tanakae*（Miyabe）Boedijin et Steinm.］。③ 棕色膏药病：*S. kameii* Kaz. Itô。

【症状】危害枝干，其显著特征是在枝干上形成厚而致密的菌膜，形似膏药，有三种症状：① 灰色膏药病：枝干上的菌膜呈圆形或椭圆形，初灰白色，后灰褐色或暗褐色。菌膜表面比较平滑，干后易脱落。② 褐色膏药病：枝干上的菌膜圆形、椭圆形或不规则形，一开始即为紫褐色或栗褐色，仅边缘色淡。菌膜表面呈天鹅绒状，老时龟裂。③ 棕黄色膏药病：板栗上常见，颜色为棕黄色，明显不同于上述两类。如图3.77所示。

（a）灰色

（b）灰色、褐色

（c）棕黄色

图3.77　板栗膏药病

【发病规律】病菌以菌膜在受害枝干上越冬，翌年5月产生担孢子，担孢子借风雨和介壳虫等昆虫传播，萌发成菌丝，穿入皮层或自枝干裂缝及皮孔侵入内部吸取养分。

在安徽舒城，膏药病菌常与栎霉盾蚧等介壳虫共生。病菌以介壳虫的分泌物为养料，有的菌丝还能侵入介壳虫体内，介壳虫则借菌膜的覆盖而受到保护。因此，病害的发生、发展与介壳虫的消长密切相关。据舒城县河棚区调查，每年4～5月和9～10月既是膏药病盛发期，亦是栎霉盾蚧第1、2代的繁殖扩散期。

【防治措施】（1）抚育管理：造林时密度要适宜，幼林期不宜间种高秆作物，及时整枝修剪，去除病枝，保持通风透光。

（2）涂抹凡士林：用硬毛刷蘸取少量凡士林，在菌膜上刷几下，将菌膜全部用凡士林涂上，防治效果可达100%。该措施不但不会像以前使用柴油、碱水、硫酸铜等药剂那样伤害皮层，而且有保湿作用，还可促进病皮逐渐恢复健康。

3.78　板栗紫纹羽病

【寄主与危害】危害板栗、苹果、梨、桃、杏、桑树、香樟、柏、松、杉木、刺槐、榆树、杨树、柳树、栎、漆树、杜仲等。苗木和幼树受害后1～2年即枯死，小苗甚至数月即枯死；但大树需数年或更长时间才会整株枯死。

【病原】担子菌亚门桑卷担子菌（*Helicobasidium mompa* Tanaka）。

【症状】该病又称紫色根腐病，危害根及干基部皮层。幼根先受害，逐渐蔓延至侧根和主根，受害根表面有紫色网状菌丝体或菌丝束，有时有很小的紫色菌核。雨季，菌丝体还能蔓延至根颈部，甚至到达根际土壤表面，形成紫红色皮膜状的菌丝层（菌膜）。受害植株根部皮层腐烂，病株地上部分表现为生长缓慢、顶梢不抽芽，枝梢软弱，叶形变小发黄，皱缩卷曲，枝条逐渐枯死。如图3.78所示。

【发病规律】病菌为根部习居菌，它以病根上的菌丝体、菌核、菌膜越冬。以菌丝束在土表或土内延伸扩展，接触寄主，直接侵入根部。林中常因病根和健根接触而传染。病菌能产生大

图 3.78　板栗紫纹羽病

量担孢子但传病作用不大,远距离传播主要通过苗木的调运。该病在整个生长季节都能发生,5～8月为发病盛期,常有明显的发病中心。在低洼潮湿、排水不良的地区易发生。

【防治措施】该病是土传病害,一旦发病则防治困难。所以,应该采取严格的预防措施。

(1) 选地:选择排水良好、土壤疏松和前期作物没有发病的地块育苗或造林。对于不能确认的,可通过树枝埋设法(30 cm 左右长的桑、栗、栎等树枝4～5根,捆后埋入土中数月)待诊断无病后,可供建园。也可进行一年的水旱轮作,消灭病菌后再使用。

(2) 选苗:选择无病苗栽植。对可疑苗木要进行消毒,方法有:1∶1∶100 波尔多液浸根 1 小时、1%硫酸铜浸根 5 分钟或 20%石灰水浸根半小时。处理后用清水冲洗根部,稍晾后栽植。

(3) 病株处理。轻病株可切除病根,周围土壤用 20%石灰水或 25%硫酸亚铁浇灌,也可用多菌灵(10 g/m^2)进行土壤消毒后再覆土。重病株应立即挖除、烧毁并进行土壤消毒。

(4) 加强管理,注意排水和适当施肥,以增强植株的抗病力。

附:板栗白纹羽病

该病与板栗紫纹羽病十分相似,也危害根部。其区别为:① 病根表面缠绕有白色或灰白色的丝网状物,即根状菌索。有时病根木质部产生有黑色圆形的小菌核。地上部近土面根际出现灰白色或灰褐色的薄绒状物(菌丝膜),有时形成小黑点(子囊壳)。② 病原为 *Rosellinia necatrix*(Hart.) Berl.,属子囊菌亚门褐座坚壳菌。防治措施可参见紫纹羽病。

3.79　核桃细菌性黑斑病

【寄主与危害】寄主为核桃属植物。该病引起早期落叶、落果及枝梢枯死,受害果核桃仁出油率减少 1/2 以上。由于安徽地区该病发生严重,核桃发展受到限制。

【病原】细菌中的黄单胞杆菌 *Xanthomonas juglandis*(Picrce)Dowson。

【症状】危害叶片、叶柄、嫩梢、芽、果等地上的幼嫩部位。在叶片上产生近圆形或多角形小病斑,黑褐色、边缘有半透明晕圈,严重时病斑互相愈合形成大斑块,致使叶片枯焦卷曲,后期少数病斑脱落形成穿孔。果实上病斑黑褐色,先小而稍隆起,后迅速扩大并凹陷,腐烂严重时可深达核仁。枝梢上病斑呈长圆形,黑褐色,若病斑包围枝条一周则上部变黑枯死。如图 3.79 所示。

【发病规律】病原细菌在病梢或芽内越冬。雨水、昆虫、种子、花粉均可传播,病菌由气孔、皮孔、蜜腺及各种伤口侵入,一年可侵染多次。该病于 4 月开始发生,6～7 月为发病盛期,尤以核桃展叶及开花期最易感病;夏季雨水多时发病重;树体伤口(核桃举翅蛾为害、日灼、冰雹伤)多时发病重。

【防治措施】(1) 清除病源:结合修剪,清除病叶、病果,保持林地卫生。

(2) 栽培管理:深翻改土、合理施肥、清沟排水,以增强树势,提高抗病力。

(3)治虫:在核桃举肢蛾等害虫发生严重的核桃园,应及时防治害虫,减少伤口和传播病菌的媒介,达到防病的目的。

图3.79 核桃细菌性黑斑病

(4)化学防治:发芽前喷波美3~5度石硫合剂,消灭越冬病菌;在展叶时(雌花出现之前)、落花后以及幼果期各喷一次1∶0.6∶200波尔多液。此外,药剂也可选用50单位的链霉素、链霉素·土、氢氧化铜等。

3.80 核桃炭疽病

【寄主与危害】寄主为核桃、薄壳山核桃等。主要危害果实,引起早期落果或核仁干瘪,病害发生严重的年份,病果率可达49%~60%,造成严重损失。

【病原】半知菌亚门胶孢炭疽菌 *Colletotrichum gloeosporioides* Penz. 等。

【症状】果实上病斑黑褐色,近圆形或不规则形,中央稍凹陷,病斑上有很多黑色粒点,有时排列呈同心轮纹状,即病菌的分生孢子盘。黑色粒点很快突破表皮,当湿度大时,溢出黏性粉红色的分生孢子脓。严重时数个病斑融合,终致全果发黑腐烂。叶片上病斑黄褐色、不规则,后期引起全叶枯黄脱落。如图3.80所示。

【发病规律】病菌以菌丝形态在病果或病叶上越冬,翌年春天产生分生孢子借风雨或昆虫传播,自伤口或自然孔口侵入为害,潜育期一般为4~9天。在安徽淮北,果病始期为6月下旬至7月上中旬。当年雨季早、降水多,病害发生早且重;土壤黏重、地势低洼、排水不良、树冠稠密、通风透光不良的核桃园发病重。

图3.80 核桃炭疽病

【防治措施】(1)栽培措施:及时松土、除草与合理修剪,保持树冠通风透光;增施有机肥,促使树木生长旺盛,提高抗病力;冬季清除病残体,集中烧毁,减少侵染来源。

(2)化学防治:喷洒1∶1∶200波尔多液、50%退菌特600倍液或25%嘧菌酯,每隔10~15天喷一次,连喷3~4次。

3.81 山核桃褐斑病

【寄主与危害】 该病是天目山山核桃叶部常见病害,幼林至始果期林分发病严重,有时叶片被害率高达100%,病叶提早脱落,对树势有显著影响。

【病原】 *Cercospora juglandis* Kellerman et Swingle

【症状】 主要危害苗木和幼树叶片,新、老叶片均可受害。早期病斑为褐色小点,后扩大成圆形或不规则的红褐色病斑,病叶早落。如图3.81所示。

图3.81 山核桃褐斑病

【发病规律】 病菌在病落叶上越冬,5月中旬至6月初开始发病,7~8月为发病盛期,通常从下部叶片开始,逐渐向上蔓延。春、夏季多雨时发病严重。

【防治措施】（1）栽培措施:合理密度,保持林内通风透光;科学施肥、增强树势,提高抗病力。

（2）化学防治:在5月中下旬发病初期,喷洒多抗霉素、波尔多液、戊唑醇或苯醚甲环唑等药剂,每隔7~10天防治一次,最好用不同药剂交替防治,共喷洒2~3次。

3.82 山核桃斑点病

【寄主与危害】 寄主为薄壳山核桃、核桃等。该类病害引起早期落叶、落果及枝梢枯死,影响树木的生长和果实的产量与品质。

【病原】 除了以上介绍的几种叶果病害以及表3.1中所列的几种特征性叶果病害以外,引起山核桃叶果的病原还有很多(均属于半知菌亚门中的真菌),在不同时间、不同地区、不同寄主上可能出现不同的病菌,但其防治措施基本类似。目前国内外已报道的主要有以下几种:轮斑病菌(*Cristulariella moricola*)、叶斑病菌(*Alternaria alternata*)、灰斑病菌(*Phyllosicta juglandus* (DC.) Sacc., *Phyllosicta theaefolia* Hara)、褐斑病(*Marssonina juglandus* Magn)等。

【症状】 危害叶片、嫩梢、果实等地上的幼嫩部位,以叶片和果实为主。叶片上病斑颜色多为黑色(黑斑病)、褐色(褐斑病)、灰色(灰斑病,因后期病斑中央褪色形成);病斑形状有圆形、近圆形、多角形、不规则形或轮纹状（不同时期病斑组织的颜色差异所致）。发病严重时病斑连片，整个叶片变黑脱落；嫩梢上病斑呈梭形、褐色、稍凹陷，若病斑包围枝条一周则上部枯死；果实上病斑一般后期凹陷变黑，甚至果仁变黑腐烂。如图3.82所示。

【发病规律】该病通常与品种或品系关系密切。此外，降雨量或林分湿度是发病的重要因素，凡是降雨量多、苗木或林分稠密、通风和透光条件差、湿度大的环境，均有利于病害的发生发展。

【防治措施】（1）选用抗性品种：每年发病严重的植株可考虑更换抗病品种。

（2）栽培管理：合理密度，增施有机肥，保持树体健壮生长，提高抗病性。

（3）清除病源：彻底清除病叶、病枝、病果，核桃采收后脱下的果皮应集中烧毁或深埋，以减少越冬菌源。

（4）化学防治：发芽前喷波美3~5度石硫合剂，消灭越冬病菌。发病初期喷施25%咪鲜胺EC2000倍液，或50%苯菌灵可湿性粉剂500~800倍液，或75%百菌清可湿性粉剂600~800倍液，或25 g/L咯菌腈SC1000倍液，每隔7~10天喷一次，连喷3次。

图3.82　薄壳山核桃斑点病

3.83　山核桃焦叶病

【寄主与危害】薄壳山核桃、天目山山核桃以及多种树木。该病可引起大部或全部叶片的尖端或叶缘焦枯，严重时整张叶片枯萎、落叶、落果及枝梢枯死，严重影响树木的生长。

【病原】① 生理性叶焦：山核桃焦叶病一般在立地条件较差（如土层瘠薄、土质黏重、土壤积水等），植株生长不良，且遭遇长期高温干旱和光照过强的气候下易发生。后期也可能出现弱寄生菌侵染，但属于次生性的。② 侵染性叶焦：在发病初期，枯死部位的颜色会变为浅褐色或灰褐色。

【症状】主要危害叶片，有时也危害嫩梢及幼树枝干。先叶尖或叶缘浅褐色，后叶片卷曲直至落叶，严重时整个叶片枯焦。生理性枯死的叶片颜色与太阳晒干的颜色几乎一致，未发生颜色变深（浅褐色或灰色等）的病理变化。如图3.83所示。

【发病规律】叶片较薄的树种或品种易发生；生长不良的植株易发生；遭遇长期高温干旱的植株易发生；生长在温度偏高、湿度偏小地段的植株易发生。

【防治措施】（1）适地适树。

（2）加强栽培管理，促进树木健壮生长。

（3）参见树木日灼。

3.83 天目山山核桃焦叶病

3.84 山核桃溃疡病

【寄主与危害】寄主为天目山山核桃、薄壳山核桃、核桃(参见杨树水疱型溃疡病)等。受害植株生长不良,结果量降低,品质下降。感病严重的植株可导致枝条死亡、树木早衰甚至整株死亡,该病是天目山山核桃最主要的病害。

【病原】子囊菌亚门葡萄座腔菌[*Botryosphaeria dothidea*（Moug. ex Fr.）Ces. et de Not］；无性阶段为半知菌亚门中的聚生小穴壳菌(*Dothiorella gregaria* Sacc.)。

【症状】该病又名干腐病,主要危害主干2 m以下部位。初期在树皮表面出现点状的黑褐色病斑,后扩大成长椭圆形,并有黑褐色黏液流出,病斑呈水渍状。后期病斑中央下陷,有时纵裂,其上散生很多小黑点。翌年病斑在愈伤组织处继续扩展,随后周围又形成新的愈伤组织,年复一年,致使病部形成明显的圆形或长椭圆形同心环纹。病株叶片小而黄,生长衰退。如图3.84所示。

图3.84 天目山山核桃溃疡病

【发病规律】病菌以菌丝状态在罹病树皮内越冬,于4月初开始形成分生孢子,5~6月大量形成,借风雨传播。但林内老病株3月中、下旬即开始发病(病斑中的菌丝),4月中旬至5月中、下旬为发病盛期,夏季高温时病害停止发展,秋后病害又有新的发展,11月中、下旬停止发展,一年出现两个发病高峰。该病在以下情况下发病重:土壤瘠薄、板结、石砾含量高或排水不畅等立地条件;盛果期及挂果多的年份;冬季干旱和春季多雨的天气;林缘以及易造成伤口的地段;施肥不当或氮肥施用过多等情况。

【防治措施】(1)营林措施:加强核桃园管理,雨季清沟排水,防止根系积水;适时施肥,保证树体营养,维持较强的生长势是防病的关键。

(2)树干涂白:初冬和初夏季树干涂白,防治冻害和日灼。常用的白涂剂配方是:生石灰10 kg+石硫合剂1 kg+食盐1 kg+动物油0.2 kg(或大豆汁0.5 kg)+水40 L。先将生石灰和食盐分别用热水化开,然后混合并充分搅拌,再加入动物油和石硫合剂即成。

(3)病斑处理:3月初,对老病斑进行刮除(较小的病斑)或划破(较大的病斑),宽度比原病斑多出1~2 cm,深达健康木质部。刮除的病斑边缘要平滑整齐,病皮带出园外烧毁。刮除或划破病斑后,树干2 m以下全部喷雾,病斑处重点喷雾或涂抹。药剂可选择843康复剂、苯醚甲环唑、氟硅唑、福美胂、腐殖酸铜、四霉素等。此外,发病初期用黄泥巴将溃疡斑包裹并用薄膜密封2个月,也有很好的治愈效果。

3.85 山核桃枝枯病

【寄主与危害】寄主为核桃、山核桃,板栗等多种树木也有类似病害。该病造成树冠回缩,加剧林分衰退。

【病原】核桃黑盘壳菌[*Melanconis juglandis* (Ell. et Ev.) Groves];无性阶段为核桃黑盘孢(*Melanconium juglandinum* Kunze;*M. oblangum* Berk)等。

【症状】主要危害新梢,严重时也可危害2年生以上的枝干。病菌首先侵入当年生枝条,逐渐向下蔓延至主干。受害枝条皮层颜色初期为灰褐色,然后为红褐色,最后为深灰色。病枝上的叶片逐渐变黄脱落,不久在已死的枝条上形成许多黑色小粒点(分生孢子盘)。潮湿时,从分生孢子盘中涌出大量分生孢子,呈黑色短柱状物。如图3.85所示。

【发病规律】病菌以菌丝体及分生孢子器(小黑点)在病枝上越冬,翌年5~7月,孢子随风雨传播侵染,长期宿存,一旦树势衰弱时即侵染为害。土壤黏重板结、立地条件差、管理不善、遭受低温冻害、高温干旱或受其他病虫害的林分发病重,尤以林分密度大、衰弱的老龄林发病最为严重。

【防治措施】(1)增强树势:局部松土、除草,合理密度,增施有机肥,及时防治病虫害,维持良好的树势是预防枝枯病的根本措施。

(2)清除病源:去除枯死枝条并集中销毁。

(3)化学防治:枝枯病主要与生长势有关,化学防治并非必须,可结合冬季清园以及其他病虫害防治或保果措施同步进行。

3.85 天目山山核桃枝枯病

3.86 山核桃膏药病

【寄主与危害】寄主为天目山山核桃等(参见板栗膏药病)。病菌似膏药一样贴敷于树干皮层,加上传播媒介(介壳虫)的刺吸为害,导致枝干皮层坏死或开裂,树木生长衰弱。

【病原】① 灰色膏药病的病菌为茂物隔担耳(*Septobasidium bogoriense* Pat.);② 褐色膏药病的病菌为田中隔担耳[*S. tanakae* (Miyabe) Boedijin et Steinm.]。

【症状】危害枝干,其显著特征是在枝干上形成厚而致密的菌膜,形似膏药。山核桃膏药病在安徽境内有两种:① 灰色膏药病:枝干上的菌呈膜圆形或椭圆形,初灰白色,后灰褐色或暗褐色。菌膜表面比较平滑,干后易脱落。② 褐色膏药病:枝干上的菌膜呈圆形、椭圆形或不规则形,一开始即为紫褐色或栗褐色,仅边缘色淡。菌膜表面呈天鹅绒状,老时龟裂。如图 3.86 所示。

【发病规律】树木膏药病菌一般与某种介壳虫共生,但山核桃膏药病在安徽省尚缺乏观察研究,其传播媒介或共生体还不清楚。

【防治措施】参见板栗膏药病。

(a) 天目山山核桃　　　(b) 薄壳山核桃

图 3.86　山核桃膏药病

3.87　山核桃茎腐病

【寄主与危害】寄主为天目山山核桃等多种苗木(参见银杏茎腐病),发病严重时可导致苗木成块枯萎死亡。

【病原】半知菌亚门菜豆球壳孢菌 *Macrophomina phaseolina* (Tassi) Goid。

【症状】以1年生苗木受害较重,首先在苗木茎基部发生黑褐色病斑,很快延及茎基一圈,皮层坏死易剥离,顶芽枯萎,最后苗木枯死,但枯死叶并不马上脱落。如图 3.87 所示。

(a) 症状　　　(b) 苗圃遮阴预防

图 3.87　天目山山核桃茎腐病

【发病规律】以菌核、菌丝体在病死苗木残体和土壤中越冬,依靠水流传播。多在梅雨期结束后10天左右开始发病,至9月中旬停止。病害发生与寄主状态和环境条件关系密切,苗床低洼积水、土壤黏重板结、苗木生长差、叶片稀少、茎基部易受夏季高温灼伤的植株发病重。

【防治措施】(1)促进苗木健壮生长,如松土除草、清沟排水、增施有机肥、合理密度,可促进苗木健壮生长,有足够的叶片相互庇荫,减少根茎部日灼损伤。

(2)苗木行间覆草或苗床遮阴,降低地表温度。

3.88 山核桃根腐病

【寄主与危害】寄主为山核桃、核桃等多种树木。受害后可导致树木枯萎死亡,有时1~2年逐渐死亡,土壤黏重的衰老林分以及刚进入挂果期的幼树会出现成块枯死,损失严重,该病已成为天目山山核桃产区除溃疡病以外的第二大病害。

【病原】引起山核桃根部坏死的原因繁多,大体可归为以下两大类:

(1)非侵染性型:① 土壤黏重、地势低洼或平缓、排水不畅。② 栽植过深,根系被深埋。③ 根际部位集中施入了未经充分腐熟发酵的生鸡粪、猪粪、人粪尿、高含量复合肥,造成烧根。④ 长期施用大剂量除草剂,造成土壤污染,局部地块土壤酸化,不利于根系生长或直接造成根系伤害。

(2)侵染性型:半知菌亚门中的镰刀菌[$Fusarium\ oxyporum$ Schiecht、$Fusarium\ solani$ (Mart) App. et Wdllenw]、鞭毛菌亚门中的腐霉菌[$Pythium\ aphanidermatum$ (Eds.) Fitz.]等。

【症状】主要表现为发叶迟、落叶早、叶片小而黄、部分枝梢枯死、树冠稀疏。严重时可造成整株死亡,挖开根系,可发现根系已变黑腐烂(见图3.88)。

【发病规律】多数本地山核桃(如天目山山核桃、大别山山核桃)分布在海拔较高、坡度较大的山地,这些地块土层比较瘠薄,根系分布较浅甚至外露,在地面撒施未腐熟的农家肥或地面喷洒除草剂等,极易导致根系受害,引起根系逐渐变黑坏死。多数引进的薄壳山核桃栽植在平缓地段,有时存在排水不良或深埋等问题,也会引起根系腐烂。

【防治措施】(1)选地与整地:新造林应选择排水良好的立地;现有林平缓地段要加强深沟排水,尤其是薄壳山核桃栽植区,多地势平缓,且畦面较宽(8~9 m),整地时畦面应保持一定的坡度(3°~5°),以保证雨水能及时排出。

(2)施肥与除草:施用农家肥时一定要腐熟消毒后埋施,不能撒在地表或集中堆放在根际周围;提倡自然生草栽培,除草剂应避免使用或少用,尽可能做到人工除草或生态控草。

(3)土壤消毒:加强病害监测,一旦发现树冠出现异常现象,应及时挖开根系观察,发现根系变黑时要立即进行救治。树冠投影范围内浅翻后灌药,灌根时每100 L药水可另加入0.5 kg尿素。每隔15天灌一次,连灌2次,药剂可选择硫酸铜、恶霉灵等。山地防治宜使用恶霉灵颗粒剂或氰胺化钙等药剂进行撒施,撒药后要浅翻。死亡林木的树穴宜使用生石灰进行消毒处理。

(a) 薄壳山核桃土壤黏重、栽植过深导致根腐　　(b) 山核桃施肥不当引起烧根

(c) 天目山山核桃根系分布浅、施肥不当或除草剂使用不当造成根腐　　(d) 天目山山核桃根腐病症状

图 3.88　山核桃根腐病

3.89　山核桃和核桃其他病害

　　安徽本地有天目山山核桃、大别山山核桃、华东野核桃以及少量的核桃；引进栽培的有薄壳山核桃（又名长山核桃）。天目山山核桃、核桃等经多年观察研究，病害的种类、发病规律、防治措施等比较清楚，而薄壳山核桃因规模引种栽培时间较短，对其病害研究才刚刚起步，目前薄壳山核桃病害真正被确认的只有几种，但掌握本地核桃、山核桃已有的病害知识对薄壳山核桃病害的研究与防控有十分重要的借鉴作用。如表 3.1 所示。

表 3.1　山核桃和核桃其他病害简介

序号	病名	病原	危害部位	关键特征	防治措施
1	白粉病	*Microspharea yamadai*（发生于叶正面）；*Phyllactinia corylea*（发生于叶背面）	叶、嫩枝等	生长季节病部形成白色粉状物,严重时叶片扭曲皱缩。秋季在白粉层产生先黄色、后黑色小颗粒	参见板栗白粉病
2	疮痂病	*Fusicladosporium effusum*	叶、嫩枝、果等	主要侵染嫩叶,在叶片上产生褐色至黑色斑点；在坚果上形成先稍凸起、后凹陷的病斑	喷施咪鲜胺、甲基托布津、戊唑醇等
3	黑斑病（真菌）	*Pestalotiopsis microspora*（国内有报道）	叶、果	果实上出现黑褐色、水渍状、近圆形或不规则形病斑,有类似墨汁的水液流出	4~6月喷洒戊唑醇、腐霉利、嘧菌酯等
4	缺素症	土壤缺锌、铁、锰、硼等（有时根系腐烂也可因吸收受阻间接导致缺素而非土壤缺素）	叶	缺锌出现叶小、黄、卷曲；缺铁出现叶片黄化甚至白化；缺锰会出现叶片失绿,叶肉和叶缘发生焦枯斑点	分别喷硫酸锌、硫酸亚铁、硫酸锰、硼酸
5	丛枝病	*Phytoplasma subgroup* Ⅲ	枝、叶	枝、叶丛生,病株发芽时间比健株早,但秋季会提前落叶	参见泡桐丛枝病
6	冠瘿病	*Agrobacterim tumefaciens*	根、树干	局部组织增生,病部呈瘿瘤状（瘿瘤侧生）	参见桃冠瘿病
7	根结线虫病	*Meloidogyne partityla*	根	病株根系上出现球形或近球形、大小不等白色根瘤（肿瘤中生）	参见楸树根结线虫病

3.90　油桐角斑病

【寄主与危害】该病又称黑斑病,危害油桐的叶片和果实。该病发生十分普遍,严重时病株提前1个月左右落叶、落果,削弱树势和降低桐果出油率。

【病原】油桐尾孢菌(*Cercospora aleuritidis* Miyake)；有性阶段为油桐球腔菌[*Mycosphaerella aleuritidis* (Miyake) Ou.]。

【症状】叶片上的病斑初期为圆形褐色小斑点,后扩大成多角形,直径5~15 mm,暗褐色。多个病斑相连后,使叶枯焦早落。果实感病后,初期呈淡褐色圆斑,后扩大呈黑褐色近圆形硬疤,又名黑疤病,直径可达1~4 cm,稍凹陷。后期在高湿条件下,病斑上长出黑色霉状物（为分生孢子梗和分生孢子）。如图 3.89 所示。

【发病规律】病菌子实体在病叶、病果的病斑内越冬，翌年油桐展叶期，子囊孢子成熟，借风雨传播，萌发后由气孔侵入叶片，开始初侵染。5 月以后，产生分生孢子，进行多次再侵染，7～8 月为发病盛期，至采果落叶后越冬。千年桐品种抗病，三年桐品种感病；山下比山上发病重；密度大和管理粗放的纯林发病重；重病区历年发病都较重。

【防治措施】（1）选用抗病品种。

（2）抚育管理：每年秋季收集病落叶、病果，集中堆肥或烧毁，减少侵染菌源。

（3）化学防治：在病菌孢子飞散高峰之前，选用 40% 多菌灵 800 倍液或 70% 甲基托布津 1000 倍液，喷洒 1～2 次。

图 3.89　油桐角斑病

3.91　花椒锈病

【寄主与危害】该病是花椒常见病，严重发病时，可使全树叶片落光，反复危害可导致树势衰弱甚至枯萎死亡。

【病原】锈菌目中的花椒鞘锈菌（*Coleosporium xanthoxyli* Diet. et Syd.）。

【症状】主要危害叶片，幼苗、大树均可发病。发病初期，叶片正面出现水渍点状褪绿斑，在叶背面病斑褪绿部分生有淡黄色圆形点，病斑不断扩大，并产生黄褐色疱状物，即夏孢子堆，呈环状排列，个别散生。秋季在病叶背面出现橙红色近胶质的冬孢子堆，凸起但不破裂，呈圆形或长圆形，排列成环状或散生。受害叶片在果实生长期即大量脱落，随后萌发的二次新叶仍能被侵染，产生新的夏孢子进行重复侵染。如图 3.90 所示。

【发病规律】花椒鞘锈菌在花椒上仅发现夏孢子、冬孢子、担孢子阶段。病菌在枯枝落叶上越冬，成为初侵染来源。翌年春季气温达到 13 ℃以上时，孢子开始萌发，潜育期 8～14 天。5～8 月的雾露天气有利于该病的发生和流行。

图 3.90　花椒锈病

【防治措施】（1）选用抗病品种：可将竹叶花椒等抗病品种与大红袍等感病品种混合栽种。

（2）清除病源：花椒落叶之后，清扫病枝落叶，集中烧毁，彻底清除越冬病原菌。

（3）栽培管理：及时做好松土除草、水肥管理和密度控制等各项工作，增强树势，提高抗病能力。

（4）化学防治：在病菌初侵染期，喷施 70% 甲基托布津可湿性粉剂 600 倍液、50% 退菌特可湿性粉剂 600 倍液或 25% 粉锈宁可湿性粉剂 1200 倍液，每隔 10～15 天喷一次，连喷 2～3 次。

3.92 香椿锈病

【寄主与危害】 危害香椿。发病严重时引起早期落叶,形成枯枝光顶,生长势下降,对以香椿新梢为食品的产业威胁较大。

图 3.91 香椿锈病

【病原】 锈菌目中的三孢柄锈菌[*Nyssopsora cedrelae* (Hori) Tranz.]。

【症状】 主要危害叶片。病菌的夏孢子堆生于香椿叶片两面,以叶背为多,散生或群生,严重时扩展至全叶。感病的叶片最初出现黄色小点,后在叶背上出现疱状突起(夏孢子堆),破裂后散出金黄色的粉状物(夏孢子);秋后,多在叶背产生黑色疱状突起,即病菌的冬孢子堆,散生或群生,破裂后散出许多黑色粉状物,即冬孢子。严重时叶片上的冬孢子堆布满叶背,叶片枯焦脱落。如图 3.91 所示。

【发病规律】 病菌以菌丝体在病叶上越冬或以冬孢子在枯枝落叶等病残体上越冬,成为翌年侵染源。每年 5~6 月和 9~10 月为发病盛期。据观察,在黏重板结、贫瘠或保水保肥力差的土壤上发病重;在林木栽植过密、林内阳光不足、林地长期积水、林木抗病力弱的情况下发病重;在林地管理粗放、整枝修剪不及时、林内卫生状况差、病枝落叶多、病原菌大量存在的情况下病害重。

【防治措施】(1)清除病源:冬季及时扫除落叶,烧毁,减少侵染源。

(2)化学防治:在病菌侵入前或夏孢子初形成时,用波美 0.2~0.3 度石硫合剂或 25% 三唑酮可湿性粉剂 1500 倍液,每隔 15 天喷一次,连喷 2~3 次。重点喷叶背。

第4章 树木其他病害

4.1 树木菟丝子害

【寄主与危害】危害枫杨、石楠、油茶、悬铃木等多种树木。树冠被缠绕,植株生长衰弱,严重时可导致全株枯死甚至大片林木枯死。

【病原】日本菟丝子(*Cuscuta japonica* Choisy)为全寄生藤本植物,无根,借助吸器着生于寄主上。

【症状】受害植株被黄、白、紫、红等色无叶细藤缠绕,枝叶紊乱,被缠绕枝条常出现缢痕,生长衰弱,进而全株枯死。如图4.1所示。

(a) 局部发生

(b) 成片发生

图4.1 日本菟丝子害

【发病规律】种子成熟后落入土壤中,经休眠越冬,翌年夏初才开始萌发,萌发后,菟丝子茎部遇到物体时,由于接触的刺激而缠绕于该物体上。茎部紧缠于寄主嫩茎,伸出吸器,钻入皮层,与寄主的韧皮部相连,吸取水分和养料。当与寄主建立寄生关系后,菟丝子茎部继续伸长,不断分枝,缠绕寄主,尖端与寄主接触处相继形成新的吸器,以致布满整个树冠。

【控制措施】菟丝子防治的关键是在种子萌发前和幼苗生长阶段消灭它,具体措施如下:

(1)剪除病原物:春末夏初定期检查,发现菟丝子及时连同寄主受害部分一起彻底剪除,并烧毁,以免传播蔓延。

(2)深翻土壤:严重受害的苗圃,播种前进行深翻,将菟丝子种子深埋,使之失去萌发出土的能力(菟丝子一般在3 cm以下深度的土壤内便难以发芽)。

（3）化学防治：在有条件的地区，施用敌草腈(0.25 kg/亩)或 2%～3%五氯代酚钠盐和二硝基酚氨盐进行防治。

4.2 树木苔藓地衣害

【寄主与危害】苔藓地衣害在多种树木上均有发生，由于树皮老化粗糙，部分甚至整个树皮布满地衣或苔藓，为病菌、害虫提供越冬和藏匿的场所，加重病虫害的发生。

【病原】地衣属和苔藓属：① 地衣(*Parmelia* sp.)是真菌与藻类共同生活的复合原植体植物(现认为是3类生物的共生体)。地衣能以自身分裂成碎片进行繁殖，经风雨进行传播。以叶状体紧贴于树皮上，不易剥落。② 苔藓覆盖在枝干上，黄绿色，形似青苔的植物是苔，呈毛发般的丝状物为藓。具有绿色的假茎和假叶，可营光合作用，但无根，仅有丝状的假根，附着在树上，吸取寄主的水分和养料，孢子成熟后随风传播。该类植物一般很小，小至肉眼几乎不能辨认，大者也仅有几十厘米。

【症状】该病发生在主干和大枝上，紧贴着一层灰绿色、壳状、片状或不规则形的寄生物，或附生其他丝状物，树皮粗糙难看。地衣一般在植株中、上部枝干上发生为多。如图4.2所示。

(a) 苔藓害　　　　　　　　(b) 地衣害

图 4.2　苔藓地衣害

【发病规律】地衣、苔藓在早春开始生长，5～6月生长最旺盛，7～8月由于气候干燥炎热而生长缓慢，冬季停止生长。地衣、苔藓害的发生和环境条件、栽培管理及树龄有密切关系，通常在阴湿林分、树龄大、管理粗放、树势衰弱的情况下发生较重。

【控制措施】（1）营林措施：加强管理是防治地衣、苔藓最根本的措施。及时除草、增施肥料、清沟排水、适当疏枝，促进树木通风透光，均可减轻该病的发生。

（2）化学防治：初发生时喷洒1∶1∶100波尔多液、6%的烧碱水或1%硫酸铜溶液，同时兼治其他病害。

（3）人工刮除：发生后期用"C"形侧口的竹刮子进行仔细刮除，随后喷药保护。

4.3 树木根腐病（积水因素）

【寄主与危害】一些不耐水的树木，如松树、杉木、油茶、香榧、红豆杉、银杏等。栽植在排水不良的平缓地段，如果土壤黏重，加之有的栽植过深，根腐病一定会发生，导致树木生长衰退甚至枯萎死亡。

【病原】根腐病的发病原因很多，大体上可分为生理性和侵染性两大类。生理性烂根的原因主要有土壤黏重、积水或渍水，施肥不当等；侵染性病原为镰刀属李瑟组层生镰刀菌（*Fusarium proliferatum*，*Fusarium sp.*）等。在生产上，树木根腐病的发病原因多数是生理性的，而侵染性病原只是后期进入而已，是伴随因素。

【症状】该病发生在根部，但症状首先表现在树冠。受害植株叶片发黄、变小，或在发叶不久即开始落叶（脱落时叶片仍呈绿色），生长不良，夏季易干旱枯死；根部皮层发黑、细根腐烂，有酒糟味，导致植株不能正常吸收养分和水分而干枯死亡。有时植物水涝引起烂根后地上部分出现各种缺素症状，使人误认为是缺素造成的。如图4.3所示。

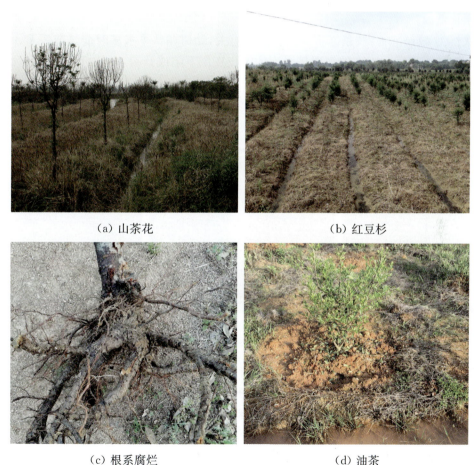

(a) 山茶花　　　　　　　　　　(b) 红豆杉

(c) 根系腐烂　　　　　　　　　(d) 油茶

图4.3　积水性根腐

【发病规律】① 主要发生在土壤黏重、地势低洼或平缓、排水不良的地块（山岗上平缓地块也同样会积水);② 大穴栽植时如果疏松的填土未充分下沉,栽植后苗木因浮土下沉而深埋,导致根系呼吸受阻和积水烂根;③ 在后期,一些病菌侵入,加快根系腐烂。

【控制措施】 根腐病的防治关键是解决土壤积水问题。

(1) 选地:选择土壤透气性好、有一定坡度、排水顺畅的林地造林。

(2) 整地:若在平缓、土质黏重的地段栽植树木,一定要采取深翻改土、深沟排水,床面做成中间高两边低、有一定坡度(3°～5°)、雨季床面不存水的状态。

(3) 栽植:造林时,土壤黏重的地段上宜采取浅栽高培土的方法,不可深栽。

(4) 病株处理:根腐病发生比较隐蔽,一旦出现症状就很难挽救,对重病株只有采取清除措施;对轻病株可采取松土、排水、施肥、消毒(根茎周围以熟石灰拌土或50%多菌灵200倍液等药液浇灌根颈处)等补救措施。

4.4 树木冻害

【树种与危害】 外来树种,主要是从南方引进的树种,如长江以北地区栽植的香樟、山茶花等。本地的树种若生长环境差,生长发育不良,木质化程度低,寒冬也会产生冻伤。

【病原】 低温。

【症状】 ① 枝条冻害:枝条冻害与其成熟度有关,幼树在秋季水多时徒长或发育不良,枝条发育不充实,易受冻害。冻害的表现是受冻的树皮皮层下陷或开裂,内部组织变褐坏死,严重时皮层和形成层全部冻死,受害枝条枯萎。② 叶、芽、幼果冻害:叶片受害后,轻微时叶片呈黄色;严重的先呈紫红色,后褪色为淡紫红至灰褐色;芽受冻后,初期只见到芽鳞松散,后期芽干缩枯死易脱落。如图4.4所示。

(a) 香樟

(b) 竹

(c) 油茶

图4.4 树木冻害

【发病规律】 树龄越小、树势越弱、主枝与树干的夹角越小冻害越严重;西坡、北坡、东北坡、风口处受害重;市区内、尤其周围有建筑物保护的地段受害较轻。

【控制措施】 (1) 适地适树:选择适宜于本地栽植的乡土树种和合适的立地条件。

(2) 营建防护林带:在迎风面上设防风林带,与当地有害风或长年大风的风向垂直,如果因地势、地形、河流、沟谷的影响不能与主要风向垂直时,至多有30°的偏角。

(3) 科学施肥:① 冬施基肥:越冬前(11月以后)在树木行间施用腐熟的猪牛栏粪、堆肥、人畜粪等有机肥料,既能提高土温,保护根部,又能促进根系生长。结合施肥,对树木进行中耕松土培蔸,疏松土壤,增厚根系土层,对阻挡寒风侵袭,提高吸热保温抗旱能力有一定作用;② 增施磷钾肥:磷钾肥可提高细胞液浓度,增强细胞的抗寒力,一般每亩沟施或穴施 10~15 kg 过磷酸钙,5~7 kg 氯化钾。草木灰含钾素且保温性强,当天气骤然变冷时,在树木叶面和田间撒施一层草木灰,可直接保护叶面,增加土壤吸热性能,提高土壤温度;③ 叶片喷施叶面肥:根据树木枝梢的生长情况,在 10~11 月用 0.2%磷酸二氢钾溶液喷施叶面,增加新梢木质化程度,有利于越冬。

(4) 叶面喷防护液:① 抑蒸保温剂高脂膜:在冻害来临前 15 天内喷洒一次高脂膜(150~200 倍液)。② 防冻液:在降温或可能降温之前,对植物树冠喷洒防冻液,防冻效果可持续 5~9 天。③ 1∶1∶100 波尔多液:该药喷洒在植物表面可形成一层薄膜,既可防病,也有一定的防冻作用。

(5) 覆盖保温:入冬后,在树木行间用稻草、杂草、薄膜等物进行地表覆盖,提高地温。

(6) 熏烟防冻:在将要发生霜冻的夜晚或清晨,利用湿的杂草、树叶、锯末、谷壳等,在树林的上风位置,将其点燃后所形成的烟雾对防冻害有明显的效果。据测定,熏烟能提高叶面温度 1~2 ℃。此外,在植物遭受冻害后,烟雾能防止日出后的急剧升温,也可减轻受冻害的程度。

(7) 受害植株处理:① 适度修剪:受冻后,对确认已枯死、濒死或损伤严重的枝梢,应及时剪去,以减少水分和养分的损失,以免扩大受冻部分;② 松土施肥:春季解冻后应立即在树冠下松土,提高地温,改善土壤透气性,促进根系生长和深扎。同时,结合松土灌水可提早施春肥。施肥时要注意以水带肥,并以速效氮肥为主,薄肥勤施,切忌施肥过浓;③ 叶面喷肥:在气温回升后,抽梢展叶期,用 0.3%磷酸二氢钾液或 0.3%~0.5%的尿素溶液进行叶面喷施,每隔 15 天喷一次,连喷 2~3 次。

4.5 树木日灼

【树种与危害】 主要是一些喜阴及弱阳性植物,以及叶片、干皮较薄的树种,如洒金珊瑚、桃叶珊瑚、山茶花、五角枫、红枫、檫树、玉兰、芍药等。日灼造成叶片局部或整片枯焦,树干局部坏死,严重影响树木生长发育,并可引起次生性病害的发生。

【病原】 日灼是一种生理性病害,由夏季高温干旱及太阳过度照射引起。其他因素如化学药剂等也可引起植物叶片的灼伤,本文主要关注高温、强光导致的灼伤。

【症状】 主要危害叶片和树干,与健康组织无明显界限,病害不传播。叶片:位于中上部易受害,轻微的仅伤及叶尖、叶缘,严重的导致整张叶片变褐、卷曲坏死,呈枯焦状。树干:西南方向易受害,干皮呈现纵向条状变黄,颜色逐渐变深,灼伤处皮层开裂并向周边萎缩坏死,导致木质部外露,遭受日晒雨淋后,造成木质部腐烂,灼伤处易诱发溃疡病。如图 4.5 所示。

【发病规律】 ① 耐阴植物,如洒金珊瑚和桃叶珊瑚等极耐阴,夏季不耐太阳长时间直射;② 苗圃中密植培养的苗木及在林下生长且干皮较薄的树苗,由于长时间适应了湿润、散射光的环境条件,移植到气候干燥、光照充足的城市绿地后,遭受强光照射,则树干及叶片易于发生灼伤;③ 经重剪处理或栽植在道路两侧的苗木,树干无树冠遮阴保护,易遭受日灼伤害;④ 持续阴雨天后突然出现高温天气,幼嫩的叶片遭遇烈日暴晒,常导致灼伤;⑤ 秋雨过多或秋季肥水过量,导致树干生长量大,易受日灼伤害;⑥ 植物所处的立地条件较差,如土壤板结或积水烂根,植株生长发育不良,高温干热天气下植株地上部分水分得不到及时供给而出现焦枯。2017

年合肥地区夏季气温高达 41 ℃,市区绿化树木发生灼伤现象普遍且严重。

(a) 洒金珊瑚　　　　　　　(b) 山茶花　　　　　　　(c) 悬铃木

图 4.5　树木日灼

【控制措施】(1) 选地适树:在市区使用耐阴树种时,尽可能选择稍有遮阳的地方栽植。

(2) 遮阴:在夏季高温期间可对易受伤害的植物进行遮阳保护措施。受害苗木数量过多时,可在树干西南侧方向挂草片或麻片,避免强光照射。

(3) 树干涂白、草绳缠干:涂白时,树干西南向应多涂一遍,防晒效果会更好。

(4) 喷雾:高温季节,晴天的早上对叶片易遭受日灼危害的苗木进行喷雾保湿(叶片喷洒 0.1% 硫酸铜溶液可提高叶片的抗性,可结合喷雾时实施)。

(5) 改善立地条件:改良土壤,促进根系生长发育,可避免或显著减轻树木的灼伤。

4.6　立木腐朽

【寄主与危害】所有树种。发生腐朽树木的树体机械支撑能力下降,易风折或倒伏。

【病原】引起立木腐朽的真菌主要属于担子菌中的多孔菌、伞菌。它们都有大型担子果,最大的直径可达 1 m 以上。

【症状】腐朽是专指林木根、干木质部的变质解体。立木腐朽是成熟林中的一大类病害,树龄在百年左右,甚至仅数十年生的树木就可能发生此病。腐朽菌侵染的部位有所不同:有的侵染边材,有的侵染心材,有的同时侵染边材和心材。腐朽初期一般不容易发现,后期树体上通常出现孔洞、木质部材质解体或呈蜂窝状等;腐朽根、干表面可产生病原菌的子实体,如树干上出现的蘑菇体、膜状物、马蹄状物等。如图 4.6 所示。

【发病规律】病菌主要从伤口、根部或死枝处侵入植株体内。该类病菌能分泌多种水解酶,把木材中能够起支撑作用的纤维素、半纤维素和木质素降解为简单的碳水化合物,作为病菌生长和繁殖的养料,使树干逐步丧失其支撑的能力。该病一旦发生,便连年持续地发展,逐年加重。腐朽菌对温度的适生范围较广,4～25 ℃ 均可发生;但对湿度要求较高,相对湿度在 85% 以下木腐菌发展缓慢或停止发展。立木腐朽病情与树龄呈正相关,树龄越大、腐朽越严重,一般古树或大树多少都存在有腐朽现象,只是不易被发现而已。

图 4.6 立木腐朽

【控制措施】（1）营林措施：保持林木良好的生存环境，尤其是通风透光的环境，创造不利于有害生物滋生蔓延的环境条件。

（2）腐朽部位处理：树体伤口要及时采取消毒处理；对腐朽的部位要彻底清除腐烂组织，随后涂愈伤剂（形成层）、防腐剂（5%硫酸铜液）、防水剂（桐油等）以及修补工艺等。

（3）次生性害虫防治：对古树、名木或重要的园林树木要加强监测，发现小蠹虫、天牛等次生性害虫要及时防治。

4.7 园林树木衰退

城市化有时导致树木所处的立地环境愈来愈差，生长愈来愈衰退，如叶片暗绿无光泽，抽梢发芽迟、落叶早；梢头常出现枯死现象，树冠平顶且稀疏；树干伤痕累累等，严重影响生态功能和观赏价值。如图 4.7 所示。

【衰退原因】（1）地面硬化：多数树木根部周围常被水泥、砖头覆盖，地面硬化；或人为践踏，致使地表、甚至深层土壤黏重板结，透气性差，根系呼吸困难。

（2）土壤污染：生长在市区的树木，常不同程度遭受建筑垃圾（如水泥、石灰等）、生活垃圾和工业垃圾等有害物质的污染，这些有害物质均能直接或间接毒害植物根系。

（3）堆土过厚：在建筑施工时，有些工地将地基挖出的土壤堆积在树木周围或有目的给树木过度覆土，结果导致树木根系呼吸受阻，逐渐窒息枯萎。

（4）机械伤害：建筑施工对树木造成大量断根和树干的损伤。

（5）排水不畅：建筑施工造成树木周围地面抬高或树根周围被水泥所包围，造成局部、短期积水的环境，诱发部分根系，尤其是须根的腐烂。

（6）干旱：人为活动较为频繁的区域，地面被水泥等覆盖或人为践踏致使表层板结，雨水多沿地表流失，难以渗入地下，树木根系水分得不到应有供给，易受旱。

（7）气候不适：园林树木从南方引种的较多，树木北移冬季易遭受低温、干燥等气候的伤害，生长衰退，叶色灰暗，梢头枯死甚至整株枯萎死亡。

(8)病虫危害:树木在遭受上述不利因素影响后,生长衰退,生理机能下降,抗逆性减弱,易遭受次生性病虫害如天牛、腐朽菌等有害生物的侵害,促进其衰退、枯萎。

【控制措施】(1)"适地适树"是根本:城市绿化树木主要是观赏树冠,即叶片。而叶片生长发育是否正常与立地条件密切相关,一些树种虽然很美,但由于生长不良,处于亚健康状态,甚至病态或枯死,达不到观赏目的。因此,务必做到适地适树,健康状态是"美丽"的基础。

(2)"根系透气"要保证:树木生长的土壤一定要保持疏松透气的状态。对于地面由于人为践踏造成板结的可采取松土、掺沙、施有机肥、埋树枝和树叶等措施;对于土壤黏重板结、排水不良、透气性差的土壤可在地下埋设透气管(如PVC管,管壁钻孔);或树下设盲沟

图4.7 园林树木衰退

(一端紧靠树底下,另一端在可排水处,深度在根下15~25 cm,宽度为30~50 cm。自下而上填大卵石—碎石—粗沙—肥土);树干周围堆土过厚的一定要逐步移除,恢复其原状。

(3)"水分供应"要平衡:在水分管理中,一方面要将树木周围的雨水留住、旱季及时浇水(或叶面喷水);但另一方面更要注意完善排水系统,千万不能积水。

(4)"土壤肥力"要适宜:在土壤遭受破坏的情况下,适量施肥是必需的,但施肥千万不能过量。过量施肥或施用未腐熟的有机肥树木不但不能吸收,反而会引起烧根,造成更大的伤害。目前树木施肥改土方法有:① 松土并部分换土;② 根施有机肥、复合肥,也可挖复壮坑;③ 叶面喷肥;④ 树干注射液肥等方法。

(5)"病虫防治"要及时:防治要做到及时有效,除采取一般的树体喷药外,还可采取土壤浇灌或埋施、树干药片熏蒸、树干注药、树干涂药、树干外科手术等技术措施。

(6)"各类伤害"要避免:很多市民不知道垃圾、脏水对树木的危害作用,向树木周围泼脏水或倒垃圾已成习惯。因此,要加强宣传教育,使树木远离各类污染物;建筑施工时要在园林部门的指导下,文明施工,减少对树体的直接伤害。

4.8 树木药害

【树种与危害】几乎所有的树木均可受害。受害后轻则影响植株生长,重则导致新梢和芽不能正常展开、畸形或萎缩,失去栽培价值,甚至整株枯萎死亡。

【病原】各类农药,尤其是除草剂使用不当。

【症状】叶片受害后大多局部形成药斑、叶缘焦枯、黄化或白化等;新梢新芽受害后不能正常展开生长,易形成皱缩、畸形等。如图4.8所示。

【发病规律】植物萌芽期、小苗期、抽梢展叶期对药物较敏感,易受害;高温、高湿、强光、大风等不良气候条件下施药易造成药害。

【控制措施】(1)慎用农药:杂草和病虫防治尽量应用营林措施、物理措施、生物措施等,少

用化学药剂。

(2) 正确用药:① 药剂品种:选用毒性低、分解快、污染小、药害轻、对环境安全的农药,如矿物质农药、植物性农药等。② 农药剂型:多用水溶剂、少用粉剂,树冠喷施最好选用油乳剂。③ 药剂用量:配制农药时要按照说明书准确计算称量。④ 施药时期:植物萌芽、抽梢展叶期不施药或适当降低药液浓度;高温、高湿、强光、大风等气候条件下避免施药。

(a) 薄壳山核桃　　　　　　　　(b) 喜树

(c) 朴树　　　　　　　　(d) 桃树

图 4.8　树木药害

(3) 药害救治:① 灌水冲洗:土壤施用药剂过量或不当,可对土壤进行翻耕晾晒、灌水浸泡、反复冲洗的办法,稀释药液在土壤中的浓度、降低残留量,减轻植物根部的药害;叶面喷药过量造成的药害,可在早期迅速用清水快速喷洗受害植物叶片。② 增施肥水:根外喷施尿素、磷酸二氢钾等化肥,或追施人粪尿、饼肥等有机肥,提高植物再生补偿能力。③ 喷解毒剂:喷施美洲星、生石灰水、多硫化钙等解毒剂或吸附剂,中和缓解,减轻药害。④ 摘除受害组织:及时摘除受害枝梢等组织,防止药剂在植株内扩散。

树木害虫篇

第 5 章 直翅目害虫

5.1 东方蝼蛄

【学名】*Gryllotalpa orientalis* Burmeister，属直翅目蝼蛄科，又名非洲蝼蛄，俗称土狗子、拉拉蛄。

【寄主与危害】食性杂，危害杨、松、槐、油茶、茶、桑、梨等多种树木幼苗，草本花卉和草坪草等。成虫、若虫咬食根部及靠近地面的幼根茎，使之呈不整齐的丝状残缺；取食新播和刚发芽的种子；在土壤表层开掘纵横交错的孔道，使幼苗须根与土壤脱离，枯萎而死，造成缺苗断垄。

【形态特征】成虫：体长 30~35 mm，灰褐色，腹部色较浅，全身密布细毛。头圆锥形，触角丝状，前胸背板卵圆形，中间有一明显的暗红色长心脏形凹陷斑。前翅灰褐色，较短，仅达腹部中部，后翅扇形，较长，超过腹部末端。腹末有 1 对尾须。前足为开掘足，后足胫节背面内侧有 4 个距。卵：长约 2.8 mm，椭圆形，初产时乳白色，后变黄褐色，孵化前暗紫褐色。若虫：1 龄若虫体长约 4 mm，2~3 龄后体色与成虫相似，6 龄若虫体长 24~26 mm。如图 5.1 所示。

图 5.1 东方蝼蛄

【生活习性】一年1代,以老熟若虫或成虫在土中越冬。翌年4月越冬成虫开始取食,4~5月交配并产卵,越冬代若虫5~6月羽化。卵产在5~10 mm的穴状卵室内,每室30~50粒,喜欢在潮湿土壤中产卵,卵期约20天。初孵若虫先取食腐殖质,2龄后分散活动,若虫9月蜕皮变为成虫,10月下旬入土越冬,发育晚的则以老熟若虫越冬。成虫、若虫晚上活动,在土下25~30 mm处钻纵横隧道。成虫飞翔能力很强,有趋光性、趋粪性。

【防治措施】(1)栽培措施:冬耕深翻,适时中耕,清除园圃杂草。合理施用充分腐熟的有机肥,以减少该虫孳生。

(2)物理防治:在蝼蛄产卵和越夏阶段,人工挖出蝼蛄和卵粒并集中灭杀。利用黑光灯诱杀成虫。在苗圃步道间每隔20 m左右挖一小坑,将马粪或带水的鲜草放入坑内,次日清晨在坑内集中捕杀;用炒香的麦麸15 kg,加90%敌百虫50 g,再加上适量水配成毒饵,于傍晚撒在林行间诱杀防治。

(3)化学防治:使用国光土杀(40%毒死蜱·辛硫磷)1000倍液浇灌防治;50%辛硫磷乳油拌种。

5.2 黄脊雷蓖蝗

【学名】*Ceracris kiangsu* Tsai,属直翅目网翅蝗科,又名黄脊竹蝗。

【寄主与危害】危害刚竹属、箭竹属等。成虫群集取食竹叶,大发生时竹叶被吃光,引起成片竹林枯死。

【形态特征】成虫:体长31~40 mm,体绿色,头顶至前胸背板中央有1条黄色纵纹,前狭后宽。触角丝状,末端淡黄色。复眼卵圆形,深黑色。后足腿节粗大,黄色,间有黑斑,中部有排列整齐的"人"字形褐色沟纹,胫节蓝黑色,有两排刺。卵:长椭圆形,稍弯曲,长6~8 mm,棕黄色,有巢状网纹。卵囊圆筒形,长18~30 mm,土褐色。若虫:若虫称跳蝻,共5龄。体形似成虫,翠绿色,5龄前胸背板后缘覆盖后胸大部分。如图5.2所示。

【生活习性】一年1代,以卵囊在土中越冬。翌年5月上旬越冬卵开始孵化,5月中旬至6月初为孵化高峰期,至6月下旬孵化完毕。低龄若虫群集在鲜嫩的小竹及杂草上取食,2龄后开始分散并逐渐转移到大竹上,3龄后全部转移到大竹上,食量猛增。7月上旬至8月下旬羽化,成虫8月下旬开始产卵至10月下旬。卵产于杂草较少、土质疏松、向阳处深25~33 mm的土中,然后分泌黏状物形成卵囊。卵期约270天。成虫白天羽化,栖息在竹上或林荫处,交配多在早、晚进行。成虫喜食咸味和人尿。成虫、若虫有群集性及迁移性。

【防治措施】(1)物理防治:冬季竹林松土灭卵。

(2)化学防治:低龄幼蝻集中取食时,喷洒25%灭幼脲Ⅲ号胶悬剂(10~20 g/亩)或5%吡虫啉乳油(0.5~1 g/亩)。若跳蝻已上竹,可将阿维菌素烟剂或2.5%溴氰菊酯与0号柴油按1∶15配制后,用喷烟机喷烟防治,也可施放741敌敌畏烟剂或敌百虫插管烟剂。

(3)生物防治:释放50亿孢子/g白僵菌粉剂(500 g/亩)或者50亿孢子/g绿僵菌粉剂(200 g/亩)。

(a) 危害状 1　　　　　　　　　　(b) 危害状 2

(c) 成虫　　　　　　　　　　(d) 成虫(交尾)

图 5.2　黄脊雷蓖蝗

5.3　青脊竹蝗

【学名】*Ceracris nigricornis nigricornis* Walker，属直翅目网翅蝗科。

【寄主与危害】危害毛竹、刚竹、棕榈等。成虫、若虫取食寄主叶片，严重时可将叶片吃光。

图 5.3　青脊竹蝗

【形态特征】成虫：体翠绿或暗绿色，雌虫体长 32~37 mm，雄虫体长 21~25 mm。额顶突出如三角形，由头顶至前胸背板以及延伸至前翅的前缘中域，均为翠绿色。自头顶两侧至前胸两侧板以及延伸至前翅前缘中域内外缘边，均为黑褐色。静止时，两侧面似镶入 1 个三角形的黑褐色边纹，后足股节底侧淡红色，近顶端处有 1 个淡黄色环和 1 个黑色环，端部黑色，胫节基部黑色，近基部有 1 个淡黄色环。卵：长 5~7 mm，淡黄色，椭圆形。卵囊，长 17~18 mm，宽 5~7 mm，圆筒形。若虫：长 9~31 mm，刚孵化时胸腹背面黄白色，体黄白色与黄褐色相间。头顶尖锐，额顶三角形突出。触角直而向上，呈鞭状，黄褐色，长 5~15 mm，16~20 节。2 龄后显现翅芽。如图 5.3 所示。

【生活习性】一年 1 代,以卵越冬。翌年 5～6 月卵孵化,7 月中下旬见成虫,10 月上旬成虫开始产卵,至 11 月上旬产卵结束。成虫白天羽化,交尾后 15～25 天产卵。卵产于土中约 30 mm 深处。成虫、若虫有群集取食及迁移的习性。

【防治措施】参照黄脊雷篦蝗防治。

5.4 短额负蝗

【学名】*Atractomorpha sinensis* Bolívar,属直翅目锥头蝗科,又名中华负蝗、小尖头蚱蜢。

【寄主与危害】危害菊花、柑橘、樟、泡桐、桃、鸡冠花、百日草、一串红等多种园林花木。成虫和若虫取食叶片,造成缺刻和孔洞,发生多时可食光叶肉,仅剩主脉。

【形态特征】成虫:体浅绿色,秋季变为红褐色,体瘦长,长约 30 mm。头部向前突出呈长锥形,尖端触角 1 对,粗短、剑状,体表有浅黄色瘤状颗粒。前翅狭长,长度超过后足腿节端部的 1/3,后翅短于前翅,基部红色,端部淡绿色。后足发达为跳跃足。卵:乳白色,椭圆形,中部弯,长 2.9～3.8 mm,黄色,一端粗钝,一端尖。卵壳表面有鱼鳞状花纹,卵粒在卵囊内斜列为 3～5 行。卵囊长圆筒形,无囊盖,有胶状物包裹。若虫:形似成虫,无翅,只有翅芽。共 5 龄,体色绿,有白色斑点,复眼黄色,前、中足有紫红色斑点并呈鲜明的红绿色彩。如图 5.4 所示。

(a) 若虫　　　　　　　　　　(b) 成虫 1

(c) 成虫 2　　　　　　　　　　(d) 成虫 3

图 5.4　短额负蝗

【生活习性】一年 1 代,以卵在土中越冬。翌年 5～6 月卵孵化,7～8 月若虫蜕皮为成虫。

成虫寿命30天以上,10月后产卵越冬,每雌虫产卵150～350粒。雌成虫在向阳土层中产卵。初孵若虫取食幼嫩杂草,3龄后迁移到其他植物上。雄成虫在雌成虫的背上交尾,故称负蝗。

【防治措施】参照黄脊雷蓖蝗防治。

5.5 中华剑角蝗

【学名】*Acrida cinerea*(Thunberg),属直翅目剑角蝗科,又名中华蚱蜢。

【寄主与危害】危害马尾松、杨、柳、榆、竹、桉、桃、李等树木。成虫、若虫取食叶片,致叶片缺刻或孔洞,严重时可将叶片吃光。

【形态特征】成虫:体长30～81 mm,绿色或褐色。体形细长,头圆锥状,明显长于前胸背板,颜面强烈向后倾斜。触角剑状。前翅发达,端部尖,后翅淡绿色。后足股节及胫节绿色或褐色。如图5.5所示。

【防治措施】参照黄脊雷蓖蝗防治。

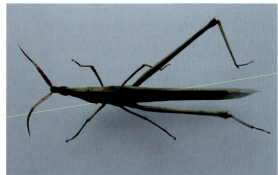

图5.5 中华剑角蝗

5.6 南方油葫芦

【学名】*Teleogryllus mitratus*(Burmeister),属直翅目蟋蟀科。

【寄主与危害】危害银杏等林木幼苗。成虫、若虫啃食幼苗或10 cm以下定植幼树,造成苗木枯死。

【形态特征】成虫:雄虫体长19～22 mm,体黑褐或黑色,头与前胸等宽,触角丝状细长,前胸背面黑褐色,中央有1条斜纵沟,上有黄褐色短毛,其中部两侧各有1条月牙形细纹,该处光亮无毛。后足褐色,胫节特长,有5～6对刺。雌虫体长20～24 mm,前翅长13～14 mm,有10条斜走纵脉,其间有斜横脉多条,产卵管细长,褐色,长19～22 mm。如图5.6所示。

【生活习性】一年1代,以卵在土中越冬。成虫5～9月大量出现,具趋光性。

【防治措施】(1)物理防治:5月用黑光灯诱杀成虫。

(2)化学防治:春季将15 kg谷物煮至半熟,晾干后拌以适当农药(如50%辛硫磷乳油0.5 kg加水0.5 L),在晚间撒于田地,诱杀若虫、成虫。

(a) 危害状

(b) 成虫

图 5.6　南方油葫芦

5.7　江苏侧隆螽

【学名】*Atlanticus kiangsu* Ramme,属直翅目螽斯科。

【寄主与危害】取食少量阔叶树叶片,使叶片残缺不全。

【形态特征】成虫:雄虫体长 27～30 mm,触角丝状,体背面棕黑色,腹面黄绿色,复眼黑亮,侧脊隆起明显,在 2/5 处呈弧形缢缩。前翅长达第 5 腹节中部,背面灰白色,侧面棕黑色,后翅小,长椭圆形,仅达第 2 腹节中部。雌虫体长 30～38 mm,产卵器长 15.1～16.8 mm,向上微弯,末端上部平截。前翅短小,仅达第 1 腹节中部;后翅更小,长椭圆形,尾须尖锐,无钩状齿。卵:长圆柱形,长 4.6～5.3 mm,初产时白色,以后变为灰白色,孵化前浅黄色。若虫:雌、雄若虫均 6 龄。老熟雄若虫平均体长 27.4 mm,前翅芽达腹部第 1 节末,尾须红色,钩状齿出现。老熟雌若虫平均体长 29.2 mm,前翅芽卵形黑色,可见脉纹,覆盖后翅。如图 5.7 所示。

【生活习性】一年 1 代,以卵在土中越冬。翌年 3 月中旬越冬卵开始孵化,3 月下旬为高峰期。若虫在孵化后的 24～36 小时开始取食,受害叶片呈现缺刻或穿孔。1～2 龄若虫在低矮的嫩草上活动取食,受惊后四处跳跃。3 龄后转移到灌木上活动,取食叶片或捕食其他昆虫。5 月下旬成虫羽化,6 月上旬达盛期,6 月下旬为交尾盛期,交尾后的雌虫继续补充营养,10～15 天后,卵逐渐成熟。雌虫夜间产卵于深度为 3～7 mm 的疏松土壤中,卵为散产,每雌虫平均产卵 45 粒。7 月下旬至 8 月上旬成虫相继死亡。

【防治措施】参照黄脊雷篦蝗防治。

(a) 若虫(雄)

(b) 成虫(雌)

图5.7 江苏侧隆螽

5.8 纺织娘

【学名】*Mecopoda elongata* Linnaeus,属直翅目螽斯科,俗称络丝娘,古名络伟、莎鸡,是主要的鸣虫之一。

【寄主与危害】危害桑叶、柿树叶、核桃树叶、杨树叶等。雌虫将卵产在植物的嫩枝上,常造成嫩枝新梢枯死。

【形态特征】成虫:体长50~70 mm,体色有绿色和褐色两种,体形很像一个侧扁的豆荚。头较小,前胸背侧片基部多为黑色,前翅发达,宽度超过底部,翅长一般为腹部长度的2倍,常有纵列黑色圆斑。雌虫产卵器弧形上弯,呈马刀状。雄虫的翅脉近于网状,有2片透明的发声器,触须细长如丝状,后腿长而大,健壮有力,弹跳力很强。如图5.8所示。

图5.8 纺织娘

【生活习性】一年1代,以卵在植物的嫩枝上越冬。翌年4月中旬越冬卵开始孵化,5月中旬为高峰期。若虫孵化10~20小时后开始取食,受害叶片呈现缺刻或穿孔。1~2龄若虫在低矮的嫩草上活动取食,受惊后四处跳跃。3龄后转移到灌木上活动,取食叶片或捕食其他昆虫为主。6月下旬成虫羽化,7月上旬达盛期,8月下旬为交尾盛期,交尾后的雌虫补充营养10~15天,至卵成熟后将其产下。8月下旬至9月上旬成虫相继死亡。

【防治措施】参照黄脊雷篦蝗防治。

第6章 等翅目害虫

6.1 黑翅土白蚁

【学名】*Odontotermes formosanus*(Shiraki),属等翅目白蚁科。

【寄主与危害】危害松、杉、泡桐、樟、檫、楝、栗、侧柏、柳杉、茶、栎以及樱花、梅花、桂花、红叶李等多种林木。工蚁啃食幼树根茎、树皮、韧皮部,使幼苗、幼树生长衰弱甚至死亡。采食时在受害树干外形成大块蚁路,严重时泥被环绕整个干体周围形成泥套。

【形态特征】有翅成蚁:共 7 龄,体长 27~30 mm,全体呈棕褐色。翅展 40~50 mm,黑褐色,前翅鳞比后翅鳞大,触角 19 节。前胸背板后缘中央向前凹入,中央有 1 块淡色"十"字形黄色斑,两侧各有 1 个圆形或椭圆形淡色点,其后有 1 个小而带分支的淡色点。蚁王:头淡红色,体色较深,体壁较硬,体略有收缩,胸部残留翅鳞。蚁后:体长 70~80 mm,宽 13~15 mm,无翅,体色较深,体壁较硬,腹部特别大,白色腹部上呈现褐色斑块。兵蚁:共 5 龄,末龄兵蚁体长 5~6 mm。头部深黄色,胸、腹部淡黄色至灰白色,上颚镰刀状,左上颚有齿,右上颚齿小,很不明显。工蚁:体长 4~5 mm,头黄色,胸、腹部灰白色。头后侧缘成圆弧形,囟位于头顶中央,呈小圆形凹陷,后唇基显著隆起,中央有纵缝。卵:长约 0.6 mm,长椭圆形,乳白色。如图 6.1 所示。

【生活习性】为土栖昆虫,筑蚁巢于地下数米处。数量可达百万头以上。蚁群经 8 年左右成熟,产生有翅成虫并分群繁殖。有翅成虫 3~4 月羽化,4~6 月分飞。由工蚁修筑高 2~4 cm、底径 4~8 cm 的分飞孔,几个至几十个分组排列,分群孔距主巢一般 1~6 m,分飞在晚 7~9 点天气闷热时或雨中进行,分几次完成。有翅繁殖蚁成群涌出分飞孔,在低空飞舞(即婚飞),雌、雄蚁配对后落地脱翅,钻入土缝中,成为新的蚁王、蚁后。新巢建于地下,巢深 1~2 m。主巢直径可达 1 m 以上,每巢蚁数可达 200 万头以上。每年 4~5 月土温回升,地面泥被线增多,工蚁开始频繁外出觅食;7~8 月土温较高时,地表活动减弱;9 月土温降低,地面活动又趋活跃;11 月以后,工蚁、兵蚁全部归巢。

【防治措施】(1) 物理防治:依据白蚁泥被、泥线、婚飞孔等外露特征,跟踪并找到蚁道。在蚁道内插入探条,顺蚁道追挖,找到主道和主巢。每年芒种、夏至时节地面上生长有草鸡菌(鸡枞菌、三踏菌、鸡枞花)的地方,人工挖巢并加以清除。每年 4~6 月,在繁殖蚁羽化分飞盛期,采用黑光灯诱杀有翅成蚁。

(2) 化学防治:在种植坑中和填土上喷撒 5% 毒杀酚粉剂或 3% 呋喃丹颗粒剂;或在受害植株基部附近喷施或灌浇氯丹乳剂 50~100 倍液;或在有白蚁活动的地方,直接喷洒灭蚁灵粉;或在白蚁的活动路线和分飞孔上投放白蚁诱饵剂(将桉树皮粉、食糖、灭蚁灵粉按 4∶1∶1 配制成 4 g/袋)进行诱杀;找到通向蚁巢的主道,将压烟筒的出烟管插入主道,用泥封道口,再将杀虫烟雾剂放入压烟器内点燃,扭紧上盖,烟便从蚁道自然压入巢内。

(a) 危害状 1　　(b) 危害状 2
(c) 兵蚁　　(d) 有翅蚁
(e) 蚁后　　(f) 多个虫态

图 6.1　黑翅土白蚁

6.2　黄翅大白蚁

【学名】 *Macrotermes barneyi* Light，属等翅目白蚁科。

【寄主与危害】 危害桉树、杉木、水杉、橡胶、刺槐、樟树、檫木、泡桐、油茶、板栗、核桃、二球悬铃木、枫香等树木。工蚁取食树皮、韧皮部、边材部，从树木伤口侵入木质部，致树体空心。林木受害后生长不良、木材利用价值降低。

【形态特征】 有翅成虫：体长28～30 mm，头胸腹部暗红棕色，足棕黄色，翅黄色，后唇基暗赤黄色，触角17节，第2、3、4节大致相等，背板中央有1枚淡色的"十"字形纹，其两侧前方有圆形或肾形的淡色斑，囟呈极小的颗粒状；前翅鳞大于后翅鳞。大兵蚁：体长10.6～11 mm，头深黄色，特大，长方形，囟细小，位于头背部中点，上颚粗壮，镰刀形，左上颚中点之后有数个不明的浅缺刻及1个较深的缺刻，右上颚无齿。小兵蚁：体长6.8～7 mm，体色较淡；头卵形，侧缘较大兵蚁更弯曲，后侧角圆形；上颚与头的比例较大兵蚁为大，并较细长而直。大工蚁：体长6～6.5 mm，头棕黄色，胸腹部浅棕黄色；头圆形，颜面与体纵轴近似垂直；前胸背板前缘翘起，中胸背板较前胸略小，腹部膨大如橄榄形。小工蚁：体长4.2 mm，头小，其余形态基本同大工蚁。卵：乳白色，长椭圆形。如图6.2所示。

图6.2　黄翅大白蚁

【生活习性】 营群体生活，以原始型蚁王、蚁后产卵繁殖，不产生补充性生殖蚁。群体数量随巢龄的大小而不同。蚁巢离地面0.5～1.5 m。有"王宫"菌圃的主巢直径可达1 m，主巢中有许多泥骨架，骨架上下左右都被菌圃所包围。"王宫"一般都靠近主巢中央，主巢旁或附近空腔里常贮藏着工蚁采回的树皮和草屑碎片等。主巢外有少数卫星菌圃。巢群上能长出鸡枞菌，一般菌圃离地面距离45～60 cm。成蚁于5～6月天气闷热的下半夜分飞，有翅蚁飞翔能力不强，营巢较为集中。

【防治措施】 参照黑翅土白蚁防治。

6.3　台湾乳白蚁

【学名】 *Coptotermes formosanus* Shiraki，属等翅目鼻白蚁科，又名家白蚁。

【寄主与危害】 危害香樟、檫木、柳树、杨树、刺槐、枫杨、银杏、悬铃木、侧柏、重阳木等林木，是危害房屋、桥梁和绿化树木最为严重的一种土木两栖白蚁。危害树木时，多先从根部蛀入再延伸到树干。尤其喜欢在古树名木及行道树内筑巢，使其生长衰弱，甚至枯死。

【形态特征】 有翅成虫：体长13.5～15 mm，翅长20～25 mm；头背面深黄色，胸腹部背面黄褐色，腹部腹面黄色，翅为淡黄色，复眼近于圆形，单眼椭圆形；触角20节；前胸背板前宽后狭，前后缘向内凹；前翅鳞大于后翅鳞，翅面密布细小短毛。兵蚁：体长5.34～5.86 mm；头及触角浅黄色，腹部乳白色；头部椭圆形，上颚镰刀形，前部弯向中线，左上颚基部有1条深凹刻，其前方另有4个小突起,愈靠前愈小;颚面其他部分光滑无齿,上唇近于舌形,触角14～16节;前胸背板平坦,较头狭窄,前缘及后缘中央有缺刻。工蚁:体长5～5.4 mm,头淡黄色,胸腹部乳白色或白色,头后部呈圆形,前部呈方形,后唇基短,微隆起,触角15节,前胸背板前缘略翘起,腹部长,略宽于头,被疏毛。卵:乳白色,椭圆形,长径0.6 mm,一边较平直,短径0.4 mm。如图6.3所示。

(a) 兵蚁　　　　　　　　　　(b) 有翅蚁

图6.3　台湾乳白蚁

【生活习性】台湾乳白蚁筑巢群居生活,群飞是其群体扩散繁殖的主要形式。白蚁群体发展到一定阶段,就会产生有翅繁殖蚁。巢中的有翅繁殖蚁基本上是当年羽化当年群飞。群飞一般发生在4～6月,而且纬度愈低,群飞愈早。群飞常在雨天晚7点左右,历时约20分钟。有翅繁殖蚁飞离原巢穴、交尾脱翅配对后,进行繁殖的个体即称原始蚁王和原始蚁后。地上木材中的蚁巢和树心巢,其蚁路的颜色多为褐色,且多纤维质;若蚁路成分以土质为主,则地下巢的可能性大;若蚁路成分带有沙质和石灰碎粒,则蚁巢多在空心墙柱和门楣中。

台湾乳白蚁从卵孵化后,经多次蜕皮变为兵蚁、工蚁、有翅成虫,其分化从3龄开始,8年为1个周期。白蚁群体长期过着隐蔽的生活,工蚁、兵蚁的复眼、单眼都已退化,蚁巢一般都筑在阴暗处,但有翅成虫有发达的复眼,有强烈的趋光性。

【防治措施】(1) 物理防治:挖巢灭蚁。挖巢最好在冬季进行,此时台湾乳白蚁大量集中在巢内,可一网打尽。

(2) 化学防治:① 毒饵诱杀:毒饵(按照灭蚁灵粉0.1 g、红糖2 g、松花粉2 g配制)加适量水,搅拌成糊状,用纸包好或直涂抹在纸上并揉成团,将毒饵纸塞入白蚁活动处。② 喷粉灭蚁:在巢上按"品"字形戳3个孔,打孔后见有兵蚁来守卫才喷药。灭蚁药粉的主要成分是亚砷酸,每巢用药5 g左右。施药要动作迅速,施药后要用废纸或棉花塞住孔口,然后用力敲击附近的木板,使白蚁发生混乱,增加白蚁与药剂接触的机会。③ 建筑物预防:喷施50%氯丹乳油100倍液。④ 潜所诱杀:在白蚁活动季节设诱集坑或诱集箱,里面放入劈开的松木、甘蔗渣、芒萁、稻草等,用淘米水或红糖水淋湿,上面覆盖塑料薄膜和泥土,待 7～10 天诱来白蚁后,喷施 75%灭蚁灵粉,施药后按原样放好,继续引诱,直到无白蚁为止。

6.4 栖北散白蚁

【学名】*Reticulitermes speratus* (Rolbe),属等翅目鼻白蚁科,原命名为黄胸散白蚁。

【寄主与危害】危害松、柏、杉、国槐、柳树、枫杨、悬铃木、泡桐、板栗等活立木、干材以及多种农作物。常在土壤和木材中钻蛀孔道,一般先从木材的接地处表层之下向里蛀蚀,逐渐蛀成连通隧道,剖视则呈千疮百孔,但从木结构部分的外表看,却完好无损。

【形态特征】有翅成虫:体色暗,长 3.83 mm;头近球形;头部两侧缘平行,后缘中央部分稍向后凸圆,头的背面中央部分向上隆起,头部下面颜色为褐色,囟颜色较深,呈褐色,与囟周围的头壳颜色近似而不明显。有翅成虫脱翅后几天,头壳颜色变浅;前胸背板两侧的中央部分向背方稍隆起,后角钝圆,侧缘弧度较大些,后缘中央向前凹陷较大,整个前胸背板呈两圆交叉状。兵蚁:体长 5.66 mm;头赤黄色,圆筒状,两侧缘平行,略呈弧线状;上唇两侧缘较直,尖端尖削;前胸背板中缝两侧向上隆起,中缝后部向下凹陷。工蚁:体长 4 mm。如图 6.4 所示。

【生活习性】在地下或腐朽木深处越冬。翌年 3 月初,转移到地面木材内或在地表活动危害。4 月中旬至 5 月上旬危害逐渐加重,尤其在夏季、多雨季节和阴暗潮湿处为害最盛。栖居分散,不筑大巢。多散居于潮湿的树木伐根和地下的腐木中,常在土壤和木材中钻蛀孔道。蚁后和蚁王居住在宽敞的孔道内。群飞(分群)发生在 2 月中旬至 5 月上旬,从上午 9 点以后陆续飞出,至 12 点最盛,最晚为下午 5 点。飞行不久即降落地面,雄成虫追逐雌成虫,接触后即脱翅,寻觅隐身场所,筑巢繁殖后代。为害时间较长,一般至 12 月中下旬。

(a) 兵蚁　　　　　　　　(b) 有翅蚁

图 6.4　栖北散白蚁

【防治措施】参照台湾乳白蚁防治。

第 7 章 半翅目害虫

7.1 黑蚱蝉

【学名】*Cryptotympana atrata*(Fabricius),属半翅目蝉科,俗称知了。

【寄主与危害】危害杨、榆、红椿、槐、桑、李、苹果、桃、梨等树木。成虫产卵于枝条髓心,使外皮及木质部开裂,破坏正常输导,引起枝条迅速萎蔫死亡;苗木受害致顶梢死亡,2~5 年幼树因此形成小老树。若虫吸食根系汁液,影响树木正常发育,造成落花、落果等。

【形态特征】成虫:体色漆黑,有光泽,长约 46 mm、翅展约 124 mm,中胸背板宽大,中央有黄褐色"X"形隆起,体被有金色绒毛,翅透明,翅脉浅黄和黑色,雄虫腹部第 1、2 节有鸣器。卵:椭圆形,乳白色。若虫:形态略似成虫,共 4 龄:1 龄若虫乳白色,密生黄褐色绒毛;2 龄若虫前胸背板出现不明显的倒"M"形纹;3 龄若虫前胸背板倒"M"形纹明显,前翅芽显现;4 龄若虫棕褐色,翅芽前半部灰褐色,后半部黑褐色,脉纹明显。如图 7.1 所示。

 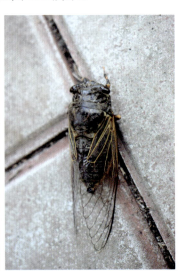

(a) 蜕　　　　　　　　　(b) 成虫

图 7.1 黑蚱蝉

【生活习性】多年发生 1 代,以若虫在土壤中或以卵在寄主枝条内越冬。若虫在土壤中刺吸植物根部,为害数年,老熟若虫在雨后傍晚钻出地面,爬到树干及植物茎秆上蜕皮羽化。成虫栖息在树枝、树干上,夏季不停地鸣叫,8 月为产卵盛期。以卵越冬,翌年 6 月孵化若虫,并落入土中生活,秋后向深土层移动越冬,来年随气温回暖上移。

【防治措施】(1) 物理防治:结合冬季和夏季修剪,剪除枯枝或有卵枝条,并集中烧毁;在成虫羽化期,人工捕杀成虫。

（2）化学防治：若虫初孵化时，在土壤中施用化学药剂，如50%辛硫磷1000～1500倍液进行泼浇。成虫盛发期进行树冠喷雾，药剂可以选择25%吡蚜酮可湿性粉剂2000～3000倍液或10%吡虫啉可湿性粉剂1000～1500倍液等。

7.2 蟪蛄

【学名】*Platypleura kaempferi* (Fabricius)，属半翅目蝉科。

【寄主与危害】危害杨、柳、槐、苹果、梨、梅、桃、李、核桃、柿、桑等树木。幼虫吸取多年生植物的树根汁液，成虫则吸取枝条上的汁液，产卵时刺破树皮，影响无机盐、水分和养料的运输，从而导致树枝枯死。

【形态特征】成虫：体长20～25 mm、宽短，属小型蝉。头、前胸背板和中胸背板暗绿色，前胸前端平截，两侧叶突出，背中有纵带1条，中胸前面有倒圆锥纹2对，腹部多黑色，后缘暗绿色，前翅端室8个，翅面布满黑色云状斑，只留出少数半透明斑，前足腿节中部有黄褐色环。如图7.2所示。

【生活习性】5～6月出现成虫，成虫危害与黑蚱蝉相似。全天发出鸣声，叫声不如黑蚱蝉等大型蝉的响亮。晚上羽化，尤其在晚上8～10点最常见。

【防治措施】参照黑蚱蝉防治。

图7.2　蟪蛄

7.3 红蝉

【学名】*Huechys sanguinea* (De Geer)，属半翅目蝉科，又名黑翅红蝉，俗名红娘子。

【寄主与危害】危害板栗、油茶、桑、石榴等多种树木。成虫产卵危害枝条，若虫在土壤中吸食树木根系汁液。

图7.3　红蝉

【形态特征】成虫：体长17～25 mm、翅展43～65 mm，体狭长，黑色被长毛。头和前胸背板宽度相等，黑色，有光泽，额及单眼鲜红色，触角暗红色。前胸背板黑色，有明显的后角叶，其基部凹陷。中胸背板暗红色，纵沟内侧"X"形隆起及翅后板黑色。腹部除第1节暗黑色外，全部红色，无背瓣。腹瓣黑褐色，半圆形，左右稍离开。前翅暗黑色，脉纹黑色。后翅透明，基部色暗，端室6个。如图7.3所示。

【防治措施】参照黑蚱蝉防治。

7.4 小绿叶蝉

【学名】*Empoasca flavescens*(Fabricius),属半翅目叶蝉科,又名小浮尘子。

【寄主与危害】危害桃、樱桃、李、梅、杏、茶、柳、杨、苹果、泡桐等树木。成虫、若虫在叶背和嫩枝上吸食汁液,也危害花萼和花瓣,形成许多黄白色小点,严重时造成花和叶早落,且能传播植物病毒。

【形态特征】成虫:绿色或黄绿色,体长 3~4 mm、宽 1~1.3 mm;头扁三角形,头顶中部有白纹 1 个,两侧各有黑点 1 个,触角鞭状,复眼黑色,中胸有白色横纹,中央有凹纹 1 个;前翅绿色,半透明,后翅无色。若虫:体色、体形与成虫相似,但无翅。体瘦长,黄绿色。卵:新月形,长约 0.8 mm,初产时乳白色半透明,孵化前淡绿色。近孵化时,头部两侧可透见两个鲜明的红色眼点。如图 7.4 所示。

(a) 危害状　　　　　　　　　(b) 若虫

(c) 蜕　　　　　　　　　(d) 成虫

图 7.4　小绿叶蝉

【生活习性】一年 4~6 代,以成虫在杂草丛中或树缝内越冬。3 月中旬开始上树吸食嫩枝或树叶的汁液,3 月下旬至 4 月上旬产卵于叶背的叶脉内。若虫多在叶背面为害,受惊后纷纷弹跳迁移。6 月中旬至 10 月为为害高峰期,11 月后逐渐潜藏越冬。

【防治措施】(1) 物理防治:冬季清除杂草及枯枝落叶,消灭越冬成虫。秋末冬初树干涂白,减少翌年虫源。

(2) 化学防治：虫害发生期喷洒25%扑虱灵可湿性粉剂1000倍液、25%吡蚜酮可湿性粉剂2000～3000倍液或10%吡虫啉可湿性粉剂2000倍液等，每隔7天喷一次，连喷2～3次。

7.5　黑尾大叶蝉

【学名】*Bothrogonia ferruginea*(Fabricius)，属半翅目叶蝉科。

【寄主与危害】危害桑、茶、梨、苹果、桃等树木。在叶背和嫩枝上吸食汁液为害，导致植株叶卷缩、畸形甚至枯萎，还传播病毒。

【形态特征】成虫：体长约13 mm，头部、前胸背板、小盾板橙黄色，头冠部中央近后缘有圆形黑斑1块，头顶黑斑1块，并向下延伸至颜面呈长方形斑；前胸黑斑3块，一块位于近前缘中央，另两块分别在后缘区，成"品"字形排列；小盾板中央有黑斑1块；前翅橙黄色稍带褐色，翅基黑斑1块，翅端、后翅、胸部腹面及整个腹部全黑色。卵：长1.8～2 mm，宽0.6 mm。长椭圆形，前部稍弯曲，白色。若虫：高龄若虫体长9～10 mm，淡黄色，头部呈五角形，复眼黑色，中央略带灰黄色，触角基部2节淡黄，爪褐色。如图7.5所示。

图7.5　黑尾大叶蝉

【生活习性】一年2代，以卵在当年枝条内、叶脉或叶柄的组织内越冬。越冬代若虫于4月上旬开始孵化，4月下旬为盛孵期，成虫始于5月下旬，6月上旬为羽化高峰期，成虫历期30余天；第1代卵始见于6月上旬，产卵高峰期在6月下旬到7月初，若虫始见于7月上旬，若虫高峰期在7月下旬到8月上旬，成虫盛发期在8月下旬，9月上旬为产卵高峰期，9月下旬产卵结束，成虫不久死亡；第2代卵在枝条皮下越冬。

【防治措施】(1) 物理防治：结合冬季修剪，剪除有卵块的细弱枝条和叶片，刮除骨干枝上的卵块并集中烧毁。

(2) 化学防治：在初孵若虫高峰期，即越冬代于4月中下旬、第1代于7月下旬到8月上旬进行化学防治。可选用25%扑虱灵可湿性粉剂1000倍液，或25%吡蚜酮可湿性粉剂2000～3000倍液，或10%吡虫啉可湿性粉剂2000倍液，或1.8%阿维菌素可湿性粉剂2000～2500倍液。

7.6　八点广翅蜡蝉

【学名】*Ricania speculum*(Walker)，属半翅目广翅蜡蝉科，又名八点光鲜、橘八点光蝉、白雄鸡、黑蝴蝶、咖啡黑褐蛾蜡蝉、八点蜡蝉。

【寄主与危害】危害桃、杏、李、梅、樱桃、油茶、柑橘、柿等多种植物。成虫、若虫在嫩枝和芽、叶上刺吸汁液。成虫于当年生枝内产卵，影响枝条生长，严重时致产卵部以上枯死，削弱树势。

【形态特征】成虫：体长6～7.5 mm、翅展16～18 mm。头胸部黑褐色至烟褐色，足和腹部褐色。前胸背板具中脊，两边点刻明显；中胸背板具纵脊3条，中脊长而直，侧脊近中部向前分叉,二内叉内斜在端部几乎会合,外叉较短。前翅褐色至烟褐色,翅面上散布有白色蜡粉;后翅黑褐色,半透明,基部色略深,脉色深,中室端部有1个小透明斑。后足胫节外侧有刺2根。卵:长1.2 mm,长卵形,卵顶具1个圆形小突起,初为乳白色渐变淡黄色。若虫:体长5～6 mm、宽3.5～4 mm,略呈钝菱形,翅芽处最宽,暗黄褐色,布有深浅不同的斑纹,体疏被白色蜡粉。如图7.6所示。

(a) 若虫　　　　　　　　　　(b) 成虫

图7.6　八点广翅蜡蝉

【生活习性】一年1代,以卵越冬。若虫在5月孵化,群集在嫩枝上为害。7月中旬羽化成虫,不久即可交配产卵,每雌虫能产四五次,每隔约7天一次,至8月中旬结束,每雌虫可产卵一百四五十粒。

【防治措施】(1) 物理防治:实施重整枝,剪除带卵、若虫的枝条;清除园地内的枯枝落叶,并集中销毁。

(2) 化学防治:喷洒10%蚜虱净粉2000～2500倍液、50%啶虫脒水分散粒剂3000倍液或10%吡虫啉可湿性粉剂1000倍液。

7.7　带纹疏广蜡蝉

【学名】*Euricania facialis* Melichar,属半翅目广翅蜡蝉科。

【寄主与危害】危害洋槐、桑、茶、柑橘等多种植物。若虫刺吸枝梢,成虫产卵于枝条木质部,易造成枝条干枯,严重时诱发煤污病。

【形态特征】成虫:体长6～6.5 mm,栗褐色。中胸盾片最深,近黑褐色。前翅无色透明,略带黄褐色,翅脉褐色,前缘、外缘和内缘均为褐色宽带;后翅无色透明,翅脉褐色,外缘和后缘有褐色宽带,有的个体宽带较窄,色亦较浅。后足胫节外侧有刺2个。卵:麦粒状。若虫:体扁平,腹末有白色直蜡丝,类似孔雀开屏。如图7.7所示。

【生活习性】一年2代,以卵在枝干上越冬。翌年4月底5月初越冬卵开始孵化,若虫期约30天。第1代成虫6月中下旬羽化,第2代成虫于7月中下旬羽化。成虫羽化后需补充营养才能产卵。第1代成虫多产卵于叶背,经14天左右孵化,第2代卵大都产在主枝阴面、侧枝分叉处或主侧枝表皮粗糙处。发育很不整齐,有世代重叠现象。若虫和成虫均有群居性,常常十多头至数十头群居在叶背等处。若虫潜居生活于白色蜡质物中,行走迅速。成虫飞翔力差,但有很强的跳跃能力。

【防治措施】参照八点广翅蜡蝉防治。

(a) 若虫

(b) 成虫

(c) 交配

图 7.7　带纹疏广蜡蝉

7.8　浙江朴盾木虱

【学名】*Celtisaspis zhejiangana* Yang et Li,属半翅目木虱科。

【寄主与危害】危害朴树。叶部受害后,叶面形成长角状虫瘿,严重时叶面畸形,虫瘿处焦枯,导致早期落叶,生长衰弱。

【形态特征】成虫:体长 4.3～5.3 mm,黄褐或黑褐色,具黄色短毛。头顶粗糙,具大黑斑。复眼红褐色,单眼橙黄色。触角丝状,10 节,末端有刚毛 2 根。若虫:初龄若虫淡褐色,足、触角漆黑色,翅芽初显露。5 龄若虫体长 2.4～3.2 mm,黄白色或淡肉红色,复眼红棕色,单眼橙黄色,触角 10 节,翅芽卵圆形,腹部圆形,淡绿或黄绿色。如图 7.8 所示。

(a) 危害状(正面)

(b) 危害状(反面)

(c) 若虫

(d) 成虫

图 7.8　浙江朴盾木虱

【生活习性】一年1代,以卵在芽片内越冬。翌年4月上旬前后,气温上升,朴树初展嫩叶时,卵开始孵化。若虫在嫩叶背面固定为害,并逐渐形成椭圆形白色蜡壳,其长径在4～8 mm,短径在3～5 mm。4月下旬在叶面形成长角状虫瘿,瘿角长4～8 mm,受害严重的叶片有瘿角30多个。瘿角反面白色圆形蜡壳明显,此时若虫已近老熟。5月中旬前后成虫大量羽化,成虫由蜡壳边缘爬出,停息叶上,一受惊动即可飞起。成虫交尾后,产卵于芽片内越冬。

【防治措施】化学防治:4月中旬初展叶期,在木虱尚未形成虫瘿角前,喷洒10%吡虫啉可湿性粉剂2000倍液、50%啶虫脒水分散粒剂3000倍液或25%吡蚜酮可湿性粉剂2000～3000倍液等。

7.9 樟个木虱

【学名】*Trioza camphorae* Sasaki,属半翅目木虱科,又名樟木虱。

【寄主与危害】危害香樟。以若虫刺吸叶片汁液,致叶面出现淡绿、淡黄色,甚至紫红色斑点,影响植株的正常光合作用,导致提早落叶。

【形态特征】成虫:体长1.6～2 mm,体黄色,触角丝状。复眼半球形,紫红色,前翅革质透明,翅脉黄色,近顶角处有1个黑色小痣。足细长,黄色,各足胫节端部有黑刺3根。卵:呈香蕉形,长约0.3 mm、宽约0.11 mm,基部腹面处突出,呈红色,并着生1个卵柄。若虫:若虫共有5龄。初孵若虫乳白色,体长约0.3 mm、宽约0.21 mm,扁椭圆形。固定后呈淡黄色,眼点红色,蜡丝稀疏。老熟后虫体呈灰黑色,体长0.72～0.92 mm、宽0.35～0.75 mm,体周的蜡丝排列紧密,尤其在触角处、背中线翅芽及腹背面,呈梅花状。

【生活习性】一年3代,若虫在受害叶背面瘿内越冬。2月中下旬开始生长发育,3月上旬有少量羽化,羽化盛期为4月中旬,4月上旬在春梢上始见卵和第1代若虫,6月上旬春梢不断萌发,成虫陆续羽化,6月中旬夏梢上始见第2代若虫,8月下旬第2代若虫陆续羽化、交配,并产卵于秋梢、秋叶,卵孵化并发育至2龄后越冬。成虫善跳跃,刚羽化的成虫多群集在嫩梢或嫩叶上产卵,卵常排列成行。初孵若虫爬行至叶背合适部位固定取食,受害叶面初现黄绿色椭圆形微突,随着虫龄的增长,逐渐变成紫红色虫瘿,导致叶片畸形早落,树势衰弱。如图7.9所示。

【防治措施】(1) 物理防治:冬季清除病变枝叶并彻底烧毁,以减少虫口基数。

(2) 化学防治:在成虫产卵初期以及若虫孵化期喷洒化学农药,具体药剂参见浙江朴盾木虱。

(a) 危害状(早期)

图7.9 樟个木虱

(b) 危害状(中期)

(c) 危害状(后期)

(d) 危害状　　　　　　　　　　(e) 成虫与若虫

图 7.9　樟个木虱(续)

7.10　桑木虱

【学名】*Anomoneura mori* Schwarz,属半翅目木虱科。

【寄主与危害】危害桑、柏等植物。若虫或成虫吸食桑芽、桑叶的汁液,严重时桑芽不能正常萌发,叶片失水而向背面卷缩。此外,若虫分泌蜜露易诱发煤污病。

【形态特征】成虫:体长约 3.5 mm;初羽化时水绿色,后渐变铜褐色;中胸前盾片有赭黄色纹 1 对,盾片上有 2 个刻点;前翅半透明,有咖啡色斑纹;越冬虫体翅面上散布暗褐色点纹。卵:谷粒状,近椭圆形,乳白色,孵化前出现红色眼点。若虫:初龄时浅橄榄绿色,尾部有白色蜡质长毛;3 龄若虫具翅芽,尾部有白毛 4 束;5 龄若虫体长约 2.5 mm、宽约 0.9 mm,触角 8~10 节,末

2节黑色,翅芽基部有黑纹2条。如图7.10所示。

(a) 若虫　　　　　　　　　　　(b) 成虫

图7.10　桑木虱

【生活习性】一年1代,以成虫在树皮缝内越冬。越冬成虫于翌年春(桑芽萌发时)出现,交尾产卵于脱苞芽、未展叶的叶片背面,4月中下旬开始孵化。若虫先在产卵叶的叶背取食,受害叶边缘向叶背面卷起,不久枯黄脱落,若虫随即迁往其他叶片,受害叶背面被若虫尾端的白蜡丝满盖,叶片反卷,易腐烂及诱发煤污病。5月下旬开始羽化,在桑树夏伐后群集柏树为害。

【防治措施】(1)物理防治:人工摘除有卵嫩叶。

(2)化学防治:桑芽脱苞期及卵孵化期喷洒化学药剂。具体药剂参照浙江朴盾木虱。

7.11　合欢羞木虱

【学名】*Acizzia jamatonnica*(Kuwayama),属半翅目木虱科。

【寄主与危害】危害合欢、山槐。成虫、若虫群集在嫩梢和新叶背面刺吸取食,受害叶枯黄、早落,叶背面布满若虫分泌的白色蜡丝。叶面和树下灌木易发煤污病,影响生长和开花。

【形态特征】成虫:体长2.3～2.7 mm,绿、黄绿、黄或褐色(越冬体),触角黄色至黄褐色,头胸等宽,前胸背板长方形,侧缝伸至背板两侧缘中央。胫节端距5个(内4外1),跗节爪状距2个,前翅痣长三角形。如图7.11所示。

(a) 若虫　　　　　　　　　　　(b) 成虫

图7.11　合欢羞木虱

【生活习性】一年3～4代,以成虫在落叶内、杂草丛中、土块下越冬,开春后产卵在芽苞上,5月上旬至6月上旬为为害高峰期。

【防治措施】(1) 物理防治:清除落叶、杂草,减少越冬成虫。

(2) 化学防治:在5月成虫交尾产卵时或若虫发生盛期,向枝叶喷洒化学药剂。具体药剂参照浙江朴盾木虱。

7.12 青桐木虱

【学名】*Thysanogyna limbata* Enderlein,属半翅目木虱科。

【寄主与危害】危害青桐。若虫和成虫群集在叶背和幼枝嫩干上吸汁取食,破坏输导组织。若虫分泌白色絮状蜡质物并潜伏其中,致气孔堵塞,从而使叶面苍白萎缩,叶片早落,且易导致煤污病,严重影响树木的生长发育。

【形态特征】成虫:体黄绿色,体长4～5 mm,翅展13 mm。头明显下陷。触角10节,顶部有两根鬃毛。前胸背板弓形,前缘、后缘黑褐色。中胸背板有两条褐色纵线,中央有1条浅沟,前盾片后缘黑色,盾片上有6条深褐色纵线。翅透明,内缘室端部有1个褐色斑。卵:纺锤形,长约0.7 mm,初产时浅黄白色或黄褐色,孵化前浅红褐色,并可见局部放大红色眼点。若虫:共5龄,1、2龄若虫身体扁平,略呈长方形,黄色或绿色;末龄若虫身体近圆筒形,茶黄色常带绿色,腹部有发达的蜡腺。触角10节,翅芽发达,浅褐色。如图7.12所示。

(a) 危害状　　　　　　　　(b) 若虫　　　　　　　　(c) 成虫

图7.12　青桐木虱

【生活习性】一年3代,以卵在枝干内越冬。翌年4月下旬孵化,若虫在嫩梢及叶背刺吸汁液;6月中、下旬成虫羽化,成虫有补充营养的习性;羽化10多天后,性成熟交尾;卵产于叶背,散产。第2、3代成虫羽化期分别为7月下旬、9～10月。

【防治措施】(1) 栽培管理:消灭越冬虫源,剪除带卵枝并清除枯枝落叶。

(2) 化学防治:喷洒65%肥皂石油乳剂8倍液消灭越冬虫卵。若虫防治参照浙江朴盾木虱。

7.13 石楠盘粉虱

【学名】*Aleurodicus photioniana* Yang,属半翅目粉虱科。

【寄主与危害】危害石楠。若虫、成虫多在叶背刺吸取食并分泌大量黏液,诱发煤污病。

【形态特征】成虫:体乳黄色。雌体长约1.7 mm、宽约0.6 mm;雄虫略小,翅2对,各具1根翅脉,翅边缘有翅结。越冬代成虫翅面常不具黑色斑纹,第1、2代成虫翅面具有黑色斑纹。成虫有分泌蜡粉的蜡板。外生殖器发达。卵:近香蕉形,长0.2 mm,卵基部后缘有1个卵柄,深埋在叶片背面组织内。若虫:1龄若虫:体长椭圆形,在头顶伸出2根粗壮的蜡刺,胸背两侧伸出1对蜡峰;2龄若虫:蜡腺孔4对,分布于体背两侧,分泌4对粗蜡丝;3龄若虫:体椭圆形,形态上与2龄相似,但触角呈钩状,蜡腺孔5对,分布于体背两侧4对,体尾1对,分泌5对粗蜡丝;4龄若虫:体椭圆形,乳黄色,胸气管道明显,蜡腺孔发达,能分泌大量蜡质,体背两侧各有4对蜡腺孔,呈"凹"字形,尾部1对,圆形,"凹"字形的蜡腺分泌1根根的细蜡丝,组合成1丛,而尾部1对圆形的蜡腺分泌1根粗蜡丝。如图7.13所示。

图7.13　石楠盘粉虱(若虫)

【生活习性】一年3代,以4龄若虫在石楠叶片背面越冬。4龄若虫于4月中旬开始羽化,4月下旬为羽化高峰期,羽化后1~2天开始产卵,成虫产卵具有趋嫩习性,喜产卵于嫩叶背面。第1代卵在5月上旬开始孵化,孵化高峰期在5月中旬,第2、3代卵分别出现在7月、9月。10月下旬出现第3代4龄若虫,随后越冬。各龄若虫均能分泌大量白色蜡粉。

【防治措施】(1)物理防治:结合修剪清除越冬虫源。

(2)化学防治:在低龄若虫期,喷洒25%扑虱灵可湿性粉剂1000倍液,或10%吡虫啉可湿性粉剂2000倍液,或3%啶虫脒乳油1000~2000倍液,或25%吡蚜酮可湿性粉剂2000~3000倍液等。

7.14　黑刺粉虱

【学名】*Aleurocanthus spiniferus*(Quaintance),属半翅目粉虱科。

【寄主与危害】危害山楂、月季、柑橘、白兰、樟、榕树、油茶、茶、米兰等。幼虫多在叶背刺吸取食并分泌大量黏液,从而诱发煤污病。

【形态特征】成虫:雌体长约1.2 mm,雄体较小,橙黄色,覆有白色蜡粉。前翅褐紫色,有不规则白斑7个;后翅淡紫褐色,无斑纹。卵:长肾形,基部有短柄,直立附着于叶背,初产时淡黄色,后渐变深。若虫:老熟体黑色,长约0.7 mm、宽约0.6 mm,体背有刚毛14对,周围白色蜡圈明显。蛹壳:椭圆形,初为淡黄色、透明,后渐变黑色、有光泽,周围有较宽的白色蜡边,背中有隆起纵脊,体背盘区刺毛,胸部有9对,腹部有10对,两侧边缘刺毛竖立,雌性11对,雄性10对。如图7.14所示。

【生活习性】一年3代,以4龄若虫在叶背越冬。翌年4月化蛹,4月中旬羽化。成虫多产卵于嫩叶背面。第1代发生期在5月上旬至7月,第2代7月至8月底,第3代9月下旬至11月,后进入越冬期。

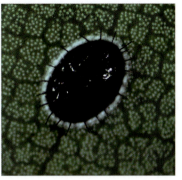

(a) 若虫　　　　　　　　(b) 伪蛹(显微照)

图 7.14　黑刺粉虱

【防治措施】(1) 物理防治:结合修剪清除越冬虫源。

(2) 化学防治:参照石楠盘粉虱。

7.15　榆绵蚜

【学名】*Eriosoma lanuginosum dilanuginosum*(Zhang),属半翅目瘿绵蚜科。

【寄主与危害】危害榆树。在榆树嫩叶背面为害,受害处逐渐向反面弯曲肿胀,表面形成凹凸不平、形似拳头状的伪虫瘿(螺旋状),呈绿色、褐绿色、红褐色或黄绿色,直径达 3～5 mm,最终老化变硬,瘿叶枯死。如图 7.15 所示。

图 7.15　榆绵蚜(虫瘿)

【形态特征】有翅干雌:体椭圆形,长 2～2.2 mm、宽 0.82～0.97 mm。头、胸部及附肢黑色,腹部黑色。头部背面有皱曲纹,中域有蜡片 1 对。体表光滑。气门圆形开放,气门片淡色。节间斑稍骨化,由 4 或 5 个椭圆形颗粒组成。体背多毛,腹部背片有长毛。触角光滑,有短毛,喙短。

【生活习性】一年 10 余代,以低龄若虫在根部及枝干皮缝内越冬。翌年 4 月开始活动,5 月孤雌胎生后代,若虫在叶腋、嫩芽、嫩枝等处为害,6~7月为发生盛期,9~10月蚜量再度上升。

【防治措施】 化学防治:冬季、早春向寄主植物喷洒波美3~5度石硫合剂。早春向嫩叶、嫩枝上喷洒10%吡虫啉可湿性粉剂2000倍液,或1.2%苦烟乳油1000倍液,或3%啶虫脒乳油1000~2000倍液,或25%吡蚜酮可湿性粉剂2000~3000倍液等。

7.16 秋四脉绵蚜

【学名】 *Tetraneura akinire* Sasaki,属半翅目瘿绵蚜科,别名榆四脉绵蚜、谷榆蚜、高粱根蚜、榆瘿蚜。

【寄主与危害】 危害第1寄主榆树、椰榆、钻天榆和第2寄主高粱、玉米、麦类及禾本科杂草等。吸食榆树叶片汁液,刺激榆叶形成绿色或红色的袋状虫瘿,虫瘿长可达1~2 cm,不仅影响榆树生长,而且严重影响观赏。如图7.16所示。

图7.16 秋四脉绵蚜(虫瘿)

【形态特征】 干母:无翅,体长0.5~0.7 mm,黑色,蜕皮后变绿色。干雌:无翅,体长2~2.5 mm,绿色。体上分泌有放射状蜡丝毛。迁移蚜:有翅,体长2.5~3 mm,翅展5.5 mm,体灰褐色或深绿色,腹管退化。侨蚜:无翅,椭圆形,长2~2.5 mm,体杏黄色,腹面被蜡粉,腹管退化。性母:有翅,形似乔迁蚜,体长2.5~3.5 mm,赤褐色,有蜡质毛。性蚜:无翅,体长1~1.5 mm,绿色,雄体较小。卵:长椭圆形,长1 mm,初黄色后变黑色,有光泽,一端具1个微小突起,表面有胶质。

【生活习性】 一年10余代,以卵在榆树枝干、树皮缝中越冬。翌年4月下旬越冬卵孵化为干母若蚜,爬至新萌发的榆树叶背面固定为害。5月上旬在受害叶面形成若干紫红色或黄绿色无刺毛的袋状虫瘿,虫瘿突出叶片,初为黄绿色,后变为紫红色,干母独自潜伏其中为害。5月中旬干母老熟,在虫瘿中胎生仔蚜,即干雌蚜的若蚜,每只干母能繁殖8～15头(或更多)。5月下旬至6月上旬虫瘿破裂,有翅干雌蚜长成,又称春季迁移蚜,迁往高粱、玉米根部繁殖为害。9月下旬又产生有翅性母,飞回榆树枝干上产生性蚜,交配后在榆树向阳、背风及4年以上的树干与裂缝中产卵越冬。

【防治措施】(1)物理防治:清除榆树周围禾本科植物杂草。秋末冬前,用树干涂白剂或黄泥浆封闭集结在树皮缝等处的蚜群及其所产的越冬卵。在初夏虫瘿未裂口前,及时摘除虫瘿。

(2)化学防治:在翌年越冬卵孵化出干母并开始危害榆树嫩叶和在晚秋有翅性母飞迁至榆树上产生性蚜时,进行药剂防治。喷洒10%吡虫啉可湿性粉剂2000倍液,或1.2%苦烟乳油1000倍液,或3%啶虫脒乳油1000～2000倍液,或25%吡蚜酮可湿性粉剂2000～3000倍液等。

7.17 柄脉叶瘿绵蚜

【学名】*Pemphigus sinobursarius* Zhang,属半翅目瘿绵蚜科。

【寄主与危害】危害杨树。刺吸杨树叶片汁液,因其刺激,在杨树叶柄基部和主脉的一侧形成圆形虫瘿。

【形态特征】有翅孤雌蚜:体长卵形,长约2.1 mm、宽约0.59 mm。活时体绿色,被白粉。腹部第1～3节背片各1对中蜡片,第8节中蜡片呈横带状,蜡片由小圆形或多角形蜡孔组成。腹管极短。尾片末端尖圆形。尾板末端圆形。虫瘿:虫瘿位于叶基部反面,在叶柄和主脉的一侧形成圆袋状虫瘿,有1道自然开口位于柄和叶的一侧,瘿黄绿色,成熟时带红色,体积约为7 mm×8 mm×5 mm,在8月底开裂。如图7.17所示。

(a) 危害状(初期虫瘿)　　　　　　(b) 危害状(虫瘿)

图7.17　柄脉叶瘿绵蚜

【生活习性】一年多代,以卵在杨树树皮缝越冬。翌年春季卵孵化后,若虫爬到叶柄上形成虫瘿。7～8月虫瘿裂开,有翅干雌飞到第2寄主上繁殖为害。秋末有翅性母飞回树枝干,产性蚜,交配产卵越冬。

【防治措施】(1)物理防治:人工剪除有虫瘿叶片并销毁。

(2)化学防治:林木冬眠期喷波美3～5度石硫合剂杀灭越冬态蚜体。早春在形成虫瘿前向嫩叶、嫩枝上喷洒10%吡虫啉可湿性粉剂2000倍液,或1.2%苦烟乳油1000倍液,或3%啶虫脒乳油1000~2000倍液,或25%吡蚜酮可湿性粉剂2000~3000倍液等。

7.18　囊柄瘿绵蚜

【学名】 *Pemphigus bursarius*(Linmaeus),属半翅目瘿绵蚜科。

【寄主与危害】 第1寄主为小叶杨以及其他杨属植物,第2寄主为多种草本植物(根部),为害后在叶柄上形成虫瘿,有原生开口,黄色或红色,梨形或袋状。如图7.18所示。

(a)危害状(虫瘿)

(b)若蚜与成蚜

图7.18　囊柄瘿绵蚜

【形态特征】 无翅干母:体卵圆形,长约2.9 mm、宽约2.1 mm。活体墨绿色。体表光滑,头顶部有皱纹及腹部背片有鱼鳞状纹。无腹管。尾片半圆形。有翅干雌蚜:体椭圆形,长约2 mm、宽为0.8 mm。活体黑绿色。体表光滑。腹管环状。

【生活习性】 与柄脉叶瘿绵蚜类似。

【防治措施】 参照柄脉叶瘿绵蚜。

7.19　杨枝瘿绵蚜

【学名】 *Pemphigus immunis* Bucton,属半翅目瘿绵蚜科。

【寄主与危害】 危害小叶杨、胡杨、黑杨、箭杆杨等多种杨树。在寄主枝干上产生梨状虫瘿。虫瘿初期和枝干颜色一致,后期虫瘿颜色逐渐变深褐色。如图7.19所示。

【形态特征】有翅孤雌蚜：长卵形，体长约 2.7 mm，灰绿色，被白粉。复眼褐色。喙褐色，端部色深。触角灰褐色，触角次生感觉圈横条环状，第 5 节原生感觉圈大，长方形，第 6 节有次生感觉圈。前胸背中央淡黑色横带断裂为 2 个模糊黑点。腹管灰黑色。腹部节间斑不明显。腹节灰褐色，各节后部黑褐色。足腿节及胫节两端色深。翅痣灰色。

图 7.19　杨枝瘿绵蚜（虫瘿）

【生活习性】年发生代数不详。以卵在枝条裂缝越冬。翌年春越冬卵孵化，春季在幼树基部及新枝基部为害。寄主受害后，在枝干上产生梨状虫瘿。后期虫瘿老熟，成蚜飞出、扩散，继续为害。秋末产生性蚜，交尾并产越冬卵。

【防治措施】(1) 物理防治：人工剪除并深埋虫瘿严重的枝叶。

(2) 化学防治：冬初向寄主植物喷洒波美 3~5 度石硫合剂。早春在形成虫瘿前向嫩叶、嫩枝上喷洒 10% 吡虫啉可湿性粉剂 2000 倍液等进行防治。

7.20　杭州新胸蚜

【学名】*Neothoracaphis hangzhouensis* Zhang，属半翅目扁蚜科。

【寄主与危害】危害蚊母树。刺吸新叶，受害叶在虫体四周隆起，逐渐将虫体包埋并形成豆状虫瘿。虫口密度高时，虫瘿相连，使新叶扭曲、破碎，影响光合作用。

【形态特征】有翅孤雌蚜：头胸黑色、体灰褐色，翅平覆体背，额瘤不明显。无翅孤雌蚜：1 龄时体扁，灰黑色，蜕皮后体变为嫩黄色。卵：椭圆形，黑色，有光泽。如图 7.20 所示。

(a) 虫瘿

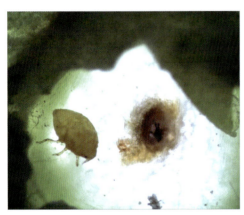
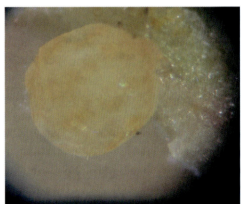

(b) 若蚜

图 7.20　杭州新胸蚜

【生活习性】一年繁殖代数不详,在蚊母树上仅干母为害,形成虫瘿。以卵在蚊母树芽缝内越冬;3 月中旬在芽萌动时,卵孵化成为干母的若蚜,爬至新叶叶背刺吸为害,叶面出现斑点,斑点逐渐变大成为虫瘿,4 月下旬干母在虫瘿内孤雌胎生,繁殖有翅迁飞蚜,5 月中旬起虫瘿破裂,有翅迁飞蚜迁出,到第 2 寄主(越夏寄主)上繁殖多代,到冬季 12 月间侨蚜开始迁回到蚊母树上,产生孤雌胎生有性蚜,有性蚜觅偶交配,以卵在叶芽内越冬。

【防治措施】(1) 物理防治:结合冬季修剪,剪除有虫瘿枝。

(2) 化学防治:12 月侨蚜回迁时和 3 月新叶长到 10 mm 左右、淡红色小叶上出现黄白色小点时,为最佳施药期。药剂可以选择 10% 吡虫啉可湿性粉剂 2000 倍液,或 1.2% 苦烟乳油 1000 倍液,或 3% 啶虫脒乳油 1000~2000 倍液,或 25% 吡蚜酮可湿性粉剂 2000~3000 倍液等。

7.21　竹舞蚜

【学名】*Astegopteryx bambusifoliae*(Takahashi),属半翅目扁蚜科。

【寄主与危害】危害竹类。在竹类叶片反面沿中脉为害,刺吸汁液,造成叶片卷曲皱缩等。

【形态特征】无翅孤雌蚜:体扁平卵圆形,长约 1.9 mm、宽约 1.1 mm。黄绿色,背中线两侧有深绿色中断纵带,略被白粉及少数长蜡毛。体表光滑,体缘有皱纹。腹管后几节微有横纹。

胸、腹部各节缘片各有 4~6 个圆形蜡孔。腹管位于有毛的圆锥体上。尾片瘤状,微有刺突,有短毛。如图 7.21 所示。

【生活习性】一年数代,全年孤雌生殖。4~6 月发生有翅孤雌蚜,其他月份为无翅型,且数量较少。

【防治措施】化学防治:选择 10% 吡虫啉可湿性粉剂 2000 倍液,或 1.2% 苦烟乳油 1000 倍液,或 3% 啶虫脒乳油 1000~2000 倍液,或 25% 吡蚜酮可湿性粉剂 2000~3000 倍液等。

图 7.21 竹舞蚜

7.22 枫杨刻蚜

【学名】*Kurisakia onigurumi*(Shinji),属半翅目群蚜科。

【寄主与危害】危害枫杨。刺吸植物汁液,受害严重时叶背和嫩梢几乎完全被蚜虫覆盖,枝、叶上布满蜜露。

图 7.22 枫杨刻蚜

【形态特征】有翅孤雌胎生蚜:体长约 2.3 mm。头、胸部黑色,腹部绿色并有黑斑多个。触角 5 节,第 3 节有次生感觉孔 14~17 个。前翅中脉分二叉。腹管短,周围有毛 10 或 11 根,尾片毛 11~15 根。孤雌胎生蚜:体长约 2.1 mm,浅绿色,体被密长毛,触角 5 节,并有长毛 12~29 根。腹管短,周围有毛 6 或 7 根,尾片毛 10 或 11 根。如图 7.22 所示。

【生活习性】一年多代,以卵在芽腋、枝干和皮缝等处越冬。翌年 3 月下旬越冬卵孵化,4 月中旬至 6 月上旬易大发生。

【防治措施】化学防治:在 3~4 月枫杨新叶初生、蚜虫初孵期喷药防治。可以选择 10% 吡虫啉可湿性粉剂 2000 倍液,或 1.2% 苦烟乳油 1000 倍液,或 3% 啶虫脒乳油 1000~2000 倍液,或 25% 吡蚜酮可湿性粉剂 2000~3000 倍液等。

7.23 山核桃刻蚜

【学名】*Kurisakia sinocaryae* Zhang,属半翅目群蚜科。

【寄主与危害】危害山核桃。以成蚜和若蚜群聚在山核桃嫩枝、嫩芽、嫩梢和嫩叶上刺吸汁液为害,使幼叶向反面纵卷,叶片萎缩,雄花枯死、雌花不开,树势衰弱,严重影响当年和次年产量。

【形态特征】无翅孤雌蚜:体椭圆形,长约 2.9 mm、宽约 1.3 mm。体黄绿色,腹部各侧片有明显的翠绿色三角形斑纹。腹部末端宽大。体背表皮稍粗糙,头、胸背及腹部缘片有圆突刻纹,腹部没有明显稀疏刻点。腹管淡色,截断状。尾片半圆形。有翅孤雌蚜:体椭圆形,长约

2.2mm、宽约0.82mm。头及中胸黑色,前胸褐灰色。有1对黑色圆形斑,腹部有三角状翠绿色斑及黑褐色横斑。体表光滑,斑纹处有小刺突横瓦纹。翅褐灰色,翅脉有黑色镶边,前翅中脉分二岔,亚前缘脉有刚毛24～29根,前翅基部有5个红色有光泽突起,后翅有1条斜脉。腹管截断状。尾片瘤状,中部收缩。如图7.42所示。

(a) 无翅孤雌蚜1

(b) 无翅孤雌蚜2

(c) 无翅孤雌蚜(显微照)

图7.23　山核桃刻蚜

【生活习性】一年4代,以卵在山核桃芽苞上、叶痕以及枝干裂缝中越冬。2月孵化,在芽苞上取食,2月下旬取食嫩梢,3月中下旬无翅干母发育成熟,开始孤雌卵胎生。无翅干雌(第2代)继续危害嫩梢,4月上中旬发育成熟,开始孤雌生殖。第3代在4月中下旬发育成熟为有翅蚜,并开始繁殖。第4代为越夏型,可从5月上中旬开始滞育越夏,直到9月中下旬才开始发育,10月下旬至11月上旬发生雌蚜与雄蚜,两者都无翅,交配后产卵,以卵越冬。3月中下旬至5月上中旬是山核桃出芽、春梢生长和开花期,也是山核桃刻蚜的繁殖为害期,4月是为害盛期。

【防治措施】化学防治:3月下旬至4月是最佳防治期。药剂可选10%吡虫啉可湿性粉剂2000倍液,或1.2%苦烟乳油1000倍液,或3%啶虫脒乳油1000～2000倍液,或25%吡蚜酮可湿性粉剂2000～3000倍液等。

7.24　紫薇长斑蚜

【学名】*Tinocallis kahawaluokalani* (Kirkaldy),属半翅目斑蚜科。

【寄主与危害】危害紫薇、银薇等植物的嫩梢。叶片上布满虫体,刺吸汁液,并且排泄大量蜜露,从而诱发煤污病。

【形态特征】无翅孤雌蚜:椭圆形,黄色或黄褐色,长约2 mm;头、胸部黑斑较多,腹背部有灰绿和黑色斑,触角细长,第1～5节基部黑褐色,头部背中有纵纹1条,第1和第3～8腹节背板各具中瘤1对,腹管短,尾片瘤状。有翅孤雌蚜:长卵形,黄绿色,腹背中部有黑色斑,前翅前缘有较大的灰绿色斑。若蚜:体小无翅。如图7.24所示。

【生活习性】一年10余代,以卵在芽腋或树皮裂缝中越冬。翌年春季萌芽时卵孵化,产生无翅孤雌胎生蚜,6～8月为为害高峰期。夏季炎热和阴雨连绵时虫口密度下降。秋初产生有翅蚜,迁飞至当年新梢芽腋等处产卵,以卵越冬。

【防治措施】(1) 物理防治:冬季修剪,减少虫源。

(2) 化学防治:早春在树发芽前喷晶体石硫合剂100倍液,消灭越冬卵。大发生期,喷洒

10%吡虫啉可湿性粉剂 2000 倍液,或 1.2%苦烟乳油 1000 倍液,或 3%啶虫脒乳油 1000～2000 倍液,或 25%吡蚜酮可湿性粉剂 2000～3000 倍液等。

(a) 危害状　　　　　　　　(b) 成虫及若虫

图 7.24　紫薇长斑蚜

7.25　竹梢凸唇斑蚜

【学名】*Takecallis taiwanus*(Takahashi),属半翅目斑蚜科。

【寄主与危害】危害竹类,如赤竹、青篱竹、刚竹、紫竹等。在竹类幼叶未伸展时便开始为害,对幼竹威胁较大,群集在新抽枝的嫩竹梢部,分泌大量蜜露,影响竹梢的生长。

【形态特征】有翅孤雌蚜:体长卵形,长 2.5 mm、宽 0.92 mm。体全绿色,或头、胸淡褐色,腹绿褐色。腹管短筒形,光滑。尾片瘤状,端半部有小刺突。尾板分为 2 片,各片呈指状。如图 7.24 所示。

【生活习性】一年 10 多代,以卵在竹叶背越冬。每年 3 月中下旬发生,4～5 月为繁殖盛期,也是为害高峰期。6～7 月,由于高温,种群数量明显下降。9～10 月,天气转凉,虫口密度明显上升。

图 7.25　竹梢凸唇斑蚜

【防治措施】(1) 物理防治:合理修剪,保持竹株通风透光。

(2) 化学防治:喷洒 10%吡虫啉可湿性粉剂 2000 倍液,或 1.2%苦烟乳油 1000 倍液,或 3%啶虫脒乳油 1000～2000 倍液,或 25%吡蚜酮可湿性粉剂 2000～3000 倍液等。

7.26　朴绵叶蚜

【学名】*Shivaphis celti* Das,属半翅目斑蚜科。

【寄主与危害】危害朴树、大叶朴、小叶朴。在叶背、叶脉附近为害,蚜体覆盖蜡丝,很像小棉球,遇振动易落地飞走。刺吸叶片,分泌大量蜜露,体被蜡絮的有翅蚜在林中飞舞时蜡絮纷纷飘落,可引发严重的煤污病。

【形态特征】无翅孤雌蚜:体长约 2.3 mm;灰绿色;体表有蜡粉和蜡丝;触角 6 节,长为体长的 1/2,第 3 节有毛 9～10 根,次生感觉孔 2 个;腹管环状隆起,极短;尾片瘤状,具 8 根长毛。有翅孤雌蚜:体长约 2.2 mm;黄色至淡绿色;头、胸部褐色,腹部有斑纹,体表有蜡粉和蜡丝;触角 6 节,第 3 节有次生感觉孔 8～13 个。翅脉正常,腹管环状稍隆起,尾片瘤状,具 8～11 根长毛。如图 7.26 所示。

(a) 危害状 1　　　　　　　　(b) 危害状 2

(c) 危害状 3　　　　　　　　(d) 若蚜(显微照)

图 7.26　朴绵叶蚜

【生活习性】一年数 10 代,以卵在朴树枝条的绒毛处和粗糙表面越冬。翌年 3 月下旬开始孵化为干母,此后孤雌生殖多代。5～6 月虫害猖獗。10 月开始产生性蚜并交配产卵。

【防治措施】(1) 物理防治:人工摘除虫叶。

(2) 化学防治:冬季喷洒波美 3～5 度石硫合剂,杀灭越冬卵。在若虫、成虫发生期,向叶背上喷洒 10% 吡虫啉可湿性粉剂 2000 倍液,或 1.2% 苦烟乳油 1000 倍液,或 3% 啶虫脒乳油 1000～2000 倍液,或 25% 吡蚜酮可湿性粉剂 2000～3000 倍液等。

7.27　柳黑毛蚜

【学名】*Chaitophorus saliniger* Shinji,属半翅目毛蚜科。

【寄主与危害】危害柳、垂柳、杞柳、龙爪柳等柳属植物。刺吸植物汁液,常盖满叶背面,蜜露落在叶面常引起煤污病。

【形态特征】无翅孤雌蚜:体卵圆形,长约 1.4 mm、宽约 0.78 mm。体黑色,附肢淡色。体表粗糙,头背面有突起缺环曲纹,胸背部有圆形粗刻点构成瓦纹,腹部第 1～6 节微显刻点构造横纹,第 7、8 两节有明显小刺突构成瓦纹,腹部腹面瓦纹微细。腹管截断形,有网纹。尾片瘤状,有小刺突构成横纹。尾板半圆形。生殖板骨化深色,呈馒头形。有翅孤雌蚜:体长卵形,长约 1.5 mm、宽约 0.63 mm。体黑色,腹部有大斑,附肢淡色。头部表皮有粗糙刻纹,胸部有突起及褶皱纹;腹部微显有微刺突瓦纹,第 7 及 8 节有明显瓦纹。体毛长、尖锐,顶端不分岔。腹管短筒形,有缘突和切迹。尾片瘤状。生殖板骨化黑色,宽带形。如图 7.27 所示。

图 7.27 柳黑毛蚜

【生活习性】一年 20～30 代,以卵在柳枝上越冬。每年 3～4 月,越冬卵孵化为害。5～6 月大量发生,危害严重,多数世代为无翅孤雌蚜。在 5 月下旬至 6 月上旬发生有翅孤雌胎生蚜,扩散迁飞,雨季种群数量下降。10 月下旬产生雌、雄性蚜,交配后,在柳枝上产卵越冬。

【防治措施】化学防治:在 4 月至 5 月中旬,喷洒 10％吡虫啉可湿性粉剂 2000 倍液,或 1.2％苦烟乳油 1000 倍液,或 3％啶虫脒乳油 1000～2000 倍液,或 25％吡蚜酮可湿性粉剂 2000～3000 倍液等。

7.28 栾多态毛蚜

【学名】*Periphyllus koelreuteria* Takahaxhi,属半翅目毛蚜科。

【寄主与危害】危害栾树、黄山栾树、山膀胱、日本七叶树等植物。在早春芽苞开裂时,该虫危害幼树枝条及叶背面,造成节间缩短和卷叶。

【形态特征】无翅孤雌蚜:体长卵圆形,长约 3 mm、宽约 1.6 mm,黄绿色。背面有深褐色"品"字形大斑;头前部有黑斑,胸腹部各节有大缘斑,中斑明显较大,第 8 腹节融合为横带;触角、喙、足、腹管、尾片、尾板和生殖板黑色。腹管间有长毛 27～32 根。有翅孤雌蚜:体长约 3.3 mm、宽约 1.3 mm,头、胸黑色,第 1～6 腹节的中、侧斑融合成各节黑带。滞育型若蚜:白色,体小而扁。如图 7.28 所示。

【生活习性】一年多代,以卵在幼树芽苞附近、树皮伤疤、裂缝处越冬。早春芽苞开裂时,是全年的主要为害期,干母雌虫危害幼树枝条及叶背面,造成卷叶。4 月下旬至 6 月中旬有翅蚜大量发生,5 月中旬大量发生滞育型若蚜,分散在叶背的叶缘为害。9～10 月滞育型若蚜开始发育,10 月雌雄交尾后产卵。

【防治措施】(1) 物理防治:合理修枝,保持通风透光。

(2) 化学防治:冬末在树体萌动前喷洒波美 1～2 度石硫合剂。3 月上旬在萌发幼叶时喷洒 10％吡虫啉可湿性粉剂 2000 倍液,或 1.2％苦烟乳油 1000 倍液,或 3％啶虫脒乳油 1000～2000

倍液，或25%吡蚜酮可湿性粉剂2000～3000倍液等。

(a) 危害状　　　　　　　　　　　(b) 干母

(c) 干母及干雌　　　(d) 无翅孤雌蚜　　　(e) 有翅蚜

(f) 滞育型若蚜及无翅孤雌蚜　　　(g) 滞育型若蚜

图 7.28　栾多态毛蚜

7.29　三角枫多态毛蚜

【学名】*Periphyllus acerihabitans*(Zhang et Zhong)，属半翅目毛蚜科。

【寄主与危害】危害三角枫。成虫和若虫群集于三角枫嫩梢和嫩叶背面，吸汁为害，使叶片略向背面卷曲，伸展不正常；同时分泌大量的蜜露，致使受害植株及周围植物表面易发生煤污病，影响生长发育和观赏。

【形态特征】无翅雌虫：体长约2.5 mm，长椭圆形，浅绿色或绿色，胸腹背面带翠绿色。复眼红褐色。腹管截断,短筒形,微有褶纹,稍长于尾片。有翅雌虫:体长约 2.5 mm,长卵圆形,复眼橘红色,头部、中胸前盾片、小盾片及缘片黑色,背中为翠绿色,足淡绿间黑色,其余淡绿色。腹管截断状,有明显网纹。若虫:体卵圆形,扁平,身体周边有刺突,黄色。复眼橘红色。卵:长卵圆形,灰绿色。如图 7.29 所示。

(a) 干母　　　　　　　(b) 无翅孤雌蚜　　　　　　(c) 越夏型若蚜

图 7.29　三角枫多态毛蚜

【生活习性】一年多代,以卵在三角枫枝上越冬。翌年春季三角枫萌芽时,卵孵化为若虫,群集于新芽及新梢上,刺吸汁液,随后无翅胎生雌虫反复进行卵胎生繁殖,虫口密集,危害加重。至 5 月出现有翅胎生雌虫,并产生越夏型 1 龄若虫,在叶背面越夏,危害减轻。到秋季天气凉爽后,由越夏型若虫发育为无翅胎生雌虫,危害再次加重。10 月产生雌性蚜和雄性蚜,交尾后产卵于三角枫芽的基部。该虫在隐蔽处和枝叶茂密的三角枫上发生较多。

【防治措施】(1) 物理防治:保持林分通风透光,可减少虫口。

(2) 化学防治:在早春该虫发生初期,喷洒 10% 吡虫啉可湿性粉剂 2000 倍液,或 1.2% 苦烟乳油 1000 倍液,或 3% 啶虫脒乳油 1000~2000 倍液,或 25% 吡蚜酮可湿性粉剂 2000~3000 倍液等。

7.30　罗汉松新叶蚜

【学名】*Neophyllaphis podicalpi* Takahashi,属半翅目蚜科。

【寄主与危害】危害罗汉松。成蚜、若蚜群集在罗汉松嫩梢及嫩叶背面吸食汁液,使嫩梢生长不良,叶片变小,叶色发黄,树势衰弱。

【形态特征】无翅孤雌蚜:体红褐色或赤紫色,椭圆形,长约 1.3 mm、宽约 0.6 mm,体被白色粉状物。额瘤不明显。有翅孤雌蚜:体红褐色,长卵形,长约 1.4 mm、宽约 0.6 mm。触角细长,第 1、2 节光滑,第 3 节有环状感觉圈 39~42 个。腹管截断形,位于褐色的圆锥体上。尾片乳突状,明显突出腹端。如图 7.30 所示。

【生活习性】一年多代,以卵在枝条上越冬。翌年 4 月越冬卵孵化为干母。干母若蚜群集在新梢上为害,成熟后产生干雌。干雌连续繁殖若干代后,至 5~6 月达繁殖盛期,危害最重。7 月以后由于气温高,虫口密度明显下降,秋凉后虫口再度回升。10 月产生雌性蚜和雄性蚜,交尾后产卵,以卵越冬。

【防治措施】化学防治:在早春罗汉松尚未萌芽时,喷施波美 1~3 度石硫合剂,杀灭越冬卵。在 4 月下旬若蚜为害初期,喷洒 10% 吡虫啉可湿性粉剂 2000 倍液,或 1.2% 苦烟乳油 1000

倍液,或3%啶虫脒乳油1000~2000倍液,或25%吡蚜酮可湿性粉剂2000~3000倍液等。

(a) 危害状

(b) 若蚜

图7.30 罗汉松新叶蚜

7.31 中国槐蚜

【学名】*Aphis sophoricola* Zhang,属半翅目蚜科。

【寄主与危害】危害槐树。常盖满槐树嫩梢及豆荚,使节间缩短,幼叶生长停滞。

【形态特征】无翅孤雌蚜:体卵圆形,长约2 mm,宽约1 mm。体黑褐色,被白粉。腹管、尾片、尾板及生殖板黑色。体表微有网纹,斑上有明显网纹,第7、8节有横瓦纹。该虫与洋槐蚜近似,但腹部仅1/10为黑斑覆盖,活体被粉。如图7.31所示。

图7.31 中国槐蚜

【防治措施】(1) 物理防治:在蚜虫初迁至树木繁殖为害时,及时剪掉树干、树枝上受害严重的萌生枝。

(2) 化学防治:初发期向幼树根部埋施3%呋喃丹颗粒剂。盛发期向植株喷洒10%吡虫啉可湿性粉剂2000倍液,或1.2%苦烟乳油1000倍液,或3%啶虫脒乳油1000~2000倍液,或

25%吡蚜酮可湿性粉剂2000～3000倍液等。

7.32 棉蚜

【学名】*Aphis gossypii* Glover,属半翅目蚜科,又叫瓜蚜,俗称蜜虫、油虫、油汗等。

【寄主与危害】寄主种类很多,主要包括木槿、石榴、扶桑、蜀葵、常春藤、垂竹、茶花、一串红、紫叶李、梅花、鸡冠花、玫瑰等。多群集在叶背、花蕾等处为害,使叶片皱缩、变黄、脱落,并分泌蜜露,诱发煤污病,也可传播多种病毒病。

【形态特征】无翅胎生雌蚜:夏季黄绿色,秋季深绿、暗绿、黑色等,体外被有蜡粉,腹管圆筒形,尾片圆锥形,近中部收缩。有翅胎生雌蚜:黄色、浅绿色或深绿色,前胸背板黑色,腹部两侧有黑色斑纹3～4对,腹管圆筒形,黑色。卵:椭圆形,初产时橙黄色,后变黑色,有光泽。无翅若蚜:夏季多为黄绿色,秋季多为蓝绿色。有翅若蚜:虫体被蜡粉,体两侧有短小的翅芽,夏季淡黄色,秋季灰黄色。如图7.32所示。

图7.32 棉蚜

【生活习性】一年20多代,以卵在木槿、石榴等枝条上越冬。翌年3月上、中旬越冬卵开始孵化,4月下旬至6月下旬为发生盛期,并产生有翅蚜。7月上旬迁往夏寄主(菊花、扶桑、棉花等)上为害。8月下旬又迁回,11月下旬产卵。

【防治措施】(1)物理防治:在冬季或早春寄主植物发芽前,剪除有卵枝条;利用黄色黏胶板诱杀有翅蚜虫。

(2)化学防治:在春季越冬卵刚孵化和秋季蚜虫产卵前,喷洒10%吡虫啉可湿性粉剂2000倍液,或1.2%苦烟乳油1000倍液,或3%啶虫脒乳油1000～2000倍液,或25%吡蚜酮可湿性粉剂2000～3000倍液等。

7.33 桃粉大尾蚜

【学名】*Hyalopterus amygdali* (Blanchard),属半翅目蚜科。

【寄主与危害】危害桃、红叶李、梅、李、杏、榆叶梅、樱桃、芦苇等。群集在寄主的枝梢和嫩叶叶背上,吸食汁液,受害叶片背面布满虫体和白粉,新梢萎缩,引发严重的煤污病,但叶片不卷曲。同时,植株受煤污病污染变暗黑色,失去观赏价值。

【形态特征】无翅胎生雌蚜：体长约 2.4 mm，绿色，被白蜡粉；复眼红褐色，中额瘤及额瘤稍隆起；触角 6 节，光滑；腹管圆筒形，光滑，端部灰黑色；尾片长圆锥形，黑色，有毛 5～6 根。有翅胎生雌蚜：体长约 2 mm、翅展约 6.6 mm，头胸部暗黄色至黑色，腹部黄绿色，体被白蜡粉。胸背有黑瘤，触角 6 节，为体长的 2/3；腹管筒形，基部收缩；尾片圆锥形。卵：椭圆形，初产时淡黄绿色，后变为黑色有光泽。若蚜：体小似无翅胎生雌蚜，淡黄绿色，体上有少量白粉。如图 7.33 所示。

（a）危害状　　　　　　　　（b）无翅孤雌蚜（显微照）

图 7.37　桃粉大尾蚜

【生活习性】一年 10 余代，以卵在寄主植物枝条芽腋和树皮的裂缝内越冬。翌年寄主树木发芽时，卵开始孵化，产生无翅胎生雌蚜，5 月上、中旬群集寄主嫩枝或新叶的背面吸食植株汁液。5 月开始出现有翅蚜，迁飞至夏寄主上（主要是禾本科杂草）为害。10～11 月产生有翅蚜，回迁至越冬寄主上，产生两性蚜，交配、产卵。

【防治措施】化学防治：重灾区冬季喷波美 5 度石硫合剂，杀死越冬卵。在桃树萌芽后至开花前，进行第 1 次喷药防治；在花谢后，进行第 2 次喷药防治。药剂可选 10% 吡虫啉可湿性粉剂 2000 倍液，或 1.2% 苦烟乳油 1000 倍液，或 3% 啶虫脒乳油 1000～2000 倍液，或 25% 吡蚜酮可湿性粉剂 2000～3000 倍液等。

7.34　樱桃瘿瘤头蚜

【学名】*Tuberocephalus higansakurae*（Monzen），属半翅目蚜科。

【寄主与危害】危害樱桃。在樱桃叶端部侧缘，叶缘向正面反卷，肿胀，膨大，叶片弯曲，形成花生壳状伪虫瘿，虫瘿绿色至枯黄色。如图 7.34 所示。

【形态特征】无翅孤雌蚜（干雌）：体卵圆形，长约 1.4 mm、宽约 0.97 mm。体土黄色至绿色。腹管、尾板、尾片及生殖板灰黑至黑色。表皮有颗粒状微刺组成的网纹，粗糙，体缘有微刺突。

【生活习性】一年多代，以受精卵在小枝芽苞处越冬。越冬卵在翌年 3 月中旬开始孵化。初孵若虫开始向四周爬行，寻找新叶片，在适生幼叶的端部侧缘反面开始固定为害。干母经约 1 月发育成熟，多数虫瘿中只有 1 头干母，干母在虫瘿中继续为害并繁殖。5 月上旬有翅成蚜从叶片反面开口爬出迁飞，5 月下旬至 6 月上旬为迁飞高峰期。9 月下旬至 10 月初产生性蚜，10 月下旬产卵。

 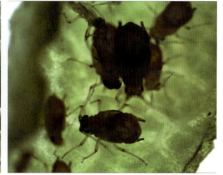

(a) 危害状(虫瘿)　　　　　　　　(b) 无翅孤雌蚜(显微照)

图 7.34　樱桃瘿瘤头蚜

【防治措施】(1) 物理防治：在 4 月底前，将有虫瘿的叶片采摘下来并销毁。

(2) 化学防治：在越冬卵大部分已孵化时，喷洒 10％吡虫啉可湿性粉剂 2000 倍液，或 1.2％苦烟乳油 1000 倍液，或 3％啶虫脒乳油 1000～2000 倍液，或 25％吡蚜酮可湿性粉剂 2000～3000 倍液等。

7.35　警根瘤蚜

【学名】*Phylloxera notabilis* Pergande，属于半翅目根瘤蚜科根瘤蚜科，又名长山核桃叶根瘤蚜。

【寄主与危害】危害美国薄壳山核桃。危害 2～3 年生的薄壳山核桃苗木嫩叶，可使整个受害植株叶片上布满虫瘿，大如黄豆，小如芝麻。蚜虫在虫瘿内吸食汁液，致叶片早落，树势衰弱，影响苗木生长。如图 7.35 所示。

(a) 危害状(叶片)　　　　　　　　(b) 危害状(叶部放大)

图 7.35　警根瘤蚜

【形态特征】属叶瘿型根瘤蚜，成虫共有 6 型，即干母、无翅雌蚜、短翅雌蚜、长翅雌蚜、雌蚜、雄蚜。卵因不同虫型所产，也有 6 种类型，简分为越冬卵、大卵和小卵。

【生活习性】一年 3～4 代，以卵在树干近基部的树皮缝隙中越冬，属同寄主全周期生活的蚜虫。越冬卵于 4 月上旬开始孵化，中旬进入孵化盛期，5 月中旬孵化结束。随着叶芽的生长，若蚜固定处的叶片组织开始凹陷，在若蚜第 1 次蜕皮后便被包入幼小的虫瘿中，随着叶片的生长虫瘿迅速扩大成豆粒状,在叶片上侧的一半呈半球形,在叶片下侧的一半呈半桃形。一年中以春天产生的虫瘿数量最多、体积最大,造成的危害也最重。从若蚜侵入到虫瘿成熟,春季需50天左右,夏、秋季稍短。第1代虫瘿于5月下旬开始成熟,6月上中旬开裂的虫瘿最多。第2、3、4代虫瘿都由取食的1龄无翅雌蚜形成,虫瘿都比较小,直径1～5 mm,它们分别于7月底、8月底和10月上旬成熟,但因发生期不整齐,在5～10月各个发育阶段的虫瘿都同时存在。交尾后的雌蚜出瘿后,沿树干向下到近基部的树皮缝隙中产卵越冬。每头雌蚜仅产卵1粒。

【防治措施】(1) 栽培管理:在苗期可搭建遮阳棚,减轻虫害。

(2) 物理防治:在虫瘿初发期,人工摘除带虫瘿的叶片并烧毁。

(3) 化学防治:在3月下旬越冬卵尚未孵出前,用2.5%溴氰菊酯乳油、废柴油、废机油和面粉按1:40:60:100的比例调制成油膏,在主干上部涂刷1条宽5 cm的环带,阻杀向上爬行的若蚜。

图7.36 石楠修尾蚜

7.36 石楠修尾蚜

【学名】*Sinomegoura photiniae*(Takahashi),属半翅目蚜科。

【寄主与危害】危害石楠属植物。成虫、若虫群集于新梢嫩叶,吸食汁液,影响生长及观赏。

【形态特征】无翅孤雌蚜:体纺锤形,长2.6～3.2 mm、宽1.1～1.5 mm,绿色,头部有皱曲纹,腹面全面有微刺,胸、腹部腹面有微刺组成横网纹,背面有网纹。有翅孤雌蚜:体椭圆形,长约2.4 mm、宽约0.9 mm,头、胸棕色,腹部绿色,腹部腹面未显网纹。如图7.36所示。

【防治措施】参见其他蚜虫的防治。

7.37 夹竹桃蚜

【学名】*Aphis nerii* Boyer de Fonscolombe,属半翅目蚜科。

【寄主与危害】危害夹竹桃、黄花夹竹桃等树。成虫、若虫群集于新梢嫩叶,吸食汁液,诱发煤污病,影响植物生长及观赏。

【形态特征】无翅雌蚜:黄色,卵圆形,长约2 mm;腹管、足黑色,触角第4节黑色,第6节鞭部长度约为基部的3.6倍。尾片舌状,中部收缩,有长曲毛11～14根。尾板半球形,有长毛20根左右,生殖板有毛13根。有翅雌蚜:体长卵形,长约2.1 mm,头、胸黑色,腹部色较淡,有黑色斑纹、后胫节黑色,腹部第2～4节有小缘瘤。触角长约1.6 mm。腹管长筒形,长约0.38 mm。尾片舌状,长约0.21 mm,有长曲毛13～15根,生殖板有毛12～13根。若蚜:无翅,形似成蚜。初为金黄色,渐变棕黄色、体长约1 mm。如图7.37所示。

图7.37 夹竹桃蚜

【生活习性】一年20余代,以若虫、成蚜在枝条皮缝内越冬。翌年4～5月开始活动为害,5～6月大量无翅胎生雌蚜、有翅胎生雌蚜出现,迅速扩散蔓延,虫口量急剧升高,密集为害。在盛夏高温期,虫量会直线下降。9～10月气温适宜,虫量又回升,繁殖加快,形成第2个为害高峰。至11月后,虫口量逐渐减少并分散隐蔽,开始越冬,在温室内可继续繁殖。

【防治措施】(1)物理防治:蚜虫发生轻时用清水冲刷树上虫体。

(2)化学防治:在成虫、若虫第1个繁殖高峰前期进行喷雾防治。药剂可选10%吡虫啉可湿性粉剂2000倍液,或1.2%苦烟乳油1000倍液,或3%啶虫脒乳油1000～2000倍液,或25%吡蚜酮可湿性粉剂2000～3000倍液等。

7.38 杧果蚜

【学名】*Toxoptera odinae*(van der Goot),属半翅目蚜科。

【寄主与危害】危害杧果、乌桕、盐肤木、漆树、重阳木等植物。在嫩叶背面、叶柄和幼枝上为害,发生数量较多。寄主表面常盖满蚜虫蜜露,并诱发煤污病,以幼树受害最重。

【形态特征】无翅孤雌蚜:体长约2.5 mm,圆卵形,褐、红褐、黑褐、灰绿或墨绿色,有薄粉;体表有网纹,毛长,腹背有五边形网纹,腹缘有微刺,腹面长菱形网纹;腹管短于尾片,圆筒形,有缘突和切迹;尾片长圆锥形。有翅孤雌蚜:体长约2.1 mm,长卵形;头、胸黑色,腹部黑色至黑绿色,有黑斑,第6、7腹节有横带,第8腹节横带贯全节;腹管圆筒形,前斑小,后斑大;尾片长圆锥形。如图7.38所示。

(a) 危害状

(b) 无翅蚜

(c) 无翅蚜及捕食性瓢虫

图7.38 杧果蚜

【生活习性】一年数代,以卵越冬。在秋末发生雌性蚜、雄性蚜,交配后产卵越冬。

【防治措施】化学防治:发生初期进行喷雾防治。药剂可选10%吡虫啉可湿性粉剂2000倍液,或1.2%苦烟乳油1000倍液,或3%啶虫脒乳油1000～2000倍液,或25%吡蚜酮可湿性粉剂2000～3000倍液等。

7.39 茶二叉蚜

【学名】*Toxoptera aurantii*(Boyer de Fonscolombe),属半翅目蚜科。

【寄主与危害】危害金花茶、茶梅、山茶、银杏、榕树、柳、柑橘等。成蚜、若蚜刺吸寄主新梢、嫩叶的汁液,造成枝叶卷缩硬化,并可诱发煤污病,使枝叶发黑,影响光合作用,造成树势衰弱。

【形态特征】成蚜:无翅孤雌蚜体长约2 mm。近圆形,体暗褐色至黑褐色。后足胫节基部有短发音刺1行。胸部和腹部有网纹。腹管长筒形,长度为尾片的1.2倍,尾片粗圆锥形,有长毛28～31根。尾板长方形,有毛19～25根。有翅孤雄蚜:体长约1.6 mm,黑褐色。触角第3节有圆形感觉圈5～6个。翅透明无色。前翅长2.5～3 mm。腹部背面两侧各有4个黑斑。尾片短。卵:长椭圆形,长径0.5～0.7 mm,短径0.2～0.3 mm,初产时浅黄色,后转棕色至黑色,有光泽。若蚜:外形与成蚜相似,体淡黄色至淡棕色。新生若蚜体长0.2～0.5 mm。1龄若蚜触角4节,2龄若蚜5节,3龄若蚜6节。如图7.39所示。

图7.39 茶二叉蚜

【生活习性】一年10～20代,以卵在叶背越冬。翌年2月开始孵化,3月上旬为盛孵期。全年在4～5月、10～11月发生较多。成蚜有胎生和卵生两种繁殖方式。每头无翅胎生雌蚜能产幼蚜20～45头,每头有翅胎生雌蚜能产幼蚜18～30头。至秋末,出现两性蚜,交尾后,雌蚜产卵于叶背,常十余粒至数十粒在一起,卵粒排列较疏散且不整齐。每雌虫可产卵4～10粒。一般多为无性蚜,只有当虫口密度大或环境条件不利时,才产生有性蚜,迁飞到其他嫩梢上为害。其繁殖适温约25 ℃。雨水过多或气候干旱,都不利于其发生。

【防治措施】化学防治:在雌成蚜产卵期及翌年春季卵孵化时进行防治。药剂可选10%吡虫啉可湿性粉剂2000倍液,或1.2%苦烟乳油1000倍液,或3%啶虫脒乳油1000～2000倍液,或25%吡蚜酮可湿性粉剂2000～3000倍液等。

7.40 梨二叉蚜

【学名】*Schizaphis piricola*(Matsumura),属半翅目蚜科,又名梨蚜、梨卷叶蚜、梨腻虫。

【寄主与危害】危害梨、白梨、棠梨、杜梨等。在梨树叶正面为害,受害叶向正面卷曲呈饺子状或筒状,常造成受害叶枯死,幼果脱落。

【形态特征】无翅孤雌蚜:体宽卵圆形,长1.9 mm、宽1.1 mm。体绿色,有深绿色背中线,覆薄白粉。触角第3节端部到第6节全黑色,喙端节深色,足胫节端部及跗节黑色。有翅孤雌蚜:体长卵形,长1.8 mm、宽0.76 mm。头胸黑色,腹部黄褐色或绿色,背中线翠绿色。前翅中脉分二叉,尾片长曲毛5～7根。尾板长毛9～17根。如图7.40所示。

图7.40 梨二叉蚜

【生活习性】一年20余代,以卵在芽腋、枝杈的缝隙内越冬。梨芽萌动时开始孵化,若蚜群集于露绿的芽上为害,半月左右出现有翅蚜,5~6月大量迁飞到越夏寄主狗尾草和茅草上。6月中下旬梨树上基本绝迹。秋季9~10月,在越夏寄主上产生的大量有翅蚜迁回梨树上繁殖为害,并产生性蚜。10月下旬至11月上旬雌蚜和雄蚜成熟,交配后,雌蚜在芽苞缝内产卵越冬。

【防治措施】化学防治:冬季喷波美3~5度石硫合剂杀灭越冬卵。春季药剂防治要在芽萌动露白至展叶初期,梨叶片未卷之前进行。药剂可选10%吡虫啉可湿性粉剂2000倍液,或1.2%苦烟乳油1000倍液,或3%啶虫脒乳油1000~2000倍液,或25%吡蚜酮可湿性粉剂2000~3000倍液等。

7.41 月季长管蚜

【学名】*Macrosiphum rosivorum* Zhang,属半翅目蚜科。

【寄主与危害】危害月季、蔷薇、玫瑰、十姐妹、丰花月季、藤本月季等。以成蚜、若蚜群集于新梢、嫩叶和花蕾上为害,使新梢、嫩叶不能伸展,花蕾不能正常开花。

【形态特征】无翅孤雌雌蚜:体长约4.2 mm,长卵形,头部土黄色至浅绿色,胸、腹部草绿色,有时橙红色;头部额瘤隆起外倾,中额微隆,呈浅"W"形;腹管长圆筒形,端部有网纹,长达尾端;尾片长圆锥形。有翅孤雌雌蚜:体长约3.5 mm,草绿色,中胸土黄色,各腹节有中、侧、缘斑,第8腹节有大宽横带1个;腹管黑色至深褐色,长约0.8 mm,略超过尾端,端部有网纹;尾片长圆锥形,中部收缩,端部稍内凹。卵:椭圆形,初产时草绿色,后变墨绿色。若蚜体初为白绿色,后为淡黄绿色。如图7.41所示。

图7.41 月季长管蚜

【生活习性】一年10余代,以卵在寄主叶芽和枝上越冬。春初越冬卵在寄主新梢孵化、吸食和繁殖;经2~3代后开始出现有翅孤雌胎生雌蚜,虫口密度逐渐上升;5月进入第1次繁殖和为害高峰期,夏季高温季节虫口密度下降,夏末秋初又开始上升,进入第2个繁殖高峰期。

【防治措施】(1)物理防治:合理修剪,保持通风透光。

(2)化学防治:卵孵化初期向枝叶喷洒药剂防治。药剂可选10%吡虫啉可湿性粉剂2000倍液,或1.2%苦烟乳油1000倍液,或3%啶虫脒乳油1000~2000倍液,或25%吡蚜酮可湿性粉剂2000~3000倍液等。

7.42 板栗大蚜

【学名】 *Lachnus tropicalis* (van der Goot),属半翅目大蚜科。

【寄主与危害】 危害板栗及栎类树木等。成虫、若虫聚集在新梢、栗苞、果梗上吸食汁液,致使枝梢枯萎、果实不能成熟。

【形态特征】 无翅孤雌蚜:体长卵形,长约3.1 mm、宽约1.8 mm,灰褐色或赭黑色,体具微细网纹,背密生长毛,腹部第1节有断续横纹带,第2~6节有灰色斑,第8节有横带,触角长约1.6 mm,有瓦状纹。有翅孤雌蚜:体长卵形,长约3.9 mm、宽约2.1 mm,赭黑色。腹部第1节有断续灰褐色斑,第8节有1条横带,触角微显瓦纹,长约2.1 mm,翅黑色不透明,仅经分脉区及翅中部有透明斑区。如图7.42所示。

(a) 危害状　　　　　　　　(b) 无翅孤雌蚜

图 7.42　板栗大蚜

【生活习性】 一年10代以上,以卵在枝干背阳面越冬。翌年3月下旬孵化为干母若蚜,群集嫩梢为害。4月中、下旬干母胎生有翅及无翅若虫。5月上旬有翅孤雌蚜迁飞至栎类树的枝、叶、花上为害,繁殖多代。8、9月中旬聚集栗苞、果梗处为害。10月下旬至11月上旬产生性蚜,交尾后多集中在枝干产卵,一般5000~10000粒密集排列成片。

【防治措施】(1) 物理防治:人工刮除或杀死树干上成片的卵块。

(2) 化学防治:在春季干母集中危害嫩梢时,喷洒10%吡虫啉可湿性粉剂2000倍液,或1.2%苦烟乳油1000倍液,或3%啶虫脒乳油1000~2000倍液,或25%吡蚜酮可湿性粉剂2000~3000倍液等。

7.43 吹绵蚧

【学名】 *Icerya purchasi* Maskell,属半翅目硕蚧科,又名澳洲吹绵蚧。

【寄主与危害】 危害海桐、桂花、梅花、牡丹等80科250余种植物。成虫、若虫群集叶背、叶芽、嫩梢及枝干上刺吸汁液为害。

【形态特征】雌成虫:体椭圆形或长椭圆形,长5~10 mm、宽4~6 mm,橘红或暗红色,体表生有黑色短毛,背覆白色蜡粉,向上隆起,以中央向上隆起较高,腹面平坦。雄成虫:体长约3 mm,胸部红紫色,有黑骨片,腹部橘红色;前翅狭长,暗褐色,基角处有1个囊状突起,后翅退化成匙形的拟平衡棒。卵:长椭圆形,初产时橙黄色,后橘红色。卵囊:白色,半卵形或长形,从腹末后方生出,突出且隆起,囊表有明显的纵脊14~16条。若虫:雌性3龄,雄性2龄,各龄均椭圆形,眼、触角及足均黑色。蛹:长3.5 mm,橘红色,上覆白色薄蜡粉。茧:长椭圆形,白色,茧质疏松,由白蜡丝组成。如图7.43所示。

(a) 危害状　　　　　　　　　　　(b) 雌蚧及卵囊

图7.43　吹绵蚧

【生活习性】一年2~3代,春末夏初和夏末分别为第1、2代卵孵化盛期。雌成虫初无卵囊,成熟后到产卵期才渐渐形成。

【防治措施】(1)物理防治:人工刮除虫体或剪除虫枝。

(2)化学防治:若虫期喷施10%吡虫啉可湿性粉剂2000倍液,或1.2%苦烟乳油1000倍液,或3%啶虫脒乳油1000~2000倍液,或25%吡蚜酮可湿性粉剂2000~3000倍液等,每隔10~15天喷一次,连续喷2~3次。特别要抓住第1代孵化高峰期进行防治。

7.44　草履蚧

【学名】*Drosicha corpulenta*(Kuwana),属半翅目硕蚧科。

【寄主与危害】危害杨、柿、核桃、月季、大叶黄杨、广玉兰、樱桃、红叶李等植物。若虫吸食嫩枝、幼芽的汁液,使春芽新抽的芽梢生长缓慢,从而影响树木生长。

【形态特征】雌成虫:体长约10 mm,背面稍隆起,黄褐色至淡灰紫色,体缘及腹面橘黄色,体表覆有一层薄蜡粉。雄成虫:体长5~6 mm,体紫红色,头胸淡黑色,后翅为平衡棒,腹部末端有根树状突起。卵:长圆形,黄色。若虫:体长卵形,长约2 mm,灰褐色。蛹:棕红色,有白色薄层蜡茧包裹,有明显翅芽。如图7.44所示。

【生活习性】一年1代,多数以卵或极个别以1龄若虫在土中越冬,集中分布在树干根基部地下0~5 mm的土层中。越冬卵在2月上旬至3月上旬孵化。3月底至4月初第1次蜕皮,4月中下旬第2次蜕皮,雄成虫不再取食,化蛹,4月底或5月上旬羽化。4月底至5月上旬雌虫第3次蜕皮,羽化为成虫,并与羽化后的雄成虫交尾,交尾后雄成虫死去。雌成虫继续取食,逐渐下树在地被或浅土中的卵囊中产卵。

（a）雌成虫（受精）

（b）雌成虫（孕卵）

（c）雄成虫

图 7.44　草履蚧

【防治措施】（1）物理防治：冬季修剪植株以及清园，消灭在枯枝、落叶、杂草与表土中越冬的虫源。在草履蚧卵开始孵化至初孵若虫上树前，在树干基部上方涂黏虫环或绑塑料裙，阻隔若虫上树为害。

（2）化学防治：开春后喷施 40% 啶虫毒死蜱（国光必治）乳油 2000～3000 倍液进行预防，杀死虫卵，减少孵化虫量。在虫已上树时，喷施 10% 吡虫啉可湿性粉剂 2000 倍液或 25% 噻嗪酮可湿性粉剂 1500～2000 倍等。

7.45　日本纽绵蚧

【学名】*Takahashia japonica*（Cockerell），属半翅目蚧科，又名纽绵蚧。

【寄主与危害】危害桑、槐、核桃、合欢、重阳木、三角枫、枫香、榆、朴、地锦等。该虫在寄主枝条上刺吸为害。雌虫具有白色棉絮状卵囊，其一端固着在植物体上，另一端固着在虫体腹部，中段悬空呈扭曲状。

【形态特征】成虫：雌成虫体卵圆形或圆形，长 3～7 mm，体红褐色、深棕色、浅灰褐色或深褐近黑色，背面隆起，具黑褐色脊，不太硬化，缘褶明显；触角短，7 节；体缘锥刺密集成 1 列；气门刺 3 根，同形等大，短于缘刺；多格腺分布在腹面；肛板三角形，长度为宽度的 1.5 倍。卵：卵圆形，长约 0.4 mm，黄色，覆白色蜡粉。卵囊较长，可达 17 mm，白色，棉絮状，质地密实，有纵行细线状沟纹。若虫：长椭圆形，淡黄色，扁平。如图 7.45 所示。

【生活习性】一年 1 代，以受精雌成虫在枝条上越冬。翌年 3 月下旬越冬成虫开始取食，逐渐膨大，4 月上旬虫体开始分泌形成卵囊并产卵，卵期约 36 天。5 月若虫孵化，5 月中旬为盛孵期。

【防治措施】（1）物理防治：适时修剪，增加树体的通风透光程度。

（2）化学防治：若虫盛孵期喷施 10% 吡虫啉可湿性粉剂 2000 倍液或 25% 噻嗪酮可湿性粉剂 1500～2000 倍液等。

(a) 危害状

(b) 危害状及雌成虫（卵囊）

(c) 雌成虫1

(d) 雌成虫2

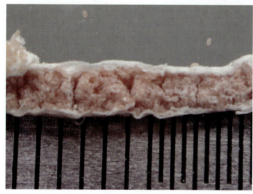
(e) 卵囊及卵

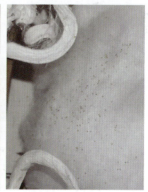
(f) 卵囊及初孵幼虫

图 7.45　日本纽绵蚧

7.46　紫薇绒蚧

【学名】*Eriococcus lagerstroemiae* Kuwana，属半翅目绒蚧科，又名石榴绒蚧。

【寄主与危害】危害紫薇、石榴、算盘子等。若虫和雌成虫寄生于植株枝、干和芽腋等处，吸食汁液。

【形态特征】成虫:雌成虫扁平,椭圆形,长2～3 mm,暗紫红色,老熟时外包白色蜡质介壳。触角7节,第3节最长,胸气门开口宽圆,气门腔口无盘腺。无背裂和腹裂,肛环发达,有肛环刺8根。臀瓣突出于肛门环两侧,呈长锥形,在身体两侧分布有锥形刺,但无刺孔群,有管腺及五格腺。体毛只分布在腹面。雄成虫体长约0.3 mm、翅展约1 mm,紫红色。卵:卵圆形,紫红色,长约0.25 mm。若虫:椭圆形,紫红色,虫体周缘有刺突。蛹:紫褐色,长卵圆形,外包袋状蜡质白色茧。茧:袋状,蜡质,白色,长约0.4 mm。如图7.46所示。

(a) 危害状1　　　　　(b) 危害状2

(c) 危害状3(煤污病)　　(d) 雌虫及若虫(干部)　　(e) 雌虫及若虫(叶部)

图7.46　紫薇绒蚧

【生活习性】一年3代,以若虫在枝干缝隙内越冬。翌年继续取食为害。4月老熟雄若虫化蛹羽化,并与雌虫交配,交尾后不久便死亡。雌成虫在5月上旬开始产卵。第1代若虫在5月下旬至6月上旬孵化。第1代雌成虫在7月上中旬大量产卵,7月下旬若虫羽化。第2代雌成虫8月下旬产卵,9月上旬以后若虫大量孵化,发育不整齐,有世代重叠现象。虫体多分布在枝条及树干缝隙、凹陷处,少数分布于叶背基部,枝条阴面多于阳面。

【防治措施】(1)物理防治:冬季植株修剪以及清园,消灭在枯枝落叶杂草与表土中越冬的虫源。用竹片或毛刷刮去树干、枝条上的虫体。

(2)化学防治:在5月下旬、7月下旬及9月下旬,喷施40%啶虫毒死蜱(国光必治)乳油

2000~3000倍液进行预防,杀死虫卵,减少孵化虫量。在若虫孵化末期,可连续喷药2~3次,药剂选择10%吡虫啉可湿性粉剂2000倍液或25%噻嗪酮可湿性粉剂1500~2000倍液等。

7.47 竹丝球绒蚧

【学名】 *Ericoccus nematosphaerus* Hu, Xie & Yan, 属半翅目绒蚧科。

【寄主与危害】 危害竹林。刺吸竹枝,致其生长不良,枝叶枯死。同时,还能诱发煤污病。

【形态特征】 雌成虫:体弯曲呈逗点形,白色绒球状蜡壳包被虫体,体长约2.4 mm。雄成虫:体细长,浅橘红色,长约1.32 mm、展翅约2.38 mm;前翅膜质上有2条脉,边缘有小毛;后翅退化为平衡棒,顶端有1根钩毛。初孵若虫:长卵圆形,橘黄色。如图7.47所示。

图7.47 竹丝球绒蚧

【生活习性】 一年2代,以受精雌成虫在叶柄基部的腋芽附近越冬。翌年2月间开始取食,虫体逐渐增长,大量泌蜡并形成绒球状蜡壳将虫体包被。3月中下旬开始孕卵,4月初已见有卵产于体末端的蜡壳内,4月下旬为孵化盛期,5月下旬孵化结束。第1代雌成虫在6月上旬出现,雄成虫也在6月上中旬陆续羽化,经交尾后雌成虫继续发育、孕卵。第2代若虫孵化盛期在7月中旬,8月上旬孵化完毕。第2代若虫在1~2龄期有近1个多月的高温滞育阶段,直至9月中旬才蜕皮变为3龄。10月上旬第2代雄成虫大量羽化,雌成虫与其交尾后即不再发育,10月中下旬开始越冬。

【防治措施】 化学防治:若虫期喷施10%吡虫啉可湿性粉剂2000倍液、25%噻嗪酮可湿性粉剂1500~2000倍或80%敌敌畏1000~1500倍液等药剂。

7.48 柿绒蚧

【学名】 *Eriococcus kaki*(Kuwana), 属半翅目绒蚧科。

【寄主与危害】 危害柿、梧桐、桑等树木。寄生在叶、枝和果上,受害叶片上出现多角形黑斑,叶柄变黑,畸形生长和早落。

【形态特征】 成虫:雌成虫体长1.5~2.5 mm,扁椭圆形,暗紫色或红色;体节较明显,背面分布圆锥形刺,刺短小、粗壮,顶端稍钝,侧面略呈等边三角形;腹面平滑,具长短不等体毛;腹缘有白色细蜡丝。雄成虫体长1~1.2 mm,翅暗白色,腹末有与体等长的白色蜡丝1对。卵:椭圆

图7.48 柿绒蚧

形,长 0.3~0.4 mm,紫红色,被白色蜡粉及蜡丝。卵囊为纯白色或暗白色毡状物,草履状,正面隆起,头端椭圆形,腹末内陷形成钳状。若虫:体椭圆形或卵圆形,紫红色,体缘有长短不一的刺状突起。蛹:体长约 1 mm,胭脂红色,壳长约 1 mm、宽约 0.5 mm,椭圆形,上下扁平,末端周缘有 1 条横裂缝,将壳分成上下两层,全壳由暗白色絮状蜡质构成。如图 7.48 所示。

【生活习性】一年 4 代,以若虫在树皮裂缝、芽鳞等处隐蔽越冬。4 月末(柿树发芽展叶期)越冬若虫爬至叶部为害。5 月中旬雌成虫体表开始产生白色蜡丝,形成白色蜡质囊壳,交配后卵囊由纯白变暗白色,即开始产卵;卵囊后缘稍微翘张时为产卵盛期;后缘大张并微露红色时为孵化盛期,卵囊出现红色小点、外翻呈脱落状、边缘牵连丝状物及果实上有小红点时为孵化末期和若虫固定期。每雌虫产卵约 130 粒,果实上寄生者产卵最多,平均约 340 粒,叶上次之,枝干上最少。卵期 12~21 天。6 月下旬孵化的第 1 代若虫从囊内爬出,选择幼嫩枝叶为害。7 月中旬、8 月中下旬和 9 月下旬分别为第 2 代、第 3 代和第 4 代若虫孵化盛期,10 月越冬。

【防治措施】(1) 物理防治:秋季人工刮除枝、干上的越冬若虫。

(2) 化学防治:发芽前喷洒波美 1~2 度石硫合剂。若虫爬离卵囊时喷洒 3% 高渗苯氧威乳油 3000 倍液或 10% 吡虫啉可湿性粉剂 2000 倍液。

7.49 竹半球链蚧

【学名】*Bambusaspis hemisphaerica* (Kuwana),属半翅目链蚧科。

【寄主与危害】危害毛竹、紫竹等。寄生在当年生嫩枝及嫩梢的节间和芽眼,受害后竹嫩枝停止生长,节间缩短,造成竹林叶落枝枯,严重影响竹的生长、发笋和成林。

【形态特征】雌成虫:蜡壳背面隆起,呈半球形,前端圆,后端狭,质坚硬,光滑透明,且具光泽,青黄色。雄成虫:蜡壳长椭圆形,两侧近平行,缘蜡丝稀疏。卵:椭圆形,淡黄色。初孵若虫:体椭圆形,淡赤褐色。如图 7.49 所示。

图7.49 竹半球链蚧

【生活习性】一年 2 代,以受精雌成虫和 2 龄若虫越冬。越冬若虫在翌年 5 月陆续发育为成虫。雌成虫出现盛期在 5 月中旬,孕卵期约 1 个月,至 6 月上旬开始产卵。越冬的受精雌成虫,在翌年 2 月恢复取食,虫体逐渐膨大开始孕卵,孕卵期约 3 个月,5 月中旬开始产卵。每头雌成虫产卵约 400 粒。卵产于雌虫蜡壳的后端。卵期 1~2 天,第 1 代若虫 5 月中旬开始孵化,盛孵期在 5 月下旬和 6 月中旬。第 1 代雄若虫 6 月底化蛹,蛹期 3~4 天,7 月上旬为雄成虫羽化盛期,7 月中旬羽化结束。第 1 代雌成虫交尾受精后,大多不再发育,越冬到翌年春恢复取食后孕卵。另有少部分继续发育,于 8 月初开始孕卵,孕卵期约 1 个月,9 月上、中旬开始产卵、孵化。孵化若虫发育到 2 龄,于 10 月底、11 月初先后在嫩枝上越冬。

【防治措施】化学防治：在若虫孵化初期，用 80％敌敌畏乳油或 50％杀螟松乳油 1000 倍液喷杀若虫。

7.50 栗新链蚧

【学名】*Asterolecanium castaneae* Russell，属半翅目链蚧科。

【寄主与危害】危害板栗及栗属其他树种。枝干受害表皮下陷，凹凸不平，当年生新枝受害后表皮皱缩干裂，秋后干枯而死。叶片受害后出现淡黄色斑点，早期落叶致受害株生长不良，树势衰弱，抗逆性差，受害重的枝条或整株枯死。

【形态特征】雌成虫：蜡壳圆形或因聚集拥挤呈不规则形，黄绿色或黄褐色，直径 0.9～1 mm，有 3 条不明显的纵脊和数条横脊，体缘有粉红色刷状蜡丝。虫体呈梨形，黄褐色，长 0.5～0.8 mm。雄成虫：蜡壳长椭圆形，淡黄色，长 1～1.1 mm，宽 0.5～0.6 mm，有 1 条明显的纵脊，体缘有粉红色刷状蜡丝。如图 7.50 所示。

图 7.50 栗新链蚧

【生活习性】一年 2 代，以受精雌虫在枝干越冬。翌年 3 月下旬 5 月中旬产卵，4 月中旬～6 月上旬为孵化盛期，第 1 代雄虫 5 月下旬化蛹，6 月中旬成虫羽化。第 1 代雌虫 7 月上、中旬产卵，7 月下旬第 2 代若虫孵化。雄虫 8 月中旬羽化。11 月以受精雌虫越冬。雄虫大部分聚集叶背，极少数在叶面和枝条上；雌虫聚集在树皮薄的主干、枝条及嫩枝上。雌虫蜡壳紧贴在树皮上，可 4～5 年不脱落。

【防治措施】（1）物理防治：冬季结合管理，剪除生长衰弱、布满雌虫的枝条。

（2）化学防治：在 5 月中旬、7 月下旬若虫孵化盛期，喷洒 10％吡虫啉可湿性粉剂 2000 倍液或 25％噻嗪酮可湿性粉剂 1500～2000 倍液等。

7.51 白蜡蚧

【学名】*Ericerus pela*（Chavannes），属半翅目蚧科。

【寄主与危害】危害女贞、小叶女贞、白蜡树及水蜡等。成虫、若虫群集植株枝干，吸取汁液，导致树体长势衰弱，甚至全株枯死。

【形态特征】成虫：雌成虫长约 10 mm、高 7～8 mm，活体背面黄褐色、淡红褐色或红褐色，上面散生大小不等的淡黑色斑点，腹面黄绿色。雄成虫体黄褐色，长 2 mm，翅 1 对，翅展 5 mm；头淡褐色至褐色，触角丝状，10 节；腹部灰褐色，末端有长白蜡丝 2 根。卵：长卵圆形，长约 0.4 mm，雌卵红褐色，雄卵淡黄色。若虫：初孵雌若虫体扁卵形，红褐色；初孵雄若虫长卵形，体淡黄色，腹末有细长蜡毛 2 条；2 龄雌若虫卵形，体长约 1 mm，淡黄绿色，背部微隆起，中脊灰白色；2 龄雄若虫宽卵圆形，长约 0.8 mm，淡黄褐色，体背中脊隆起。蛹：长约 2.4 mm，体黄褐色，眼点暗紫色。如图 7.51 所示。

【生活习性】一年 1 代，以受精雌成虫在枝条上越冬。翌年 3 月上旬越冬雌成虫开始活动，4 月上旬虫体变为绯红色，开始产卵，先产雌卵，后产雄卵；4 月中下旬为产卵盛期；5 月初产卵结束。雄若虫孵化期迟于雌若虫约 7 天。雌若虫先固定在向阳叶片上，2 龄后爬至 1～2 年生枝条上固定。雄若虫先固定在母壳附近的叶背上,2 龄后爬至 2～3 年生枝条上汇集寄生。定杆 1 月后进入蛹期,分泌白色疏松泡沫状蜡质环包裹寄主枝条,呈棒状,秋季羽化,交尾后死亡。

(a) 危害状 1　　　　　　　　(b) 危害状 2

(c) 雄成虫蜡质　　　　　　　(d) 雄成虫及危害状

(e) 雌成虫　　　　　　　　(f) 雌成虫及雄成虫(危害状)

图 7.51　白蜡蚧

【防治措施】(1) 物理防治:及时修剪受害严重的虫枝;发生较多时,可用毛刷刷除虫体。

(2) 化学防治:在冬季和早春树木发芽前,喷施石硫合剂。在若虫孵化后,喷洒 10% 吡虫啉可湿性粉剂 2000 倍液或 25% 噻嗪酮可湿性粉剂 1500～2000 倍液等。

7.52　日本龟蜡蚧

【学名】*Ceroplastes japonicas* Green,属半翅目蚧科。

【寄主与危害】危害悬铃木、柑橘、玫瑰、梅、月季、女贞等 41 科百余种植物。若虫危害叶片,雌成虫刺吸枝条,严重时虫体覆盖枝条,形似挂雪,常造成枝条枯萎、叶片脱落,并排泄蜜露诱发煤污病。

【形态特征】成虫:雌成虫体外蜡壳很厚,白色或灰色,龟背状;虫体卵圆形,长 1～4 mm,黄红色、血红色至红褐色,背部稍突起,腹面平坦,尾端具尖突起,触角多为 6 节。雄成虫体棕褐色,长约 1.3 mm、翅展约 3.5 mm,触角 10 节,腹末交尾器针状。卵:椭圆形,初为乳黄色,渐变深红色。若虫:长椭圆形,扁平,长约 0.3 mm、宽约 0.2 mm,淡黄色,老龄雌若虫蜡壳与雌成虫近似;老龄雄若虫蜡壳放射状,白色,中部有长椭圆形突起蜡板 1 块,周围有蜡角 13 个。蛹:圆锥形,长约 1.2 mm,红褐色。如图 7.52 所示。

(a) 危害状 1　　　　　　　　　　(b) 危害状 2

(c) 若虫　　　　　　　　　　(d) 雌成虫

图 7.52　日本龟蜡蚧

【生活习性】一年 1 代,以受精雌成虫在枝条上越冬。每头雌成虫产卵 280~3100 粒,卵期 17~31 天。初孵若虫寄生部位以叶为多,少数在叶柄和嫩枝上,固定后 6 小时开始泌蜡。约 15 天后形成初期星芒状蜡被,约 40 天后雌、雄若虫蜡被分化,雄性星芒状,雌性龟甲状。7 月中旬雌、雄若虫外形开始分化。8 月上旬至 9 月下旬为蛹期。8 月中旬~10 月上旬羽化为成虫,9 月上中旬为羽化盛期。8 月上旬至 10 月雌虫陆续从叶片转移到枝条上固定为害,9 月上中旬为转移盛期,雄性在叶上,雌性移至枝条上。

【防治措施】(1) 物理防治:冬季和夏季对树木进行适度修剪,剪除过密枝和虫枝,利于通风透光,抑制蚧体发育。

(2) 化学防治:在冬季树木越冬期,向枝干喷洒波美 3~5 度石硫合剂,杀死越冬若虫。在初孵若虫期,在未形成蜡质或刚开始形成蜡质层时及时防治,喷洒 10% 吡虫啉可湿性粉剂 2000 倍液或 25% 噻嗪酮可湿性粉剂 1500~2000 倍液等。

7.53 红蜡蚧

【学名】 Ceroplastes rubens Maskell,属半翅目蚧科。

【寄主与危害】 寄主众多,以芸香科为主,尤以红橘、甜橙为最,危害栀子、桂花、月桂、山茶、梅、月季、蔷薇等35科多种植物。若虫及雌成虫群栖于枝梢及新叶上吸汁,致受害株生长不良,新梢停止抽发,易感染煤污病,甚至叶落枝枯,果实瘦小,全株死亡。

【形态特征】 成虫:雌成虫体外蜡壳球形或半球形,似红小豆,壳长1.5~5 mm、宽1.5~4 mm、高1.5~3.5 mm,虫体椭圆形,头端稍窄,尾端钝圆,触角6节。雄成虫体长约1 mm、翅展2.4 mm,体暗红色,腹末交尾器针状。卵:椭圆形,淡紫褐色。若虫:初孵时扁平、椭圆形,长约0.5 mm,体灰紫红色,前端略宽;3龄若虫背甲稍高,覆白色透明蜡质。蛹:长椭圆形,体长约1.3 mm,橙红色,包被于白色薄茧中,外被暗紫红色蜡壳。如图7.53所示。

(a) 危害状 (b) 危害状(煤污病)

(c) 雌成虫(干部危害、枸骨) (d) 雌成虫(叶部危害、枸骨)

(e) 雌成虫(叶部危害) (f) 雌成虫(显微照)

图7.53 红蜡蚧

【生活习性】一年1代,以受精雌成虫在枝条(极少数在叶片上)越冬。雌若虫3龄,多寄生在枝、叶面,雄若虫多寄生在叶柄和叶背主脉处,两性和孤雌生殖均可。每头雌成虫产卵100～500粒,卵期仅数10小时,一边产卵一边孵化,群体产卵孵化期约50天。

【防治措施】参照日本龟蜡蚧防治。

7.54 角蜡蚧

【学名】*Ceroplastes ceriferus* Fabricius,属半翅目蜡蚧科。

【寄主与危害】危害栀子、月桂、木兰、山茶、茶、梅、南天竹、海棠、木槿、石榴、桑、雪松等13科多种植物。

【形态特征】成虫:雌成虫体外蜡壳为半球形,中部有角状蜡质突起。壳长4～12 mm,宽3～10 mm,高2～8 mm,白色,略带淡红色;体椭圆形或近圆形,长3～8 mm,淡红色至暗红色;触角6节。雄成虫红褐色,触角10节,翅1对,腹末交尾器针状。卵:长椭圆形,初产时肉红色,渐变红褐色。若虫:初孵时长椭圆形,扁平,淡红褐色,足和触角健全,尾具长尾丝1对。蛹:红褐色。如图7.54所示。

图7.54 角蜡蚧(雌虫)

【生活习性】一年1代,以受精雌成虫在枝干上越冬。若虫盛孵期为5月下旬至6月上旬。多营两性卵生,每头雌成虫产卵500～3000粒,卵期10～18天,孵化率80%以上。雌虫多固定在枝条上,雄虫多定栖于叶片上。

【防治措施】参照日本龟蜡蚧防治。

7.55 桑白盾蚧

【学名】*Pseudaulacaspis pentagona* (Targioni Tozzetti),属半翅目盾蚧科,又称桑白蚧、桃白蚧、桑盾蚧、油桐蚧、桑拟轮盾蚧。

图7.55 桑白盾蚧

【寄主与危害】危害桃、桑、李、杏、杨、油桐、樱花、茶、悬铃木、丁香、枫、槭、榉等树。成虫、若虫群集在枝干上刺吸为害,严重时枝干盖满介壳,层层叠叠,致使植株发育受阻,衰弱死亡。

【形态特征】成虫:雌成虫介壳圆形或椭圆形,直径2～2.5 mm,白色、黄白色或灰白色,隆起,常混有植物表皮组织;虫体陀螺形,长约1 mm,淡黄色至橘红色。雄成虫介壳长形,长约1 mm,白色,溶蜡状,两侧平行,背中略现纵脊3条;壳点黄白色,位于前端。卵:椭圆形,初产时淡粉红色,渐变淡黄色,孵化前为橘红色。若虫:初孵时扁椭圆形,淡黄褐色,足发达,腹末具臀叶和1对尾毛。2龄雌若虫橙褐色,2龄雄若虫淡黄色,体较窄。如图7.55所示。

【生活习性】一年3～4代,均以末代受精雌成虫在枝干上越冬。雌成虫产卵于介壳下,每只产卵量可多达150粒。雄成虫群集、排列整齐,呈白色有光泽虫块;雌成虫密集、重叠三四层,集中数目比雄成虫多。

【防治措施】(1)物理防治:冬春季节人工刮除枝干上的虫体或结合修剪剪除受害枝条,集中烧毁。

(2)化学防治:参照日本龟蜡蚧防治。

7.56 霍须盾蚧

【学名】*Kuwanaspis howardi*(Cooley),属半翅目盾蚧科。

【寄主与危害】危害毛竹、淡竹等。成虫、若虫群集在枝干上刺吸汁液为害,严重时枝干布满介壳。介壳虫密布枝干时致树势衰弱,甚至整株枯死。如图7.56所示。

【形态特征】雌盾壳:细长、白色,弯曲面突出,两侧平行或前端狭。雄盾壳:长矩形,尾端角状,白色,背面有3条纵脊。雌成虫:体细长、黄色,两侧近平行,体壁膜质,臀板弱骨化,带褐色。雄成虫:橘红色,具前翅1对,膜质透明,密生灰白色斑点,上有2条纵脉,后翅退化为平衡棒,足发达,腹末有1个锥状交尾器。若虫:初孵若虫体长,椭圆形,橘黄色,腹末有尾毛1对。

图7.56 霍须盾蚧

【生活习性】一年2代,以受精雌成虫越冬。翌年3月底开始孕卵,5月上旬产卵,盛期在5月中下旬。第1代雌成虫7月上旬产卵,盛期在8月中旬。第1代孵化盛期在6月上中旬,第2代孵化盛期在8月中、下旬。初孵若虫爬行缓慢,通常在母体附近固定寄生。若虫进入2龄后便出现雌雄分化,雄若虫发育2~3天后,即蜕皮进入预蛹期。第1代雄成虫羽化盛期在8月上旬,第2代在10月中下旬。

【防治措施】参照日本龟蜡蚧防治。

7.57 梨圆蚧

【学名】*Diaspidiotus perniciosus*(Comstock),属半翅目盾蚧科,又名梨笠圆盾蚧,梨齿盾蚧。

【寄主与危害】危害杨、梨、柿、苹果等百余种植物。以若虫和雌成虫固着在寄主枝干、叶柄、叶背和果实上为害,介壳虫密布枝条时致树势衰弱,发芽晚,甚至整株枯死。如图7.57所示。

【形态特征】雌介壳:斗笠形,蟹青色至灰白色,中央隆起处从内向外依次有灰白色、黑色、灰黄色3个同心圆,隆起外的介壳亦有暗色轮纹。雄介壳:长圆形,灰白色,一端隆起,一端扁平,冬季型雄介壳为圆形。雌成虫:卵圆形,长0.8~1.4 mm,乳黄色至鲜黄色,臀板褐色,臀叶2对,中臀叶发达,左右接近,第2臀叶较

图7.57 梨圆蚧

小。雄成虫:体长 0.6~0.8 mm,前翅膜质半透明,有 1 条简单分叉的翅脉,腹末交尾器细长,占体长的 1/3 左右。

【生活习性】一年 2~3 代,多以 2 龄若虫在黑色圆形介壳下(10 月以后在寄主枝干上)越冬。在翌年春季树液流动(3 月下旬至 4 月初)时,开始取食为害。壳内体色由黄褐色变为鲜嫩的乳黄色,介壳也出现雌雄不同。5 月上、中旬成虫,并以胎生方式繁殖。5 月底至 6 月初第 1 代初龄若虫大量出现。7 月底至 8 月初第 2 代初龄若虫大量出现,9 月中下旬第 3 代初龄若虫大量出现,世代重叠严重。若虫固定后 1~2 天分泌蜡质覆盖体背。

【防治措施】(1) 物理防治:结合冬季修剪,剪除虫枝或用清洁球刷除 1~2 年生枝条上的越冬若虫。

(2) 化学防治:喷施波美 2~5 度石硫合剂或 2.5% 氯氰菊酯 2000 倍液,杀死越冬介壳虫。在越冬雌虫虫体膨大前,在距地面 50 mm 处钻一孔洞,深度达髓部,注入 10% 吡虫啉可湿性粉剂 5 倍液 1~2 mL。

7.58　香樟袋盾蚧

【学名】*Chionaspis camphora* (Chen),属半翅目盾蚧科。

【寄主与危害】危害香樟。该虫在枝干上刺吸为害,先在树梢、干、叶腋群集,逐渐覆盖枝、干,引起枝及全株枯死。如图 7.58 所示。

【形态特征】雌介壳:全长 1.5~2 mm,宽 0.8~1.1 mm,梨形,后部稍大,偏向一侧;灰白色,蜕在前方顶端,1 龄蜕在前,油浸状褐色;2 龄蜕在 1 龄蜕后,背面常有蜡质,蜡质去后为黄褐色。雄介壳:全长 0.8~1.1 mm、宽 0.3~0.4 mm,长扁条形,白色,有 3 条纵脊纹,蜕在前端,仅 1 个,油褐色。

图 7.58　香樟袋盾蚧

【生活习性】一年 3 代,以 2 龄若虫或雌成虫越冬。越冬代雄虫于翌年 3 月开始羽化,飞翔能力弱。雌成虫交尾后继续发育泌蜡形成介壳,4 月中旬开始产卵于介壳下,每只可产卵 80 多粒。第 1 代卵在 5 月上旬孵化。若虫孵化后涌向树干上部枝条,寻找适当地方固定,一经固定,终生不动。第 2、3 代若虫分别于 7 月、9 月孵化,10 月中下旬以第 3 代越冬。

【防治措施】(1) 物理防治:冬季剪除带有介壳的 1~2 年生枝条。

(2) 化学防治:参照日本龟蜡蚧防治。

7.59　乌桕白轮蚧

【学名】*Aulacaspis thoracica* (Robinson),属半翅目盾蚧科,也称白轮盾蚧。

【寄主与危害】危害乌桕、苏铁、香樟等。该虫在枝干上刺吸为害,先在树梢、干、叶腋群集,逐渐覆盖枝、干,引起枝及全株枯死。

【形态特征】雌介壳:椭圆形或近圆形,直径 2.1~2.6 mm,白色,扁平,壳点 2 个,大多靠近边缘,暗褐色,第 1 壳点部分伸出第 2 壳点外,第 2 壳点背脊黑褐色或黑色,尾端带黑色,侧灰褐

图 7.59　乌桕白轮蚧

色。雄介壳：长条形，长约 1 mm，白色，质地松脆，背中具中脊 3 条，中央 1 条突起，壳点位于前端，灰褐色。如图 7.59 所示。

【生活习性】一年 3～4 代，多数以第 3 代若虫、蛹、雌成虫越冬，少数以第 4 代卵、若虫在枝干和叶面上越冬。有明显的世代重叠现象，主要危害枝、叶。各代若虫孵化盛期分别为 5 月上旬、7 月上中旬、10 月上中旬和 11 月中旬。每雌虫产卵约 100 粒。

【防治措施】（1）栽培措施：加强养护管理，及时修剪虫枝，注意通风透光。

（2）化学防治：若虫孵化期及时喷施 10% 吡虫啉 2000 倍液等。如已固定产生介壳初期，可用蚧螨灵 100 倍液。

7.60　檫树白轮蚧

【学名】*Aulacaspis sassafris* Chen，属半翅目盾蚧科。

【寄主与危害】危害檫树及山苍子。该虫刺吸嫩枝、叶片等为害，嫩枝受害后树皮凹陷，逐渐失水，干枯死亡，叶片受害后失绿、卷曲、萎缩、枯黄、早落。

【形态特征】介壳：雌介壳圆形或近圆形，白色，直径 1.7～2.5 mm，壳点居中或略偏，第 1 壳点黄褐色，第 2 壳点金黄色。雄介壳长条形，白色，长 0.93～1.07 mm，背面有 3 条纵脊，侧缘平行，壳点居端，黄褐色。成虫：雌成虫体长形，紫红色，头胸部最宽，触角退化成瘤状，有毛 1 根；腹节向两侧突出，第 2 腹节明显较宽；臀板尖削；前、后气门附近均有盘腺，背管腺分布在第 3～6 腹节上，臀板缘管腺略大，7～8 个；围阴腺 5 群；臀叶 3 对，中臀叶自基部起斜向两边分，内缘有细齿，基部轭连，第 2、3 臀叶各分 2 叶，末端圆。雄成虫橘红色，体长 0.57～0.69 mm、翅展约 1.26 mm，交尾器细长，长约 0.16 mm，无尾丝。卵：紫红色，椭圆形，长约 0.2 mm、宽约 0.95 mm。若虫：初孵若虫椭圆形，橘黄色，长约 0.24 mm，触角 6 节，眼黑色，腹末有 1 对尾毛。固定若虫宽椭圆形，长约 0.35 mm，触角、足均已退化。1 龄若虫介壳出现在虫体固定并开始取食后，介壳圆形。如图 7.60 所示。

图 7.60　檫树白轮蚧

【生活习性】一年 3 代，以 2 龄若虫和雄蛹在嫩梢上越冬。3 月下旬雌若虫发育为成虫，4 月初雄虫开始羽化，飞翔力很弱。雌虫一般只交尾 1 次，4 月下旬开始产卵于介壳内，5 月中旬为产卵盛期，5 月下旬开始孵化，6 月上旬为孵化盛期。初孵若虫行为活泼，少部分固定在幼茎和嫩枝上，大多至叶背面固定，分泌蜡质，形成介壳，此时虫体为淡黄色。6～7 天后开始蜕皮，半月后再次蜕皮，雌、雄虫区别明显。6 月下旬开始产第 2 代卵，7 月中旬为产卵盛期。7 月中旬开始孵化,下旬为孵化盛期。若虫一般在叶片上固定取食。8月下旬开始成熟产第3代卵,9月中旬为产卵盛期,同时卵开始孵化,下旬结束。此代若虫全部在嫩梢上固定取食,12月上旬开始越冬。

【防治措施】参照乌桕白轮蚧防治。

7.61 广菲盾蚧

【学名】*Pseudaulacaspis cockerelli*(Cooley),属半翅目盾蚧科,又名考氏白盾蚧、广白盾蚧、贝形白盾蚧。

【寄主与危害】危害广玉兰、含笑等。雄蚧多群集于叶背,雌蚧较分散,在叶面、叶脉分叉处较多,严重时致叶片枯黄早落,引发严重的煤污病。

【形态特征】成虫:雌成虫体椭圆形或梨形,淡黄色,臀板带红褐色。雄成虫体长约2.7 mm,橙黄色。介壳:雌介壳阔卵形、近圆形或梨形,扁平,白色,长约3.5 mm,2个壳点突出于前端,黄褐色。雄介壳长形,两侧略平行,白色或黄白色,背面略显1条纵脊,壳点1个,位于前端。卵:长椭圆形,淡黄色。若虫:初孵时黄绿色,长约0.4 mm,分泌有白色蜡丝。蛹:长椭圆形,裸蛹,长约0.9 mm,交尾器明显。如图7.61所示。

(a) 危害状　　(b) 雌虫及卵

(c) 雌虫　　(d) 雄虫

图7.61　广菲盾蚧

【生活习性】一年3~5代,以受精雌成虫或若虫在枝干和常绿树叶上越冬。翌年3月下旬产卵,4月中旬若虫孵化,5月中旬雄虫化蛹,5月下旬羽化。世代重叠现象明显,各时期均可见不同虫态。每雌虫产卵115~156粒,初孵若虫爬行能力强。

【防治措施】 化学防治：在植物休眠期，喷洒波美 3～5 度石硫合剂。在若虫初孵时，向枝叶上喷洒 10% 吡虫啉可湿性粉剂 2000 倍液或 25% 噻嗪酮可湿性粉剂 1500～2000 倍液等。

7.62 枣大球坚蚧

【学名】 *Eulecanium giganteum* (Shinji)，属半翅目蚧科，又称瘤坚大球蚧、枣球蜡蚧。

【寄主与危害】 危害枣属、梨属、李属、核桃属、杨属、柳属、榆属等。以雌成虫、若虫在枝干上刺吸汁液为害，寄主受害后，导致大量落果、减产，严重时致整株死亡。

【形态特征】 成虫：雌成虫成熟体半球形，背面鲜黄色或象牙色，带有整齐的紫褐色斑，背中为粗纵带，带的两端扩大呈哑铃状，后端扩大部包住尾裂，背中纵带两侧各有大黑斑两纵排，每排黑斑 5～6 个。孕卵后体前半部分高突后半部分斜狭，背面常有毛绒状蜡质分泌物，腹面常为不规则圆形，产卵后死体半球形或近球形，深褐色，体长、宽 18～19 mm，高约 14 mm，红褐色花斑及绒毛蜡被消失，背面强烈向上隆起，硬化，壁薄表面光滑洁亮，分布少数大小不同的凹点。雄成虫体长约 2 mm、翅展约 5 mm，头部黑褐色，前胸及腹部黄褐色，中、后胸红棕色，腹末针状，两侧各有白色长蜡丝 1 根，其长度约是体长的 1.6 倍。卵：长椭圆形，长约 0.3 mm，初产米黄色，渐变红棕色，被白色蜡粉。若虫：初孵体长椭圆形，橘红色，背中线具深红色条斑 1 块，腹末具白色长毛 1 对，足、触角健全，末期长约 0.6 mm，黄褐色，体背形成白色薄介壳，2 根长毛部分露出壳外。2 龄体长约 2 mm，背部逐渐形成环状蜡斑 3 个，壳边缘具刺毛，末期 2 根外露的长毛仅见残迹。蛹：体长椭圆形，淡褐色，长约 2.2 mm、宽约 0.9 mm，眼点红色。茧：长卵圆形，毛玻璃状，有蜡块，边缘有整齐蜡丝。如图 7.62 所示。

(a) 雌成虫及危害状

(b) 雌成虫、初孵若虫

(c) 雌成虫及若虫

(d) 雌成虫

图 7.62 枣大球坚蚧

【生活习性】一年1代,以若虫在枝干上越冬。翌年3月末在柳树吐绿芽5~10 mm时,若虫开始活动,选择幼嫩枝条为害。4月中旬雌体迅速膨大,密集出现在枝条上。4月中旬雄蛹大量羽化。5月上旬雌成虫开始产卵,每头雌虫产卵4200~9000粒,卵期约25天。5月下旬为若虫孵化盛期。10月下旬落叶前若虫陆续转移到枝条上越冬。

【防治措施】(1)栽培措施:加强养护管理,及时修剪受害严重的虫枝。发生较多时,可用毛刷刷除虫体。

(2)化学防治:在初孵若虫期,喷洒10%吡虫啉可湿性粉剂2000倍液或25%噻嗪酮可湿性粉剂1500~2000倍液等。

7.63 杏毛球坚蚧

【学名】*Didesmococcus koreanus* Borchsenius,属半翅目蚧科,又名朝鲜毛球蚧。

【寄主与危害】主要危害垂丝海棠、樱、桃、李、梅、杏等核果类植物。寄生于植物枝叶及当年生新枝上,若虫和雌成虫刺吸枝、叶;受害严重时,枝条上布满虫体,引起花木整株及成片枯死。

【形态特征】成虫:雌成虫蜡壳近球形,后面垂直,前面和侧面下部凹入。初期红褐色,产卵后变成黑褐色,介壳上有凹点,常覆盖有透明的薄蜡片,长3.5~4.2 mm、体宽3~3.5 mm、高2.8~3.2 mm。雄成虫蜡壳长形,灰白色稍凸起,毛玻璃状,后背有1条横缝,背面2条纵沟。雄成虫红褐色,体长1.2~1.5 m,头宽尾窄,薄翅、透明,翅脉2条,其中1条不明显,触角丝状10节,交配器坚硬,锥状。卵:椭圆状卵形,淡黄色或浅褐色,长0.12~0.18 mm,宽0.07~0.11 mm,体光滑。若虫:椭圆状梭形,扁平,淡黄色或浅红褐色,触角6节,眼发达。如图7.63所示。

(a) 危害状(局部)　　(b) 雌虫　　(c) 雌虫及卵

图7.63 杏毛球坚蚧

【生活习性】一年1代,以2龄若虫在枝条上越冬。越冬若虫2月中下旬开始分化,大部分进入雌成虫期,部分演化为雄虫进入预蛹期。雄虫经过蛹期发育为雄成虫,与雌成虫交配后不久即死亡。3月下旬受精雌成虫开始产卵,4月中旬卵开始孵化,6月中旬若虫进入2龄期,10月底以2龄若虫在枝条上越冬。

【防治措施】参照枣大球坚蚧防治。

7.64 竹巢粉蚧

【学名】*Nesticoccus sinensis* Tang,半翅目粉蚧科。

图 7.64 竹巢粉蚧

【寄主与危害】危害毛竹、刚竹、紫竹、淡竹等竹类。寄生于当年生小枝的叶鞘内,造成枝叶枯死,竹林成片衰败。

【形态特征】雌成虫:梨形,红褐色,外被灰褐色球形蜡壳,固定于竹枝上。如图 7.64 所示。

【生活习性】一年 1 代,以受精后的雌成虫在当年新梢的叶鞘内越夏和越冬。翌年 2 月,雌虫边取食,边孕卵,边膨大,形成灰褐色球形蜡壳,外露于小枝上。5 月上、中旬若虫孵化,历时约 50 天。雄成虫 6 月上旬至 7 月上旬羽化,雌成虫 6 月上旬形成,6 月中旬大量出现,雌雄交尾后,雄虫死亡,而雌虫受精后,在叶鞘内缓慢发育并越冬。

【防治措施】(1)物理防治:春季在 5 月以前,发现雌虫取食、孕卵、膨大时即剪除小枝。

(2)化学防治:在 5 月上、中旬若虫盛孵期,喷洒 10% 吡虫啉可湿性粉剂 2000 倍液或 25% 噻嗪酮可湿性粉剂 1500~2000 倍液等,隔 10 天再喷药一次。

7.65 扶桑绵粉蚧

【学名】*Phenacoccus solenopsis* Tinsley,属半翅目粉蚧科。

【寄主与危害】危害葡萄科、葫芦科、茄科等植物 200 余种。若虫及雌成虫危害寄主的茎、叶、花等部位,导致植物生长势衰弱、生长缓慢或停止,最后失水干枯死亡。

【形态特征】雌成虫:卵圆形,淡黄色。若虫 3 龄,没有蛹期,2~3 龄若虫期体背可见成对的黑斑,足红色,腹脐黑色。被有白蜡粉,在胸部可见 1~2 对,腹部可见 3 对黑斑点,体缘有蜡突,均粗短,腹部末端 4~5 对较长。除去蜡粉后,在前、中胸背面亚中区可见 2 条黑斑,腹部 1~4 节背面亚中区有 2 条黑斑。在玻片上体阔卵圆形,长 2.5~2.9 mm,宽 1.6~1.95 mm,尾瓣发达,端毛长,触角 9 节,基节粗,其他节较细,单眼发达,突出,位于触角后体缘。雄成虫:体微小,红褐色,长 1.4~1.5 mm;触角 10 节,长约为体长的 2/3;足细长,发达;腹部末端有 2 对白色长蜡丝;前翅正常发达,平衡棒顶端有 1 根钩状毛。如图 7.65 所示。

【生活习性】一年 10 代以上,以卵或其他虫态在植物上或土壤中越冬,翌春开始活动。此虫多营孤雌生殖,属于卵胎生。卵至成虫发育历期 37 天,卵产于白色卵囊内,有卵 150~200 粒,且多数孵化为雌虫,卵期很短,仅 3~7 天。若虫期 22~25 天,孵出后即爬行取食为害,取食点不固定,1 龄历期 6 天,2 龄 8 天,3 龄 10 天。2 龄后若虫至成虫大多聚集在寄生植物叶背、叶柄、嫩茎、嫩枝、花蕾等部位吸食。

【防治措施】(1)植物检疫:严格进行植物检疫,不从疫区引进苗木,发现疫情立即销毁或积极防治,以防扩散。

（2）化学防治：喷洒5%吡虫啉乳油500～800倍液，每隔5～7天喷一次，连喷3次即可。

(a) 危害状1　　(b) 危害状2　　(c) 危害状3

(d) 初孵若虫　　(e) 成虫及若虫1　　(f) 成虫及若虫2

图7.65　扶桑绵粉蚧

7.66　栗绛蚧

【学名】*Kermes nawae* Kuwana，属半翅目绛蚧科。

图7.66　栗绛蚧

【寄主与危害】危害板栗、锥栗、茅栗。以雌成虫和若虫固定在寄主细枝上吸食汁液，影响植株生长发育，降低结实，甚至绝产、枯死。

【形态特征】雌成虫：近球形，宽径4.5～6.5 mm，黄褐色。背面有5～7条黑色横带，前3条较宽，横带中部各有1对黑色圆斑。腹面和臂部分泌许多白色絮状物。如图7.66所示。

【生活习性】一年1代，以2龄若虫在枝条芽基或伤疤处越冬。翌年3月上旬日平均气温达 10 ℃ 时,越冬雄若虫迁移至虫枝基部附近的皮缝、伤口等隐蔽处聚集并结茧化蛹,而越冬雌若虫则原处固定取食,蜕皮进入 3 龄期。3 月下旬成虫开始羽化,交尾后雄虫很快死亡。雌虫受精后发育很快,背面凸起呈球形。5 月上旬为产卵盛期,每雌虫可产卵 2000 粒以上。若虫孵化后爬行寻找适合部位定居,定居在叶柄、芽基的若虫发育为雌虫,寄生在枝上的发育为雄虫,均以 2 龄若虫越夏、越冬。

【防治措施】(1) 物理防治:在 4 月上旬至 5 月中旬,人工清除枝干上的雌成虫。

(2) 化学防治:在若虫孵化盛期,喷洒 10% 吡虫啉可湿性粉剂 2000 倍液或 25% 噻嗪酮可湿性粉剂 1500~2000 倍液等。

7.67 麻皮蝽

【学名】*Erthesina fullo* (Thunberg),属半翅目蝽科。

【寄主与危害】危害柳、悬铃木、槐、臭椿、泡桐、桃、石榴、合欢等。成虫、若虫吸食枝干液汁,使枝叶枯萎,梨、猕猴桃等果木被刺吸后可导致果实畸形、早落,造成严重减产。

【形态特征】成虫:体长 20~25 mm。虫体黑色,密布黑色刻点和不规则细小黄斑。触角 5 节,基部有 1 段为黄白色。头部中央至小盾片基部有 1 条黄色细线,前胸背板前缘有黄色窄边,胸部腹面黄白色,节间黑色。卵:长约 2 mm,浅黄色,近球形。若虫:长 16~18 mm,虫体黑色,全身被白粉,头中央至小盾片有 1 条浅黄色中线,翅芽内缘基部有红色斑点。如图 7.67 所示。

(a) 卵及初孵若虫

(b) 若虫 1

(c) 若虫 2

(d) 成虫

图 7.67 麻皮蝽

【生活习性】一年2代,以成虫在树皮、墙缝、屋檐下等处越冬。翌年3月活动,4月下旬至5月中旬产卵于叶背,排列成块状。4~6天后若虫孵化,初孵若虫常在卵块上静伏28天,2龄后分散危害。

【防治措施】(1)栽培措施:冬季清除林园内的枯枝落叶、杂草并翻土,刷白植株。

(2)化学防治:用3%高效氯氰菊酯微胶囊水悬浮剂或10%吡虫啉可湿性粉剂1000倍液等进行喷雾防治。

7.68 茶翅蝽

【学名】*Halyomorpha halys*(Stål),属半翅目蝽科,又名臭木蝽象、茶色蝽。

【寄主与危害】危害丁香、海棠、山楂、榆、桑、樱桃、樱花、梨、桃、苹果等。若虫、成虫刺吸叶片、嫩梢和果实的汁液,受害严重时,影响林木、果树的生长及果品质量和观赏效果。

【形态特征】成虫:近椭圆形,体长约15 mm、宽约9 mm,灰褐色略带紫色。复眼球形,黑色。体扁平,前胸背板、小盾片和前翅革质部均有黑褐色刻点,前胸背板前缘有4个黄褐色横列小点,小盾片基部有5个横列黄色点,腹部两侧各节均有1个黑斑。卵:短圆形,初为灰白色,渐变黑褐色,块状。若虫:初孵时体长约1.5 mm,近圆形,高龄老熟若虫与成虫相似,无翅,前胸背板两侧有刺突,各腹节两侧节间皆有长方形黑斑,共8对。如图7.68所示。

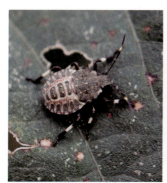
(a)低龄若虫

(b)高龄若虫

(c)成虫

图7.68 茶翅蝽

【生活习性】一年1代,以成虫在屋檐下、窗缝、墙缝、草丛、草堆处越冬。5月上旬开始活动,刺吸植物汁液。成虫有假死性。成虫产卵于寄主植物的叶背,卵成块状,每块20~30粒,卵期10~15天。初孵若虫群集为害,后逐渐分散。

【防治措施】(1)物理防治:为害期的清晨人工振落和捕杀成虫、若虫。

(2)化学防治:若虫期喷洒50%辛硫磷乳油800倍液或10%吡虫啉可湿性粉剂1000倍液等。

7.69 广二星蝽

【学名】*Stolia ventralis*(Westwood),属半翅目蝽科。

【寄主与危害】危害水稻、小麦、高粱、玉米、小米、甘薯、棉花、大豆、马兰、牛皮冻等。成虫、若虫多在嫩茎、穗部及较老的叶片上吸取汁液,寄主受害处呈黄褐色小点,重至嫩茎枯萎、叶片变黄、穗部形成瘪粒、空粒或落花。

【形态特征】成虫:体长4.8~6.3 mm、宽3.2~3.8 mm。卵形,黄褐色,密被黑色刻点。头部黑色或黑褐色。小盾片前缘两侧各具1个黄白色斑点。卵:长、宽均约0.7 mm,近圆形,初产时淡黄色,中期黄褐色,近孵化时为红褐色。卵壳网状,密披黑褐色刚毛。若虫:1龄体近圆形,头、胸褐色或微带紫色,胸侧和腹部紫褐色,全身被有黑色刻点。5龄体头部茶褐色,胸、腹浅黄褐色或浅灰黄色。如图7.69所示。

【生活习性】一年4代,以成虫在杂草丛中和枯枝落叶下越冬。越冬成虫4月上旬开始活动,4月中旬至5月中旬产卵。第1代若虫4月下旬至5月下旬孵化。第2代若虫6月下旬至7月下旬孵化。第3代若虫7月底至9月初孵化。第4代若虫8月底至10月下旬初孵化,9月中旬末至11月中旬末羽化,11月中、下旬开始蛰伏越冬。

图7.69　广二星蝽

【防治措施】参照茶翅蝽防治。

7.70　瓦同缘蝽

【学名】*Homoeocerus walkerianus* Lethierry & Severin,属半翅目缘蝽科。

【寄主与危害】危害黄檀、合欢、糯米条、松、樟、桑等。在嫩茎、嫩枝及较老的叶面吸汁为害,受害处呈黄褐色小点,严重时叶片出现小褐斑,最后穿孔或提早脱落,嫩茎、嫩枝凋萎枯死。

【形态特征】成虫:体狭长,两侧缘几乎平行。鲜黄绿色,头、前胸背板和前翅绝大部分褐色。足淡黄绿色。腹部侧接缘不扩展,全为前翅所覆盖,腹背红褐或红色,末端黑色。卵:菱形,贴物面平坦,背面中部隆起,卵壳网纹状,有发亮的圆晕,假卵盖周缘有18枚红褐色精孔突。初产时黄褐色,中期紫褐色,后期转为深褐。若虫:洋梨形,头、触角、胸部两侧和足紫黑色,胸部背板和腹部黄绿色。5龄体长椭圆形,头、胸部背板中央淡黄褐色,中胸、后胸、腹部、翅芽和足黄绿色。如图7.70所示。

图7.70　瓦同缘蝽

【生活习性】一年2代,部分3代,以成虫在枯草丛中以及松、樟等常绿树枝叶茂密处越冬。翌年4月中旬开始活动,4月下旬至5月下旬产卵,6月上旬死亡。第1代若虫于5月上旬至6月中旬孵出,6月中旬初至7月下旬羽化。第2代若虫于7月上旬至8月中旬孵出,最早8月上旬开始羽化,8月中、下旬产卵;8月中旬以后羽化者,则在9月中旬后陆续进入越冬。部分第3代若虫于8月下旬至9月初孵出,9月底至10月上旬羽化,10月中旬至12月上旬陆续蛰伏越冬。卵聚生,多产于寄主叶片正面近叶柄的主脉处。雌虫每次产卵12~20粒,成行或成块疏散排列。

【防治措施】参照茶翅蝽防治。

7.71 华沟盾蝽

图 7.71 华沟盾蝽

【学名】*Solenostethium chinense* Stål,属半翅目盾蝽科。

【寄主与危害】危害棉花、柑橘和油茶。

【形态特征】成虫体长 15～15.5 mm、宽 9.5～10 mm,卵圆形,背部隆起,腹面较平,棕褐色。如图 7.71 所示。

【生活习性】3～10 月均可见成虫,以成虫越冬。5～8 月成虫发生量较大。

【防治措施】参照茶翅蝽防治。

7.72 悬铃木方翅网蝽

【学名】*Corythucha ciliate* (Say),属半翅目网蝽科。

【寄主与危害】危害悬铃木等。成虫、若虫刺吸叶片汁液,致使叶片黄化脱落,影响生长。

【形态特征】成虫:雄虫比雌虫个体稍小,雌虫腹部肥大,末端圆锥形,产卵器明显,头顶及体腹面黑褐色,足和触角浅黄色,触角短于前胸背板。卵:乳白色,茄形,顶部有卵盖,卵盖椭圆形,褐色,中部稍拱突。若虫:若虫有 5 个龄期,腹部黑褐色,侧缘黄白色,背面中央纵列 4 枚单刺,两侧各有 6 枚二叉刺突。如图 7.72 所示。

(a) 危害状

(b) 卵(显微照)

(c) 初孵若虫

(d) 若虫1

图 7.72 悬铃木方翅网蝽

(e) 若虫2　　　　　　　　　　(f) 若虫(显微照)

(g) 成虫(显微照)　　　　　　　(f) 成虫

图7.72　悬铃木方翅网蝽(续)

【生活习性】一年5~6代,11月中下旬开始以成虫在翘起的树皮下、根际土中或杂草下越冬。越冬成虫于翌年4月上旬开始转移到叶片上为害并相继交配、产卵;4月下旬转移结束。成虫发生高峰期分别为:5月下旬至7月下旬、7月上旬至8月下旬、7月下旬至9月下旬、8月下旬至10月上旬;世代重叠明显。第1代历期近70天;在夏秋两季的高温期,1个世代约40天;第2代后开始出现世代重叠,以第5代或第6代成虫在悬铃木树皮下、地面枯枝落叶下、树冠下和绿篱中越冬。

【防治措施】(1)物理防治:秋季刮除疏松树皮层并及时收集销毁落地虫叶;树干涂白减少越冬虫源。

(2)化学防治:喷施10%吡虫啉可湿性粉剂2000倍液,每隔15~20天喷一次,连续喷2~3次。

7.73　杜鹃冠网蝽

【学名】*Stephanitis pyrioides*(Scott),属半翅目网蝽科。

【寄主与危害】危害杜鹃、月季、山茶、含笑、茉莉、蜡梅、紫藤等盆栽花木。若虫和成虫吸食叶片汁液,排泄的粪便使叶片背面呈锈黄色,叶片正面出现白色斑点,严重影响光合作用,致使植物生长缓慢,提前落叶,极大地影响观赏价值。

【形态特征】成虫:体长3~3.4 mm、宽1.8~2 mm。头部小,褐色,头刺5枚,灰黄色。复眼大而突出,黑褐色。触角4节。前胸背板发达,黄褐色,密布刻点。翅膜质透明,翅脉暗黑色,前翅布满网状花纹,两翅中间接合处可见一明显的"X"形花纹。卵:长椭圆形,一端弯曲,长约0.6 mm。初产时淡绿色,半透明,后变淡黄色。若虫:共5龄。初孵时乳白色,后渐变暗褐色,长约 1.9 mm。3 龄时翅芽明显,外形似成虫,在前胸、中胸和腹部第 3～8 节的两侧均有明显的锥状刺突。如图 7.73 所示。

(a) 危害状

(b) 成虫

图 7.73　杜鹃冠网蝽

【生活习性】一年 4～5 代,各地均以成虫在枯枝、落叶、杂草、树皮裂缝以及土、石缝隙中越冬。4 月上中旬越冬成虫开始活动,集中到叶背取食和产卵。卵产在叶肉内,上面附有黄褐色胶状物,卵期约 15 天。初孵若虫多数群集在主脉两侧为害。若虫蜕皮 5 次,经 15 天左右变为成虫。第 1 代成虫 6 月初发生,以后各代分别在 7 月、8 月初、8 月底、9 月初。7～8 月为为害盛期,9 月虫口密度最高,10 月下旬后陆续越冬。成虫喜在中午活动,每头雌成虫的产卵量因寄主不同而不同,从数十粒至上百粒,卵分批产,常数粒至数十粒相邻,产卵处外面都有 1 个中央稍为凹陷的小黑点。

【防治措施】(1) 栽培措施:冬季彻底清除盆花、盆景园内的落叶、杂草,及时中耕除草。

(2) 物理防治:及时摘除受害叶片。

(3) 化学防治:喷施 10% 吡虫啉可湿性粉剂 2000 倍液,每隔 15～20 天喷一次,连喷 2～3 次。

7.74　娇膜肩网蝽

【学名】*Hegesidemus habrus* Drake,属半翅目网蝽科。

【寄主与危害】危害柳树、杨树。

【形态特征】成虫:体长约 3 mm,暗褐色。头小,褐色,头兜屋脊状,前端稍锐,覆盖头顶,触角 4 节,细长,浅黄褐色。侧背板薄片状,向上强烈翘伸;前胸背板浅黄褐色、黑褐色,遍布细刻点,中隆线和侧隆线呈纵脊状隆起,侧隆线基部与中隆线平行,其前伸向外分枝,至胝部又向内略弯。三角突近端部具大褐斑 1 块。前翅透明,黄白色,具网状纹,前缘基部稍翘,后域近基处具菱形隆起,翅上有"C"形暗色斑纹。腹部黑褐色,侧区色淡,足淡黄色。卵:长椭圆形,略弯,乳白色、淡黄色、浅红色至红色。若虫:4 龄头黑色,腹部黑斑分成 3 小块并与尾须连接。如图 7.74 所示。

【生活习性】一年 3 代,以成虫在枯枝落叶下或树皮缝中越冬。翌年 5 月越冬成虫活动,成行产卵于叶背主脉和侧脉内,并用黏稠状黑液覆盖产卵处。卵期 9～11 天,各龄若虫期分别为

20天、15天和17天。成虫、若虫具有群集习性。

(a) 危害状(杨树)　　(b) 若虫(杨树)

(c) 成虫(柳树)　　(d) 成虫(杨树)

图7.74　娇膜肩网蝽

【防治措施】(1) 化学防治:喷施10%吡虫啉可湿性粉剂2000倍液,每隔15～20天喷一次,连喷2～3次。

(2) 生物防治:保护天敌卵寄生蜂和瓢虫。

7.75　樟脊冠网蝽

【学名】*Stephanitis macaona* Drake,属半翅目网蝽科。

【寄主与危害】危害香樟。成虫、若虫在叶片背面刺吸汁液,造成叶面出现黄白色细小斑点,受害严重时斑点成片可致全叶失绿,使植物长势衰弱,提早落叶,影响景观。

【形态特征】成虫:体长3.5～3.8 mm、宽1.6～1.9 mm,体扁平,椭圆形,茶褐色。头小,腹眼黑色,单眼较大,触角稍长于身体,黄白色。前翅膜网状,白色透明有光泽,前缘有许多颗粒状突起,中部稍凹陷,翅中部稍前和近末端各有1个褐色横斑,翅末端钝圆。足淡黄色,跗节浅褐色,臭腺孔开口于前胸侧板的前缘角上。胸部腹板中央有一长方形薄片状的突环。雌虫腹末尖削,黑色;雄虫较钝,黑褐色。卵:长0.32～0.36 mm、宽0.17～0.2 mm。茄形,初产时乳白色,后期淡黄色。如图7.75所示。

【生活习性】一年4代,以卵在寄主的叶片组织内越冬。第1代若虫于4月下旬孵出。第2代若虫于6月中旬孵出。第3代若虫于7月中旬至8月上旬孵出。第4代若虫8月下旬至9

月下旬孵出,9月中旬~10月中旬羽化,9月底至11月中旬产卵。卵分布在叶背主脉和第1分脉两侧的组织内,疏散排列,上覆灰褐色胶质或褐色排泄物。成虫和若虫性喜荫蔽,不活泼。

（a）危害状（叶片正面）　（b）危害状（叶片背面）　（c）危害状与若虫

（d）若虫　　　　　　　（e）成虫与若虫

图 7.75　樟脊冠网蝽

【防治措施】参照娇膜肩网蝽防治。

7.76　梨冠网蝽

【学名】*Stephanitis nashi* Esaki et Takeya,属于半翅目网蝽科,又名梨网蝽,俗称军配虫、花编虫。

【寄主与危害】危害桃、梨、海棠、樱花、桑、泡桐等。吸食树叶汁液并产生大量分泌物覆盖于叶表,致受害叶干枯脱落。

【形态特征】成虫:体长约3.5 mm,扁平,暗褐色至黑褐色,具黑斑纹。头刺5枚,前端3枚向前斜伸,两复眼内侧各1枚。触角第1节的长度为第2节的3倍。前胸背板黑色,头兜侧面观宽扁,扇形,正面观脊状,前端尖,伸达头顶,上具大网室,最宽处网室4枚。侧脊短,白色,片状,中脊及头兜中部具大黑斑;两侧与前翅均有网状花纹,静止时两翅重叠,中间黑褐色斑纹呈"X"形。卵:长约0.6 mm,长椭圆形,淡黄色,略透明,一端弯曲、上翘,上端具卵盖。若虫:老龄体形似成虫,腹部有锥形刺,初孵时白色,后渐成深褐色,共5龄,3龄后长出翅芽。如图7.76所示。

【生活习性】一年4~5代,以成虫在枯枝落叶、树皮缝、杂草及根际土块中越冬。翌年4月上中旬成虫开始活动,集中到叶背取食、产卵。卵产于叶组织内,上覆盖黄褐色分泌和排泄的黏胶状物。5月下旬孵化,初孵若虫多群集在主脉两侧。若虫蜕皮5次。第1代成虫6月初出现。以后各代出现期为7月上旬、8月初、9月初。有世代重叠现象。7~8月为为害盛期。干燥高温天气虫害严重。10月后成虫停止取食,开始越冬。

(a) 危害状　　　　　　(b) 若虫

(c) 成虫、若虫　　　　(d) 成虫

图7.76　梨冠网蝽

【防治措施】(1)物理防治:秋冬季在受害严重的植株干部扎草把诱集越冬成虫,并在翌年3月前集中烧毁。

(2)化学防治:若虫孵化盛期,特别是在第1代若虫孵化期进行喷药防治,可用10%吡虫啉可湿性粉剂2000倍液或1.2%苦烟乳油800~1000倍液等。

7.77　樟颈曼盲蝽

【学名】*Pachypeltis cinnamomi* Zheng & Liu,属于半翅目盲蝽科。

【寄主与危害】危害樟树。若虫和成虫在叶背吸汁,同时也危害叶柄和小嫩枝。受害叶片两面形成褐色斑,少部分叶背有黑色的点状分泌物,继而造成大量落叶。受害严重时整株树叶全落光成秃枝。

【形态特征】成虫:长椭圆形,有明显光泽。雌虫、雄虫非常相似,雄虫略小。头黄褐色,头顶中部有1道隐约的浅红色横带,前端中央有1个黑色大斑。复眼发达,黑色。颈黑褐色。喙淡黄褐色,末端黑褐色,被淡色毛。触角珊瑚色。若虫:半透明,光亮,浅绿色。卵:产于叶柄、叶主脉及嫩梢皮层内,乳白色、光亮、半透明、长茄状、略弯。如图7.77所示。

(a) 危害状　　　　　　　　(b) 若虫(低龄)

(c) 若虫(高龄)　　　　　　(d) 成虫

图 7.77　樟颈曼盲蝽

【生活习性】一年3~4代,以卵在樟叶柄、主脉及嫩枝皮层内越冬。4月中下旬至5月上旬越冬卵开始孵化。5月上旬至中旬出现第1代成虫,并于6月下旬产卵。6月下旬是第1代卵孵化盛期。若虫一般历期14~21天,成虫历期变化大,世代重叠十分明显。为害高峰期在8月中旬至9月中旬。

【防治措施】化学防治:在第1、2代若虫期、成虫期,采用10%吡虫啉可湿性粉剂1000~1500倍液、25%的敌杀死(溴氰菊酯)1500倍液或0.5%的苦参碱水剂800~1000倍液喷雾防治。

7.78　淡娇异蝽

【学名】*Urostylis yangi* Maa,属半翅目异蝽科。

【寄主与危害】主要危害板栗和茅栗。若虫刺吸嫩芽、幼叶,受害处最初出现褐色小点,随后变黄,顶芽皱缩、枯萎。

【形态特征】成虫:椭圆形,初为草绿色,后黄绿色。头小三角状,触角5节,第1节草绿色,其余各节浅赭色,第3~5节末端深赭色。前胸背板梯形,小盾片三角形,端部尖锐,翅长超过腹部末端,外革片散布细小黑色刻点,外缘橙黄色,膜片透明无色。腹下浅赭色或草绿色。足浅赭色,腿节稍粗,胫节较长,跗节3节。卵:椭圆形或卵圆形,乳黄白色,一端稍钝圆,具有3根白色锤状附毛。卵呈2~4行排列。若虫:5龄老熟若虫草绿色,翅芽明显。如图7.78所示。

  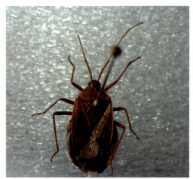

（a）卵块　　　　　　　　　（b）卵块及初孵若虫　　　　　　　　（c）成虫

图 7.78　淡娇异蝽

【生活习性】一年 1 代,以卵越冬。翌春 3 月下旬至 4 月上旬,越冬卵孵化。若冬季温度高,在 11~13 ℃下,只需 43 天,不经越冬便在当年 12 月下旬全部孵化。初龄若虫经 10~44 天蜕皮,初龄若虫及 2 龄若虫在卵块周围静伏,3 龄若虫较活泼,在 4 月中下旬出现后即开始上树活动,在嫩芽、叶背、花序、苞梗基部嫩梢处吸食汁液。成虫 5 月上中旬羽化,寿命长达 190~200 天,体色随板栗的季节发育发生由浅至深的相应变化。卵块产于落叶的卷曲内面及落叶的重叠处,也有卵块产在树皮缝及杂草基部。

【防治措施】化学防治:在 5 月上中旬若虫群集为害时,以及 10 月底至 11 月上旬成虫群集交尾期,喷施 10%吡虫啉可湿性粉剂 1000~1500 倍液等。

第 8 章 鞘翅目害虫

8.1 日本松脊吉丁

【学名】*Chalcophora japonica* Gory，属鞘翅目吉丁虫科，别名日本吉丁虫。

【寄主与危害】危害马尾松。

【形态特征】成虫：体纺锤形，金铜色。胸部中间具粗黑中脊，后缘中间凸起弧形折缘，前胸和鞘翅上具黑色纵行隆起，下陷纵沟金铜色，鞘翅两侧隆起和侧缘折起平行，下部侧缘具小锯齿。幼虫：体黄白色。如图 8.1 所示。

【生活习性】一年 1 代，以老熟幼虫在树干内越冬。幼虫钻蛀枯死枝。5 月成虫羽化。

【防治措施】（1）物理防治：成虫羽化期人工捕杀。

（2）化学防治：在成虫羽化前期，向树干喷洒 3% 高渗苯氧威乳油 1000 倍液，或 0.3% 印楝素乳油 1000 倍液，或 48% 噻虫啉悬浮剂 2000 倍液，或 25% 噻嗪酮可湿性粉剂 1500 倍液等。

图 8.1 日本松脊吉丁

8.2 铜绿丽金龟

【学名】*Anomala corpulenta* Motschulsky，属鞘翅目丽金龟科，又名铜绿异丽金龟、铜绿金龟子。

【寄主与危害】危害杨、柳、榆、松、杉、栎、油茶、核桃、苹果、梨等多种林木和果树。成虫取食芽、叶片，形成不规则的缺刻或孔洞。虫害严重时，林木叶片常在几天内被食光，仅留粗脉。幼虫危害林木根系，影响幼苗、幼树成活和正常生长。

【形态特征】成虫：体长 24～30 mm、宽 15～18 mm，背面铜绿色，有光泽。头部较大，深铜绿色。有纵脊 2～3 条，复眼黑色，大而圆。触角 9 节，黄褐色。臀板三角形，上有三角形黑斑 1 个。卵：近球形，长约 2.3 mm，宽约 2.1 mm，初为乳白色，后渐变为淡黄色。幼虫：体长约 30 mm、宽约 12 mm，头部暗黄色，近圆形，前顶毛每侧各 8 根，后顶毛 10～14 根，腹末端 2 节灰白色，其表皮内为泥褐色，微带蓝色，肛门孔横裂状。蛹：椭圆形，长约 25 mm、宽约 13 mm，土黄色，稍扁，末端圆平。雌蛹末节腹面平坦且有 1 条细小的飞鸟形皱纹，雄蛹末节腹面中央有乳头状突起。如图 8.2 所示。

【生活习性】一年 1 代，以 3 龄幼虫在土中越冬。翌年 5 月越冬幼虫开始化蛹。成虫出现在 6 月，6 月下旬至 7 月上旬

图 8.2 铜绿丽金龟

为高峰期,8月下旬终止。7月见卵,8月孵化出幼虫,11月幼虫深藏越冬。成虫食性杂、食量大,群集为害。有假死性和强烈的趋光性。成虫一生交尾多次。产卵多选择在果树下5~6 mm土壤中或周围农作物根系附近土中,卵散产。幼虫一般在清晨和黄昏由土壤深层爬到表层,咬食苗木近地面的茎部、主根和侧根。1、2龄幼虫多出现在7、8月,食量较小,9月后大部分变为3龄,食量猛增,越冬后又继续为害至5月。化蛹前先做1个土室。预蛹期13天,蛹期9天。

【防治措施】(1) 栽培措施:加强管理,中耕锄草、松土,捕杀幼虫。

(2) 物理防治:黑光灯诱杀成虫;傍晚用振落法捕杀成虫;用酸菜汤拌锯末诱杀成虫。

(3) 化学防治:用50%辛硫磷800倍液浇灌土壤。用90%敌百虫800倍液,或3%高渗苯氧威乳油1000倍液,或0.3%印楝素乳油1000倍液,或48%噻虫啉悬浮剂2000倍液等毒杀成虫。

8.3 中华弧丽金龟

【学名】*Popillia quadriguttata* (Fabricius),属鞘翅目丽金龟科。

【寄主与危害】危害樱桃、桃、葡萄、李、杏、柿等果树。

图8.3 中华弧丽金龟

【形态特征】成虫:体长7.5~12 mm、宽4.5~6.5 mm,椭圆形,翅基宽,前后收狭。头和前胸金绿色,鞘翅浅褐色至草黄色,外缘褐色至黑绿色,具金属光泽。腹部末端露出鞘翅外,臀板基部有2个白色斑,腹节两侧缘有1个白毛斑。卵:椭圆形,长径1.5 mm、短径1 mm,初产时乳白色。幼虫:长12~18 mm,头赤褐色,体乳白色。老熟体头前顶每5~6根侧毛排成一纵列,肛背片后部由细缝围成心圆形臀板,覆毛区刺毛"八"字形岔开,每列毛6~7根。蛹:长9~13 mm,宽5~6 mm,唇基长方形,触角靴状。蛹:黄褐色,第2~7腹节两侧锥状突起,尾节三角形,端部双峰状。如图8.3所示。

【生活习性】一年1代,以幼虫越冬。翌年4月越冬幼虫上移至表土层活动,6月幼虫老熟化蛹,蛹期8~20天。6月中下旬至8月下旬成虫羽化。6月下旬开始产卵,7月中旬至8月上旬为产卵盛期,盛期8~18天。秋末幼虫3龄左右进入越冬。成虫白天活动,飞行力强,有假死性。晚间潜伏土石下,无趋光性。成虫出土后取食,群集为害,数天后交尾产卵,每雌虫产卵20~65粒,分多次产出。成虫寿命18~30天。老熟幼虫深入土中3~8 mm处做蛹室化蛹。

【防治措施】参照铜绿丽金龟防治。

8.4 无斑弧丽金龟

【学名】*Popillia mutans* Newman,属鞘翅目丽金龟科。

【寄主与危害】危害月季、紫藤、紫薇、葡萄、柿、大丽花、金盏花、蜀葵、唐菖蒲。成虫危害各种花卉,受害花冠残缺不全,凋谢早落。幼虫取食植物根部。

【形态特征】成虫:体长11~14 mm、宽6~8 mm。体深蓝色带紫色,有绿色闪光。背面中间宽,稍扁平,头尾较窄,前胸背板弧拱明显,盘区光滑,侧缘中部外扩呈弧状。鞘翅宽短,蓝紫色,翅面有刻点沟线6条,第2条短,略过中部,小盾片后侧各有深横陷1个。中胸腹突长,达前足基部。第1~5腹节两侧具白色毛斑,臀板外露,无白色毛斑。足黑色粗壮,前足胫节外缘2齿。卵:近球形,乳白色。幼虫:体长24~26 mm,弯曲呈"C"形,乳白色,蛴螬型,背面有圆形开口的骨化环,环内密布细毛。刺毛列由长针毛组成,每列毛5~7根,尖端相交,后方略岔开,为钩毛区所包围。头黄褐色,体多皱褶,肛门孔呈横裂缝状。蛹:裸蛹,乳黄色,后端橙黄色。如图8.4所示。

【生活习性】一年1代,以末龄幼虫越冬。翌年5月化蛹,蛹期约15天。成虫羽化后要补充营养,危害各种花卉。卵产于土中,卵期约15天。幼虫孵化后在土中取食细根和腐殖质,10月气温下降,幼虫向深土层移动和越冬。成虫有假死性和趋光性。

【防治措施】参照铜绿丽金龟防治。

图8.4　无斑弧丽金龟

8.5　斑青花金龟

【学名】*Oxycetonia bealiae* (Gory et Percheron),属鞘翅目花金龟科。

【寄主与危害】危害扶桑、含笑、海桐、杜鹃花、桑等树。成虫危害林木花卉和果树的花器,导致大量落花,影响果实品质及观赏价值。幼虫危害植物根部。

图8.5　斑青花金龟

【形态特征】成虫:体长13~17 mm、宽6~9 mm。与小青花金龟相似,但体背基本不被绒毛,密布点刻。头黑色,唇基前缘中部深凹,前胸背板半椭圆形,前窄后宽,栗褐色至橘黄色,两侧具有斜阔暗古铜色大斑各1个,大斑中央具小白绒斑1个。背面绿色至暗绿色,腹面黑褐色,具光泽。鞘翅暗青铜色,狭长,基部最宽,后方略收狭,中段具赭色近方形大斑1个,两翅上的黄褐斑构成较宽的倒"八"字形,在黄褐斑外缘下角垫有1个楔形黄斑,宽约1 mm,初乳白色渐变为淡黄色。幼虫:老熟幼虫体长约30 mm、头宽约3 mm,体乳白色,头部棕褐色或暗褐色,上额黑褐色,前顶、额中、额前旁侧各具1根刚毛,臀节肛腹片后部生长短刺状刚毛,覆毛区具1尖刺列。蛹:长约14 mm,初淡黄白色,后变橙黄色。如图8.5所示。

【生活习性】一年1代,以幼虫、蛹及成虫越冬。翌年4月上旬越冬成虫出土活动,4月下旬至6月盛发,以末龄幼虫越冬,在5~9月陆续羽化出土,雨后出土多,8月下旬成虫发生数量多。成虫飞行力强,具假死性,夜间入土或在树上潜伏,白天出来活动。成虫经取食后交尾、产卵,卵多散产于腐殖质多的土中、杂草或落叶下。幼虫孵化后以腐殖质为食,长大后危害根部,老熟后化蛹于浅土层。

【防治措施】参照铜绿丽金龟防治。

8.6 白星花金龟

【学名】*Potaetia brevitarsis*（Lewis），属于鞘翅目金龟子科，又名白星滑花金龟、白纹铜花金龟、白星花潜。

【寄主与危害】危害雪松、月季、榆、杨、桃、构等林木。成虫取食多种植物成熟的果实和穗。

图8.6　白星花金龟

【形态特征】成虫：体长18～22 mm，体色多变，古铜色、铜黑色或铜绿色，有光泽。前胸背板和鞘翅有众多条状、云状点白色绒斑。头方形，前缘微凹，稍向上翘。头面中央微隆起。复眼大而明显。触角10节，棕黑色。前胸背板近似钟形，前缘无边框，侧方密布斜波形或弧形刻纹，散布很多乳白色绒斑，有时沿侧缘有带状白纵斑。小盾片长三角形。腹部两侧及末端有白斑纹。卵：乳白色，圆球形或椭圆球形，长约3.5 mm、宽约3 mm。幼虫：体长24～39 mm、宽11～13 mm，头部褐色，胴部乳白色，腹末节膨大，肛腹片上的刺毛呈倒"U"形两纵列排列，每行刺毛19～22枚。体弯曲呈"C"形，多皱纹。蛹：裸蛹，卵圆形，体长20～23 mm，前端钝圆，后端渐削。蛹外包有土室。如图8.6所示。

【生活习性】一年1代，以3龄幼虫越冬。翌年5月～11月为成虫发生期，6～7月为盛发期。成虫常群集在树上的果实，树干的烂皮、凹穴等部位吸取汁液，在雨后天晴时最为常见。有假死性，趋光性。对糖醋液有趋性。卵产于有机质或粪堆里，孵化的幼虫则在土中生活。老熟幼虫吐黏液混合泥土，结成土室，在其中化蛹。从结土室到变蛹约需7天。羽化后在土室经7～10天，冲破土室而出。

【防治措施】参照铜绿丽金龟防治。

8.7 暗黑鳃金龟

【学名】*Holotrichia parallela* Motschulsky，属于鞘翅目鳃金龟科，又名暗黑金龟子、暗黑齿爪鳃金龟。

【寄主与危害】危害榆、柳、杨、核桃、桑、苹果、梨等树木以及大豆等农作物。成虫取食林果叶片造成秃枝光杆。幼虫危害植物地下根部。

【形态特征】成虫：长椭圆形，体长17～22 mm、宽9～11.3 mm，初羽化为红棕色，以后逐渐变为红褐色或黑色，体被淡蓝灰色粉状闪光薄层，腹部闪光更显著。唇基前缘中央稍向内弯和上卷，刻点粗大。触角10节，红褐色。前胸背板侧缘中央呈锐角状外突，刻点大而深，前缘密生黄褐色毛。每鞘翅上有4条可辨识的隆起带，刻点粗大，散生于带间，肩瘤明显。前胫节外侧有3个钝齿，内侧生2根棘刺，后胫节细长，端部一侧生有2个端距；跗节5节，末节最长，端部生1对爪，爪中央垂直着生齿。小盾片半圆形，端部稍尖。腹部圆筒形，腹面微有光泽，尾节光泽性强。雄虫臀板后端浑圆，而雌虫尖削。卵：初产时乳白色，长椭圆形，长约2.61 mm、宽约1.62 mm。幼虫：3龄幼虫平均头宽约5.6 mm，头部前顶毛每侧1根，位于冠缝侧，后顶毛每侧各1根。臀节腹面无刺毛列,钩状毛多,约占腹面的 2/3。肛门孔为三射裂状。蛹:体长 18~25 mm、宽 8~12 mm,淡黄色或杏黄色。如图 8.7 所示。

【生活习性】一年 1 代,多数以 3 龄幼虫在深层土中越冬,少数以成虫越冬。翌年 5 月初开始化蛹,6 月初见成虫,7 月中下旬为产卵期,7 月中旬至 10 月为幼虫为害期,10 月中旬进入越冬期。成虫有趋光性、假死性,飞翔力较强。喜飞至柳、杨、榆等树上交尾、觅食。黎明前入土潜伏。雌虫产卵于 9~10 mm 深的土中。

【防治措施】参照铜绿丽金龟防治。

图 8.7 暗黑鳃金龟

8.8 斑点喙丽金龟

【学名】*Adoretus tenuimaculatus* Waterhouse,又名茶色金龟,属鞘翅目丽金龟科。

【寄主与危害】成虫食叶危害月季、榆、柳、栀子花、茉莉、枫杨、板栗、桃、梨等林木。成虫危害植株叶片致缺刻或孔洞,影响观赏。幼虫危害植物地下根、茎,影响生长发育。

【形态特征】成虫:体长 10~11.5 mm、宽 4.5~5.2 mm,长椭圆形,茶褐色,全身密生黄褐色鳞毛,杂生灰白色毛斑,鞘翅上有 4 条纵棱。腹面栗褐色,密被绒毛。卵:长 1.7~1.9 mm,椭圆形,乳白色。幼虫:长 13~16 mm,体灰乳白色,头部黄褐色,尾节腹面散生不规则的 21~35 根钩状毛。蛹:长约 10 mm,椭圆形,前端钝圆,后渐尖削,初乳白色,后变黄色。如图 8.8 所示。

(a) 危害状

(b) 成虫

图 8.8 斑点喙丽金龟

【生活习性】一年 2 代,以幼虫越冬。翌年 4 月下旬至 5 月上旬越冬幼虫化蛹,5 月上旬至 6 月上旬羽化,成虫 6 月盛发,6 月中旬至 7 月产卵,6 月中旬卵始孵,7 月下旬至 8 月上旬始蛹。1 代成虫在 8 月上旬盛发,8~9 月为卵期。8 月下旬幼虫孵化,至 10 月下旬入土过冬。成虫白天潜伏在石块、表土下。黄昏时,外出群集于寄主植物枝的叶上取食嫩梢叶片,交尾、产卵,黎明前陆续飞回潜伏。有群集性和假死性。产卵于疏松的土壤中。

【防治措施】参照铜绿丽金龟防治。

8.9 星天牛

【学名】 *Anoplophora chinensis* (Forster),属鞘翅目天牛科,又名柑橘天牛、花牯牛。

【寄主与危害】 危害悬铃木、乌桕、核桃、杨、柳、榆、桑、柑橘等。成虫啃食枝干嫩皮。幼虫钻蛀枝干,造成枝干千疮百孔,受害严重的树易风折枯死。

【形态特征】 成虫:黑色,有金属光泽,体长27~41 mm。鞘翅基部有小颗粒,每翅具大小不同的小白斑约20个,排成5横行,斑点变异大,有时很不整齐。头部和体腹面被银灰色和部分蓝灰色细毛,但不形成斑纹。触角鞭状,第1、2节黑色,第3~11节每节基部有淡蓝色环。雌虫触角稍长于体,而雄虫则长于体1倍。前胸背板瘤状明显,侧刺突粗壮。小盾片及足的跗节被淡青色细毛。卵:长椭圆形,长5~6 mm、宽1.5 mm,两端稍弯。幼虫:老熟时体长38~60 mm,白色,前胸背板骨化区有"凸"字形斑,其上方有飞鸟形纹2个。中胸腹面,后胸及腹部第1~7节背、腹两面均有步泡突。背面的移动器呈椭圆形,中有横沟,周围呈不规则隆起,密生极细刺突。蛹:纺锤形,长30~38 mm,乳白色,老熟时黑褐色,触角细长,卷曲,翅、足外裸。如图8.9所示。

(a) 幼虫危害状　　(b) 幼虫1　　(c) 幼虫2

(d) 危害状(补充营养)　　(e) 成虫(刚羽化)　　(f) 雌成虫

图8.9　星天牛

(g) 雄成虫　　　　　(h) 成虫　　　　　(i) 羽化孔

(j) 排粪孔　　　　　(k) 交配中　　　　　(l) 成虫(根部产卵)

图 8.9　星天牛(续)

【生活习性】 一年1代,以幼虫在树干或主根木质部蛀道内越冬。翌年3月恢复活动为害,4月开始化蛹,5月成虫开始羽化,6月为羽化高峰期。成虫羽化后咬食嫩梢树皮补充营养。10~15天后交尾,交尾后3~4天产卵。产卵在树干基干部刻槽中,每槽1粒,并以分泌出的胶状物质封口。卵经9~15天孵化,7月是孵化高峰期。初孵幼虫从产卵处向下蛀食表皮和木质部。30天后开始蛀入木质部,达2~3 mm深度后,再转向上蛀,虫道加宽并开有通气孔,从中排出粪便。虫道横径20~40 mm,直径9~16 mm。幼虫共6龄。9月下旬后,幼虫又从上至下入蛹室越冬。

【防治措施】 (1) 物理防治:在成虫期羽化后产卵前(5~8月)人工捕杀成虫。在主干基部50 cm内涂白(20%生石灰水),防止成虫产卵。发现主干基部有产卵后的刻槽,可以锤击刻槽以杀死卵。幼虫孵化后仍在皮层蛀食(6~7月),可以通过"细木屑"和"酱油状液体流出"等特征,在为害部位人工挖除、钩杀皮层内的幼虫。

(2) 化学防治:在成虫羽化期,喷洒8%氯氟氰菊酯悬浮剂(绿色威雷)150~300倍液、噻虫啉微胶囊300~400倍液或50%杀螟松乳油喷雾触杀成虫。也可采用80%敌敌畏乳油掺和适量水、黄泥,搅拌成稀糊状,涂刷在树干基部或者距地面30~60 cm的树干上,毒杀在树干上爬行及咬破树皮产卵的成虫与幼虫。

对树干基部喷施50%杀螟松100~200倍液或蛀虫清500~800倍液,毒杀初产卵或初孵幼虫。采用5%吡虫啉乳油、1.8%阿维菌素乳油或80%敌敌畏乳油10~20倍液在树干基部打孔注药(每1 cm胸径注射0.3 mL),毒杀幼虫。

8.10 光肩星天牛

【学名】 *Anoplophora glabripennis* (Motschulsky),属鞘翅目天牛科,又名柳星天牛。

【寄主与危害】 危害槭属、柳属、杨属植物和榆树。以幼虫蛀食木质部,成虫补充营养时亦可取食寄主叶柄、叶片及小枝皮层,严重发生时受害树木千疮百孔,风折或枯死,木材失去利用价值。

【形态特征】 成虫:体黑色,有光泽,长20~35 mm、宽8~12 mm,触角鞭状,11节,雄虫长于雌虫;前胸两侧各有刺突1个,鞘翅上各有大小不同、排列不整齐的白色绒斑约20个,鞘翅基部光滑无小颗粒,故名光肩星天牛。足与腹面黑色,密生蓝灰色绒毛。卵:乳白色,长椭圆形,长6~7 mm,两端略弯曲。幼虫:老熟时体长约50 mm,白色。前胸背板后半部色深,有"凸"字形斑,斑前缘全无深褐色细边,前胸腹板后方小腹片褶骨化程度不显著,前缘无明显纵脊纹。蛹:纺锤形,乳白色至黄白色,长30~37 mm、宽约11 mm。前胸背板两侧各有侧刺突1个。第8节背板上有1个向上生的刺状突起,腹面呈尾足状。如图8.10所示。

(a) 刻槽　　(b) 卵　　(c) 成虫补充营养

(d) 雌虫产卵中　　(e) 雌成虫　　(f) 雄成虫

图8.10　光肩星天牛

【生活习性】一年1代,以1~3龄幼虫在树干内越冬。翌年3月开始活动取食,可见有虫粪排出,4月底至5月初在隧道上部做蛹室,6月中下旬化蛹,蛹期20天左右。成虫白天活动,取食寄主植物的嫩枝皮补充营养,对复叶槭趋性强。经2~3天后交尾,交尾多在下午2~6点。产卵前成虫咬一椭圆形刻槽,每槽产卵1粒,产卵后分泌黏性的胶状物把卵孔堵住。成虫飞翔能力、趋光性均不强。成虫活动高峰期在6月下旬至8月上旬。卵期在夏季为10天左右,秋后产的卵少数可滞育至翌年才孵化。幼虫孵化后开始取食韧皮部,并将褐色粪便及蛀屑从产卵孔中排出。3龄末或4龄幼虫开始蛀入木质部,从产卵孔中排出白色木丝状粪屑,初起隧道横向稍有弯曲,然后向上。在蛀入木质部后往往仍回至韧皮部与木质部之间取食,致树皮陷落,树体生长畸形。

【防治措施】(1)栽培措施:营造混交林。伐除受害木,并运出林外及时处理。

(2)物理防治:结合冬春修剪,剪除枯死的枝干。用生石灰、硫黄、食盐配制成的白涂剂,涂刷树干,防控成虫产卵。在成虫羽化期的晨、晚,人工捕杀成虫。在产卵期,找出产卵部位,在卵孵化前,人工击卵。

(3)化学防治:参照星天牛防治。

8.11 杨柳绿虎天牛

【学名】*Chlorophorus motschulskyi*(Ganglbauer),属鞘翅目天牛科。

【寄主与危害】危害柳树、杨树、槐树、苹果树等。

【形态特征】成虫:体长9~13 mm,细长,黑褐色,被有灰色绒毛;头布粗刻点,头顶光滑,触角基瘤内侧呈角状突起;前胸背板球形,密布刻点。鞘翅有灰白色条斑,基部沿小盾片及内缘,有向后外方弯斜成狭细浅弧形条斑1个,肩部前后小斑2个,鞘翅中部稍后为一横条,其靠内缘一端较宽,末端为一宽横带。如图8.11所示。

图8.11 杨柳绿虎天牛

【生活习性】一年1代,以幼虫在蛀道内越冬。翌年3月开始活动,5月化蛹,6月成虫开始羽化。卵散产于枯立木或树干部腐烂处,孵化幼虫向干内钻蛀弯曲蛀道。

【防治措施】参照星天牛防治。

8.12 栗山天牛

【学名】*Massicus raddei*(Blessig)属鞘翅目天牛科。

【寄主与危害】危害麻栎、蒙古栎等栎类树木和栗树、桑树、苹果树、泡桐树等。幼虫钻蛀树木,受害树体千疮百孔,影响生长,致风折或枯死。

【形态特征】成虫:体长40~48 mm,体型大,黑色,被灰黄色绒毛。头部向前倾斜,复眼小、黑色。触角11节,近黑色,第3、4节部膨大成瘤状。头顶中央有1条深纵沟。前胸两侧较圆,有皱纹,无侧突,背面有许多不规则的横皱纹。足细长,密生灰白色毛。胸面具不规则横皱,鞘翅两侧缘近于平行,端部略收缩,端缘圆弧。缝角短刺状。卵:长椭圆形,长约4 mm,淡黄色。幼虫:长60~70 mm,乳白色,疏生细毛。头部较小,往前胸缩入,淡黄褐色。蛹:长45~50 mm,

长椭圆形,淡黄色。如图 8.12 所示。

(a) 危害状

(b) 危害状(风折木)

(c) 幼虫

(d) 雌成虫

(e) 雄成虫

图 8.12　栗山天牛

【生活习性】3 年一代,以幼虫在树干内越冬。幼虫期较长,蛀食树干长达 1000 天左右,幼虫在蛀道内越冬 3 次。当年孵化的幼虫蜕皮 1～2 次,到 10 月中旬开始越冬,11 月上旬全部进入越冬状态。越冬幼虫翌年 4 月上旬开始活动,经过 2～3 次蜕皮后,11 月上旬以 4 龄幼虫开始越冬。第 3 年以 5～6 龄老熟幼虫越冬。6 月成虫羽化,羽化后在蛹室内静伏 7 天左右钻出。成虫需要补充营养,具有趋光、群集性和很强的飞翔能力。傍晚交尾、产卵,卵产于树皮缝隙、枝条伤痕处,每处 1 粒,每雌虫产卵 20 粒左右。卵期 7～10 天。卵孵后幼虫蛀入树体皮层取食,随着虫龄增长,渐入木质部蛀食。

【防治措施】(1) 物理防治:人工捕捉(最佳时间在上午 7～10 点、下午 4～6 点)或者利用黑光灯诱杀成虫。在成虫羽化前将树干涂白。

(2) 化学防治:参照星天牛防治。

8.13　桑天牛

【学名】*Apriona germari* (Hope),属鞘翅目天牛科,又名粒肩天牛。

【寄主与危害】危害柳、刺槐、榆、构、朴、杨、苹果、海棠、柑橘、白蜡等。幼虫蛀食木质部,树木受害后生长不良,树势早衰,降低木材利用价值,影响果实产量。成虫喜啃食嫩梢树皮,伤疤呈不规则条块状,枝条四周皮层受害,凋萎枯死。

【形态特征】成虫:体长 34~46 mm。体和鞘翅黑色,被黄褐色短毛,头顶隆起,中央有 1 条纵沟。触角比体稍长,柄节和梗节黑色,其他各节前半黑褐色、后半灰白色。前胸近方形,背面有横的皱纹,两侧中间各具 1 个刺状突起。鞘翅基部密生颗粒状小黑点。卵:长椭圆形,长 5~7 mm,前端较细,略弯曲,黄白色。幼虫:圆筒形,长 45~60 mm,乳白色。头小,隐入前胸内,第 1 节较大,略呈方形,背板上密生黄褐色刚毛,后半部密生赤褐色颗粒状突起,其中有 3 对凹陷白色纹似"小"字,第 3~10 节背、腹面有扁圆形步泡突,具 2 条横沟,两侧各具 1 条弧形纵沟,沟前方细刺突多于沟后方的中段。蛹:纺锤形,长约 50 mm,黄白色。如图 8.13 所示。

(a) 幼虫及危害　　(b) 危害状(排粪孔)　　(c) 幼虫

(d) 成虫(补充营养)　　(e) 成虫(交配)

(f) 成虫　　(g) 产卵刻槽

图 8.13　桑天牛

【生活习性】2年一代,以未成熟幼虫在树干孔道中越冬。幼虫经过2个冬天后,在第3年4月底至5月初开始化蛹,5月中旬为化蛹盛期。成虫出现期始于6月初,6月中、下旬至7月中旬大量发生,8月初锐减。成虫产卵期在6月中旬至8月上旬。卵期为8~15天。幼虫历期22~23个月,为害期达16~17个月。蛹期26~29天,成虫羽化后,常在蛹室内静伏5~7天。成虫喜啃食嫩梢树皮。产卵刻痕"U"形,每痕内产卵1粒。卵期10~14天。7月下旬开始孵化,幼虫先向上蛀食10 mm左右,再向下蛀入木质部,可直达根部。蛹期26~29天。

【防治措施】(1)栽培措施:结合修剪除掉虫枝,集中处理。

(2)物理防治:刺杀木质部内的幼虫,找到新鲜排粪孔用细铁丝插入,向下刺到隧道端,反复几次可刺死幼虫。

(3)诱杀成虫:在林间栽植一定数量的诱树招引成虫取食,定期向诱树喷药毒杀,冬季刈诱树使其矮化成丛。

(4)化学防治:参照星天牛防治。

8.14 锈色粒肩天牛

【学名】*Apriona swainsoni*(Hope),属鞘翅目天牛科。

【寄主与危害】危害国槐、龙爪槐等。以幼虫蛀食木质部,树木受害后生长不良,树势早衰,造成侧枝或整株枯死。成虫啃食枝梢嫩皮,补充营养,造成新梢枯死。

【形态特征】成虫:体长31~42 mm、宽9~12 mm,栗褐色,被棕红色绒毛和白色绒毛斑。雌体触角与体等长,雄体触角略长于体长。前胸背板中央有大型颗粒状瘤突,前后横沟中央各有白斑1个,侧刺突基部附近有白斑2~4个。小盾片舌型,基部有白斑,鞘翅基部有黑褐色光亮的瘤状突起,翅面上有白色绒毛斑数十个。雌体腹末节一半露出鞘翅外,腹板端部平截,背板中央凹入较深;雄体腹末节不露出,背板中央凹入较浅。卵:长椭圆形,长4~6 mm,前端较细,略弯曲,黄白色。幼虫:圆管形,乳白色微黄。老龄时体长42~58 mm,宽10~14 mm,前胸宽大,背板较平,前胸及第1~8腹节侧方各着生椭圆形气孔1对。胸足3对,蛹:纺锤形,长约42 mm,黄白色。如图8.14所示。

【生活习性】2年一代,以幼虫在树皮下和木质部蛀道内越冬。5月中旬幼虫老熟化蛹,6月中旬成虫羽化出孔。成虫夜间产卵于树干中上部和大枝上,用绿色分泌物覆盖于卵块上,卵块呈不规则椭圆形。初孵化幼虫在皮层下钻蛀虫道,并将粪便排出,悬挂于排粪孔处,在蛀入5 mm深时,沿枝干最外年轮的春材部分横向蛀食,然后又向内蛀食,稍大蛀入木质部后有木丝排出,向上做纵直虫道,虫道长15~18 mm,大龄幼虫亦常在皮下蛀入孔的边材部分为害,形成不规则的片状虫道,横割宽度可达10 mm以上,蛀道多为"Z"形。幼虫期历时22个月,蛀食为害期长达13个月。

【防治措施】(1)物理防治:羽化期人工捕捉成虫;利用黑光灯诱杀成虫。

(2)化学防治:参照星天牛防治。

图 8.14 锈色粒肩天牛

8.15 黄星桑天牛

【学名】 *Psacothea hilaris* (Pascoe)，属鞘翅目天牛科，又名黄星天牛。

【寄主与危害】 危害桑、无花果、海棠、柳、油桐、杨、枫、枇杷等树。幼虫蛀食皮层、木质部，形成隧道。成虫取食嫩叶、枝条皮层，初孵幼虫先在皮下蛀食，后逐步向木质部蛀食。

【形态特征】 成虫：体长 15～23 mm，体黑褐色，密生黄白色、灰绿色短绒毛，体上有黄色点纹。头顶有 1 条黄色纵带，触角较长，雄虫触角为体长的 2.5 倍，雌虫为 2 倍。前胸两侧中央各生 1 个小刺突，左右两侧各有 1 条纵向黄纹与复眼后的黄斑点相连，鞘翅上有黄斑点十几个。

胸腹两侧也有纵向黄纹,各节腹面都有黄斑2个。卵:长约4 mm,圆筒形,浅黄色,一端稍尖。幼虫:末龄幼虫体长22～32 mm,圆筒形,头部黄褐色,胸腹部黄白色,第1胸节背面具褐色长方形硬皮板,花纹似"凸"字,前方两侧具褐色三角形纹。蛹:长16～22 mm,纺锤形,乳白色,复眼褐色。如图8.15所示。

(a) 危害状　　　　　　(b) 成虫1　　　　　　(c) 成虫2

图8.15　黄星桑天牛

【生活习性】一年1代,以幼虫越冬。翌年3月中旬开始活动,6月上旬化蛹,7月上旬羽化,7月下旬进入产卵盛期,8月上旬进入孵化盛期。初孵幼虫蛀入皮层,3龄后向木质部蛀入,并在蛀道中越冬。成虫羽化后先在梢部取食嫩叶、枝条皮层,经15天后产卵,卵产在直径28～45 mm的主干或分枝上,产卵痕深约3 mm,呈"一"字形,每痕内产卵1、2粒。每雌虫产卵182粒。卵期10～15天,成虫寿命80天。初孵幼虫先在皮下蛀食,并逐步向木质部蛀进,形成隧道。11月上旬幼虫在虫道中越冬。

【防治措施】(1) 栽培措施:结合修剪除掉虫枝,集中处理。

(2) 物理防治:刺杀木质部内的幼虫,找到新鲜排粪孔用细铁丝插入,向下刺到隧道端,反复几次可刺死幼虫。

(3) 化学防治:参照星天牛防治。

8.16　刺角天牛

【学名】*Trirachys orientalis* Hope,属鞘翅目天牛科。

【寄主与危害】危害杨、柳、国槐、刺槐、臭椿、榆树、泡桐、栎、合欢、梨等树。幼虫钻蛀树木主干和粗枝,有重复危害现象,造成虫道交错,蛀孔较多。发生严重时可使受害树木千疮百孔、树梢干枯、树皮剥离、整株枯死,木材失去利用价值。成虫取食寄主叶柄、叶片及小枝皮层。

【形态特征】成虫:灰黑色至棕黑色,被有棕黄色和银灰色闪光绒毛,体长约40 mm。触角灰黑色,雄虫第3～7节、雌虫第3～10节有较明显的内端刺。足黑色,有棕色绒毛。卵:长卵圆形,长约3.4 mm,乳白色。幼虫:老熟时体长约50 mm,淡黄色至黄色,前胸背板有"凹"字形褐色斑纹 2 个,两侧各有近三角形褐色斑 1 个。蛹:长约 45 mm,白色略带黄色。如图 8.16 所示。

【生活习性】2 年一代,以幼虫和成虫在受害木内越冬。翌年 5~6 月成虫羽化飞出,5 月末、6 月初为羽化盛期。成虫羽化后先取食嫩枝皮层补充营养。飞翔力不强,受触动便假死落地。白天隐藏在树洞、枝杈等处,夜间活动,交尾、产卵。卵产于原寄主树干基部或树体裂缝、孔洞等处。幼虫孵化后钻蛀树体皮层,并不断蛀入木质部,排出丝状木屑和粪便悬在树体外,或散落在树基的地上。幼虫有常到蛀道孔口活动的习性。7 月后幼虫陆续老熟,老熟后在虫道做室化蛹,9~10 月化蛹,10 月后蛹羽化成虫,但仍留在虫道内。

【防治措施】(1) 物理防治:傍晚人工捕捉成虫。
(2) 化学防治:参照星天牛防治。

图 8.16　刺角天牛

8.17　云斑白条天牛

【学名】*Batocera lineolata* Chevrolat,属鞘翅目天牛科,又名云斑天牛。

【寄主与危害】危害白蜡、桑、柳、乌桕、女贞、泡桐、枇杷、杨、苦楝、悬铃木、柑橘、紫薇等树。成虫啃食新枝嫩皮,幼虫蛀食韧皮并穿凿木质部,削弱树势,轻则影响树木生长,重则使树木枯萎死亡。

【形态特征】成虫:体长 32~65 mm、宽 9~20 mm。体黑色或黑褐色,密被灰白色绒毛。雄虫触角超过体长约 1/3,雌虫略比体长,各节下方生有稀疏细刺。第 1~3 节黑色具光泽并有刻点和瘤突,其余黑褐色。第 3 节长度约为第 1 节的 2 倍。有时第 9、10 节内端角突出并具小齿。每个鞘翅上有由白色或浅黄色绒毛组成的云片状斑纹,斑纹大小变化较大,一般排列成 2~3 纵行,以外面 1 行数量居多,并延至翅端部。前胸背板近中央有 1 对黄白色肾形斑,两侧各有 1 个粗大刺突,小盾片半圆形密被白色绒毛。鞘翅基部有颗粒状光亮瘤突,约占鞘翅 1/4。复眼后方至腹末节的体两侧有白色绒毛组成的阔纵带 1 条。卵:长 6~10 mm、宽 3~4 mm,长椭圆形,稍弯,一端略细。幼虫:老熟幼虫体长 70~80 mm,粗肥多皱,乳白色至淡黄色。前胸背板前缘后方密生短刚毛 1 排或 1 横条;其后方较光滑,略成方形,并有不规则的、大小不等的褐色颗粒;前方近中线处有 2 个黄白色小点,小点上各生刚毛 1 根。蛹:长 40~70 mm,淡黄白色。头部及胸部背面生有稀疏的棕色刚毛。如图 8.17 所示。

【生活习性】2 年一代,以幼虫和成虫分别在虫道、蛹室内越冬。4 月中旬出现成虫,5 月成虫大量出现,成虫爬出羽化孔后,白天喜栖息在树冠上,补充营养,交尾和产卵在晚间进行。卵大多产于离地面 1 m 以内的树干基部,咬 1 个圆形或椭圆形刻槽,在其上方产卵,每穴产卵 1 粒。树干周围一圈可连续产卵 10~12 粒。卵期 9~15 天。初孵幼虫在韧皮部蛀食,使受害处变黑、树皮胀裂、流出树液,排出木屑、虫粪。20~30 天后幼虫逐渐蛀入木质部,并不断向上蛀食。蛀道长达 25 cm 左右,道内无木屑。第 1 年以幼虫越冬,次春继续为害,幼虫期 12~14 个月。翌年 8 月中旬幼虫老熟,在蛀道顶端做一宽大的椭圆形蛹室,在其中化蛹,蛹期约 1 个月。9 月中、下旬成虫羽化,在蛹室内越冬。

(a) 危害状(风折木)　(b) 危害状(幼虫)　(c) 危害状(成虫及幼虫)　(d) 危害状(蛀屑)

(e) 卵 1　(f) 卵 2　(g) 幼虫 1

(h) 幼虫 2　(i) 危害状(羽化孔)　(j) 成虫(补充营养)

(k) 成虫(交配)　(l) 刻槽　(m) 成虫

图 8.17　云斑白条天牛

【防治措施】(1) 栽培措施:成虫产卵前涂白树干。

(2) 物理防治:卵孵化前敲击产卵疤以破卵。幼虫孵化后仍在皮层蛀食,可以在受害部位人工挖除、钩杀皮层内的幼虫。

(3) 化学防治:参照星天牛防治。

8.18　橙斑白条天牛

【学名】*Batocera davidis* Deyrolle,属鞘翅目天牛科,又名油桐天牛、橙斑天牛。

【寄主与危害】危害油桐、杨树、柳树、板栗、苹果、梨、核桃、苦楝。幼虫钻蛀木质部和韧皮部,形成扁圆形隧道,隧道内充满虫粪和木屑,破坏和切断输导组织,影响树体水分和营养物质的运输,导致树势减弱、枝枯叶落、果实减产,危害严重时甚至造成植株枯死。

【形态特征】 成虫:长 50~80 mm,雌虫体型略大。灰褐色或棕褐色,有时鞘翅肩后棕褐色,密被青棕色绒毛。头部长圆形,黑褐色,有 2 条橙黄色纵纹。触角长 40~60 mm,第 3 节及其以下各节为棕红色,基部 4 节光滑,其余各节被灰色绒毛。颈部有 1 对较粗刺突,尖端略向后弯,背颈有橙黄色斑点 1 对,胸部有灰褐色绒毛,足光滑无刺。前胸背板中央有 1 对橙黄色肾形斑。小盾片密生白毛。鞘翅肩角刺突发达,每翅有 5~6 个大小不等的近圆形橙黄色斑纹,纵向排列并有刺状斑点。体腹面两侧由复眼之后至腹部末端各有 1 条 2~3.1 mm 宽的白色纵纹。卵:长椭圆形,长 6~7 mm、宽 2~2.5 mm。幼虫:体长 73~79 mm,乳白色,头扁平,棕黑色,前胸背板棕色,后半部有颗粒状突起,体背面的步泡突上有许多圆形小突起,组成 4 横列。蛹:淡黄色,羽化前为黑褐色。如图 8.18 所示。

图 8.18 橙斑白条天牛

【生活习性】 2 年一代,以成虫或幼虫在树干蛀道内越冬。成虫发生期 4 月中旬至 7 月中旬。5~7 月产卵于树干基部 30~80 mm 处的树皮下。卵于 5 月下旬至 6 月上旬开始孵化。幼虫从树皮蛀入木质部。幼虫期长达 14 个月,共蜕皮 4 次。老熟幼虫于 7~9 月在木质部边材处筑蛹室化蛹,成虫在蛹室内越冬。第 3 年的 4 月成虫咬破树皮钻出树体,在树上留下圆形孔洞。成虫出孔后咬食枝条树皮,补充营养,10~15 天后开始寻偶交尾。产卵前在树干基部约 80 mm 处咬 1 道刻槽,卵产于槽内。初孵幼虫蛀食韧皮部,2 龄后在韧皮部和边材部呈环状蛀食,20~30 天后蛀入木质部,并自下而上蛀入。11 月上旬在虫道内越冬。

【防治措施】 参照云斑白条天牛防治。

8.19 桃红颈天牛

【学名】 *Aromia bungii* (Faldermann),属鞘翅目天牛科,又名红颈天牛、铁炮虫。

【寄主与危害】 危害桃、杏、李、梅、樱桃、苹果、梨等树。幼虫蛀入木质部,其在树干内的蛀道极深,造成枝干中空,干基堆积虫粪木屑,导致桃树枝干流胶,树势衰弱,直至树木死亡。

【形态特征】 成虫:体长 28~37 mm,体黑色发亮,前胸红色或黑色,密布横皱,两侧各有刺突 1 个,背面有瘤突 4 个,鞘翅表面光滑。鞘翅表面光泽,基部较前胸宽,后端较狭。雄虫体小,前胸腹面被刻点,触角超体长 5 节。雌虫前腹面有多横纹,触角超体长 2 节。卵:卵圆形,似芝麻,端部略尖,白色,长 6~7 mm。幼虫:老熟幼虫体长 42~52 mm,乳白色,长条形,前胸最宽,背板前半部横列黄褐斑 4 块,体侧密生黄细毛,黄褐斑块略呈三角形,各节有横皱纹。蛹:为裸蛹型,长约 35 mm,乳白色,后变黄褐色。如图 8.19 所示。

【生活习性】 2~3 年一代,以低龄和老熟幼虫在树干内越冬。翌年 3 月下旬越冬幼虫开始蛀食,4 月下旬在蛀道末端形成蛹室并在未破的皮层下开始化蛹。6 月下旬至 7 月上旬为成虫期。成虫羽化后经 2~3 天开始交尾。6 月上旬开始产卵,卵产在近地面 20~30 cm 高的树干或侧枝的皮缝或伤痕处。每只雌虫可产卵百余粒,产卵期 5~7 天,产卵后成虫即死亡。6 月中旬卵开始孵化,初孵幼虫先蛀食韧皮部,并随虫龄增大渐进木质部蛀食,10 月中旬后停止蛀食,开始越冬。

(a) 危害状1　　　(b) 危害状2　　　(c) 危害状3

(d) 危害状4　　　　　　(e) 幼虫

(f) 雌成虫　　　(g) 雄成虫　　　(f) 成虫(交配)

图8.19　桃红颈天牛

【防治措施】(1) 栽培措施:在成虫产卵前期,在树干及主枝上涂刷白涂剂,防止产卵。
(2) 物理防治:在成虫期进行人工捕杀,尤其在中午成虫有从树冠下到干基部栖息的习性。
(3) 化学防治:参照星天牛防治。

8.20　松墨天牛

【学名】*Monochamus alternatus* Hope,属鞘翅目天牛科,又名松天牛、松褐天牛。

【寄主与危害】危害马尾松、黑松、落叶松、油松、思茅松、雪松、华山松、冷杉等。幼虫在树皮下啃食韧皮部和边材,以致输导系统受阻,入秋后由边材蛀入心材,造成木材降等降级,经济损失较大。在成虫补充营养期间,该虫又是国内森林植物检疫对象——松材线虫的主要传播媒介。

【形态特征】成虫:体长 15~28 mm、宽 4.5~9.5 mm,橙黄色至赤褐色。雌虫触角超出体长约 1/3,雄虫触角超出体长 1 倍多。额部刻点细密,头顶的较粗,略具皱纹。前胸宽大于长,刻点粗密,具皱纹,侧刺突较大,前胸背板具橙黄色纵纹 2 条,与 3 条黑色纵纹相间。小盾片密被橙黄色绒毛。每个鞘翅具纵纹 5 条,由方形黑色和灰白色绒毛斑点相间组成。腹面和足具灰白色绒毛。卵:乳白色,长约 4 mm,微弯曲。幼虫:乳白色,扁圆筒形,头部黑褐色,前胸背板褐色,中央有波状横纹,老熟虫体长约 43 mm。蛹:乳白色,圆筒形,长 20~26 mm。如图 8.20 所示。

(a) 危害状 1　　(b) 危害状 2　　(c) 危害状 3

(d) 刻槽　　(e) 幼虫 1　　(f) 幼虫 2

(g) 蛹(正面)　　(h) 蛹(背面)　　(i) 成虫(交配)

图 8.20　松墨天牛

【生活习性】一年1代,以老熟幼虫在蛀道中越冬。翌年3月下旬越冬幼虫开始化蛹,4月中旬开始羽化,5月为成虫活动盛期。成虫在林间活动范围约小于100 m,取食小枝皮层补充营养。15天后于夜间进行交配,5~6天后开始产卵。成虫有在衰弱木、枯木上产卵的习性。产卵时,沿树干垂直方向咬一横椭圆形刻槽,将卵产于槽内,每槽产1粒卵。卵期5~9天。卵孵后幼虫在韧皮部取食,3、4龄后蛀入木质部,蛀道长55~160 mm。幼虫期可达300余天。老熟幼虫筑蛹室,蛹期为10~20天,羽化后滞留蛹室6~8天后出孔。成虫飞翔力强,一次飞距可达3.2 km。

【防治措施】(1) 植物检疫:在严重发生的疫区和保护区之间严格检验木材、苗木等是否携带卵槽、入侵孔、羽化孔、虫道和活虫体,按检疫法处理。

(2) 物理防治:在每年松墨天牛羽化期(5月上旬),用衰弱或较小的松树作为诱饵木招引松墨天牛产卵,每0.7公顷(约10亩)设置1株,然后集中处理饵木。引诱成虫在饵树上产卵,然后将饵树剥皮处理。在松墨天牛羽化期,设置诱捕器诱杀成虫,每100亩设置1个诱捕器。

(3) 化学防治:参照星天牛防治。

8.21 双斑锦天牛

【学名】*Acalolepta sublusca* (Thomson),属鞘翅目天牛科。

【寄主与危害】危害大叶黄杨、卫矛等树。幼虫蛀食树根和干基造成植株枯死,受害初期树叶失水失绿,之后逐渐枝枯叶黄,根部腐烂,生长衰弱或枯死。成虫也会造成一定的危害,其补充营养时啃食嫩梢皮层,易致嫩梢折断而枯死。

【形态特征】成虫:栗褐色,体长11~23 mm、宽5~7.5 mm,头、前胸密被棕褐色绒毛,触角有稀少灰白色绒毛。雄虫触角长度超过体长1倍。触角自第3节起每节基部2/3被稀少灰白色绒毛,雌虫则超过一半。前胸背板宽大于长,侧突短小,基部粗大,表面微皱,中区两侧分布有粗刻点。鞘翅肩宽,末端窄,端缘圆形。每鞘翅基部中央有1个圆形或近方形的黑褐斑,肩侧缘有1个黑褐色斑,中部之后从侧缘向中缘呈棕褐色较宽斜斑,翅面具较细的稀刻点。卵:长椭圆形。乳白色,长约3 mm。幼虫:圆筒形,长15~25 mm,浅黄白色,头褐色,前胸背板有淡黄色方形斑1个。蛹:纺锤形,裸蛹,长20~25 mm,乳白色。如图8.21所示。

【生活习性】一年1代,以幼虫在根部越冬。3月上旬开始继续为害,4月上旬在蛀道中咬粗木屑做蛹室化蛹,5月上旬成虫陆续羽化,成虫咬食寄主植物嫩茎皮层补充营养,经2~3天后,交尾、产卵,卵多产于树干距地面20 mm以内处,也见产于高处。成虫产卵时咬破树皮,成长方形的刻槽,将卵产于刻槽内,每只雌虫产卵20粒左右。6月进入产卵盛期,卵期7~10天。7月卵孵为幼虫,初孵幼虫先取食皮层内部,后逐渐蛀入木质部,大多由产卵孔向下蛀食木质部,形成不规则的虫道。11月老熟幼虫在木质部虫道内越冬。

【防治措施】(1) 物理防治:人工捕捉成虫,剪除被蛀枯黄的枝条。

(2) 化学防治:参照星天牛防治。

(a) 危害状 1　　　(b) 危害状 2　　　(c) 危害状 3

(d) 幼虫及危害状　　　(f) 成虫 1　　　(f) 成虫 2

图 8.21　双斑锦天牛

8.22　竹红天牛

【学名】*Purpuricenus temminckii* Guérin-Meneville，属鞘翅目天牛科，又名竹紫天牛。

【寄主与危害】危害竹类、竹材及其制品等。幼虫钻蛀为害，使竹身内部布满虫道和虫粪，失去使用价值。

【形态特征】成虫：体长 11～19 mm。头、触角、足及小盾片黑色，前胸背板及鞘翅朱红色。头短，前部紧缩。触角向后伸展，雌虫触角较短，接近鞘翅后缘。雄虫触角长度约为身体的 1.5 倍。前胸背板有 5 个黑斑，前 2 后 3，两侧各有 1 个显著的瘤状侧刺突。鞘翅两侧缘平行，胸部和翅面密布刻点。幼虫：体长 25～35 mm，白色，前胸背板黄色。如图 8.22 所示。

【生活习性】1 年一代，少数 2 年发生一代，以成虫和部分高龄幼虫在受害竹内越冬。喜食伐倒、风倒或其他原因致死的枯竹，也危害健康毛竹。虫态出现期不整齐。越冬成虫翌年 4 月中旬从秆中钻出，成虫出竹后先爬行，找寻适宜处产卵，4 月下旬至 5 月上旬为产卵盛期。卵散产于竹节上方，新伐毛竹以竹节两侧落卵最多，每竹节卵数粒或数十粒成堆，每根竹落卵可达 200～300 粒。

图 8.22　竹红天牛

【防治措施】(1) 物理防治：及时砍伐受害竹株，消灭幼虫。将受害竹材浸入水中 10 余天，淹死其幼虫。

（2）化学防治：参照星天牛防治。

8.23 双条杉天牛

【学名】*Semanotus bifasciatus*(Motschulsky)，属鞘翅目天牛科，又名柏双条天牛。

【寄主与危害】危害侧柏、圆柏、扁柏、罗汉松等。幼虫蛀食树干韧皮部和木质部，在木质部表面形成一条条不规则的弯曲坑道，树木受害后树皮易于剥落，衰弱木受害后，上部即枯死，连续受害可使整株死亡。

【形态特征】成虫：体长9～15 mm、宽2.9～5.5 mm。体型扁，黑褐色。头部生有细密的点刻，雄虫的触角略短于体长，雌虫触角为体长的1/2。前胸两侧弧形，具有淡黄色长毛，背板上有5个光滑的小瘤突，前面2个圆形，后面3个尖叶型，排列成梅花状。鞘翅中部及末端有2条棕黄色或驼色横带，前面的带后缘及后面的带色浅，前带宽约为体长的1/3，末端圆形。腹部末端微露于鞘翅外。卵：椭圆形，长约2 mm，白色。幼虫：初龄幼虫淡红色，老熟幼虫体长约22 mm，前胸宽约4 mm，乳白色。头部黄褐色。前胸背板上有1个"小"字形凹陷及4块黄褐色斑纹。蛹：淡黄色，触角自胸背迁回到腹面，末端达中足腿节中部。如图8.23所示。

(a) 危害状　　(b) 危害状（树干）　　(c) 危害状（羽化孔）

(d) 成虫1　　(e) 成虫2

图8.23 双条杉天牛

【生活习性】一年1代，以成虫越冬。翌年3月上旬至5月上旬成虫出现，3月中旬至4月上旬为盛期。成虫自羽化孔爬出后,雄虫可活 8～28 天,雌虫 23～32 天。成虫羽化后不需补充营养。雌雄成虫可进行多次交尾。喜在向阳或避风的新修枝、刚采伐的树干、木桩以及被压木、衰弱木树皮裂缝和伤疤处产卵。3月中旬开始产卵,下旬幼虫孵化。幼虫孵化 1～2 天后蛀入皮层,幼虫蛀入树皮后先沿树皮啃食木质部,在木质部表面形成一条条弯曲不规则的扁平坑道,坑道内填满黄白色粪屑。5月中旬开始蛀入木质部内。9月中旬老熟幼虫在木质部中蛀深 0.6 cm,长 3～5 cm 的虫道,并在顶端筑 1 个椭圆形蛹室,在其内化蛹,蛹期约 10 天。9月下旬陆续羽化为成虫越冬。

【防治措施】(1) 物理防治:在初孵幼虫为害处,用小刀刮破树皮,搜杀幼虫。也可用木槌敲击流脂处,杀死初孵幼虫。2月底用新伐、直径 4 cm 以上的柏树木段做诱饵,斜立堆积诱成虫产卵,后集中处理诱木。冬季进行疏伐,伐除虫害木、衰弱木、被压木等。

(2) 化学防治:参照星天牛防治。

8.24　粗鞘双条杉天牛

【学名】*Semanotus sinoauster* Gressitt,属鞘翅目天牛科。

【寄主与危害】危害杉木。幼虫钻蛀杉木和柳杉,是杉木的毁灭性蛀干害虫,常导致杉木生长量减少、材质变坏乃至整株枯死。

【形态特征】成虫:小或中型。体长 10～25 mm、宽 4.5～7 mm。扁平,头和前胸黑色,前胸具浓密淡黄色绒毛。触角和足黑褐色,鞘翅棕黄色,每翅中部和末端各有 1 个大黑斑,有时中部黑斑不接触中缝。体腹面棕色。触角较短,雄虫触角不超过体长,雌虫触角仅达体长的 1/2。前胸背板有 5 个光滑瘤突,排列成梅花形。鞘翅末端圆形,基部刻点粗大,略显皱痕,其余翅面刻点较小。

与双条杉天牛极其相似,两者的主要区别是:双条杉天牛体型一般较小,鞘翅色泽淡黄褐,基部刻点较细,主要危害柏树,多分布于北方。粗鞘双条杉天牛体型一般较大,鞘翅色泽棕黄,基部刻点粗皱,主要危害杉树,多分布于南方。如图 8.24 所示。

【生活习性】一年 1 代,以成虫在枝干内越冬。3月下旬成虫飞出树干,交尾,产卵于树皮缝内。4月中旬初孵幼虫开始蛀入枝干内。8月下旬在枝干内化蛹。9月羽化成虫,并在枝干内越冬。成虫不善飞行,有假死习性。成虫外出后,即能交配产卵,但少数要经过补充营养,才交配,再经 1～3 天后产卵。卵一般产在树干离地 2 m 范围内,少量产在干基部和根颈处。

图 8.24　粗鞘双条杉天牛

【防治措施】(1) 物理防治:冬季疏伐时,伐除虫蛀木。在 3月中旬前,在杉树林外堆放新鲜伐截的杉木木段(长约 1 m),诱集成虫入内产卵,成虫期后及时处理木段。

(2) 化学防治:参照星天牛防治。

8.25 杉棕天牛

【学名】 *Callidium villosulum*（Fairmaire），属鞘翅目天牛科。

【寄主与危害】 危害杉木和柳杉等。幼虫蛀入韧皮部与木质部之间为害。

【形态特征】 成虫：体长7～12 mm。栗棕色，鞘翅略浅，具金属光泽。全身被有稀疏的灰色细毛。头部较短，向前下方伸出。前胸背板有细刻点，两侧缘呈圆弧形。鞘翅肩角明显，密布粗刻点。各足腿节膨大。头胸部有较浅的刻点，两触角间有1条横脊。触角棕黑色，雄虫触角略长于体，雌虫触角为体长的2/3，柄节有较粗的刻点。前胸宽略大于长，两侧圆钝，无侧刺突，背面有极不明显的瘤突，胸部腹面及各足腿节棕红色，前、中、后足腿节特别粗。鞘翅肩部栗色，余部为淡黄褐色，刻点较胸部深、大，翅末圆钝。卵：长椭圆形，长约1 mm，乳白色。幼虫：体长10～14 mm，淡黄色，前脚背板具1对片状的棕色斑。蛹：长8～13 mm，长椭圆形，黄白色。如图8.25所示。

（a）成虫（背面）　　　　　　　　　　　（b）成虫（腹面）

图8.25　杉棕天牛

【生活习性】 一年1代，以成虫在树干或粗枝的木质部蛹室内越冬。翌年3月中旬成虫咬穿表层，做1个羽化孔外出，3月下旬至4月上旬为成虫出现盛期，有多次交尾和产卵现象，5月上旬林中仍有成虫活动。3月中旬至5月中旬为卵期，卵均产于树皮缝隙中，4月上旬幼虫开始孵化，在韧皮部和木质部间钻蛀扁圆形的坑道，虫粪和蛀屑充塞其中。8月后幼虫老熟，先后蛀入木质部。侵入孔扁圆形，一般深1 mm左右，少数可达3～5 mm。9月下旬开始化蛹，蛹期10～15天。10月上旬始见成虫，11月底成虫以咬食的细木粉屑堵塞侵入孔，在蛹室内越冬。

【防治措施】（1）物理防治：及时砍伐虫害木或虫害枝，4～7月伐木应剥皮处理，8月后伐木及伐枝必须及时烧毁。采用引诱剂诱杀成虫。

（2）化学防治：参照星天牛防治。

8.26 锥天牛

【学名】*Spondylis buprestoides*(Linnaeus),属鞘翅目天牛科,又名短角幽天牛。

【寄主与危害】危害马尾松、日本赤松、柳杉、日本扁柏、冷杉和云杉等。

【形态特征】成虫:体长 15~25 mm、宽 7~8 mm,略呈圆柱形,黑色,体腹面及足偶见黑褐色。额斜倾,中央具一条稍凹而光滑的纵纹。触角短。前胸前端阔,后端狭,两侧圆。前胸背板密布刻点,前缘中央稍向后弯,后缘平直,沿前后缘镶有很短的金色绒毛。小盾片大,末端圆。鞘翅基端阔,末端稍狭,后缘圆。体腹面被有黄褐色绒毛。

图 8.26 锥天牛

【防治措施】参照星天牛防治。

8.27 中华裸角天牛

【学名】*Aegosoma sinicum* White,属鞘翅目天牛科,原名中华薄翅天牛、薄翅锯天牛、薄翅天牛。

【寄主与危害】危害杨、柳、榆、松、杉、白蜡、桑、梧桐、枣等。幼虫在枝干皮层和木质部内蛀食,隧道不规则,内充满粪屑,削弱树势,严重影响树体生长甚至枯死。

【形态特征】成虫:深褐色或赤褐色,长 30~50 mm。头部密布刻点和褐毛。前口式口器,后头中央至前额有 1 条细纵沟。前胸背板梯形;鞘翅皮革质,深红棕色,宽于前胸,向后逐渐收缩,翅面有 3 条明显纵凸线和细刻点。雌虫产卵器明显伸出。卵:长椭圆形,长 3~4 mm,乳白色。幼虫:乳白色,短粗,长约 66 mm,前胸背板为 1 个大而扁圆的硬皮板,革质,浅黄色,后缘颜色稍淡,中央有纵线 1 条,中线两侧有 1 对凹线斜纹。蛹:长 30~50 mm,乳黄色,纺锤形。如图 8.27 所示。

【生活习性】2 年一代,以幼虫在寄主蛀道内越冬。6~7 月成虫羽化,啃食树皮补充营养;选择树干有伤口、孔洞的腐朽处产卵,每雌虫产卵 200~300 粒,卵期 20 多天。孵化后的幼虫从树皮蛀入木质部,其后向上、下蛀食,至秋后在树内越冬。翌年春季继续为害,5 月幼虫老熟,又蛀回边材,化蛹前先把树皮咬成羽化孔,再缩回去,在靠近树表处做蛹室化蛹。

【防治措施】(1) 物理防治:及时清除虫害木和衰老、风折、腐朽木,消灭树干内幼虫。人工捕捉成虫,时间宜在成虫产卵盛期(7月)的夜晚,捕杀在伤口裂缝、老蛀道等处产卵的成虫。

（2）化学防治：参照星天牛防治。

（a）雌成虫1

（b）雌成虫2

（c）雌成虫3

（b）雄成虫

图8.32　中华裸角天牛

8.28　双条合欢天牛

【学名】*Xystrocera globosa*（Olivier），属鞘翅目天牛科，又名青条天牛、合欢双条天牛。

【寄主与危害】危害合欢、槐、桑、羊蹄甲、大叶合欢、桃树等植物。幼虫危害树木韧皮部及木质部，老熟幼虫蛀入边材或芯材形成孔洞，轻则抑制树木正常生长，材质变劣，重则造成风折或死亡。

【形态特征】成虫：体长11～33 mm、宽3～8 mm，体红棕色至黄棕色，头部中央具纵沟，前胸背板周围和中央以及鞘翅中央和外缘具有金属蓝色或绿色条纹，足各腿节棒形。卵：淡黄色，椭圆形。幼虫：体长约52 mm，乳白色带灰黄色，前胸背板前缘有6个灰栗褐色斑点，横行排列成带状。如图8.28所示。

【生活习性】一年3代，以不同虫龄幼虫在枝干虫道内越冬。翌年春幼虫开始活动、蛀食。成虫多在夜间活动，具趋光性，分别出现于5～6月、7月和9～10月。每雌虫可产卵100多粒。卵产于寄主主干、侧枝树皮缝隙内，在树木主干产卵为主，每处可产卵数粒，形成卵块。卵期约7天。幼虫孵化后先在韧皮部皮层下蛀食，龄数增大后钻入木质部，向上或向下钻蛀，形成曲折、迂回的虫道，虫粪、木屑堆集，充塞于皮层、木质部内，大量堆集后可使树皮纵向开裂，虫粪和木屑可散落于地。老熟幼虫在中心髓部虫道末端做蛹室化蛹。

【防治措施】（1）物理防治：及时清除受害植株；人工捕杀成虫。

(2)化学防治:参照星天牛防治。

图8.28 双条合欢天牛

8.29 栎旋木柄天牛

【学名】 *Aphrodisium sauteri*(Matsushita),属鞘翅目天牛科,又名台湾柄天牛。

【寄主与危害】 危害青冈栎、栓皮栎、麻栎、巴东栎、僵子栎等。幼虫在边材凿成1条或几条螺旋形虫道,环绕枝干,常引起风折或侧枝枯死。

【形态特征】 成虫:体墨绿色,具光泽,头部和胸部微带紫色光泽。雌虫体长26~34 mm、宽6~8 mm;雄虫体长21~34 mm、宽5~6.8 mm。头部具细密刻点。触角紫蓝色,柄节蓝绿色,端部稍膨大,密布刻点,外端突出呈刺状,梗节最短,鞭节第1节最长,以后各节依次短小,第3节以后各节被少量黄色绒毛。雄虫触角接近于体长,而雌虫触角短于体长。前胸背板长宽大致相等,前后缘有凹沟,侧刺突短钝,表面具稠密横向皱纹;小盾片倒三角形,光亮,略皱。鞘翅两侧近乎平行,端缘稍钝,翅面密被刻点,其上有3条略凸的暗色纵带。前足和中足腿节端部显著膨大,呈梨形,酱红色。胫节略扁,跗节和胫节密被黄色绒毛。后足腿节不达鞘翅末端,胫节和第1跗节特别扁平且长。卵:长椭圆形,长3~3.6 mm、宽1.2~2 mm。幼虫:老熟幼虫体长37~48 mm。前胸背板矩形,光滑,黄白色,前缘具黄色绒毛,背侧沟深,中纵沟明显,前端有1个"凹"字形褐色斑纹,中部椭圆形,凸纹明显,后端色淡,纵向波纹明显。蛹:乳白色至橙黄色,长21~38 mm、宽6~10.5 mm。如图8.29所示。

【生活习性】 2年一代,以幼虫在枝干内越冬。老熟幼虫在蛹室内越冬至翌年5月上旬陆续化蛹。6月中、下旬为成虫羽化盛期。成虫多在上午9~10点羽化。成虫无趋光性,不需补充营养。羽化后1~2天开始交尾,雌虫在产卵期可进行多次交尾。卵多散产于枝干树皮缝或节疤间。产卵部位随树干径粗增大而升高。7月上旬成虫开始产卵,7月中旬开始孵化幼虫。初孵幼虫在枝干皮层与木质部之间取食,随后进入木质部,向上侵害12 cm左右即向下蛀食,在沿树干纵向蛀食时,横向凿孔向外排粪和蛀屑。虫道平均长190 cm。11月上旬幼虫进入越冬期。翌年3月中、下旬越冬幼虫开始活动,继续在树干内钻蛀为害。至11月下旬以老熟幼虫在纵虫道内第2次越冬。老熟幼虫化蛹前先用白色分泌物和细木屑堵塞羽化道,下端筑起长椭圆形蛹室。1~5天后进入预蛹期,10~18天后化蛹,体壳留在蛹室末端,蛹体头部向下,蛹期平均为16天。

图 8.29 栎旋木柄天牛

【防治措施】（1）物理防治：11 月以后，采用人工清理虫害木并集中销毁。
（2）化学防治：在成虫羽化盛期（6～7月），对树干喷洒 8% 氯氟氰菊酯悬浮剂（绿色威雷）

150～300 倍液或施放阿维菌素烟剂等。

8.30 茶天牛

【学名】 *Aeolesthes induta*（Newman），属鞘翅目天牛科，别名楝树天牛、株闪光天牛、贼老虫等。

【寄主与危害】 危害茶树、油茶、橡树、松等。幼虫蛀食枝干和根部,致树势衰弱,上部叶片枯黄,芽细瘦稀少,枝干易折断,严重时致整株枯死。

【形态特征】 成虫:体长约 30 mm,暗褐色,有光泽,生有褐色密短毛。头顶中央具 1 条纵脊。复眼黑色,两复眼在头顶几乎相接。复眼后方具 1 条短且浅的沟。触角中、上部各节端部向外突并生 1 枚小刺。雌虫触角长度与体长近似,雄虫触角长度约为体长的 2 倍。前胸宽于长,前端略狭,中部膨大,两侧近弧形,背面具皱,小盾片末端钝圆,鞘翅上具浅褐色密集的绢丝状绒毛,绒毛具光泽,排列成不规则方形,似花纹。卵:长 4 mm 左右、宽约 2 mm,长椭圆形,乳白色。末龄幼虫:体长 37～52 mm,圆筒形,头浅黄色,胸部、腹部乳白色,前胸宽大,硬皮板前端生黄褐色斑块 4 个,后缘生有"一"字形纹 1 条,中胸、后胸、第 1～7 腹节背面中央生有肉瘤状凸起。蛹:长 25～30 mm,乳白色至浅赭色。如图 8.30 所示。

（a）危害状及幼虫　　　　　　（b）幼虫及成虫　　　　　　（c）蛹

图 8.30　茶天牛

【生活习性】 2～3 年发生一代,以幼虫或成虫在寄主枝干或根内越冬。越冬成虫于翌年 4 月下旬至 7 月上旬出现,5 月底产卵,进入 6 月上旬幼虫开始孵化,10 月下旬越冬,翌年 8 月下旬至 9 月底化蛹,9 月中旬至 10 月中旬成虫才羽化,羽化后成虫不出土,在蛹室内越冬,到第 3 年的 4 月下旬才开始外出交尾。卵散产在茎皮裂缝或枝杈上。初孵幼虫蛀食皮下,1～2 天后进入木质部,再向下蛀成隧道,至地下 33 cm 以上。在地际 3～5 cm 处留有细小排泄孔,孔外地面堆有虫粪木屑。老熟幼虫上升至地表 3～10 cm 的隧道里,做成长圆形石灰质茧,蜕皮后在茧中化蛹。

【防治措施】（1）栽培管理:茶树根际处及时培土,严防根颈部外露和成虫产卵。

（2）物理防治:在成虫发生期,用黑光灯诱杀成虫或在清晨人工捕捉成虫。

（3）化学防治:参照星天牛防治。

8.31 茶丽纹象

【学名】*Myllocerinus aurolineatus* Voss,属鞘翅目象甲科。

【寄主与危害】危害茶树、柑橘、梨、桃、板栗、油茶和苹果等。以成虫取食茶树嫩叶,受害叶呈现不规则的缺刻。幼虫孵化取食茶树及杂草根系。

【形态特征】成虫:体长 6~7 mm,灰黑色,体背有由黄绿色、闪金光的鳞片集成的斑点和条纹,腹面散生黄绿色或绿色鳞片。触角膝状,柄节较直而细长,端部 3 节膨大。复眼长于头的背面,略突出。鞘翅上也有黄绿色纵带,近中央处有较宽的黑色横纹。卵:椭圆形,初为黄白色,后渐变暗灰色。幼虫:乳白色至黄白色,体多横皱,无足。蛹:长椭圆形,羽化前灰褐色,头顶及各体节背面有刺突 6~8 枚,胸部的刺突较为明显。如图 8.31 所示。

图 8.31 茶丽纹象

【生活习性】1 年一代,以幼虫在茶园土壤中越冬。翌年天气转暖时陆续化蛹,蛹多在上午羽化。初羽化出的成虫乳白色,在土中潜伏 2~3 天,体色由乳白色变成黄绿色后才出土。成虫具假死习性,受惊后即坠落地面。成虫产卵盛期在 6 月下旬至 7 月上旬,卵分批散产在茶树根际附近的落叶或表土上。幼虫在表土中活动取食茶树及杂草根系,入土深度随虫龄增大而加深,直至化蛹前再逐渐向上转移。

【防治措施】(1) 栽培措施:在 7~8 月进行茶园耕锄、浅翻及秋末施基肥。

(2) 物理防治:在成虫发生高峰期,用振落法捕杀成虫。

(3) 化学防治:喷施 5% 辛硫磷粉剂 1000 倍液,或 4.5% 高效氯氰菊酯 1000 倍液,或 10% 吡虫啉可湿性粉剂 2000 倍液,或 48% 噻虫啉悬浮剂 2000 倍液等。

8.32 栗实象

【学名】*Curculio davidi* Fairmaire,属鞘翅目象甲科,又称板栗象鼻虫、栗实象鼻虫。

【寄主与危害】危害板栗、茅栗果实。成虫先取食花蜜,后以板栗的子叶和嫩枝为食。幼虫蛀食果实,受害的栗子充满虫粪,易导致菌类寄生,严重影响栗实产量和质量。

【形态特征】成虫:体黑色,体长 6.5~9 mm。雄虫略小,头管细长。雌虫头管长于雄虫。前胸背板密布黑褐色绒毛,两侧有半圆点状白色毛斑。鞘翅被有浅黑色短毛,前端和内缘具灰白色绒毛,两鞘翅外缘的近前方 1/3 处各有 1 块白色毛斑,后部 1/3 处有 1 条白色绒毛组成的横带。足黑色细长,腿节呈棍棒状。腹部暗灰色,腹端被有深棕色绒毛。卵:椭圆形,长约 1 mm,初产白色透明。幼虫:纺锤形,乳白色,头部黑褐色,老熟幼虫体长 8.5~11.8 mm。蛹:长 7.5~11.5 mm,乳白色,复眼黑色。如图 8.32 所示。

【生活习性】1 年一代或 2 年一代,以老熟幼虫在土内越冬。翌年一部分化蛹、羽化为成虫,另一部分继续滞育土中,第 3 年的 6 月化蛹。6 月下旬至 7 月上旬为化蛹盛期,经 25 天左右成虫羽化,羽化后在土中潜伏约 8 天。8 月上旬成虫陆续出土,上树啃食嫩枝、栗苞以获取营养。8 月中旬至 9 月上旬在栗苞上钻孔产卵,成虫咬破栗苞和种皮,将卵产于栗实内。一般每个栗实产卵 1 粒。成虫飞翔能力差,善爬行,有假死性。约经 10 天,幼虫孵化,蛀食栗实。栗子采收后幼虫继续在果实内发育,为害期 30 多天。10 月下旬至 11 月上旬老熟幼虫从果实中钻出入土,在 5～15 mm 深处做土室越冬。

(a) 幼虫　　　　　　　　　　　　(b) 成虫

图 8.32　栗实象

【防治措施】(1) 栽培措施:选育球苞大,苞刺稠密、坚硬,且高产优质的抗虫品种。清除园地板栗以外的寄主植物,不能与茅栗混栽。捡拾落地残留栗苞并集中烧毁或深埋,提高栗园"卫生"条件。冬季垦复改土,深翻 10～20 cm,捣毁越冬幼虫土室,减少虫源。

(2) 物理防治:在早晨露水未干时,在树下铺设塑料薄膜或床单,轻击树枝,兜杀成虫。

(3) 化学防治:在 7 月下旬至 8 月上旬成虫出土之际,喷洒 5% 辛硫磷粉剂 500～1000 倍液,或 50% 杀螟松乳剂 500～1000 倍液,或 4.5% 高效氯氰菊酯 1000 倍液,或 10% 吡虫啉可湿性粉剂 2000 倍液等对地面进行全面喷洒。

8.33　油茶象

【学名】*Curculio chinensis* Cheveolat,属鞘翅目象甲科,又名山茶象、茶子象。

【寄主与危害】危害金花茶、山茶、油茶、茶等山茶科植物的果实。成虫和幼虫均危害茶籽,蛀食果仁,但幼虫蛀害更严重。受害果果皮上有针眼大的受害孔,种内充满褐色锯末状粪便,受害后容易引起早期落果,并引起油茶炭疽病。

【形态特征】成虫:体长 7～9.5 mm,黑色有光泽,覆盖白色和黑褐色鳞毛。小盾片的白色鳞毛密集成白斑。鞘翅基部和近中部各有 1 条白色鳞毛横带。卵:长约 1 mm,宽约 0.3 mm,白色或黄白色,长椭圆形,一端稍尖且半透明。幼虫:初孵幼虫黄白色,老熟前乳白色,头深褐色,体弯曲呈半月形,无足,各节多横皱纹,背部及两侧疏生黑色短刚毛。老熟幼虫体长 10～12 mm。蛹:离蛹,长椭圆形,乳白色或黄白色,体长 7～12 mm。如图 8.33 所示。

【生活习性】2 年一代(少数 1 年一代),跨 3 个年度,世代重叠。以当代老熟幼虫和上一代的成虫在土中越冬。越冬成虫在 4～5 月出土,5～8 月取食果实,并产卵其中。6 月下旬为产卵

图 8.33　油茶象

盛期,7月下旬至8月上旬当代成虫陆续死亡。果实内的卵孵化后,蛀食种仁,8～11月上旬幼虫老熟,陆续出果入土越冬,经1年多至翌年8～11月化蛹,羽化为成虫。以老熟幼虫越冬的油茶象在翌年3～4月化蛹,以新羽化的成虫在土室内越冬。

成虫喜荫蔽潮湿的环境,飞翔力弱,有假死性,振动树枝,随即掉落。成虫对金银花、白背桐等植物有趋性;雄虫对糖醋液有趋性。

落果期为6～9月,6月前的落果,主要是由成虫进行补充营养、洞口感染炭疽病造成的。7月以后的落果,主要是由幼虫严重啃食种仁引起的。

【防治措施】(1) 物理防治:定期收集落果,消灭幼虫。在成虫发生盛期,用糖醋液诱杀成虫。在成虫羽化盛期,用振落法捕杀成虫。冬耕翻土,杀死土中幼虫和成虫。

(2) 化学防治:在4～7月成虫盛发期,喷洒5%辛硫磷粉剂,或50%杀螟松乳剂500～1000倍液,或高效氯氰菊酯1000倍液,或10%吡虫啉可湿性粉剂2000倍液等。

8.34　松瘤象

【学名】*Sipalinus gigas*（Fabricius & J.C.）,属鞘翅目象甲科。

【寄主与危害】危害松树。幼虫蛀入松树蛀食韧皮部和木质部,可穿蛀于芯材部分,蛀屑白色颗粒状,排出堆积在被害材外面,降低了木材等级,并且在原木贮存期仍继续蛀害。

【形态特征】成虫:体长15～25 mm,体壁坚硬,黑色,具黑褐色斑纹。头部呈小半球状,散布稀疏刻点;喙较长,向下弯曲,基部1/3较粗,灰褐色,粗糙无光泽;端部2/3平滑,黑色具光泽。触角沟位于喙的腹面,基部位于喙基部1/3处。前胸背板长大于宽,具粗大的瘤状突起,中央有1条光滑纵纹。小盾片极小。鞘翅基部比前胸基部宽,鞘翅行间具稀疏、交互着生的小瘤突。足胫节末端有1枚锐钩刺。卵:长3～4 mm,白色。幼虫:老熟时体长8～27 mm,乳白色,肥大肉质;头部黄褐色,足退化,腹末有棘状突3对;胴部弯曲,中部数节尤为肥壮,弯曲似菱形。蛹:长15～25 mm,乳白色,腹末有2个向下尾状突。如图8.34所示。

【生活习性】一年1代,以幼虫在木质部坑道内越冬。翌年5月上旬开始化蛹,5月中旬为化蛹盛期,蛹期15～25天,5月下旬初始见成虫,6月上旬为羽化盛期。6月上旬始见产卵痕,6月中旬为产卵盛期。卵期约12天,在6月末始见初孵幼虫,7月上旬为幼虫孵化高峰期。以中、老熟幼虫越冬。成虫有弱趋光性,夜晚能在灯光下捕到。成虫喜聚集于壳斗科植物排出的树液处。卵产在树皮缝隙处,幼虫孵出后不久即蛀入木质部。

【防治措施】(1) 物理防治:人工伐除受害木,杀死幼虫、蛹、成虫、卵。成虫期用黑光灯诱杀成虫。

(2) 化学防治:喷洒5%辛硫磷粉剂1000倍液,或50%杀螟松乳剂500～1000倍液,或高效氯氰菊酯1000倍液,或10%吡虫啉可湿性粉剂2000倍液等防治成虫。幼虫期防治可用大型兽用注射器,装入10%吡虫啉可湿性粉剂200倍液,将药液注入幼虫蛀孔,然后用黏泥封住蛀孔。

图 8.34 松瘤象

8.35 一字竹象

【学名】 *Otidognathus davidis* Fairmaire,属鞘翅目象甲科,又名竹笋象、一字竹笋象。

【寄主与危害】 危害刚竹属、箬竹属、苦竹属、唐竹属、南丰竹属、茶竿竹属和单竹亚属的 30 多个竹种。成虫补充营养时将笋咬成许多小孔。幼虫钻蛀竹笋、取食笋肉,致使笋节间缩短,被害处生长畸形,竹材僵脆,易被风折枝、断梢成断头竹,不能利用,严重时甚至导致整株枯萎死亡。

【形态特征】 成虫:体梭形,雌虫体长约 17 mm,淡黄色。头管长约 6.5 mm,黑色,细长,表面光滑。雄虫体长约 15 mm,赤褐色。头管长约 5 mm,粗短,有刺状突起。头部黑色,两侧各生漆黑色椭圆形复眼,触角置于头管基部的触角沟内。前胸背板后缘弯曲呈弓形,中间有 1 块梭形黑色长斑,胸部腹面黑色。鞘翅上各具有刻点组成的纵沟 9 条,翅中各有黑斑两个,肩角及外缘内角黑色。腹部末节露于鞘翅外,腹面可见 5 节,黑色,第 1 节及末节两侧有赤褐色三角形斑,足与体色同,唯各节相连处为黑色。卵:长椭圆形,长径约 3.1 mm,不透明,乳白色。幼虫:

乳白色,老熟幼虫体长约 20 mm,米黄色,头赤褐色,口器黑色,背线浅黄色,尾部有深黄色突起。蛹:体长约 15 mm,深黄色,足、翅末端黑色,臀棘硬而突出。如图 8.35 所示。

图 8.35　一字竹象

【生活习性】1 年一代,在大小年明显的毛竹林 2 年一代,成虫在地下 8~15 mm 深处做土茧并越冬(或越两个冬季)。4 月下旬至 5 月中旬出土,白天活动,具有假死性,以笋补充营养。4 月中旬交尾、产卵,卵多产于最下一盘枝节到笋梢之间,卵 2~3 天孵化。幼虫取食笋肉。3 龄幼虫食量增大,可将笋吃成空洞。老熟幼虫咬破笋入土,2~3 天筑成土室,经 15 天化蛹,7 月即以成虫在土中越夏过冬。

【防治措施】(1) 物理防治:结合竹园抚育,于秋冬季垦复、松土,可直接捣毁蛹室。成虫出现期,利用其假死性进行振落和捕杀。

(2) 化学防治:当竹笋长到 1~2 m 时,用 10% 吡虫啉可湿性粉剂 2000 倍液或 48% 噻虫啉悬浮剂 2000 倍液等药剂进行喷雾,每隔 7 天喷一次,视虫情喷 1~3 次。

8.36　香樟齿喙象

【学名】*Pagiophloeus tsushimanus* Morimoto,属鞘翅目象虫科。

【寄主与危害】危害香樟。成虫钻蛀为害,受害严重时樟树生长势衰弱,树皮暴突。

【形态特征】雄成虫:体长 9.2~12.7 mm,虫体暗红棕色至黑色,触角、跗节红棕色。体表稀被铁锈色和白色线状鳞片,腹面毛被比背面更长、更密。体表刻点常覆盖浅黄色粉末状分泌物。头部刻点密,向端部渐稀,头顶中央略隆起。额平坦,两端等宽,中部略窄,中央具微小凹陷。喙粗壮、弯曲,与前胸背板等长,从基部向触角窝渐缩窄,之后扩宽,近端部两侧平行;背面刻点粗大,具 5 条不规则弯曲隆起,中央 3 条在基部聚合,侧面 2 条延伸至额;喙端部中央向前延伸成齿状凸起。触角柄节棒状,索节 7 节,棒节 3 节,长椭圆形。前胸背板两侧圆形,中部最宽,端部缩窄成领状,基部二叶状;背面中隆线显著,颗粒粗大,圆锥形。鞘翅从肩向端部渐缩窄,端部具明显锐突。足粗壮,稀被铁锈色和白色线状鳞片;腿节显著膨大,端部皱纹明显;前足胫节内侧中央隆起显著,近三角形;中足胫节中央隆起较小;后足胫节在基部 1/3 处微隆起;各足胫节端距发达。腹板 1 中央略凹,腹板 1~4 刻点浅而稀,腹板 5 刻点密;臀板简单,密被白色毛状鳞片。雌成虫:腹板 1~2 节中央隆起。其他特征与雄虫相似。

【生活习性】一年 1~2 代。以幼虫在樟树主干和侧枝的韧皮部与木质部之间越冬。5 月末始见成虫,成虫羽化高峰期在6月中下旬至8月上旬,9月下旬可见零星成虫、蛹。

图 8.36　香樟齿喙象

【防治措施】化学防治:4月下旬,用三唑磷50～100倍液对树干喷雾,以灭杀越冬幼虫。

8.37　长足大竹象

【学名】*Cyrtotrachelus buqueti* Guérin-Méneville,属鞘翅目象甲科,又名横锥大竹象。

【寄主与危害】危害粉箪竹、大头竹、青皮竹等较粗的丛生竹竹笋。成虫和幼虫取食嫩笋,受害笋不能成竹,造成大量退笋、畸形竹和断头竹。

【形态特征】成虫:雌虫体长23～38 mm、雄虫26～42 mm。体橙黄色或黑褐色,头半圆形、黑色,管状喙从头部前方伸出,黑色。雌虫背面左右两侧各有1条浅凹槽,雄虫背面有1道明显的凹槽,凹槽边有齿状突起。触角膝状,棒节呈靴状。着生于喙的后方月牙形沟中。前胸背板成圆形隆起,后缘正中有1块箭状黑斑。鞘翅黄色或黑褐色,外缘圆。雌虫前足腿节长于或等于胫节,胫节内侧棕色毛短而疏。雄虫前足长大,腿节、胫节长于中后足,腿节短于胫节,胫节下方棕色毛密而长。卵:长椭圆形,长径4～5.2 mm,上端略尖,下端圆。初产乳白色,有光泽。无斑纹。幼虫:初孵幼虫体长约5 mm,全体乳白色。老熟幼虫体长46～55 mm,体深黄色,头黄褐色,大颚黑色。前胸背板骨化,背板上有一黄色盾板,上有黑褐色"八"字形斑。体多皱褶,无斑纹。蛹:体长35～50 mm,初为乳白色,渐变为土黄色,前胸背板后缘具褐色箭状纹。茧:土室较坚硬,外附有竹叶碎片、杂草及土粒。如图8.37所示。

(a) 危害状 1　　　(b) 危害状 2　　　(c) 卵

(d) 幼虫 1　　　　　　　　(e) 幼虫 2

(f) 蛹　　　　(g) 雌成虫　　　(h) 雄成虫

图 8.37　长足大竹象

【生活习性】一年 1 代，以成虫在土中蛹室内越冬。翌年 7 月上旬成虫出土，8 月上旬为出土盛期，9 月下旬为成虫终见期。成虫为害期为 7 月上旬至 9 月下旬。幼虫为害期为 7 月中旬至 10 月中旬。8 月上旬至 10 月下旬化蛹。8 月中旬至 10 月上旬羽化为成虫越冬。

成虫飞行力强、有假死性，受扰动后即坠落地面。雌、雄成虫均可以多次交尾。交尾后随即产卵。成虫选择径粗 2 cm 以上的笋产卵。产卵时，头向下停息在笋的中部啄 1 产卵孔，孔的外表为圆形、有笋箨纤维外露，在笋肉上有 1 个长约 6 mm、宽约 3 mm 的长椭圆形的穴，可深入笋肉 5 mm，然后掉转头向上产卵 1 粒。卵经 3～4 天孵化。孵化前一端可见 2 个小红点。初孵幼虫出壳后即向上蛀食，1～3 天后从产卵孔中流出青色液体，3～4 天流出黑色液体，这是幼虫在笋中正常发育的标志。幼虫为斜行向上取食，再横行取食，随之再斜行向上，蛀食路线成"Z"形，直到笋尖，再向下取食，将竹笋上半段等吃光，致被害笋不能成竹。幼虫 5 龄，在笋中取食 11～16 天后老熟。老熟幼虫均于上午在竹笋中部将笋箨咬出 1 个直径 8 mm 左右的圆孔，圆孔下方用笋箨纤维垫成滑坡，幼虫从此滚出落地，沿坡滚动爬行，爬行迅速，寻找适宜地点入土。入土时用大颚松土，并用头向下钻，余土在入土处堆成一圈，并从地面拉入一些杂草、竹叶或树叶，合土建成土室。土室长 4.5～6.5 mm，土室距地表最浅 9 mm，最深可达 63 mm，一般为 20～30 mm。预蛹经 8～11 天化蛹，蛹经 11～15 天羽化为成虫越冬。

【防治措施】（1）物理防治：人工捕捉成虫。

（2）化学防治：在母竹干基打孔注药（第 1 cm 胸径注射 0.3 mL），可用 5％吡虫啉乳油、1.8％阿维菌素乳油或 80％敌敌畏乳油 10～20 倍液。

8.38 北京枝瘿象

【学名】*Coccotorus bcojingesis* Lin et Li，属鞘翅目象甲科，又名赵氏瘿孔象。

【寄主与危害】危害小叶朴。危害后在小枝上形成虫瘿。

【形态特征】成虫：体长 5.8～6.6 mm，体红褐色至黑褐色，密布灰白色或黄褐色长毛。前胸背板、小盾片及鞘翅近鞘翅缝处具不规则黑斑。喙较长，雄虫长约等于头、胸长之和，雌虫喙长大于头、胸长之和。鞘翅细长，约为宽的 2 倍。前足腿节端 1/3 处有 1 根扁三角形刺。如图 8.38 所示。

【生活习性】一年 1 代，以成虫在小枝瘿内越冬。翌春芽苞萌动时成虫羽化、交尾、产卵于苞内，幼虫孵化蛀入初形成的嫩枝皮下，逐渐形成虫瘿。9 月上旬幼虫化蛹，9 月下旬成虫相继羽化，仍留瘿内越冬。虫瘿的生长与象虫的龄期增长成正相关。幼虫 1 龄时，虫瘿只有 6 mm 左右，形似黄豆粒大小，外表皮翠绿光滑。幼虫进入 2 龄，虫瘿发育到 10 mm 左右，外表皮绿色，并有灰白色斑，剥开后没有明显的木质部。幼虫进入 3 龄，虫瘿发育最快，直径可达 15 mm，外表皮灰绿，有褐斑。虫瘿上叶芽开始伸展成嫩枝，虫瘿内木质部形成。幼虫进入 4 龄，虫瘿直径达 16～18 mm，外表皮呈灰绿色，上有灰褐色斑，并出现细微裂痕，虫瘿壳木质部坚硬。幼虫进入 5 龄，虫瘿不再生长，外表颜色呈灰白色，与老干皮色相似，以后颜色不再变化。进入冬季由于水分减少，虫瘿呈灰褐色。虫瘿上的晚发枝条即被冻死枯干。

【防治措施】（1）物理防治：在冬季剪除虫瘿集中土埋或烧毁。

（2）化学防治：用 4.5％高效氯氰菊酯乳油 1000 倍液、10％吡虫啉可湿性粉剂 1500 倍液或 48％噻虫啉悬浮剂 2000 倍液，于 3 月下旬喷洒幼树。

(a) 虫瘿1　　　　(b) 虫瘿2　　　　(c) 幼虫　　　　(d) 蛹

(e) 虫瘿内的成虫　　(f) 成虫　　　(g) 虫瘿内部　　(h) 羽化孔

图 8.38　北京枝瘿象

8.39　板栗雪片象

【学名】 *Niphades castanea* Chao，属鞘翅目象甲科。

【寄主与危害】 危害板栗及油栗，以幼虫危害果实，在果实采收前大量落果，造成严重减产。

【形态特征】 成虫：体长 9～11 mm，宽约 4.5 mm，栗褐色，密被黄色绒毛。头小，半球形，喙短而粗，长 2.5～3 mm，黑色，密布疣状颗粒，中央有短细的纵隆线。鞘翅基部横宽，背面隆起，末端变狭，每鞘翅上各有 10 条由黑色凹陷圆点组成的纵沟。纵沟间散生黑色颗粒，其中由翅缝向外第 3、5 纵沟间的颗粒特别大，呈长方形，在背面各形成两条明显的纵隆线。幼虫：老熟时体长约 15 mm，肥胖，稍弯曲。头正面蜕裂线两侧色浅，形成明显的"八"字形纹。蛹：长约 10 mm，白色。如图 8.39 所示。

【生活习性】 一年 1 代，以幼虫在受害落地的栗苞内越冬。翌年 4 月上旬开始化蛹，中旬为盛期，5 月中旬为末期。4 月下旬开始羽化，5 月上旬为盛期，5 月中旬成虫钻出，取食嫩叶皮层补充营养。7 月上旬为产卵盛期，卵产在栗实基部周围刺束下的栗苞上。8 月末至 9 月初大量落苞。幼虫在落苞内继续取食果肉，并用头部将栗实内皮拱碎成棉絮状，在内越冬。

【防治措施】（1）物理防治：从 8 月末开始，每 7～10 天捡拾落苞一次，并进行深埋或焚烧。

（2）化学防治：从 6 月下旬开始至成虫产卵前，使用阿维菌素烟剂等进行防治，每隔 10 天左右施放一次。

图 8.39　板栗雪片象

8.40　黑瘤象

【学名】*Phymatapoderus latipennis* Jekel,属鞘翅目象甲科。

【寄主与危害】危害榆树。

【形态特征】成虫:体长 7.6～9 mm、宽 3～4 mm。头、胸、鞘翅、腹部大部分和腿节基部为黑色,其余部分为黄色。雄虫胫节外端角有钩;雌虫胫节较短宽,外端角和近内角有钩,内角有小齿。如图 8.40 所示。

【防治措施】化学防治:在成虫羽化期,喷洒 3%高渗苯氧威乳油 1500 倍液、0.3%印楝素乳油 2000 倍液或 10%吡虫啉可湿性粉剂 2000 倍液等药剂。

图 8.40　黑瘤象

8.41　紫薇梨象

【学名】*Pseudorobitis gibbus* Redtenbacher,属鞘翅目象甲科。

【寄主与危害】危害紫薇。成虫取食紫薇嫩茎、花蕾等,造成叶片枯死。成虫产卵于花蕾中,幼虫食花,后期进入幼嫩蒴果取食种实。

【形态特征】成虫:体长 1.9～2.9 mm,体黑色,被褐色细毛和白色倒伏粗刚毛。体背纵向呈弧形拱起。足腿节粗大,前足腿节端内侧具 4 枚齿,远端的 1 枚强大,其余 3 枚大小相近,中后足仅 3 枚齿。触角 10 节,索节第 3 节小或与第 4 节愈合。如图 8.41 所示。

(a) 幼虫　　　　　　　　　　　　　(b) 成虫

图 8.41　紫薇梨象

【生活习性】一年 1 代,以成虫和老熟幼虫在受害蒴果内越冬。翌年 4 月上旬,越冬成虫部分出果上树,4 月中、下旬大部分上树,6 月下旬至 7 月下旬产卵,7 月上旬至 8 月下旬为幼虫期,9 月中、下旬化蛹,继而羽化,以成虫在蒴果的蛹室内越冬。以幼虫越冬的紫薇梨象,于翌年 3 月下旬陆续化蛹,5 月中旬化蛹结束,5 月中旬成虫相继羽化,6 月中、下旬当年羽化成虫出果上树,8 月下旬以后产卵,9 月孵化的幼虫则以老熟幼虫越冬。

【防治措施】（1）栽培措施：在秋冬季及时修剪并清除落地蔫果，消灭越冬虫源。
（2）化学防治：参照黑瘤象防治。

8.42　毛束象

【学名】*Desmidophorus hebes* Fabricius，属鞘翅目象甲科。

【形态特征】成虫：体长约 11 mm、宽约 7 mm。体壁黑色，被覆黑毛，有黑色毛束，鞘翅基部两侧的短带和端部的鳞片淡黄色，喙粗而很短，刻点很粗大，坑状，排列成不规则的行，基部和有小刻点的头部一样，其刻点具细长的倒伏黄色鳞片。雌虫末节腹板从后面看，中间隆起，两侧洼，后缘中间具小而相当深的凹缘；雄虫末节腹板中间洼、两侧隆起，两侧密被直立的毛。如图 8.42 所示。

图 8.42　毛束象

【防治措施】化学防治：参照黑瘤象防治。

8.43　女贞球象

【学名】*Stereonychus angulicollis* Voss，属鞘翅目象甲科。

【寄主与危害】危害小叶女贞、水蜡等。成虫、幼虫均以叶片为食，受害叶片仅剩外表皮，叶片干枯，严重时植株死亡。

【形态特征】成虫：体长 3～6 mm、宽 2～3 mm，椭圆形，多红褐色，但杂有黑色。体壁被覆浓密披针形黄棕色、白色和黑色鳞片。触角膝状，棒节不愈合，节间环纹通常明显、不发光，索节 5 节。复眼近于头的背面，彼此接近。额窄于喙的基部。喙一般细长而弯曲，呈圆筒形。上颚位于喙的两侧，左右活动。前胸前缘小，向后逐渐扩大略呈椭圆形。腹部腹板 2～4 节的后缘两侧向后弯曲，足跗节只有 1 只爪。卵：乳白色，半透明，球形，长约 0.5 mm。幼虫：初孵幼虫体长约 0.3 mm，淡黄色，略透明，头小、黑色，前胸背板有 2 块长方形黑斑，体表有淡黄色黏性物质。老熟幼虫体长约 6 mm，黄褐色，体表黏性物质黄褐色，爬行时留下褐色体液。蛹：长约 6 mm，蜡质,褐色,椭圆形,表面有小突起。蛹:长椭圆形,长 3~5 mm,黄褐色,头部、前胸有稀疏长毛。如图 8.43 所示。

【生活习性】一年 1 代,以成虫在受害植株附近土壤内越冬。越冬成虫在翌年 3 月女贞新叶萌发时开始出土,上树补充营养。3 月上旬开始在新梢叶芽上产卵,产卵集中在 3 月中旬至 4 月中旬。3 月中旬始见幼虫,4 月上旬老熟幼虫转移到土中化蛹,成虫 4 月下旬羽化,5 月上中旬进入盛发期,补充营养并开始交尾,6 月中下旬潜入土中,直至翌年 3 月上树活动。

【防治措施】化学防治:参照黑瘤象防治。

(a) 危害状　　　(b) 幼虫　　　(c) 茧　　　(d) 成虫

图 8.43　女贞球象

8.44　橡实剪枝象

【学名】*Cyllorhynchites ursulus*(Roelofs),属鞘翅目象甲科。

【寄主与危害】危害辽东栎、蒙古栎、柞、槲栎等。成虫产卵于幼果并咬断果枝,影响树的发育和生长。

【形态特征】成虫:体长 5.4~8.2 mm、宽 2.1~4.3 mm。体长椭圆形,褐色至黑褐色。头和触角部分被覆黄色茸毛,其余部分密被淡黄色卧毛,此毛在背面集成斑点状,其中散布长而直立的棕色刚毛,腹面直立长毛为黄色,喙基部两侧仅有数根毛。雄虫触角沟延长到触角着生点之前,触角着生于喙端部 2/5 处;雌虫触角沟前端不超过触角着生点之前,触角着生于喙中间。雄虫前胸背板两侧各有 1 枚尖刺。如图 8.44 所示。

【生活习性】一年 1 代,以老熟幼虫在土中筑土室越冬。翌年 6 月上旬化蛹,6 月下旬羽化出土,8 月中旬后产卵。成虫在补充营养期间,以幼嫩栎实为补充营养,偶尔取食叶柄。雌虫选择露出总苞的幼嫩种实,在侧面咬产卵孔直通子叶,并咬成卵室,再插入产卵器产卵 1 粒,然后咬断果枝。经 30~40 天,幼虫老熟钻出栎苞,入土越冬。雌成虫一般每头可剪枝 30 个左右。

【防治措施】(1) 物理防治:在 8 月中旬,捡拾被剪小枝并深埋或焚烧。

(2) 化学防治:在 8 月上中旬,使用阿维菌素烟剂进行防治。

(a) 危害状

(b) 受害球果

(c) 卵

(d) 幼虫

图 8.44 橡实剪枝象

8.45 板栗剪枝象

【学名】 *Cyllorhynchites cumulatus*（Voss），属鞘翅目象虫科。

【寄主与危害】 危害板栗。以成虫产卵于幼嫩栗苞，咬断嫩果枝落地，幼虫在栗果内取食。

【形态特征】 成虫：体长 6.5～7.5 mm、宽 2.9～3.2 mm。体长椭圆形，暗蓝紫色，有金属光泽。喙端部、触角黑色，灰白色卧毛在鞘翅上密集成斑点，其间散布长的、暗褐色直立长毛。头短，刻点稀少，额宽。喙长超过头和前胸之和，中隆线仅在基部出现，侧隆线明显。雄虫喙背面刻点较明显，触角沟到达触角着生点之前，触角着生于喙端部 2/5 处；雌虫喙背面刻点较细，端部刻点细而稀少，触角沟不超过触角着生点之前，触角着生于喙中间附近。触角柄节长于索节 1 短于索节 2，索节 4～7 等长，棒节松散，1、2 节等长，倒圆锥形。雄虫前腹板前区较宽，基节前外侧有 1 个长尖的镰状齿。如图 8.45 所示。

图 8.45 板栗剪枝象

【生活习性】 一年 1 代，以老熟幼虫脱果入土筑室越冬。翌年 4 月上旬化蛹，5 月上旬出土，5 月上、中旬交尾产卵盛期。成虫选择幼嫩果枝，从上部剪断，连着下部皮层悬挂树上，爬上球苞产卵 1 粒，然后剪断悬挂果枝落地。亦有先产卵球苞，后一次性剪断果枝。一般雌成虫一生可剪 30 个果枝。自卵开始至幼果老熟脱果约 40 天。在土深 1~5 cm 处做土室。

【防治措施】(1) 物理防治:自 5 月上旬开始,每 10 天捡拾被剪果枝一次,集中销毁。

(2) 化学防治:在 5 月上旬,对树干喷施 3% 高渗苯氧威乳油 1000 倍液或 48% 噻虫啉悬浮剂 800 倍液等药剂,也可使用阿维菌素烟剂。

8.46 大竹蠹

【学名】*Bostrychopsis parallela*(Lesne),属鞘翅目长蠹科。

【寄主与危害】危害毛竹、枫杨、旱柳、黄山栾树等植物及其制品。受害植株仅外表完整,其内充满虫粪及粉屑。成虫将边材部蛀成不规则的扁形宽大穴道,众多成虫常共处在相通的孔洞中,并不断排出颗粒状粪粒。

图 8.46 大竹蠹

【形态特征】成虫:长圆筒形,体黑褐色,长 12~14 mm、宽约 3.2 mm。触角 10 节,末节拉长,端窄缩,端缘几乎平截。前胸背板前缘凹入,前缘角向前延伸并向上弯,呈钩状角突。鞘翅肩角明显隆起,两侧缘自基缘开始平行延伸,随后逐渐扩展至翅后 1/4 处,然后急剧收尾,端缘呈半圆形,斜面在翅后 1/3 处开始,然后急剧下斜,斜面宽阔,两侧缘各具两个明显的脊状突。足酱褐色,跗节 5 节,胫、跗节具黑黄色绒毛。幼虫:黄白色,口器黑褐色,体长约 13 mm、宽约 5 mm,头部小,胸部显著膨大,呈"C"形。如图 8.46 所示。

【生活习性】一年 1 代,以幼虫在受害木蛀道内越冬。翌年 4 月上、中旬开始化蛹。5 月上、中旬陆续飞出,寻找新寄主,雌虫蛀斜形洞孔并入内补充营养,雄虫尾随进入洞穴与之交配。成虫补充营养约 40 天,卵产在木材的裂缝中、皮层下或洞孔中。卵散产或数粒集于一起,每雌虫可产 70~100 粒。经 7~10 天后卵孵化,初孵幼虫先食部分卵壳,后自卵旁钻入木材中,并顺木纹理方向蛀食薄壁组织,将极细的排泄物紧紧堆积在虫体后的圆形蛀道中,蛀道长 60 mm 左右。幼虫经 6 龄老熟并在 11 月下旬越冬。

【防治措施】(1) 栽培措施:发现新梢萎蔫或未抽芽梢枝后,将这类植株截干,截口应在虫蛀下的新芽上方,截下的枝干应带回焚烧或浸入水中。

(2) 化学防治:栽植前,对苗木集中喷洒 10% 吡虫啉可湿性粉剂 500~800 倍液。栽植后(4 月上、中旬),对树干喷洒 3% 高渗苯氧威乳油 1000 倍液或 48% 噻虫啉悬浮剂 800 倍液等药剂。

8.47 杉肤小蠹

【学名】*Phloeosinus sinensis* Schedi,属鞘翅目小蠹科。

【寄主与危害】危害杉木。本种与罗汉肤小蠹 *P. perlatus* Chapuis 常伴随发生,危害活立木或伐倒木的主干,在皮层穿凿纵横交错的坑道网,阻滞营养及水分输送,使林木零星或成片枯萎死亡。

【形态特征】成虫:体长 3~3.8 mm,深褐色或赤褐。复眼肾形,前缘中部有似角状较深凹陷。触角锤状部长饼状，具2条斜向分隔线，分3节。前胸背板略呈梯形，长略小于宽，基缘中央凸出，尖向鞘翅。背板上均匀地分布着稠密的圆形小刻点，并密被茸毛，起自刻点中心，贴伏于板面上，指向背中线。鞘翅基缘弧形，略隆起，上面的锯齿大小均一，相距紧密。沟间部宽阔低平，密被细毛，向后斜竖。鞘翅斜面，第1、3沟间部隆起，第2沟间部低平，沟间部上的颗瘤似尖桃状。卵：长约1 mm、宽约0.5 mm，椭圆形。初产乳白色，半透明，近孵化时变成黄白色。幼虫：初孵幼虫体长约1 mm，老熟幼虫约5 mm。取食幼虫紫红色，老熟幼虫黄白色，口器褐色。蛹：长约3.5 mm、宽约1.5 mm，初为乳白色，近羽化时变为黄褐色，腹末具1对刺突。如图8.47所示。

图8.47 杉肤小蠹

【生活习性】一年1代，以成虫在枝干皮层蛀穴越冬。越冬成虫在3月中旬至4月下旬相继从分散的杉株脱离，聚集危害5~15年生的健康木树干。雌虫在3 m以下树干蛀入皮层并咬成交配室与雄虫交尾，母坑道为单纵坑，每雌虫平均产卵48粒，卵期3~5天。3月下旬至4月下旬为产卵期，4月初至6月中旬为幼虫期，5月上旬至7月下旬为蛹期，5月中旬即有新成虫羽化，并继续为害。7月上旬新成虫陆续自寄主飞离至健康木，分别在枝干皮层内越冬。

【防治措施】（1）物理防治：在早春伐除生长衰弱的杉株，置于林内诱集，并及时处理。

（2）化学防治：3~4月当树干、新伐原木出现受害症状（蛀屑、流脂）时，喷洒75%辛硫磷乳油的800~1000倍液，杀灭皮层内的成虫。

8.48 柏肤小蠹

【学名】*Phloeosinus aubei* Perris，属鞘翅目小蠹虫科，又名侧柏小蠹。

【寄主与危害】寄主为侧柏、桧柏、圆柏、龙柏和柳杉等。成虫和幼虫蛀食衰弱枝梢，造成枝枯。

【形态特征】成虫：体长2.1~3 mm。体深褐色或赤褐色，无光泽。头小，藏于前胸下，触角红褐色，末端的3节球棒部呈椭圆形。前胸背板宽大于长，体密被刻点和灰色细毛。鞘翅上有9条纵沟，鞘翅斜面具凹面，雄虫在鞘翅斜面的奇数沟上具数枚大钝齿，以近鞘缝的为大，雌虫的较小。卵：白色，圆球形。幼虫：老熟幼虫体长2.5~3.5 mm，乳白色，头淡褐色，体弯曲。蛹：长2.5~3.1 mm，乳白色。如图8.48所示。

【生活习性】一年1代，以成虫在柏树枝梢内越冬。翌年3~4月陆续飞出，雌虫觅树势弱的柏树蛀孔侵入，雄虫随即跟入，并共筑母坑道。交配后产卵于咬成的卵室中，每次产卵20~30粒。4月中旬开始孵化，幼虫在韧皮部、木质部间向坑道两侧蛀食。5月中、下旬在子坑道末端化蛹。蛹经10天后羽化，6月中下旬为羽化盛期。新成虫继续进入新梢补充营养。从10月中旬开始，成虫再回到较粗枝干上潜伏越冬。

(a) 危害状　　　　　　　　　(b) 危害状（羽化孔）

图 8.48　柏肤小蠹

【防治措施】物理防治：及时清除新枯死枝条和伐除新枯死的带虫树。在成虫开始侵蛀枝、干前，在林外堆集直径 2 cm 以上的新鲜柏枝、柏木诱杀成虫，或者悬挂引诱剂进行诱杀。

8.49　皱背叶甲

【学名】*Abiromonrhhus anceyi Pic*，属鞘翅目肖叶甲科。

【寄主与危害】危害杨、柳、枣、桑、桃、枫杨、海棠等。食害幼苗和新梢咬食叶柄及嫩梢。

【形态特征】成虫：体长 6～8 mm、体宽 2.2～3.9 mm，略呈长方形。背面金属绿色，常具紫铜色光泽，腹面铜紫色或者铜绿色，被灰色或银白色卧毛。触角、上唇和足棕黄色。头部刻点大而深，刻点间距隆起呈皱纹状。触角丝状，长稍超过鞘翅肩部，末端 5 节稍粗。腿节粗大，无齿，爪简单。如图 8.49 所示。

图 8.49　皱背叶甲

【生活习性】一年 1 代，以幼虫在土中越冬。翌年 4 月老熟幼虫在土中筑蛹室化蛹，蛹期约 7 天。5 月出现成虫，上树为害，5～8 月为为害盛期。

【防治措施】化学防治：在成虫期，喷洒 10％吡虫啉可湿性粉剂 2000 倍液，或 3％高渗苯氧威乳油 3000 倍液，或 0.3％印楝素乳油 2000 倍液，或 20％抑食肼可湿性粉剂 2000 倍液，或

48%噻虫啉悬浮剂 3000 倍液,或 25%噻嗪酮可湿性粉剂 2500 倍液等。

8.50 黑额光叶甲

【学名】*Smaragdina nigrifrons*(Hope),属鞘翅目肖叶甲科。

【寄主与危害】危害柳、榛、荆条、算盘子、木荷,以及白茅属、蒿属、栗属植物等。成虫、幼虫取食叶片,造成缺刻。

【形态特征】成虫:体长 6.5~7 mm,长方形至长卵形,红褐色,有金属光泽。头黑色,触角短细。前胸红褐色或黄褐色,光亮,有时具黑斑。小盾片、鞘翅黄褐或红褐色,在鞘翅基部和中部后各具宽而长的黑横带 2 条,但有时退缩为横斑状或分裂为 2 块斑或完全消失。腹面色变化大,雄性红褐色,雌性黑色或暗褐色。腹面毛稀短,鞘翅刻点稀。如图 8.50 所示。

【生活习性】一年 1~2 代,6~8 月为成虫期。

【防治措施】(1)物理防治:人工捕杀成虫、幼虫。

(2)化学防治:参照皱背叶甲防治。

(a)成虫 (b)成虫(交配)

图 8.40 黑额光叶甲

8.51 榆黄叶甲

【学名】*Pyrrhalta maculicollis* Motschulsky,属鞘翅目叶甲科,又名榆黄金花虫、榆黄毛莹叶甲。

【寄主与危害】危害榆树。初孵幼虫啃食叶肉,使叶片呈箩网状,大龄幼虫食全叶,使叶片穿孔,生长季常将树叶多次吃光,严重影响树木生长和园林景观。

【形态特征】成虫:体长 6.5~7.5 mm、宽 3~4 mm,近长方形,棕黄色至深棕色,头顶中央具 1 块桃形黑色斑纹。触角大部、头顶斑点、前胸背板 3 条纵斑纹、中间的条纹、小盾片、肩部、后胸腹板以及腹节两侧均呈黑褐色或黑色。前胸背板中央有 1 块近长方形黑斑,凹陷部分处也有 1 块卵形黑斑。鞘翅沿肩部有 1 条黑色纵纹。卵:长约 1 mm,长圆锥形,顶端钝圆,黄白色。幼虫:末龄幼虫体长约 9 mm,黄色,周身具黑色毛瘤。足黑色。前胸背板两侧后缘处各有 1 块不规则形的黑纹,前缘中央有 1 块灰黑色小斑。中、后胸及第 1~8 腹节背面长有毛瘤,腹部各小节中央的 2 个毛瘤着生于同一毛片上。蛹:长约 7 mm,乳黄色,椭圆形,背面生黑刺毛。如图

8.51所示。

(a) 危害状(榆树)　　　　　　(b) 幼虫　　　　　　(c) 成虫

图 8.51　榆黄叶甲

【生活习性】一年1～2代,以成虫在杂草下或建筑物缝隙中越冬。翌年4月上旬榆树发芽时,越冬成虫开始活动。4月下旬将卵产在叶片上,卵成块产于叶背,每个卵块有卵20粒左右。每只雌虫产卵500余粒,卵期5～7天。5月上旬孵化幼虫危害叶片。6月中下旬老熟幼虫向下爬行,群集于树干伤疤、树洞、裂缝等处化蛹,蛹期5～7天。成虫活泼善飞,具假死性。成虫期食叶补充营养,炎热季节成虫白天静伏于叶背,早晚或夜间取食。

【防治措施】(1) 物理防治:当老熟幼虫群集在树干上化蛹时,及时灭杀。

(2) 化学防治:在成虫上树取食期、幼虫孵化盛期,喷施0.5%阿维菌素乳油1500倍液,或8%氯氰菊酯微囊悬浮剂2000倍液,或3%高渗苯氧威乳油3000倍液,或10%吡虫啉可湿性粉剂2000倍液,或0.3%印楝素乳油2000倍液。

8.52　白杨叶甲

【学名】*Chrysomela populi* Linnaeus,属鞘翅目叶甲科。

【寄主与危害】危害杨树、柳树。成虫取食嫩梢幼芽,低龄幼虫取食叶片,被食叶片仅残留表皮和叶脉,呈网状;3龄以后幼虫分散为害,蚕食叶缘使其呈缺刻状。受害树叶及嫩梢分泌油状黏性物,后逐渐变黑而干枯。

【形态特征】成虫:体近椭圆形,体长12～15 mm,宽8～9 mm。头小,触角短,扁平,前胸背板蓝紫色,有金属光泽,翅较狭,前翅红色,靠基部1/4处略收缩,末端圆钝。卵:初产时黄色,后变橙黄色,椭圆形,长约2 mm,宽约0.8 mm。幼虫:体长约17 mm,体扁,头部黑色,胸腹部近白色,背面有黑点2列,第2、3节侧面各有1个黑刺状突起,以后各节侧面在气门上线、下线上也有同样的黑色瘤状突起,但较扁平。如图8.52所示。

【生活习性】一年1～2代,以成虫在落叶或浅土内越冬。翌春寄主发芽后开始活动,补充营养后,产卵于叶背或嫩枝叶柄处。卵期5～6天,初龄幼虫有群集性,2龄后开始分散取食,并不断排出褐色粪便,受惊后能自胸腹部背板瘤突腺孔中排出乳白色液体自卫。幼虫4龄,第1代幼虫至6月上旬化蛹,化蛹时以尾端附着于叶背悬垂化蛹,蛹期5～8天。6月中旬羽化第1代成虫,6月下旬至8月上中旬成虫潜伏落叶草丛阴凉处或潜入松散土壤表层内越冬。

（a）卵　　　　　　　　　（b）幼虫　　　　　　　　　（c）成虫

图 8.52　白杨叶甲

【防治措施】（1）物理防治：早春越冬成虫上树时，人工振落成虫并捕杀。

（2）化学防治：参照榆黄叶甲防治。

8.53　柳蓝叶甲

【学名】*Plagiodera versicolora*（Laicharting），属鞘翅目叶甲科，又名柳圆叶甲。

【寄主与危害】危害玉米、大豆、棉花、桑、各种柳树等。成虫、幼虫取食叶片致缺刻或孔洞。

【形态特征】成虫：体长约 4 mm，近圆形，深蓝色，有金属光泽，头部横阔，触角 6 节，基部细小，其余各节粗大，褐色至深褐色，上生细毛；前胸背板横阔光滑。鞘翅上密生略成行列的细点刻，体腹面、足色较深有光泽。卵：橙黄色，椭圆形，长约 1 mm、宽约 0.5 mm，长椭圆形，初产时浅黄色，颜色逐渐加深。幼虫：体长约 6 mm，灰褐色，全身有黑褐色凸起状物，胸部宽，体背每节有 4 块黑斑，两侧具乳突。1 龄幼虫头黑色，体灰黄色；2 龄幼虫体长 2.4～3 mm；3 龄幼虫有土黄色和黑色两种，体长 3～4 mm；4 龄幼虫体长 4.2～6 mm，体较头宽，3 对足，体背有 6 个黑色瘤状突起。蛹：长约 3.5 mm、宽约 2.5 mm，椭圆形，黄褐色，腹部背面有 4 列黑斑。足黑色，头黑色，软鞘翅上有黑色点，腹部背面中间有 6 块黑斑成 2 列，体两侧有 6 个小黑点。如图 8.53 所示。

【生活习性】一年 5～6 代，以成虫在土壤、落叶和杂草丛中越冬。翌年 4 月柳树发芽时出来活动。危害芽、叶，并把卵产在叶上，成堆排列，每雌虫产卵千余粒，卵期 6～7 天。初孵幼虫群集为害，啃食叶肉，幼虫期约 10 天。老熟幼虫在叶上化蛹。9 月中旬可同时见到成虫和幼虫。成虫有假死性。

【防治措施】（1）物理防治：人工振落成虫并捕杀。

（2）化学防治：参照榆黄叶甲防治。

(a) 卵　　(b) 危害状与幼虫　　(c) 低龄幼虫

(d) 高龄幼虫　　(e) 蛹1　　(f) 蛹2

(g) 成虫1　　(h) 成虫2

图 8.53　柳蓝叶甲

8.54　葡萄十星叶甲

【学名】*Oides decempunctata*（Billberg），属鞘翅目叶甲科，又名十星瓢萤叶甲。

【寄主与危害】危害葡萄、野葡萄等植物。成虫及幼虫均取食叶片,致叶片孔洞或缺刻,或将叶片吃光只留叶脉。

【形态特征】成虫:体长约 12 mm,椭圆形,土黄色。头小,隐于前胸下。复眼黑色。触角淡黄色丝状,末端第 3、4 节端部黑褐色。前胸背板及鞘翅上布有细点刻,鞘翅宽大,共有黑色圆斑 10 个,略成 3 横列。足淡黄色,前足小,中、后足大。后胸及第 1~4 腹节的腹板两侧各具近圆形黑点 1 个。卵:椭圆形,长约 1 mm,表面具不规则小突起,初草绿色,后变黄褐色。幼虫:体长 12~15 mm,长椭圆形略扁,土黄色。头小、胸足 3 对较小,除前胸及尾节外,各节背面均有两横列黑斑,中、后胸每列各 4 块,腹部前列 4 块,后列 6 块。除尾节外,各节两侧有 3 个肉质突起,顶端黑褐色。蛹:金黄色,体长9～12 mm,腹部两侧具齿状突起。如图8.54所示。

(a) 幼虫

(b) 成虫

图8.54 葡萄十星叶甲

【生活习性】一年1～2代,以卵在枯枝落叶层下过冬。卵黏结成块状,在翌年5～6月孵化。幼虫老熟后钻入土中筑室化蛹。

【防治措施】(1) 物理防治:人工振落成虫、幼虫并捕杀。秋末清除葡萄园里的枯枝落叶和杂草,并及时烧毁或深埋,以消灭越冬卵。

(2) 化学防治:参照榆黄叶甲防治。

8.55 核桃扁叶甲

【学名】*Gastrolina depressa* Baly,属鞘翅目叶甲科,又称核桃金花虫。

【寄主与危害】危害核桃、核桃楸、枫杨等。幼虫、成虫危害叶片,常将叶片食光,造成部分枝条或幼树死亡,降低果实产量。连年为害时,树势衰弱,甚至使植株枯死。

【形态特征】成虫:体长6.5～8.3 mm,长方形,背面扁平。头、鞘翅蓝黑色,前胸背板淡黄褐色,有金属光泽,仅两侧区褐黄色或褐红色。触角、足黑色。头小,深嵌入胸部,头顶平,额中央低凹,刻点粗密。卵:黄绿色,短柱形,一端略细。幼虫:低龄体黑色,老龄体长约10 mm。前胸背板淡红色,其他淡赤色,有褐斑和瘤。蛹:体墨黑色,胸有灰白纹,第2～3腹节两侧黄白色,背中灰褐色。如图8.55所示。

【生活习性】一年1代,以成虫在地被物中越冬。翌年4月下旬开始上树取食芽或嫩叶,并交尾。5月中旬开始产卵于叶背,5月下旬至6月初为产卵盛期。卵排列成块,每块有卵10多粒至50多粒,每雌虫一生产卵约100粒。卵于5月下旬开始孵化,幼虫孵出后即食去卵壳。幼虫群集于叶背,啮食叶肉。幼虫共3龄,约经10天老熟,末端黏在叶背或叶柄上倒悬化蛹。6月中、下旬为化蛹盛期,蛹期2～4天。6月中旬新成虫出现,继续为害,至7月中旬开始下树休眠。

【防治措施】(1) 物理防治:在10～12月以及翌年3月,将枯枝落叶集中烧毁,刮除树干基部老翘皮,消灭越冬虫源。在4月下旬,采取人工振落方法杀灭成虫。在5～6月下旬,人工摘除虫叶,杀灭卵、幼虫等。

(2) 化学防治:采用毒笔、毒绳(由25%敌杀死、20%氰戊菊酯制成),在树干基部涂两个闭合圈或用毒绳扎两道毒杀越冬成虫,或喷施8%氯氰菊酯微囊悬浮剂200倍液。对于幼虫、新羽化成虫,可在树干注入5%的吡虫啉乳油(每1 mm胸径注射1 mL)。打孔注药一般在干基部距地面30 mm处钻孔,钻头与树干成45°角,钻6~8 mm深的斜向下孔。视树木胸径大小绕干钻3~5个孔,注药后以泥浆封孔。

(a) 危害状　　(b) 卵　　(c) 卵与初孵幼虫

(d) 幼虫　　(e) 成虫　　(f) 雌成虫　　(g) 成虫(产卵)

图8.55　核桃扁叶甲

8.56　泡桐叶甲

【学名】*Basiprionota bisignata*(Boheman),属鞘翅目叶甲科。

【寄主与危害】危害泡桐。叶面绒毛少或无黏腺的泡桐品种受害重,毛泡桐类受害轻。幼虫和成虫取食泡桐叶表皮及叶肉,造成略透明的孔洞。

【形态特征】成虫:体长11~12 mm,近圆形,背面隆起似瓢虫,但头部小,缩入前胸,能自由活动。前胸黄色较宽大,并向两侧延伸成片状,前缘中部凹入,后缘中部凸出。前翅黄色,翅鞘向两侧扩大成片状,边缘半透明,翅鞘上有3条隆起线,近外缘各有1块黑色圆斑。卵:长椭圆形,橙黄色,外面有一层淡黄色泡沫状分泌物覆盖,每个卵块内有卵3~4粒,卵扁平,近圆形,中部隆起,形似榆钱,竖立成堆。幼虫:体长约13 mm,头部褐色,前胸背板浅黄色,有两块褐斑。胸、腹部背面褐绿色,体侧褐色,自前胸至腹末各节体侧均生有对称的突刺,胸足3对,腹末丛生很多黏条状黑色粪便,向背上弯曲,覆盖住大半个虫体,形似黑色虫粪,借以保护虫体。蛹:淡黄色,体长约9 mm,宽约6 mm,前胸及腹部有形似胸足的突刺,腹末有1对向上伸出的突刺。如

图 8.56 所示。

(a) 危害状　　(b) 幼虫

(c) 蛹　　(d) 成虫

图 8.56　泡桐叶甲

【生活习性】一年 2 代,以成虫潜伏石块下、树皮缝内及地被物下或表土中越冬。翌年 4 月中、下旬开始出蛰。越冬成虫出蛰后昼夜取食,产卵于叶背面或叶柄,每产 3~4 粒即分泌胶质物覆盖,并用腹部压之,故形成有成虫腹部痕迹的圆形卵块。卵经 6~7 天孵化,卵平铺排列,孵化时从卵底部钻出。初孵幼虫一经取食就开始排出黏条状黑色粪便,首先将粪便搭于腹末背部向上的两枚突刺上,然后越累越多,便形成伞状的尾巴,向上弯曲覆盖虫体。1、2 龄幼虫取食叶片的表皮组织造成略透明的孔洞,3 龄以后幼虫将叶片吃成孔洞。每次蜕皮往往会把头壳留于伞状尾巴上,共 5 龄。5 月下旬幼虫开始老熟。幼虫约 20 天老熟后先脱去尾巴,分泌黏液固定于叶面不动,经 2 天前蛹期后再经 7 天羽化为成虫。成虫羽化初期体色淡,以后体色逐渐变黄。6 月上旬出现第 2 代幼虫,第 2 代成虫于 8 月中旬至 9 月上旬出现。第 2 代成虫羽化后不产卵,补充营养后陆续越冬。

【防治措施】（1）物理防治：人工捕杀蛹、幼虫和成虫。
（2）化学防治：参照榆黄叶甲防治。

8.57 黑胸瓢萤叶甲

【学名】*Oides lividus*（Fabricius），属鞘翅目叶甲科。

【形态特征】成虫：体长约 10.5 mm。头部黑色，中部具 1 块黄斑。触角褐色。前胸背板、小盾片、鞘翅及腹部腹面黄色。腹部各节两侧各 1 块黑斑，胸部腹面黑色，侧板黄色或褐色。足黑褐色。如图 8.57 所示。

图 8.57　黑胸瓢萤叶甲

【防治措施】参照榆黄叶甲防治。

8.58 女贞瓢跳甲

【学名】*Argopistes tsekooni* Chen，属鞘翅目叶甲科。

【寄主与危害】危害女贞、金叶女贞、小叶女贞、日本女贞。以幼虫依叶为害，在叶肉内蛀成弯曲的虫道，成虫也啃食叶肉，造成圆形或不规则黄褐色半透明小斑点，严重时导致叶片枯黄，提早脱落。

【形态特征】成虫：体长 2～3 mm，椭圆形或圆形，初为黄褐色，后变黑色，背面有光泽，每个翅鞘中央有长椭圆形红斑。幼虫：橘黄色，老熟幼虫体黄白色，幼虫体粗短略扁，腹部第 1～8 节两侧有瘤状突起。如图 8.58 所示。

【生活习性】一年 3 代，以老熟幼虫在上层土中越冬。翌年 4 月中下旬成虫羽化。交尾后产卵于叶背表皮组织。5 月第 1 代幼虫潜入叶片取食叶肉。5 月底陆续化蛹。6 月中旬成虫集中取食叶片，成虫善于跳跃。6 月下旬第 2 代幼虫取食叶肉。7 月上旬成虫羽化。8 月上旬出现第 3 代幼虫，老熟后入土越冬。

【防治措施】化学防治：参照榆黄叶甲防治。

图 8.58 女贞瓢跳甲

8.59 紫茎甲

【学名】*Sagra femorata*（Drury），属鞘翅目负泥虫科，又名葛紫茎甲、曲茎叶甲。

【寄主与危害】危害菜豆属、葛属、决明属、木蓝属、油麻藤属、薯蓣等植物。幼虫在作物茎内取食及生长，刺激细胞增生，幼虫所在部位膨大成虫瘿，其上可见排粪孔，外观呈肿瘤状，严重时影响作物生长和结实。

【形态特征】成虫：体长 20～25 mm、宽 8～9.5 mm。紫色至紫红色，体表无毛，表面具有光泽，腹面腹节较光亮，仅雄性第 1 腹节中部有较密的刻点及毛。头部刻点细密。雌性成虫体较小，前中足较短，后腿较发达，端部达鞘翅末缘，端齿明显（多为 2 个，偶有 3 个，以前齿尖锐突出）。幼虫：蛴螬型。体黄白色，粗胖，弯曲成半环。体背有深皱波，被有微细短刚毛。头小，向前伸，触角极短小，具单眼。前胸背板骨化强，中后胸背面有皱波。胸足 3 对，短而粗。蛹：长约 20 mm、宽约 8 mm，体淡黄白色，裸蛹。如图 8.59 所示。

图 8.59 紫茎甲

【生活习性】一年1代,以老熟幼虫在寄主茎蔓中做茧越冬。幼虫在翌年4月下旬至5月上旬化蛹。5月下旬至6月上旬羽化成虫,6月中旬至6月下旬产卵,幼虫于6月底至7月上旬孵化。肿瘤状虫瘿始见于6~8月,9月下旬起幼虫陆续老熟做茧,化蛹于藤头或支架篱竹内蛰伏越冬。

【防治措施】(1)物理防治:人工捕杀成虫,刺杀虫瘿内幼虫。

(2)化学防治:将2.5%联苯菊酯乳油250倍液、2.5%高效氯氟氰菊酯乳油150倍液或80%敌敌畏乳油20倍液等药剂用大型兽用注射器注入虫瘿,再用泥土封住注射孔。

第 9 章 鳞翅目害虫

9.1 大袋蛾

【学名】*Clania variegata* Snellen,属鳞翅目蓑蛾科,又名大蓑蛾、大避债蛾等。

【寄主与危害】危害法桐、枫杨、柳树、榆树、柏树、槐树、银杏、油茶、茶树、栎树、梨树、枇杷及玉米和棉花等多种林木、果树和农作物。幼虫取食叶片,吐丝缀合碎叶成虫囊,严重发生时将成片的叶片食光,造成灾害。

【形态特征】成虫:雌雄异形。雌成虫无翅,体长约 25 mm,乳白色,肥胖类蛆状,头部黄褐色;雄虫有翅,体长 15~17 mm、翅展 26~33 mm,体黑褐色,触角羽状,前、后翅均有褐色鳞毛,前翅有 4~5 块透明斑。卵:椭圆形,淡黄色,直径 0.8~1 mm,有光泽。幼虫:雌幼虫较肥大,黑褐色,胸足发达,胸背板角质,污白色,中部有两条明显的棕色斑纹;雄幼虫较瘦小,色较淡,呈黄褐色,头部黑褐色,各缝线白色,胸部褐色有乳白色斑,腹部淡黄褐色。蛹:雌蛹黑褐色,体长 22~33 mm,无触角及翅;雄蛹黄褐色,体细长,17~20 mm,前翅、触角、口器均很明显。袋囊:纺锤形,长 40~60 mm,袋囊上常有较大的叶片和小枝条,排列不整齐。如图 9.1 所示。

(a) 袋囊　　　　　　　　　　(b) 幼虫

图 9.1 大袋蛾

【生活习性】一年 1 代,以老熟幼虫在袋囊中越冬。雄虫 5 月中旬开始化蛹,雌虫 5 月下旬开始化蛹,雄成虫和雌成虫分别于 5 月下旬及 6 月上旬羽化,并开始交尾产卵。6 月中旬幼虫开始孵化,6 月下旬至 7 月上旬为孵化盛期,8 月上中旬食害最盛,9 月上旬老熟幼虫开始越冬,11 月幼虫封囊越冬。幼虫孵化后爬出虫囊吐丝下垂,随风传播,初孵幼虫在植株上并不马上取食,而是首先啃取植株组织碎片,以丝联结建造虫囊,经 3~4 小时虫囊即可造成。除雄成虫外,雌、雄虫各虫态都在囊中。虫囊形成后,幼虫开始取食。幼虫取食和活动时,头、胸伸出囊外,负囊而行。虫体长大,虫囊也随之延长和扩大。越冬时幼虫将虫囊口用丝环系在植株的枝条上,少数在干上或叶脉上,雌虫终生栖息于袋囊中。雄成虫从雌虫袋囊下端孔口伸入交尾器进行交配。雌虫产卵于袋囊中,每只可产卵2000~3000粒,最多可达5000余粒。

【防治措施】(1)物理防治:秋、冬季树木落叶后,摘除越冬虫囊,集中烧毁。利用黑光灯以及信息素诱杀成虫。

(2)化学防治:采用Bt菌粉200倍液+0.3%洗衣粉,或20%灭幼脲胶悬剂1000~2000倍液,或0.5%阿维菌素乳油2000倍液,或8%氯氰菊酯微囊悬浮剂3000倍液,或10%吡虫啉可湿性粉剂2000倍液,或48%噻虫啉悬浮剂3000倍液等进行防治,喷雾时要喷湿袋囊。

9.2 茶袋蛾

【学名】*Clania minuscula* Butler,属鳞翅目蓑蛾科,又名小窠蓑蛾、茶蓑蛾。

【寄主与危害】危害茶、栗、樟、柳、桧、马尾松、银杏、竹、落羽杉、水杉等100余种林木及其他植物。幼虫不仅取食叶片,还啃食嫩枝并将枝条截断,严重影响林木生长。

【形态特征】成虫:雄成虫体长10~15 mm、翅展23~26 mm,体翅暗褐色,前翅外缘中上方有2块长方形透明斑,体密被鳞毛,胸部有2条白色纵纹。雌成虫体长15~20 mm,米黄色,胸部有显著的黄褐色斑,腹部肥大。卵:椭圆形,黄色或米黄色,长约0.8 mm。幼虫:老熟幼虫体长16~18 mm,头黄褐色,散布黑褐色网状纹,胸部各节有4条黑褐色长形斑排列成纵带,腹部肉红色,各腹节有2对黑点状突起,呈"八"字形排列。蛹:雌蛹纺锤形,长约20 mm,头小,胸部弯曲;雄蛹褐色,长11~13 mm,腹部弯曲呈钩状。雌雄蛹都具有短而弯曲的臀棘1对。袋囊:长25~30 mm,橄榄形,黑褐色丝质,囊外附有较多的小枝梗,平行排列。如图9.2所示。

(a) 危害状　　　(b) 初孵幼虫1　　　(c) 初孵幼虫2

(d) 袋囊1　　　(e) 袋囊2　　　(f) 袋囊及蛹壳

图9.2　茶袋蛾

【生活习性】一年 2 代,以 3~4 龄幼虫在袋囊内越冬。翌年气温 10 ℃左右时开始活动取食,5 月上旬化蛹,5 月中旬交尾产卵,6 月上旬幼虫孵化,6 月下旬至 7 月上旬为为害严重期,8 月上旬化蛹,8 月中旬成虫羽化,8 月下旬至 9 月上旬第 2 代幼虫孵化,为害直至 11 月封囊越冬。成虫具有趋光性,幼虫白天孵化,从袋囊内爬出后迅速分散,或借助风力吐丝悬垂进行扩散。幼虫分散后,吐丝将咬碎的叶缀在一起做成新的袋囊后开始为害。幼虫期及化蛹前期,多逐渐聚集在寄主树冠中上部。

【防治措施】(1)物理防治:冬季人工摘除越冬虫囊,集中烧毁。

(2)化学防治:参照大袋蛾防治。

9.3　小袋蛾

【学名】*Acanthopsyche* spp.,属鳞翅目袋蛾科,又名小蓑蛾、小皮虫。

【寄主与危害】危害红叶李、香樟、悬铃木、重阳木、三角枫、山茶及果树等植物。低龄幼虫啃食叶肉残留表皮,3 龄后食叶致缺刻和孔洞,严重时常将叶片吃光,影响树木的正常生长。

【形态特征】成虫:雌虫蛆形,体长 6~8 mm,无翅,足退化,头部咖啡色,胸、腹部黄白色。雄虫体长约 4 mm,翅展 11~13 mm,翅黑色,后翅底面银灰色。卵:椭圆形,乳白色。幼虫:体长约 8 mm,乳白色,前胸背面咖啡色,中后胸背面各有 4 条褐色斑纹。蛹:长 5~7 mm,黄褐色,腹部末端有 2 根短刺。袋囊:长 7~12 mm,囊外附有碎叶片和小枝皮。如图 9.3 所示。

【生活习性】一年 2 代,以 3~4 龄幼虫在悬挂在树枝上的囊中越冬。翌年 3 月开始活动取食,5 月中旬开始化蛹,5 月下旬至 6 月中旬成虫羽化,6 月下旬成虫开始产卵,一般雌虫可产卵 109~266 粒。第 1 代幼虫为害在 6 月中旬至 8 月中旬,第 2 代幼虫为害在 8 月下旬至 10 月下旬。老熟幼虫在化蛹前先吐成 1 根 10 mm 左右的长丝,一端黏牢在枝梗或叶背上,虫囊悬垂在下,然后再吐丝封闭囊口,虫体头尾倒转,在囊中化蛹,蛹期 17~33 天。雌虫囊多悬挂在上部枝叶茂密处,雄虫袋囊多在下部。幼虫可借助风力扩散蔓延,8~9 月为害最盛,大量取食叶片,至 11 月开始越冬。

【防治措施】(1)物理防治:人工摘除袋蛾的袋囊。利用黑光灯诱杀成虫。

(2)化学防治:参照大袋蛾防治。

图 9.3　小袋蛾

9.4　杨银叶潜蛾

【学名】*Phyllocnistis saligna*（Zeller），属鳞翅目叶潜蛾科。

【寄主与危害】危害杨树苗木及幼树。幼虫深入表皮下取食,蛀食后留有弯曲的虫道,导致叶片皱曲、枯萎、早落,老熟幼虫在虫道末端吐丝将叶向内折做成近椭圆形的蛹室化蛹。如图9.4所示。

图9.4　杨银叶潜蛾

【形态特征】成虫:体长约3.5 mm、翅展6～8 mm,体纤细,呈银白色。头顶平滑,复眼黑色,触角梗节大且宽,并密被银白色鳞片,其他各节呈暗色。前翅中央有2条褐色纵纹,其间带有金黄色,上纵纹外方有1条源于前缘的短纹,下纵纹末端有1向前弯的褐色弧纹。腹部腹面6节。雌成虫腹部肥大,雄成虫尖细。后翅前端尖细,缘毛细长、灰白色。卵:长约0.3 mm,宽约0.2 mm,灰白色,扁椭圆形。幼虫:老熟幼虫体长约6 mm,浅黄色,体扁平光滑,体节明显,中胸及腹部第3节最大;头小,口器褐色,触角3节,单眼2个,呈褐色,较小。腹部第8、9节侧方各生1个突起,末端分成二叉状。足退化。蛹:长约3.5 mm,较细小,呈淡褐色。头顶有褐色钩向后弯,其侧方各1个突起。腹末端两侧各1对突起,各腹节侧方具1根长毛。

【生活习性】一年3～4代,以成虫在地表缝隙及枯枝落叶层中越冬,或以蛹在受害叶上越冬。越冬成虫翌年天气稍转暖便开始活动,交尾产卵,卵多产于顶芽的尖端或嫩叶上。每片叶上一般产卵1粒,多则4～5粒。每雌虫产卵20粒左右,卵期通常4～5天。

【防治措施】(1) 物理防治:及时清理落叶等,并集中烧毁。采用黑光灯诱杀成虫。

(2) 化学防治:喷洒50%马拉硫磷乳油1000～1500倍液,或50%杀螟松乳油1500～2000倍液,或10%高效氯氰菊酯乳油5000～6000倍液,或20%灭幼脲胶悬剂1000～2000倍液,或0.5%阿维菌素乳油1500～2000倍液,或10%吡虫啉可湿性粉剂1000～2000倍液等防治初孵幼虫。

9.5　咖啡豹蠹蛾

【学名】*Zeuzera coffeae* Nietner,属鳞翅目木蠹蛾科,又名咖啡木蠹蛾、棉茎木蠹蛾等。

【寄主与危害】危害水杉、乌桕、刺槐、核桃、枫杨、悬铃木、黄檀、玉米、棉花、梨、苹果等。以幼虫钻蛀危害枝干,造成枝干萎枯、风折。枝干周围有黄白色、短柱形干燥虫粪。

【形态特征】成虫:雌成虫体长12～26 mm、翅展42～58 mm,雄成虫体长11～20 mm、翅展26～47 mm。体灰白色,具青蓝色斑点。雌成虫触角丝状,雄虫触角双栉齿状,端半部丝状。触角黑色,上具白色短绒毛,胸部具白色长绒毛,翅灰白色。腹部被白色细毛。在中胸背板两侧,有3对青蓝色鳞毛组成的圆斑;翅上散生多个青蓝色斜条短纹,外缘具蓝黑色圆斑8块。腹部第3～7节背面各有3条蓝黑色斑形成纵带,两侧各有1块圆斑。卵:椭圆形,长0.85～

0.9 mm、宽 0.75～0.8 mm,杏黄色或淡黄白色。幼虫：老熟幼虫体长 28～32 mm,头橘红色,体淡赤黄色,前胸背板黑色,较硬,后缘有锯齿状小刺 1 排,中胸至腹部各节有横排的黑褐色小颗粒状隆起。蛹：长圆筒形,雌蛹长 16～27 mm,雄蛹 14～19 mm,褐色。蛹的头端有 1 个尖的突起,形似鸟喙,色较深；腹部第 3～9 节的背侧面和腹面有小刺列,腹部末端有 6 对臀棘。如图 9.5 所示。

(a) 危害状　　　　　　　　　(b) 幼虫 1

(c) 幼虫 2　　　　　　　　　(d) 成虫及蛹壳

图 9.5　咖啡豹蠹蛾

【生活习性】一年 1 代,以幼虫在受害枝条的虫道内越冬。大部分幼虫越冬后不再取食,少部分幼虫在翌年 3 月下旬开始取食,4 月下旬至 6 月下旬化蛹,5 月中旬成虫羽化,6 月上旬幼虫孵化,11 月上旬幼虫开始在蛀道内越冬。成虫具趋光性,白天静伏,黄昏后活动。卵单粒,散产于树皮缝隙、嫩梢或芽腋间。初孵幼虫从嫩梢端部或叶柄处蛀入,后转蛀到 1 年生枝条的近基部,侵入后总是先环蛀一周,再由髓心下蛀,并每隔一段距离咬圆形排粪孔,排出黄白色、短柱形干燥虫粪。被蛀枝很快萎枯,易风折。幼虫一生多次转枝,造成多枝枯萎、折断。

【防治措施】(1) 物理防治：秋冬季节剪除受害枝干并掩埋或焚烧。利用黑光灯以及信息素诱杀成虫。

(2) 化学防治：幼虫孵化期(6 月中旬)喷洒 10% 吡虫啉可湿性粉剂 1000～1500 倍液,每隔 10～15 天喷一次。对于庭院植株基部或盆景中的蛀孔,先将虫粪钩出,再用兽用注射器注入杀虫剂(如2.5%联苯菊酯乳油250倍液、2.5%高效氯氟氰菊酯乳油150倍液或80%敌敌畏乳油20倍液等)。或者用棉球蘸药塞进虫孔,再用泥土封住虫孔,毒杀幼虫。

9.6 黄刺蛾

【学名】 *Monema flavescens* Walker,属鳞翅目刺蛾科,俗称洋辣子、刺毛虫。

【寄主与危害】 危害石榴、苹果、梨等果树以及杨、柳、榆等120多种林木。幼虫危害寄主叶片,初孵幼虫群集取食叶肉,叶片呈网状,4龄后幼虫分散取食,致叶片缺刻或仅剩叶柄和叶脉,影响树木生长。老熟幼虫吐丝缠绕枝干并分泌黏液结白褐相间条纹,似雀蛋的茧,较易识别。

【形态特征】 成虫:雌成虫体长15~17 mm、翅展35~39 mm,雄成虫体长13~15 mm、翅展30~32 mm。头和胸背白黄色,腹背砖红色,有明显粉粒。触角丝状,棕褐色。前翅上半部黄色,下半部砖红色,边缘褐色,有两条暗色斜线在翅尖上汇合成一点,呈砖红色倒三角形。后翅橙红色。卵:椭圆形,淡黄色,扁平,长约1.5 mm。幼虫:体长13 mm,体黄绿色,体背面有紫褐色斑,前后宽大,中部狭细,呈哑铃状。体自第2节起各节背线均有1对枝刺,其中以第3、4节及第10节枝刺最大,其上有黑色刺毛。蛹:黄褐色,长13~15 mm,茧为椭圆形,质坚硬,表面有白褐相间的条纹,形似雀蛋。如图9.6所示。

(a) 低龄幼虫　　　　　　　　　(b) 高龄幼虫

(c) 茧　　　　　　　　　(d) 成虫

图9.6 黄刺蛾

【生活习性】一年2代,以老熟幼虫结茧越冬。5月中旬越冬幼虫化蛹,5月下旬羽化。卵散产于叶背,每雌虫产卵49～67粒。卵期5～6天。第1代幼虫6月上旬始见,孵化高峰期在6月中旬。幼虫共7龄。幼虫为害期至7月下旬。7月下旬至8月上中旬第1代成虫羽化,第2代幼虫为害期在8月中旬至9月下旬。幼虫为害到9月底至10月,后相继老熟在枝丫或小枝上结茧越冬。成虫昼伏夜出,具弱趋光性。

【防治措施】(1)物理防治:结合冬季修剪,除去枝上的越冬茧。利用黑灯光诱杀成虫。一旦发现叶片呈筛网状时,应及时摘除带虫叶片,将初孵幼虫消灭在扩散之前。

(2)化学防治:在低龄幼虫期,喷施1%苦参碱水剂800倍液,或25%灭幼脲Ⅲ号3000倍液,或1.8%阿维菌素乳油1000～2000倍液,或10%吡虫啉可湿性粉剂1000～1500倍液等。

9.7 褐边绿刺蛾

【学名】*Parasa consocia* Walker,属鳞翅目刺蛾科,又名黄缘绿刺蛾、绿刺蛾、青刺蛾。

【寄主与危害】危害杨、柳、悬铃木、板栗、梨、柿、核桃、紫薇、红叶李、梅、樱花、海棠等多种植物。幼虫取食叶片,3龄前有群集习性,啃食叶肉形成明显的半透明枯斑。4龄以后分散并咬穿叶表皮。6龄后自叶缘向内取食叶片,致叶片孔洞或缺刻仅留叶柄,严重影响受害树木生长。

【形态特征】成虫:体长15～16 mm、翅展约36 mm。头、胸、前翅均为粉绿色,触角棕色,复眼黑色,雄虫触角基部是单栉齿状,雌虫触角为丝状,胸部中央有1条暗褐色背线,前翅基部有略带放射状的褐色斑,翅外缘有1条浅褐色的带,带内的脉纹为褐色,腹部和后翅灰黄色。卵:扁椭圆形,长约1.5 mm,黄绿色或蜡黄色,排列成块状。幼虫:绿色。老熟幼虫体长约25 mm,略呈长方形。头黄色,极小,常缩在前胸内。身体橙黄色,背中线天蓝色。腹面浅绿色。蛹:长约15 mm,椭圆形,黄褐色,肥大,包被茧内。茧:椭圆形,长约16 mm,棕色或暗褐色,形似羊粪状,茧上布有黑色刺毛和少量白丝。如图9.7所示。

(a) 幼虫　　　　　(b) 成虫1　　　　　(c) 成虫2

图9.7　褐边绿刺蛾

【生活习性】一年2代,以老熟幼虫在树干基部、树枝分叉处、地面的杂草间或土缝中做茧化蛹。翌年5月下旬开始陆续化蛹,6月中旬羽化,6月至7月下旬为第1代幼虫活动期,第1代成虫7月下旬至8月初出现,7月底、8月初第2代幼虫孵化,8～9月为第2代幼虫为害期,10月以后陆续入土结茧越冬。成虫有一定的趋光性,成虫羽化后即可交尾产卵。卵产于树木的叶背,卵粒呈鱼鳞状排列。每雌虫产卵约150粒,卵期约7天,幼虫低龄期有群集性。

【防治措施】(1)物理防治:在受害植株根际近表土层中挖掘虫茧,清除越冬茧。重点检查受害处呈白色或半透明状的叶片,及时摘除幼虫初孵尚未分散的虫叶并销毁。利用黑光灯或其他方式诱杀成虫。

(2) 化学防治:参见黄刺蛾防治。

9.8 丽绿刺蛾

【学名】 *Parasa lepida* (Cramer),属鳞翅目刺蛾科,又名青刺蛾、绿刺蛾、梨青刺蛾。

【寄主与危害】 危害茶、梨、柿、枣、桑、油茶、油桐、苹果、核桃、刺槐等。幼虫危害树叶,初孵幼虫取食叶肉及下表皮,留上表皮,形成灰白色枯斑,3龄以后咬穿表皮,5龄后取食全叶。

【形态特征】 成虫:体长10~17 mm、翅展35~40 mm,头顶、胸背绿色。胸背中央具1条褐色纵纹向后延伸至腹背,腹部背面黄褐色。雌成虫触角丝状,雄成虫栉齿状。前翅绿色,肩角处有1块深褐色尖刀形基斑,外缘具深棕色宽带;后翅浅黄色,外缘带褐色。前足基部生一绿色圆斑。卵:扁平光滑,椭圆形,浅黄绿色。幼虫:末龄幼虫体长约25 mm,粉绿色,身被空心刚毛,与毒腺相通,内含毒液,背面稍白,背中央具紫色或暗绿色带3条,亚背区、亚侧区上各具1列带短刺的瘤,前面和后面的瘤红色,腹部末端有4丛蓝黑色刺毛球。蛹:椭圆形,黄褐色,茧棕色,较扁平,椭圆形或纺锤形,上覆白色丝状物。如图9.8所示。

(a) 幼虫1

(b) 幼虫2

(c) 幼虫3

(d) 茧

图9.8 丽绿刺蛾

【生活习性】 一年2代,以老熟幼虫在枝干上结茧越冬。翌年5月上旬化蛹,5月中旬至6

月上旬成虫羽化并产卵。第1代幼虫为害期为6月中旬至7月下旬,第2代幼虫为害期为8月中旬至9月下旬,此后陆续结茧越冬。成虫有趋光性,雌成虫喜欢晚上把卵产在叶背上,十多粒或数十粒排列成鱼鳞状卵块,上覆一层浅黄色胶状物。低龄幼虫群集性强,3~4龄开始分散。

【防治措施】参见黄刺蛾防治。

9.9 桑褐刺蛾

【学名】*Setora postornata*(Hampson),属鳞翅目刺蛾科,又名褐刺蛾。

【寄主与危害】危害多种经济果树、观赏林木和防护林,如银杏、枣树、板栗、悬铃木、杨、榆、柳等。初孵幼虫取食卵壳,3龄以前幼虫取食叶肉,呈网状透明的枯斑,3龄后多沿叶缘蚕食叶片,仅留叶脉。

【形态特征】成虫:体长15~18 mm、翅展35~45 mm,雄虫略小。体褐色至深褐色,雄虫色较浅。雌虫触角丝状,雄虫单栉齿状。前翅中部偏外侧向臀角和基角各有1条深色弧线,把翅分成3段,前翅臀角附近有近三角形棕色斑。卵:扁圆形,黄色,长约2 mm。幼虫:老熟幼虫体长约33 mm,体黄绿色,背线蓝色,每节上有黑点4个,排列近梭形。亚背线分黄色型和红色型两类,黄色型枝刺黄色,红色型枝刺红色,背与亚背线之间镶以黄色线条。蛹:长椭圆形,褐色,长约15 mm。茧:广椭圆形,灰白色或灰褐色,表面有褐色点纹。如图9.9所示。

(a) 高龄幼虫(红色)   (b) 高龄幼虫(黄色)   (c) 成虫

图9.9 桑褐刺蛾

【生活习性】一年2代,以老熟幼虫在树根周围表土中结茧越冬。翌年5月上旬始见化蛹,5月末至6月初开始羽化并产卵,6月中旬为越冬代羽化盛期,7月下旬老熟幼虫结茧,8月上旬羽化,8月中旬为第1代成虫羽化盛期,8月下旬出现幼虫,幼虫于9月末至10月老熟结茧越冬。成虫多在下午5点~9点羽化,成虫具趋光性,白天静伏于树冠或杂草丛中。

【防治措施】(1)物理防治:冬季结合开盘松土,在林木附近约1 cm深的土层中挖取越冬茧。人工及时摘除和消灭低龄幼虫。利用黑光灯诱杀成虫。

(2)化学防治:参见黄刺蛾防治。

9.10 扁刺蛾

【学名】*Thosea sinensis*(Walker),属鳞翅目刺蛾科,又名黑刺蛾。

【寄主与危害】危害多种果树、花卉和林木。幼虫蚕食植株叶片,低龄啃食叶肉,致缺刻和孔洞,严重时食成光秆,致树势衰弱。

【形态特征】成虫:雌成虫体长13~18 mm、翅展28~35 mm。体暗灰褐色,腹面及足的颜色更深。前翅灰褐色、稍带紫色,中室的前方有1条明显的暗褐色斜纹,自前缘近顶角处向后缘斜伸。雄成虫中室上角有1个黑点(雌成虫不明显)。后翅暗灰褐色。卵:扁平光滑,椭圆形,长约1.1 mm,初为淡黄绿色,孵化前呈灰褐色。幼虫:老熟幼虫体长21～26 mm、宽约16 mm,体扁,椭圆形,背部稍隆起,形似龟背。全体绿色或黄绿色,背线白色。体两侧各有10个瘤状突起,其上生有刺毛。蛹:长10～15 mm,前端肥钝,后端略尖削,近似椭圆形,初为乳白色,近羽化时变为黄褐色。茧:近圆形,褐色,长14～15 mm。如图9.10所示。

(a) 幼虫(低龄)　　　　　　(b) 幼虫　　　　　　(c) 成虫

图9.10　扁刺蛾

【生活习性】一年2代,以老熟幼虫在寄主树干周围土中结茧越冬。翌年4月中旬越冬幼虫化蛹;5月中旬至6月初成虫羽化;第1代成虫发生期为5月中旬至6月初,第2代成虫发生期为7月中旬至9月底;第1代幼虫发生期为5月下旬至7月中旬,盛期为6月初至7月初,第2代幼虫发生期为7月下旬至9月底,盛期为7月底至8月底。成虫羽化多集中在黄昏时分,羽化后即交尾产卵,卵多散产于叶面,幼虫老熟后即下树入土结茧。

【防治措施】(1) 栽培措施:结合冬耕施肥,将根际落叶及表土埋入施肥沟底。或者结合培土防冻,在根际30 cm范围内培土6～9 cm高,并稍予压实,以杀灭越冬虫茧。

(2) 化学防治:参见黄刺蛾防治。

9.11　重阳木锦斑蛾

【学名】*Histia flabellicornis*(Fabricius),属鳞翅目斑蛾科。

【寄主与危害】危害重阳木。幼虫取食叶片,严重时树叶被吃光,仅剩中脉。

【形态特征】成虫:体长17～24 mm、翅展47～70 mm。头小,红色,有黑斑。触角黑色,双栉齿状,雄成虫触角较雌成虫宽。体腹部红色,有黑斑5列。前、后翅黑色,但右翅自基部至翅室近端部为蓝绿色。卵:椭圆形,长0.73～0.82 mm、宽0.45～0.59 mm,略扁,表面光滑,初为乳白色,后为黄色,近孵化时为浅灰色。幼虫:体肥厚而扁,头部常缩在前胸内。体具枝刺,有些枝刺上具有腺口。老熟幼虫体长22～24 mm,浅黄色,背线淡黄色,由头至腹末各节上有椭圆形大小不等的2块黑斑,亚背线上各体节均有1块椭圆形黑斑,中、后胸各有肉刺10枚,腹部第1～8节各有6枚,第9节有4枚。蛹:体长15.5～20 mm,平均17 mm,初化蛹时全体黄色,腹部微带粉红色。茧:黄白色,丝质。如图9.11所示。

【生活习性】一年3代,以老熟幼虫在树裂缝、树皮及黏结重叠的叶片中结茧越冬。4月下旬可见越冬代成虫。三代幼虫为害期分别为 6 月下旬、8 月上中旬和 9 月中下旬。成虫白天在重阳木树冠或其他植物丛上飞舞,吸食补充营养。卵产于叶背、枝干。低龄幼虫群集为害,高龄后分散为害。老熟幼虫部分吐丝坠地做茧,也有在叶片上结薄茧。

(a) 危害状 1　　(b) 危害状 2　　(c) 幼虫(不同龄期)

(d) 幼虫　　(e) 茧　　(f) 茧(老熟幼虫)

(g) 蛹　　(h) 成虫(交尾)　　(i) 成虫

图 9.11　重阳木锦斑蛾

【防治措施】(1) 物理防治:冬季清除园内枯枝落叶以及树干涂白等,以消灭越冬虫源。结合修剪,剪除有卵枝梢和有虫枝叶。利用草把诱杀幼虫。

(2) 化学防治:在低龄幼虫期,使用 20% 氰戊菊酯 1500 倍液 + 5.7% 甲维盐 2000 倍混合液,或 1.2% 烟参碱乳油 1000 倍液,或 1% 杀虫素乳油 2000 倍液,或 20% 灭幼脲胶悬剂 2000 倍液,或 0.5% 阿维菌素乳油 2000 倍液,或 8% 氯氰菊酯微囊悬浮剂 3000 倍液,或 10% 吡虫啉可湿性粉剂 2000 倍液,或 25% 噻嗪酮可湿性粉剂 2500 倍液等进行防治。

9.12 大叶黄杨长毛斑蛾

【学名】 *Pryeria Sinica* Moore,属鳞翅目斑蛾科,又名大叶黄杨斑蛾。

【寄主与危害】 危害大叶黄杨、金边黄杨、丝棉木等树木。初孵幼虫群集在芽上为害,将芽吃成网状。2龄幼虫群集在叶背下取食下表皮和叶肉,残留上表皮。3龄后开始分散为害,食叶致孔洞、缺刻,重者吃光叶片。

【形态特征】 成虫:虫体略扁,头、腹、复眼、触角、胸、足及翅脉均为黑色。前翅略透明,后翅色略浅,底色为黄色。雌成虫体长 9~11 mm,翅长 31~32 mm,触角双栉齿状。雄虫体长 7~9 mm、翅展 25~28 mm,触角羽毛状,腹部有两簇黑色毛丛。卵:椭圆形,略扁,长 0.5~0.7 mm,表面光滑,初产黄白色,后渐变为苍白色,近孵化时为灰褐色。幼虫:老熟幼虫体长 15~18 mm,头小,体粗短,圆筒形。头部黑色,胸腹部浅黄绿色,前胸背板有"八"字形黑斑,体表有毛瘤和短毛,胴部有 7 条纵贯黑褐线纹。蛹:扁平,黄褐色,长 9~11 mm,有 7 条不明显的褐色纵纹,末端有 2 枚三角形臀刺。茧灰白色或浅黄褐色,丝质,周围有丝质膜状裙边。如图 9.12 所示。

(a) 危害状　　　　　　　　(b) 幼虫

(c) 成虫 1　　　　　　　　(d) 成虫 2

图 9.12　大叶黄杨长毛斑蛾

【生活习性】 一年 1 代,以卵在大叶黄杨的 1 年生枝梢上越冬。翌年 2 月底、3 月初越冬卵开始孵化,幼虫为害盛期在 4 月上旬,为害期为 20～25 天。4 月中旬即吐丝下垂到地面寻找隐蔽干燥处结茧、化蛹越夏,蛹期为 170～190 天。10 月下旬羽化为成虫,1 天后交尾、产卵,完成 1 个世代。

【防治措施】(1)物理防治:冬初或早春对大叶黄杨绿化带特别是发生过虫害的地带进行修剪,去除虫害枝、刮除卵块,并集中清理焚烧。秋初及时清除大叶黄杨根际周围的枯枝落叶并松土破坏虫茧。

(2)化学防治:喷施 1% 苦参碱水剂 800 倍液、8% 阿维菌素乳油 1000 倍液或 10% 吡虫啉可湿性粉剂 1000～1500 倍液等。

9.13 松实小卷蛾

【学名】*Retinia cristata*(Walsingham),属鳞翅目卷蛾科。

【寄主与危害】危害黑松、五针松、马尾松、湿地松等松树及侧柏等。春季第 1 代幼虫蛀食当年嫩梢,使芽梢钩状弯曲、逐渐枯死,影响高生长。夏季第 2 代以后的幼虫蛀食球果,使大量球果枯死,种子减产。

【形态特征】成虫:体长 4.6～8.7 mm、翅展 11～19 mm,黄褐色。头深黄色、冠丛土黄色;复眼赭红色;前翅黄褐色,具银色斑纹与肾形银色斑(其内有 3 个小黑点)。后翅暗灰色,无斑纹。卵:椭圆形,长约 0.8 mm,黄白色,半透明,近孵化时为红褐色。幼虫:老熟时长约 10 mm,淡黄色,光滑,无斑纹,头与前胸背板黄褐色。蛹:纺锤形,长 6～9 mm、宽 2～3 mm,茶褐色,腹部末端有 3 个小齿突。如图 9.13 所示。

图 9.13 松实小卷蛾

【生活习性】一年 4 代,结薄茧以蛹在枯梢和球果中越冬。各代成虫出现时期分别为 3 月上旬至 4 月下旬、5 月下旬至 7 月中旬、7 月下旬至 8 月下旬、9 月初至 9 月下旬。成虫有趋光性,寿命 3～9 天,羽化当天傍晚就交尾,每雌虫产卵 30～80 粒。卵散产在针叶上及球果基部的鳞片上,每只球果有卵数粒。幼虫孵化后爬至当年嫩梢上部蛀食,蛀道长约 10 mm,每梢内可有虫 1～8 头,每个受害球果内有幼虫 1～3 头不等,受害果弯曲变黄枯死。夏季第 2 代后多蛀食球果,造成种子减产。第 1～3 代幼虫老熟后在果轴中结茧化蛹,蛹期约 7 天。10 月中旬后第 4 代老熟幼虫在受害梢果中化蛹越冬。

【防治措施】(1)物理方法:剪除受害梢及球果。

(2)化学防治:在 3 月中旬,喷施 1% 苦参碱水剂 800 倍液、8% 阿维菌素乳油 1000 倍液或 10% 吡虫啉可湿性粉剂 1000～1500 倍液等。

9.14 国槐小卷蛾

【学名】*Cydia trasias*(Meyrick),属于鳞翅目卷蛾科,又名国槐叶柄小蛾、槐卷蛾。

【寄主与危害】危害国槐、龙爪槐、蝴蝶槐、花榈木和红花槐等。该虫主要在绿化带两侧和城区行道树上发生,以幼虫钻蛀当年生新梢为害。幼虫蛀食羽状复叶叶柄基部、花穗及果荚(槐豆),叶片受害后萎蔫下垂,遇风脱落,树冠枝梢出现光秃枝,严重影响生长和观赏。

【形态特征】 成虫:体长约5 mm,黑褐色,胸部有蓝紫色闪光鳞片,前翅灰褐色。卵:扁椭圆形,初产乳白色,渐变黄褐色,具网纹。幼虫:圆柱形,长约14 mm,淡黄色,有透明感,头壳、前胸背板和胸足黄褐色。蛹:体黄褐色,长约6 mm,臀刺8根。如图9.14所示。

(a) 危害状(整株)

(b) 危害状(局部)

(c) 危害状1

(d) 危害状2

(e) 危害状及幼虫

(f) 幼虫(叶柄基部)

(g) 幼虫(枝干内)

图9.14 国槐小卷蛾

【生活习性】一年3代,以幼虫在受害枝条和种子内越冬。翌年5月中旬羽化,成虫有趋光性,产卵于树冠外围的叶片、叶柄基部、小枝条等处。每处产卵1粒,卵期3~5天,孵化后从复叶叶柄基部侵入,蛀入前先吐丝结网,在网内啃食树皮,后蛀入皮下,并不断将黑褐色细粒状粪便排出蛀道,堆积在蛀入孔外。幼虫能转移蛀食,造成复叶枯萎断落。3代幼虫为害期分别为6月上中旬、7月下旬至8月上旬、9月下旬至10月。10月后以幼虫越冬。

【防治措施】(1)物理防治:冬季剪除槐豆荚及带虫枝条,消灭越冬虫源。发现枯萎复叶,消灭堆粪下蛀道内幼虫。利用黑光灯或信息素诱杀成虫。

(2)化学防治:在成虫羽化高峰后的2~3天,喷施4.5%高效氯氰菊酯1500~2000倍液或20%蛀虫清500~800倍液等。

9.15 黄杨绢野螟

【学名】*Diaphania perspectalis*(Walker),属鳞翅目螟蛾科,又名黄杨黑缘螟蛾、黄杨野螟、黄杨卷叶螟。

【寄主与危害】危害小叶黄杨、雀舌黄杨、瓜子黄杨、珍珠黄杨等黄杨类绿化植物。幼虫吐丝缀叶做巢并取食危害寄主植物叶片、嫩梢,为害初期叶片呈黄色枯斑,后至整叶脱落。发生严重时,将叶片吃光,造成整株枯死,影响观赏。

【形态特征】成虫:全体披白色鳞毛,体长20~30 mm、翅展40~50 mm。前胸、前翅基部、前缘、外缘及后翅外缘均有黑褐色宽带,翅面半透明,有紫红色闪光。雄成虫腹部末端有黑褐色毛丛。成虫极少数个体呈黑色。卵:长圆形,底面光滑,表面隆起,长约1.5 mm,鱼鳞状排列成块,初产时淡黄绿色,近孵化时为黑褐色。幼虫:圆筒形,老熟时体长35~42 mm,头部黑褐色,胸、腹部黄绿色。背线绿色,亚背线及气门上线黑褐色,气门线淡黄绿色。表面有光泽的毛瘤及稀疏刚毛。蛹:纺锤形,长18~20 mm,初化蛹时为翠绿色,后呈淡青色至白色,体末端有臀棘8枚,排成1列,前端卷曲成钩状。如图9.15所示。

【生活习性】一年4代,以2~3龄幼虫吐丝缀两叶成苞并在苞内结茧越冬,翌年3月中旬越冬幼虫陆续出蛰取食为害。此时,黄杨新叶初萌,低龄幼虫在新梢吐丝缀叶啃食叶肉,留白色膜状表皮,4月上、中旬开始化蛹,4月中下旬成虫羽化。第1代幼虫5月上、中旬孵化,于5月下旬至6月下旬活动为害,第1代幼虫在6月上旬老熟并化蛹,并在6月中旬开始羽化。第2代幼虫在7月上旬至8月上旬为害,第2代成虫7月下旬至9月上旬羽化。第3代幼虫在7月下旬至8月上旬为害,第3代成虫在8月下旬至10月上旬羽化。第4代幼虫在9月中旬出现,一直为害到10月下旬而后越冬。成虫大多夜间羽化,有趋光性;雌、雄虫一生仅交配1次,交配后雌成虫继续补充营养,而后产卵。卵多产于叶片背面,呈鱼鳞状排列,每块卵1~59粒不等,每雌虫产卵330粒左右,卵期约4天。幼虫一般6龄。幼虫老熟后,吐丝缀合身体周围的树叶做茧并在其中化蛹。

【防治措施】(1)物理防治:冬季或者早春结合修剪去除越冬幼虫。利用黑光灯或信息素诱杀成虫。

(2)化学防治:在越冬幼虫出蛰期和第1代幼虫低龄阶段,喷施1%苦参碱水剂800倍液,或8%阿维菌素乳油1000倍液,或10%吡虫啉可湿性粉剂1500倍液,或20%灭幼脲胶悬剂2000倍液,或8%氯氰菊酯微囊悬浮剂3000倍液,或25%噻嗪酮可湿性粉剂2500倍液等。

图 9.15 黄杨绢野螟

9.16 白蜡绢野螟

【学名】*Diaphania nigropunctalis*（Bremer），属鳞翅目螟蛾科，又名白蜡绢叶螟、白蜡叶螟、白蜡绢螟。

【寄主与危害】 危害桂花、白蜡、女贞、小叶女贞、金叶女贞、丁香、木樨、扶桑、梧桐、樟等。幼虫在叶片正面蛀食，残留白色表皮。

【形态特征】 成虫：体乳白色，带闪光，翅白色，半透明，有光泽，前翅前缘有黄褐色带，中室内靠近上缘有2块小黑斑，中室有新月状黑纹，外缘内侧有间断暗灰褐色线；后翅中室端有黑色斜斑纹，下方有黑点1个，各脉端有黑点。如图9.16所示。

（a）幼虫及危害状

（b）幼虫

（c）成虫

图9.16 白蜡绢野螟

【生活习性】 一年1代。6～8月为幼虫为害盛期。

【防治措施】（1）物理防治：利用黑灯光诱杀成虫。

（2）化学防治：参照黄杨绢野螟防治。

9.17 棉卷叶野螟

【学名】 *Sylepta derogata* Fabricius，属于鳞翅目螟蛾科，又名棉大卷叶螟。

【寄主与危害】 危害木芙蓉、扶桑、海棠、锦葵、木槿、栀子花、泡桐、杨、悬铃木、女贞等。初孵幼虫多聚集在叶背取食，残留表皮；2龄后将叶片卷成筒状，幼虫在筒内食叶和排粪。

【形态特征】 成虫：体长10～14 mm，翅展22～30 mm，淡黄色。卵：扁椭圆形，长约0.12 mm、宽约0.09 mm，初产乳白色，后变浅绿色。幼虫：末龄幼虫体青绿色，有闪光，长约25 mm，化蛹前变成桃红色，全身具稀疏长毛。蛹：长13～14 mm，红褐色，细长。如图9.17所示。

【生活习性】 一年4代，以末龄幼虫在落叶、树皮缝、树桩孔洞或田间杂草根际处越冬。翌年4月下旬化蛹，5月上中旬成虫羽化。成虫有趋光性，寿命3～4天。成虫羽化后第2天即产卵，每雌虫产卵200余粒，卵期3～4天，卵散产于叶背，主脉基部或边缘较多。5月中下旬可见幼虫。幼虫共6龄，幼虫在晚上孵化，初孵幼虫群集为害，取食叶肉；3～4龄后在叶筒内分散为害，有时一叶筒内有虫数头，将叶食尽，成扫帚丝状，仅剩叶柄，并有转移危害习性；老熟幼虫在叶筒中化蛹，蛹期6天；6月下旬成虫出现，7月上中旬为发生高峰期。

【防治措施】（1）物理防治：做好冬季清园，消灭越冬幼虫。在幼虫卷叶结包时，可捏包灭虫。

（2）化学防治：参照黄杨绢野螟防治。

(a) 危害状1　　(b) 危害状2　　(c) 危害状3
(d) 幼虫1　　(e) 幼虫2　　(f) 成虫

图9.17　棉卷叶野螟

9.18　桃蛀螟

【学名】*Dichocrocis punctiferalis* Guenée，属鳞翅目螟蛾科，又名桃蛀野螟、桃蠹螟、桃斑螟。

【寄主与危害】危害板栗、桃、李、梨、杏、梅、苹果、葡萄、山楂、柿、樱桃、枣、核桃、石榴、柑橘、枇杷、无花果等。以幼虫蛀食桃、李果实以及板栗总苞、幼果和成熟坚果，蛀入孔处堆积很多深褐色粒状虫粪，并流出黄褐色胶液，致使果实腐烂、脱落，幼虫会转移，危害多个果实。该虫还可危害五针松、马尾松等松树，以幼虫蛀入梢头或吐丝缀叶、食针叶。

【形态特征】成虫：体长约12 mm、翅展约26 mm，体黄色，胸、腹及翅面上散生小黑斑，腹部背面黄色，雄虫末端有黑色毛丛，雌成虫腹末圆锥形。卵：长约0.6 mm、宽约0.5 mm，椭圆形，初产时乳白色，后为黄色，最后为红色。幼虫：体长约22 mm，体色有淡灰褐、暗红及淡灰蓝色等，头暗褐色，前胸背板褐色，臀板灰褐色，各节有明显的黑色毛疣。蛹：长约13 mm、宽约4 mm，深褐色，头、胸、腹部1~8节背面密布小突起，茧白色。如图9.18所示。

【生活习性】一年4代，以老熟幼虫在树皮缝、树洞、蛀道内等处越冬。越冬代成虫4月中下旬开始羽化，并在桃、杏果上产卵为害。第1代成虫于6月中旬开始羽化，第2代成虫7月中旬发生，8月中旬第3代成虫羽化，第4代成虫9月上旬羽化，10月以后幼虫越冬。成虫夜间羽化，卵散产。幼虫孵化后，多从果蒂、果叶或两果相接处蛀入果内。幼虫老熟后在果柄、两果相接处或在果内化蛹。

（a）危害状　　　　　　　　（b）幼虫　　　　　　　　（c）成虫

图 9.18　桃蛀螟

【防治措施】（1）物理防治：清洁园内卫生，开春刮除老树皮，消除越冬幼虫。合理修剪、疏枝、疏果，减少虫卵量。捡拾落果、剪除虫梢，集中烧毁，消灭果内幼虫。设置糖醋液诱杀成虫。5月下旬或成虫产卵前套袋。

（2）化学防治：参照黄杨绢野螟防治。

9.19　樟叶瘤丛螟

【学名】*Orthaga achatina* Butler，属鳞翅目螟蛾科，又名樟巢螟、樟丛螟。

【寄主与危害】危害樟树、山胡椒等树种。幼虫吐丝缀叶结巢，在巢内食害叶片与嫩梢，严重发生时可将樟叶食光，残留枝梗，树冠上到处可见枯黄色的鸟巢状虫苞。

【形态特征】成虫：体长 8～13 mm、翅展 22～30 mm，头部淡黄褐色，触角黑褐色。雄成虫胸腹部背面淡褐色；雌成虫黑褐色，腹面淡白褐色。前翅前缘中央有 1 块淡黄色斑，翅内横线斑纹状，外横线曲折波浪状，内横线内外侧各有 1 束竖起的上白下黑的毛丛；后翅灰褐色。雄成虫头部两触角间生有 2 束向后伸展的锤状毛束。卵：扁平圆形，直径 0.6～0.8 mm，卵粒堆叠成鱼鳞状卵块。幼虫：老熟幼虫体长 22～30 mm，褐色，头部及前胸背板红褐色，体背有 1 条灰褐色宽带，其两侧各有 2 条黄褐色线，每节背面有细毛 6 根。气门上线灰黄色，各节有黑色瘤点，瘤点上着生 1 根刚毛。蛹：长 9～15 mm，红褐色或深棕色，菱形，腹节有刻点，腹末有 1 丛钩状臀棘。茧：土黄色，扁椭圆形，长约 15 mm，茧上常常附有土粒。如图 9.19 所示。

【生活习性】一年 2 代，以老熟幼虫在树冠下的浅土层中结茧越冬。翌年春季化蛹，5 月中下旬至 6 月上旬成虫羽化、交配、产卵，卵期 5～6 天，6 月上旬第 1 代幼虫孵出为害，7 月下旬幼虫老熟化蛹，蛹期 10～15 天，7～8 月成虫陆续羽化产卵，第 2 代幼虫 8 月中旬前后孵出。该虫有世代重叠现象，6～11 月虫巢中均有不同龄期幼虫，10 月老熟幼虫陆续下树入土结茧越冬。成虫多在夜间羽化，昼伏夜出，有趋光性。卵产于两叶靠拢处且较荫蔽的叶面。初孵幼虫群集吐丝缀合小枝、嫩叶成虫苞，匿居其中取食。老熟幼虫吐丝下垂到地面，入土 2～4 cm 深处结茧化蛹，少数在巢中做圆形丝织蛹室化蛹。

【防治措施】（1）物理防治：冬季在有"虫巢"的樟树根际周围和树冠下，挖除虫茧或翻耕树冠下的土壤，消灭越冬虫茧。成虫羽化期利用黑光灯诱杀成虫。在 6～10 月幼虫活动期，人工剪摘虫苞并集中销毁，以减少虫口基数。

（2）化学防治：参照黄杨绢野螟防治。

(a) 危害状 1　　　　　　　　(b) 危害状 2

(c) 幼虫 1　　　　　　　　(d) 幼虫 2

(e) 土茧　　　　　　　　(f) 成虫

图 9.19　樟叶瘤丛螟

9.20　盐肤木瘤丛螟

【学名】*Orthaga euadrusalis* Walker，属鳞翅目螟蛾科。

【寄主与危害】危害盐肤木。幼虫吐丝缀叶结巢，在巢内食害叶片与嫩梢，树冠上可见明显虫苞。

【形态特征】成虫:翅展 26~30 mm,腹部淡褐色,触角褐色,微毛状,下唇须末端尖,淡褐色混杂黑褐色鳞毛,下颚须褐色,胸、腹背面白色,混杂褐色及淡茶褐色鳞,腹面白褐色及淡茶褐色,足胫节有褐色长毛,前翅黄白稍带淡绿色并略显红褐色,沿前缘有 1 块大黑斑,中室基部及中央有黑点,内横线细锯齿状,翅外一半褐色,内一半绿褐色,缘毛交错黑色;后翅暗褐色,缘毛褐色。如图 9.20 所示。

【生活习性】一年 1 代,以老熟幼虫结茧越冬。翌年 4 月下旬至 5 月上旬化蛹,5 月中旬至 6 月中旬为化蛹盛期,末期在 7 月中、下旬,蛹期 18 至 25 天。5 月中、下旬始见成虫,6 月下旬至 7 月上旬为羽化盛期。5 月中旬始卵,6 月下旬至 7 月中旬为产卵盛期,6 月上、中旬孵化,6 月下旬至 7 月下旬为孵化盛期,卵期 10~15 天。8 月下旬还有少数初龄幼虫出现。9 月上旬老熟幼虫陆续结茧越冬。成虫寿命短,通常只有 2~4 天,具趋光性,多于夜间羽化。初孵幼虫,常群聚于卵壳周围爬行,行动活泼,并吐丝结成网幕,在其中取食叶片表皮和叶肉,食成网状,残存叶脉。3~5 天后,吐丝缀若干小枝为一大巢,在其中取食,蜕皮及粪便也积在巢内。随着虫龄增大,食量增加,由一窝分几群,仍缀小枝叶为巢,咬叶柄、嫩枝,食尽叶片后,又重新缀巢为害,迁移性强。老熟幼虫将树叶卷成筒形,白天静伏叶筒内,多于夜间取食、活动或转移,9 月上旬以后迁移到地面,在根际周围的杂草灌木、枯落物下或疏松表土中结茧,卷曲于其中,开始越冬。入土深度 3~8 cm。茧的一端,留有羽化孔。6~9 月为幼虫为害期。发生不整齐,从 6 月上旬至 8 月下旬,均可见到初龄幼虫。

图 9.20　盐肤木瘤丛螟

【防治措施】(1) 物理防治:冬季在有"虫巢"的盐肤木根际周围和树冠下,挖除虫茧或翻耕树冠下的土壤,消灭越冬虫茧。在幼虫活动期,人工剪摘虫苞并集中销毁。

(2) 化学防治:参照黄杨绢野螟防治。

9.21　山栀子三纹野螟

【学名】*Archernis tropicalis* Walker,属鳞翅目螟蛾科

【寄主与危害】危害山栀子。幼虫取食叶片,造成叶片残缺,影响树木生长。

【形态特征】成虫:翅展 22~30 mm,暗褐色。前翅暗褐色并有浅褐色弯曲的内横线,中室内有明显的白色新月形斑,缘毛末端白色;后翅中室有 1 块新月形斑,外横线边缘白色并在第 2~5 脉处弯曲,缘毛白色。雄成虫触角间有 1 束长毛。如图 9.21 所示。

【防治措施】参照黄杨绢野螟防治。

(a) 危害状　　(b) 幼虫 1

(c) 幼虫 2　　(d) 幼虫 3

图 9.21　山栀子三纹野螟

9.22　瓜绢野螟

【学名】*Diaphania indica*(Saunders),属鳞翅目螟蛾科,又叫瓜绢螟、瓜螟。

【寄主与危害】危害大叶黄杨、梓树、桦树、木槿、桑、樟树等林木,同时也危害多种蔬菜。幼虫吐丝缀合并潜居叶间取食叶肉,叶片呈白斑状,缀苞卷叶,降低观赏价值。

【形态特征】成虫:翅展 23～26 mm,头、触角黑褐色,下唇须下部白色,胸部背面黑褐色。腹部背面 1～4 节白色、5～6 节黑褐色,腹 7、8 节末深褐色,腹末两侧各有黄褐色鳞毛丛。前翅沿前缘与后翅外缘边缘黑色,翅面如白色丝绢般闪光。卵:椭圆形,长约 0.5 mm、宽约 0.3 mm,扁平,淡黄绿色,表面有网纹。幼虫:末龄幼虫体长 23～26 mm,头部、前胸背板淡褐色,胸、腹部黄绿色,体背面上有 2 条明显的乳白色宽纵带,气门黑色。蛹:长约 14 mm,初期绿色,渐变深褐色,头部有光泽,翅芽伸达第 6 腹节,外被白色薄茧。如图 9.22 所示。

【生活习性】一年 4～5 代,以老熟幼虫或蛹越冬。越冬幼虫翌年 4～5 月化蛹、羽化。第 1 代幼虫于 4 月下旬出现,8 月后进入第 3 代,世代不整齐,在 7～9 月,各代各虫态交错发生,同时存在。10 月后幼虫老熟吐丝结茧过冬。成虫具弱趋光性,白天隐蔽在叶背或草丛中。成虫羽化当天即可交尾。卵单散产于叶背近叶脉凹陷处。初孵幼虫先食卵壳,会吐丝,喜食嫩梢、嫩叶。3龄后吐丝卷叶，缀叶在叶背取食叶肉；5龄食量大增，取食量为前4龄的总和，日夜取食。幼虫共5龄，幼虫期为7～15天。老熟幼虫多在植株中部叶片上吐丝缀叶并结茧化蛹。

【防治措施】（1）物理防治：及时修剪整枝，清理枯枝落叶，消灭虫蛹。及时翻耕土壤，适当灌水增加土壤湿度，降低羽化率。在幼虫发生初期，摘除卷叶虫苞或捏杀幼虫和蛹。采用黑光灯和信息素诱杀成虫。

（2）化学防治：参照黄杨绢野螟防治。

图9.22　瓜绢野螟

9.23　黄翅缀叶野螟

【学名】*Botyodes diniasalis* Walker，属鳞翅目螟蛾科，又名黄翅缀叶野螟、杨卷叶野螟。

【寄主与危害】危害杨树、柳树等。以幼虫危害嫩梢的叶片，受害叶被幼虫吐丝缀连，呈饺子状或筒状，发生严重时常把叶片吃光，导致秃梢，影响树木生长。

【形态特征】成虫：体长约13 mm、翅展约30 mm。头部褐色，两侧有白条。胸、腹、背部淡黄褐色。触角淡褐色。前、后翅金黄色，有波状褐色纹，前翅中室端有褐色环状纹，环心白色。卵：扁圆形，乳白色，近孵化时黄白色。卵粒鱼鳞状排列，聚集成块状或条形。幼虫：黄绿色，老熟时体长15～22 mm，两头尖中间较粗，头两侧近后缘有1个黑褐色斑点，与胸部两侧的黑褐色斑纹相连，形成1条纵纹，体两侧沿气门各有1条浅黄色纵带。蛹：淡黄色，长约14 mm，茧丝质，菱形。如图9.23所示。

（a）幼虫　　　　　　（b）成虫1　　　　　　　　（c）成虫2

图9.23　黄翅缀叶野螟

【生活习性】一年4代，以初龄幼虫在落叶、地被物及树皮裂缝中结茧越冬。翌年4月初越冬幼虫开始出蛰为害，5月底至6月初，幼虫老熟化蛹。6月上旬成虫开始羽化，至中旬为羽化产卵盛期。以后基本上每月1代，至9月中旬第4代成虫羽化产卵，直到10月中旬仍可见到少量成虫活动。成虫白天隐藏，晚上活动，趋光性极强，卵产于叶背面。初孵幼虫有群集性，喜群居啃食叶肉，老熟后在卷叶内结薄茧化蛹。

【防治措施】（1）物理防治：清理销毁寄主周围的枯枝落叶，翻耕树冠下的土壤，消灭越冬幼虫和虫茧。幼虫卷叶结包时捏包灭虫。利用黑光灯诱杀成虫。

(2) 化学防治：参照黄杨绢野螟防治。

9.24　微红梢斑螟

【学名】 *Dioryctria rubella* Hampson，属鳞翅目螟蛾科，又名松梢螟。

【寄主与危害】 危害油松、马尾松、黑松、红松、赤松、华山松、樟子松、黄山松、云南松、火炬松、湿地松等。初龄时食嫩皮，以后在皮下蛀坑道，蛀口处流松脂，并有粪屑堆集，3龄以后蛀入木质部，在髓心蛀成1条纵行坑道，幼虫蛀害主梢，引起侧梢丛生，使树冠形成畸形，不能成材或降低木材利用价值。

【形态特征】 成虫：体长10~16 mm、翅展约24 mm。前胸两侧及肩片有赤褐色鳞片。前翅灰褐色，翅面上有白色横纹4条，中室端有明显肾形大白斑1块，后缘近内横线内侧有黄斑，外缘黑色；后翅灰白色。足黑褐色。卵：近圆形，长约0.8 mm，一端尖，黄白色，有光泽，近孵化时暗赤色。幼虫：老熟时体长约25 mm，暗赤色，头、前胸背板褐色，中、后胸及腹部各节有4对褐色毛片。幼虫5龄，各体节上有明显成对的黑褐色瘤，其上各生白毛1根。蛹：长约13 mm，黄褐色，羽化前变为黑褐色，腹部末节背面有粗糙的横纹，腹末波状钝齿。如图9.24所示。

(a) 危害状1

(b) 危害状2　　(c) 幼虫及危害状1

(d) 幼虫及危害状2

(e) 蛹

图9.24　微红梢斑螟

【生活习性】 一年2~3代，以幼虫在受害枝梢内或球果内越冬。成虫出现期分别为：越冬代5月中旬至7月中旬,第1代8月初至9月下旬,第2代9月中旬至10月下旬。幼虫大多蛀食松树的中央主梢,还可在幼干的韧皮部穿凿坑道,与天牛幼虫的被害状相似。

【防治措施】(1)物理防治:冬季剪除受害枯梢,春季剪去受害芽梢,杀死梢内幼虫。

(2)化学防治:在越冬代成虫产卵期,用50%杀螟松2500倍液、8%氯氰菊酯微囊悬浮剂3000倍液或10%吡虫啉可湿性粉剂1500倍液毒杀成虫及初孵幼虫,每隔10天喷一次,连喷2~3次。

9.25 楸螟

【学名】*Omphisa plagialis* Wileman,属鳞翅目螟蛾科,又名楸蠹野螟。

【寄主与危害】危害楸树、梓树。幼虫钻蛀嫩梢,受害处呈瘤状突起,往往难以形成主枝而侧枝丛生,苗木受害尤重。

【形态特征】成虫:长约15 mm、翅展约36 mm;灰白色,头部褐色,胸部及腹部褐色略带白色;翅白色,翅脉黑色,翅基部有黑褐色锯齿状二垂线,中室及中室端各有1个黑褐色点,内横线、外横线黑褐色波纹状,缘毛白色;后翅有黑褐色横线3条,外横线黑褐色波状纹与前翅的波状纹相接。卵:卵扁椭圆形,长约1 mm、宽约0.6 mm,红白色,卵壳上布满小凹陷。幼虫:老熟幼虫体长18~22 mm,灰白色。蛹:蛹纺锤形,黄褐色,长约15 mm。如图9.25所示。

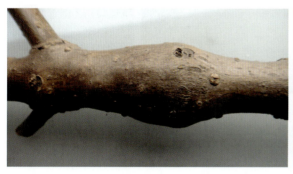
(a)危害状

(b)成虫

图9.25 楸螟

【生活习性】一年2代,以老熟幼虫在受害枝梢内越冬。翌年4月上旬为化蛹盛期;4月下旬至5月上旬为羽化盛期;5月上旬出现第1代幼虫,5~6月为幼虫为害盛期;7月中旬发现第2代幼虫,危害至9月,老熟幼虫进入越冬状态。成虫有趋光性。卵产在嫩枝上端叶芽、叶柄基部隐蔽处或叶表面,少数产于嫩果。幼虫孵化后,在距顶芽5~10 mm处蛀入新梢。老熟幼虫化蛹前先咬5~8 mm的近圆形羽化孔,并吐丝封闭孔口,在羽化孔上端,头向下化蛹。部分幼虫还吐白丝,结一薄茧,在茧内化蛹。蛹的颜色初期为淡黄棕色,渐变为深褐色。

【防治措施】(1)物理防治:结合春季整枝和冬季修剪,彻底剪除虫枝并烧毁,要从枝条基部剪下,以免越冬幼虫遗留在枝条内。采用黑光灯诱杀成虫。

(2)化学防治:于4月下旬至5月上旬,喷洒10%吡虫啉可湿性粉剂1500倍液,或50%杀螟松2500倍液,或8%氯氰菊酯微囊悬浮剂3000倍液,或48%噻虫啉悬浮剂3000倍液等,10~15天后再喷一次。

9.26 国槐尺蠖

【学名】 *Semiothisa cmerearia* (Bremer et Grey),属鳞翅目尺蛾科,又名槐尺蠖。

【寄主与危害】 危害国槐、龙爪槐等。初龄幼虫仅取食嫩芽、嫩叶,叶片被剥食成圆形网状,2龄幼虫取食叶片,受害叶片呈缺刻状,3龄后幼虫可以将叶片吃成较大缺刻,最后仅残留少量中脉。发生严重时,将树叶蚕食光,并吐丝排粪,到处乱爬,影响树木正常生长和园林景观。

【形态特征】 成虫:体长12~17 mm、翅展30~45 mm,灰褐色,触角丝状。前翅亚基线及中线浓褐色,在靠前缘处均向外缘急弯成一锐角,由黑褐色的斑块组成;后翅亚基线不明显,中线及亚外缘线均呈弧形,深褐色。卵:椭圆形,长0.58~0.67 mm,灰黑色,卵壳透明,密布蜂窝状小凹陷。幼虫:老熟幼虫体长20~40 mm,胸节背面各有8块黑褐色圆形毛片。幼虫有两型,一型2~5龄体均为绿色,另一型各体节侧面有黑褐色条状或圆形斑块,老熟幼虫体背紫红色。蛹:长13~16 mm,初为粉绿色,渐变为紫褐色。如图9.26所示。

(a) 幼虫(低龄)　　(b) 幼虫(高龄)　　(c) 成虫1

(d) 成虫2　　(e) 成虫3

图9.26　国槐尺蠖

【生活习性】 一年5代,以蛹在浅土层越冬。4月中旬越冬蛹陆续羽化,5月第1代幼虫出现。成虫昼伏夜出,卵成块或散产在叶正面主脉边、嫩梢和小枝上,喜在树冠外层产卵。每雌虫产卵400余粒,卵期4~10天。各代幼虫为害盛期为:5月中旬、6月中旬、7月中旬、8月上旬和9月上旬。幼虫孵化后即开始取食叶片。幼虫老熟后丧失吐丝能力,多在白天沿树干向下爬或掉落地上。10月后,幼虫老熟下树,入土化蛹越冬。

【防治措施】(1) 物理防治:冬季翻耕,消灭土中越冬蛹。利用黑光灯诱杀成虫。

(2) 化学防治:喷洒 25% 灭幼脲Ⅲ号 3000 倍液,或 1.8% 阿维菌素乳油 1000 倍液,或 10% 吡虫啉可湿性粉剂 1500 倍液,或 50% 杀螟松 2500 倍液,或 8% 氯氰菊酯微囊悬浮剂 3000 倍液等。

9.27 紫线尺蛾

【学名】*Calothysanis comptaria* Wallker,属鳞翅目尺蛾科。

【寄主与危害】危害桑、苜蓿、蒿蓄等。幼虫危害叶片。

【形态特征】成虫:小型,体长约 7 mm、翅展约 22 mm,浅褐色。前、后翅中部各有 1 条斜纹伸出,暗紫色,连同腹部背面的暗紫色,形成 1 个三角形的两边,后翅外缘中部显著突出,前、后翅外缘均有紫色线。如图 9.27 所示。

图 9.27 紫线尺蛾

【防治措施】(1) 物理防治:黑光灯诱杀成虫。

(2) 化学防治:参照国槐尺蠖防治。

9.28 丝棉木金星尺蛾

【学名】*Abraxas suspecta* Warren,属鳞翅目尺蛾科,又名大叶黄杨尺蛾。

【寄主与危害】危害丝棉木、大叶黄杨、金边黄杨等。幼虫取食寄主叶片,虫口密度高时,食量大,能在短期内将寄主的叶片食尽,致植物枯死。

【形态特征】成虫:雌成虫体长 13~15 mm,翅展 37~43 mm,翅底银白色,具淡灰色纹,大小不等,排列不规则。腹部金黄色,有由黑斑点组成的条纹 9 行。雄成虫体长 10~13 mm,翅展 33~43 mm。腹部条纹 7 行,后足胫节内侧有黄色毛丛。卵:椭圆形,长约 0.7 mm,灰绿色,近孵化时呈灰黑色。卵壳上具有方格纹。幼虫:老熟幼虫体长约 30 mm,体褐色,头黑色,前胸背板黄色,有 5 个并列的小黑斑点。蛹:棕褐色,长 13~15 mm。如图 9.28 所示。

【生活习性】一年 4 代,以老熟幼虫入土化蛹越冬。翌年 4 月下旬越冬蛹开始羽化为成虫。5 月初孵出幼虫。各代成虫发生期为:4 月下旬至 5 月上旬、6 月上中旬、7 月中旬、9 月上旬。成虫昼伏夜出,白天多静止于叶背,夜间交尾、产卵,趋光性较强。卵多产于植株上部叶片的叶背或枝干、叶柄、小茎交接处,成块状或成堆产。有世代重叠现象。幼虫危害可延续到 11 月。幼虫老熟后,爬至植株附近的表土中化蛹,化蛹场所多选择有枯枝、落叶覆盖的较荫蔽且湿润的地方。

【防治措施】(1) 物理防治:结合冬春修剪清除老枝枯叶等,同时松土灭蛹。采用黑光灯诱杀成虫。

(2) 化学防治:参照国槐尺蠖防治。

图 9.28 丝棉木金星尺蛾

9.29 油桐尺蠖

【学名】*Buasra suppressaria* Guenee,属鳞翅目尺蛾科,又名桐籽尺蛾。

【寄主与危害】危害油桐、油茶、乌桕。幼虫取食叶片致缺刻或吃食全叶。2龄幼虫开始食全叶,5龄起食量显著增加,受害叶仅留主脉及侧脉基部。

【形态特征】成虫:雌成虫体长约23 mm、翅展约52 mm,触角丝状,黄褐色。体翅灰白色,翅上密布灰褐色小点,基线、中线、亚外缘线为黄褐色波状纹,有时不明显,翅反面灰白色,中央有1个黑色斑点;腹部肥大,末端具黄色毛丛。雄成虫体翅纹与雌成虫大致相同,体长约17 mm、翅展约56 mm。触角双栉齿状,腹部瘦小。卵:椭圆形,鲜绿或淡黄色,长约0.7 mm。近孵时为黑褐色,表面有黄色绒毛。幼虫:幼虫共5龄,体长约70 mm,体色有灰褐色、青绿色等。头部密布棕色颗粒状小点,头顶中央凹陷,两侧呈角状凸起,前胸背面有两个小凸起。气门紫红色。蛹:近圆锥形,深褐色,有刻点,头顶有角状小凸起1对,腹末基部有两个突起,臀刺明显,端部针状。如图9.29所示。

【生活习性】一年2~3代,以蛹在树干周围的土中越冬。翌年4月上旬成虫开始羽化。4月下旬至5月中旬交配产卵。卵产于树干缝隙中、叶面或粗皮处,用尾端黄毛将卵覆盖。每雌虫产卵数百至 2000 粒。第 1 代幼虫发生期在 5~6 月,6 月上旬至 7 月中旬化蛹,7~8 月成虫羽化交配、产卵。第 2 代幼虫发生期在 7~8 月,8 月下旬至 9 月上旬一部分老熟幼虫开始化蛹越冬。少数 3 代,幼虫发生于 9 月中旬至 10 月下旬,11 月化蛹越冬。成虫趋光性弱,但对白色物体有一定趋性,喜栖息在涂白的树干上。

图 9.29　油桐尺蠖

【防治措施】(1) 物理防治:结合冬季清园杀死越冬蛹。将松枝挂在树上,诱集成虫产卵,然后收集销毁。

(2) 化学防治:参照国槐尺蠖防治。

9.30　柿星尺蛾

【学名】*Percnia giraffata* Guenee,属鳞翅目尺蛾科,又名大斑尺蛾、柿大头虫。

【寄主与危害】危害柿、黑枣、苹果、梨、核桃、李、杏等。幼虫危害柿树的叶片,发生较严重时,将整个叶片食光,影响果树的光合作用,造成果树减产。

【形态特征】成虫:体长约 25 mm、翅展约 75 mm。头部黄色,复眼黑色,雌虫触角丝状、雄虫短羽状。胸背有 4 块黑斑呈梯形排列。前、后翅均白色,且密布许多黑褐色斑点,以外缘较密。腹部金黄色,各节背面两侧各有 1 块灰褐色斑纹。卵:长 0.8~1 mm,椭圆形,初产时翠绿色,孵化前变为黑褐色。幼虫:初孵幼虫黑色,体长 2 mm 左右。老熟幼虫体长约 55 mm,头部黄褐色且较发亮,布有许多白色颗粒状突起。背线为暗褐色,两侧有黄色宽带,上有黑色曲线。前胸小,自中胸开始膨大,后胸及腹部第 1 节特别膨大,其两侧有黑色眼形纹 2 个,似蛇头。腹足及臀足各 1 对。蛹:长 20~25 mm,暗赤褐色。胸背前方两侧各有 1 个耳状突起,其间有 1 条横隆起线与胸背中央纵隆起线相交,构成一明显的"十"字纹。尾端有 1 个刺状突起,其基部较宽。如图 9.30 所示。

【生活习性】一年 2 代,以蛹在土壤中越冬。翌年 5 月下旬越冬蛹开始羽化,6 月下旬至 7 月上旬为羽化盛期,6 月上旬成虫开始产卵,7 月上、中旬为产卵盛期,在 7 月幼虫危害严重,老熟幼虫在 8 月上旬进入化蛹盛期,7 月下旬第 1 代成虫开始羽化,8 月底结束。第 2 代幼虫在 8 月上旬出现,8 月中、下旬为第 2 代幼虫为害盛期。9 月老熟幼虫进入越冬期。该成虫具有趋光性和较弱的趋水性,昼伏夜出。卵呈块状产于叶片背面,卵块上无覆盖物。成虫寿命较短。幼虫昼夜取食为害,受惊扰后有吐丝下垂现象。老熟幼虫多在树根附近潮湿疏松的土中或石块下化蛹。

(a) 幼虫　　　　　　　　　　　　　　(b) 成虫

图 9.30　柿星尺蛾

【防治措施】(1) 物理防治:在晚秋或早春,结合翻地挖蛹消灭土中越冬蛹。在幼虫发生盛期,进行人工捕杀。

(2) 化学防治:参照国槐尺蠖防治。

9.31　木橑尺蛾

【学名】*Culcula panterinaria*(Brener et Grey),属鳞翅目尺蛾科,又称黄连木尺蠖。

【寄主与危害】危害黄连木、核桃、蔷薇科、榆科、桑科、漆树科等170多种林木。以幼虫取食叶片,大发生时,叶子几天内就能被吃光,严重影响树木的生长和结实。

【形态特征】成虫:体长18~22 mm、翅展55~65 mm,体黄白色。雌成虫触角丝状,雄成虫双栉状,栉齿较长并丛生纤毛。头顶灰白色,颜面橙黄色。翅底白色,翅面上有灰色和橙黄色斑点。前、后翅的外线上各有1串橙色和深褐色圆斑。卵:长约0.9 mm,扁圆形,绿色,卵块上覆有一层黄棕色绒毛,孵化前变为黑色。幼虫:老熟幼虫体长60~80 mm,幼虫的体色与寄生植物的颜色相近似,并散生灰白色斑点。气门椭圆形,两侧各有1个白色斑点。臀板中央凹陷,后端尖削。蛹:长约30 mm、宽8~9 mm,初为翠绿色,后变为黑褐色,体表光滑,布满小刻点。如图9.31所示。

(a) 幼虫　　　　　　(b) 成虫1　　　　　　(c) 成虫2

图 9.31　木橑尺蛾

【生活习性】一年1代,以蛹在土中越冬。成虫羽化盛期为7月中、下旬,幼虫孵化盛期为7月下旬至8月上旬,老熟幼虫于9月进入化蛹盛期。成虫多为夜间羽化,晚间活动,羽化后即行交尾,交尾后1~2天内产卵。卵多产于寄主植物的皮缝里或石块上,块产,排列不规则并覆盖一层厚的棕黄色绒毛。初孵幼虫一般在叶尖取食叶肉,留下叶脉,将叶食成网状。幼虫老熟即坠地化蛹,选择土壤松软、阴暗潮湿的地方化蛹,如石块缝、乱石堆、树干周围和杂草中。入土化蛹深度一般为3 cm。

【防治措施】(1)物理防治:秋季人工挖蛹,可大量消灭成虫。

(2)化学防治:参照国槐尺蠖防治。

9.32 点尾尺蛾

【学名】*Euctenurapteryx nigrociliaria* Leech,属鳞翅目尺蛾科。

【寄主与危害】危害三尖杉及粗榧等。幼虫取食嫩叶上表皮,渐成焦灼状,老叶吃光,甚至危害新梢皮层,使枝条枯死。

【形态特征】成虫:体长23~30 mm、翅展80~90 mm。腹部黄白色,全身被白色绒毛。翅体白色,翅面布有黄色鳞片,亚外缘附近有短条状组成的云状黄纹,前翅有3条黑褐色线,内、外线较长,自前缘直达后缘,中点短线形,位于中室顶端,前缘具断续不完整的黑褐色边,外缘具完整的黑褐色边。后翅中室顶端有1个黑褐色点,连接此点有1条褐色斜线,在近M3处有1个尾状突,在突起部分有1个橘红色小点,其外包围黑色鳞片,形成黑圈,在此点圈的下侧有1块近长方形的小黑斑,外缘具明显的黑褐色边。前、后翅的反面亚外缘附近,有一系列短条状褐色斑纹。卵:草绿色,椭圆形。幼虫:老熟幼虫体长55~62 mm;头黄绿色,两侧具眼状黑斑1对。体为土黄色,背线、气门上线、气门下线及腹线为黑色,胸部及腹部的第7节以后,上述线条不连贯或呈点纹状,腹部前6节各节间有较宽的黑色横纹。蛹:体长30~37 mm,黄色,其上有黑色条纹及斑点。如图9.32所示。

图9.32 点尾尺蛾

【生活习性】一年1代,以卵在叶背、皮缝中越冬。翌年4月中旬越冬卵陆续孵化。初孵幼虫具群居习性,受惊后可吐丝下垂,3龄后分散取食,4龄后食量大增。幼虫历期120~155天,8月下旬幼虫老熟下树,在寄主附近的杂草、灌木的叶背上吐丝结纺锤形茧,并在其中化蛹,蛹期15~20天。9月上中旬羽化。羽化后的成虫在1~2天内交尾,随即产卵于寄主树干裂缝中,卵单层块状,裸露,每雌虫可产卵150~230粒。成虫具趋光性,寿命7~10天。

【防治措施】(1)物理防治:人工捕杀幼虫或摘茧。采用黑光灯诱杀成虫。

(2)化学防治:参照国槐尺蠖防治。

9.33 樟翠尺蛾

【学名】*Thalassodes quadraia* (Guenée),属鳞翅目尺蛾科,又名渺樟翠尺蛾。

【寄主与危害】危害樟树。幼虫在嫩梢上取食叶片，影响新枝的生长。对幼树造成严重危害。

【形态特征】成虫：翅展15～18 mm，翠绿色，布满白色细碎纹。头部触角棕红色，雌虫触角羽状，雄虫触角基部2/3为羽状，其余为丝状。前翅和后翅的正面均为翠绿色，并有淡白色细碎的纵纹。后翅中横线的各半部向内缘急转近90°的弯，呈口宽底窄的斗状。卵：直径约0.6 mm，椭圆形，表面光滑。初产时玉绿色，后变黄白色至紫红色。幼虫：初孵幼虫淡黄色；2龄后紫红色微带绿；老熟幼虫体色黄绿色至青绿色，体背散布不规则的褐棕色小点。前胸背面中央有1块倒置的紫红色的三角斑。第2～6腹节背面后缘中央各有1块边缘紫红色、中间灰白的"凸"字形斑块。第8、9两节的斑块则连在一起。胸足3对，黑褐色，腹、臀足各1对。蛹：长17～21 mm，头端较大，尾端尖削。初为紫褐色，后变为紫绿色。腹部末端有1根叉状臀刺。近羽化时翅芽呈黑褐色，触角和足为红褐色，腹端具2条臀棘。如图9.33所示。

图9.33　樟翠尺蛾

【生活习性】一年发生4代，以老熟幼虫在枝叶上越冬。翌年4月下旬至5月中旬羽化。成虫羽化后，白天静伏于叶间，夜间活动。成虫趋光、趋嫩绿性强。4月下旬至5月下旬产卵。卵散产于叶背，每雌虫产卵87～513粒。幼虫白天多静伏于枝条或叶柄上，早、晚取食，食量较大，幼虫静止时，常以腹足和臀足固定在树体的小枝条上，胸足合拢与躯体斜向前伸形如小嫩枝。老熟幼虫化蛹，体悬挂于叶背，老熟后吐丝飘落于土表化蛹。以后各月各虫态并存，世代重叠。至10月底第4代成虫羽化。卵期4～6天；幼虫期12～17天，平均14.3天；蛹历期8～13天，平均10.8天；成虫寿命8～10天。

【防治措施】（1）物理防治：采用黑光灯诱杀成虫。结合冬季整枝杀灭越冬蛹。

（2）化学防治：喷洒25%灭幼脲Ⅲ号1500～2000倍液或1.2%苦烟乳油800～1000倍液等。

9.34　马尾松毛虫

【学名】*Dendrolimus punctatus punctatus* Walker，属鳞翅目枯叶蛾科。

【寄主与危害】危害马尾松、黑松、油松、湿地松、火炬松、南亚松等。以幼虫取食针叶为害。初孵幼虫有群集性，啃食针叶边缘，使叶丛呈现枯黄卷曲。大发生时可将大面积松树针叶吃光，如同火烧状，造成林木生长衰弱。受害严重时松树成片枯死。

【形态特征】成虫：雄成虫体长21～32 mm、翅展36～42 mm，体茶褐色至黑褐色。触角羽状，淡黄至褐色。前翅较宽，外缘呈弧形弓出，翅面有3～4条明显的横条纹，沿外横线的黑褐斑到内侧为淡褐色，中室白斑较明显；后翅中间现淡色斑纹。雌成虫较大，体长21～33 mm、翅展42～80 mm，体色较雄成虫浅，灰褐色。触角呈短栉齿状。中室白斑不明显。卵：椭圆形，初产时多为粉红色,也有淡绿、淡紫等色,近孵化时呈紫黑色。幼虫:老熟幼虫体长 38～88 mm,头宽 3.4～3.7 mm,大致可区分为棕红色和灰黑色两种,鳞毛也有银白色和银黄色两种。头部黄褐色。中、后胸背面有 2 条蓝黑色天鹅绒状的毒毛横带。身体两侧具白色长毛,并有灰蓝色纵带,由中胸至腹部第 8 节气门后上方的纵带处各有 1 个白色斑点。蛹:纺锤形,棕色或栗色,腹末臀棘细长,末端卷曲。雌蛹长 26～33 mm,雄蛹长 19～26 mm。茧:长椭圆形,长 23～40 mm、宽约 12 mm,灰白色或淡黄褐色,外有散生黑色短毒毛。如图 9.34 所示。

(a) 危害状　　(b) 幼虫 1　　(c) 幼虫 2

(d) 幼虫 3　　(e) 茧 1　　(f) 茧 2

(g) 成虫 1　　(h) 成虫 2

图 9.34　马尾松毛虫

【生活习性】一年2~3代,以3~4龄幼虫在针叶丛中、树皮缝中越冬。翌年2~3月平均气温升到10 ℃时出蛰,4月中旬结茧,第1代7月上旬结茧,第2代9月上旬结茧,10月后以第2代或第3代幼虫越冬。成虫羽化、交尾、产卵均在夜间,羽化高峰在晚上8~11点,羽化后不久即进行交配,次日产卵,每雌虫产卵80~600粒,成块、成串状产于松针叶上。成虫趋光性强,寿命4~10天,飞距在0.5~2 km,有很强的迁飞扩散习性,好飞向林木生长茂盛的中龄林和林缘产卵。卵期约7天。1代幼虫暴食期在6月中旬至7月上旬。3龄前喜群集,3龄后分散取食。有转移取食、触动会吐丝下垂和虫体弹跳的特性。幼虫共7龄。幼虫老熟后,在树上针叶丛间或树皮上结茧。

【防治措施】(1) 物理防治:利用黑光灯诱杀成虫。人工摘除卵块。在低龄期摇动林木,振落低龄幼虫并杀灭。

(2) 化学防治:在越冬代及以后各代的2~3龄幼虫期进行药剂防治。使用25%灭幼脲Ⅲ号粉剂或16%灭幼脲Ⅲ号增效粉剂兑滑石粉50~75倍液。也可采用0.5%阿维菌素乳油1500倍液、0.5%烟碱水剂800~1000倍液或0.3%印楝素乳油1000~1500倍液等进行喷雾防治。

(3) 生物防治:在幼虫越冬前(11月中下旬)和越冬后(2~3月),施放白僵菌(每亩1.5万亿~5万亿孢子)或苏云金杆菌8000 UI/mg可湿性粉剂(800~1000倍液)。

9.35 思茅松毛虫

【学名】*Dendrolimus kikuchii kikuchii* Matsumura,属鳞翅目枯叶蛾科,又名赭色松毛虫。

【寄主与危害】危害马尾松、华山松、云南松、黄山松、思茅松、黑松。幼虫取食针叶,大发生时可将针叶食光,造成大面积松林枯黄。受害严重时林木枯死。虫体毒毛对人体皮肤有毒害,注意避免接触。

【形态特征】成虫:雌成虫体长约80 mm,雄成虫体长60~68 mm。体、翅黄褐色至深褐色,雌淡雄深。前翅自基部至外缘有褐色波状纹4条,亚外缘斑列黑褐色,内侧衬托淡黄色斑纹,以顶角处3块斑最为明显,中室端白点明显,翅基部有1条黄色肾形纹。雄成虫中室白点至翅基间有1个淡黄色肾形斑。卵:椭圆形,长约2 mm、宽约1.3 mm,土黄色,有白色环,堆积成块,覆淡黄色刚毛。幼虫:体长80~85 mm,体棕褐色,稍扁平。后胸背有1束棕黄色毛丛,毛丛前后为黑白相交的毛。头两侧各有2束黑色长毛。虫体布满黑色、白色及棕色长毛。腹足外侧有斜纹。蛹:长30~36 mm,暗红褐色,臀棘有细钩。茧:棕褐色,密布短硬毒毛,长33~40 mm、宽约13 mm。如图9.35所示。

【生活习性】一年1~3代,大多以4龄幼虫在树干裂缝及针叶丛中越冬,少数以5龄幼虫越冬。翌年2月底越冬幼虫开始活动取食。5月中旬结茧化蛹,蛹期19~22天。6月上中旬羽化产卵。第1代幼虫6月底到7月为害。9月上旬第2代幼虫为害,至12月中旬越冬。8月上旬第1代幼虫结茧化蛹。成虫多在晚上6~8点羽化,羽化后当天或第2天凌晨交尾,持续20~23小时,分散后即在松针上产卵。卵堆成块,数十粒到数百粒不等。成虫白天静伏隐蔽场所,夜间活动,以傍晚最盛,具有趋光性。初孵幼虫有取食卵壳的习性。幼虫初期有群集习性,幼虫行动活泼,稍受惊即吐丝下垂或弹跳落地。老熟幼虫受惊后立即将头下弯,竖起胸部的毒毛以示警。老熟幼虫下树爬至杂草灌木上结茧化蛹,极少在针叶丛中结茧。越冬代幼虫在树干裂缝及针叶丛中越冬。

【防治措施】参照马尾松毛虫防治。

(a) 幼虫 1　　(b) 幼虫 2
(c) 幼虫 3　　(d) 成虫

图 9.35　思茅松毛虫

9.36　野蚕

【学名】*Bombyxr mandarina* Moore,属鳞翅目蚕蛾科,又名桑野蚕、野桑蚕蛾、桑蚕等。

【寄主与危害】危害桑树、构树、柿、栎树等。幼虫食叶,轻则致受害叶片缺刻,重则叶片、嫩梢被吃光,影响林木的生长。

【形态特征】成虫:体长 15~20 mm、翅展 32~45 mm,体翅暗褐色。前翅的外缘顶角下方向内凹陷,顶角下方至外缘中部有较大的深棕色斑;后翅色略深,中部有较深色宽横带,后缘中央有 1 块新月形棕黑色斑,内线及外线色稍深,棕褐色,各由两条线组成,亚端线棕褐色较细,下方微向内倾斜,外围白色。卵:扁卵圆形,初产黄白色,后变灰白色。幼虫:末龄幼虫体长 40~65 mm、宽约 5 mm,体棕红色或棕褐色。头小,中、后胸节膨大,背面具红褐色瘤突、斑纹。第 2 腹节背面具红褐色马蹄形纹 2 条,第 5 腹节背面有浅色圆点 2 个,呈突起状,第 8 腹节上有 1 个尾角,基部突粗,尾角棕红色,向后平弯。腹背上有散生黑斑。

蛹：棕褐色，纺锤形，腹节凹凸不平，腹部下端呈三角形。茧椭圆形灰白色，茧层紧密。茧：长 20～25 mm、宽 8～12 mm，丝质，外疏内实，韧性强，白色或淡黄色。如图 9.36 所示。

（a）幼虫

（b）茧

（c）成虫

图 9.36　野蚕

【生活习性】一年 2 或 3 代，少数 4 代，以卵在寄主主干及分支上越冬。越冬卵于翌年 4 月中下旬初孵，最迟可至 7 月中旬孵化。幼虫老熟后在叶背缀两个叶片结茧化蛹，成虫多在白天羽化，不久即交尾产卵，卵散产于叶背，成堆状，3～5 粒或数十粒成堆，排列不整齐。每雌虫产卵 110～420 粒，历期 8～10 天。成虫寿命 2～20 天，雄成虫寿命短。越冬卵期 200 余天。初孵幼虫有群集性，聚集危害梢部嫩叶，3 龄后分散。第 1 代幼虫期 25 天左右，第 2、3 代 20 天左右。老熟幼虫在叶背或两叶间、叶柄基部、枝条分杈处吐丝结茧化蛹。第 1 代蛹期 22 天，第 2 代 12 天，第 3 代 14 天，第 4 代 15 天。可与家蚕杂交，并产生后代。

【防治措施】（1）物理防治：冬季修剪枝条，剪除虫茧及卵。利用黑光灯诱杀成虫。

（2）化学防治：在幼虫期，喷施 25% 灭幼脲Ⅲ号 3000 倍液，或 1.8% 阿维菌素乳油 1000 倍液，或 0.5% 烟碱水剂 800～1000 倍液，或 0.3% 印楝素乳油 1000～1500 倍液，或 10% 吡虫啉可湿性粉剂 1500 倍液等。

9.37　绿尾大蚕蛾

【学名】*Actias selene ningpoana* Felder，属鳞翅目大蚕蛾科，又名大水青蛾。

【寄主与危害】危害核桃、枫杨、乌桕、白榆、樟、杨、柳、栗、苹果、梨、火炬树等。幼虫取食叶片，严重时造成树势衰弱。

【形态特征】成虫：体长 35～40 mm、翅展 120～150 mm，体表有浓厚的白色绒毛，翅粉绿色。前翅前缘暗紫色，前、后翅中央各有 1 条眼状斑纹，后翅有长尾突。卵：淡黄色，稍扁，椭圆形，直径约 2 mm。幼虫：1 龄黑褐色。2 龄第 2、3 胸节及第 5、6 腹节橘黄色，前胸背板黑色。3 龄橘黄色，4 龄嫩绿色，老龄黄绿色，体毛变硬。老熟幼虫体长 80～100 mm，体节呈六角形，中胸、后胸毛瘤呈明显亮黄色，其基部黑色更加明显。毛瘤上着生约 8 根短刚毛和 1 根长黑毛。腹节上的毛瘤橘黄色或淡红色，上着生 1～5 根刚毛及 1 根长黑毛，基部黑色且明显。臀板与臀足呈放射 3 星状，颜色为黑色，周围橘黄色。胸足褐色，腹足棕褐色。蛹：体长 45～50 mm，赤褐色，额区有 1 块浅黄色三角形斑。茧：灰褐色，长卵圆形，全封闭式，长 50～55 mm、宽 25～30 mm，茧外常有寄主叶裹着。如图 9.37 所示。

【生活习性】大部分一年 2 代，少数可发生 3 代，以蛹在树枝或地被物下茧中越冬。翌年 4

月中旬至5月上旬,越冬蛹开始羽化、交尾、产卵。成虫晚上羽化,有趋光性,卵一般产在叶背或枝干上。每雌虫产卵260~360粒,卵历期10~15天。第1代幼虫于5月上中旬发生,初孵幼虫群集取食,比较活跃,3龄以后分散为害,食量大增,行动迟缓,幼虫期36~44天;老熟幼虫5月下旬到6月下旬化蛹,幼虫老熟后于枝上贴叶吐丝结茧化蛹,蛹期10~15天。6月下旬到7月初为第1代成虫羽化,成虫寿命为7~12天。第2代幼虫7月上旬孵化,9月中、下旬老熟幼虫下树,附在树干或其他植物上吐丝结茧化蛹越冬。

(a) 幼虫　　　　　　　　　　　　(b) 成虫

图9.37　绿尾大蚕蛾

【防治措施】(1) 物理防治:冬季清除落叶、杂草,摘除树上虫茧并集中销毁。利用黑光灯诱杀成虫。

(2) 化学防治:参照野蚕防治。

9.38　樟蚕

【学名】*Eriogyna pyretoum* Westwood,属鳞翅目大蚕蛾科。

【寄主与危害】危害樟树、枫树、柜柳、野蔷薇、沙梨、番石榴、紫壳木及柯树等。

【形态特征】成虫:体长约32 mm、翅展约100 mm,体翅灰褐色,雌虫体型较雄虫大。前翅基部暗褐色,三角形,腹、背面密被灰白色绒毛,尾部密被蓝褐色鳞毛,前翅顶角外侧有2条紫红色纹,内侧有黑短纹2条,前、后翅中央各有1块中心透明、外缘蓝黑色或褐色的眼斑。卵:乳白色,两端光滑,长径约2 mm,短径约1 mm,卵块上紧密覆盖一层褐灰色鳞毛。幼虫:体长80~100 mm,黄绿色,背线、亚背线、气门线色较淡,腹面暗绿色;体各节均有毛瘤,第1胸节6个,其他各节均8个,瘤上着生硬刺5~6根。蛹:纺锤形,长31~36 mm,黑褐色,全体坚硬,额区有1块不明显的方形浅色斑。茧:丝茧,淡黄褐色或褐色,纺锤形,长48~55 mm,结构紧密、牢固。如图9.38所示。

【生活习性】一年1代,以蛹在茧内越冬。翌年2月中旬至3月上中旬开始羽化;3月下旬幼虫孵化,幼虫期60~70天,共8龄;6月上旬老熟幼虫结茧,以蛹在茧内于树上越冬。成虫白天隐蔽,有趋光性,多在傍晚或清晨羽化,一头雄虫只能与一头雌虫发生1次交尾,交尾后1~2天产卵。卵多产在树冠中上部的小枝靠地面一侧,每个卵块有45~50粒卵。低龄幼虫常群集取食叶片,4龄后分散为害,食量猛增。幼虫有中午在树干上下爬行活动的习性,有群集结茧现象,重叠成块状、堆状,每堆30~160头不等,多附在树干中、下部或分权处下方背阴处。

【防治措施】(1) 物理防治:蛹期人工摘茧。利用黑光灯诱杀成虫。

（2）化学防治：参照野蚕防治。

（a）幼虫

（b）成虫1

（c）成虫2

图9.38　樟蚕

9.39　樗蚕

【学名】*Philosamia cynthia* Walker et Felder 属鳞翅目大蚕蛾科，又名椿蚕、乌桕樗蚕蛾。

【寄主与危害】危害臭椿(樗)、乌桕、樟树、核桃、枫杨、石榴、柳等多种树木。幼虫食叶和嫩芽，轻者食叶致缺刻或孔洞，严重时把叶片吃光。

【形态特征】成虫：雌成虫体长25～33 mm、翅展127～130 mm；雄成虫体长20～25 mm，体青褐色。头部四周及颈板前缘、前胸后缘及腹部的背线、侧线和腹部末端为粉白色，其他部位为青褐色。前翅褐色，翅顶宽圆略突出，有1块黑色圆斑，上方有弧形白色斑。前翅内线及外线均为白色，有棕褐色边缘，中室端部有较大的新月形半透明斑，前缘色较深，后缘黄色。卵：扁椭圆形，长约1.5 mm，灰白色，上有褐斑。幼虫：体长55～75 mm，青绿色，被白粉，体粗大，各节有对称的6个肉棘状突起，各突起间有黑点。蛹：棕褐色，长约30 mm。茧：茧灰褐色，橄榄形，长约50 mm，柄长达40～130 mm，缠在寄主的叶柄和小枝上。如图9.39所示。

（a）幼虫

（b）成虫

图9.39　樗蚕

【生活习性】一年2代，以蛹在茧中过冬。越冬蛹于翌年5月上旬羽化、交尾和产卵。第1代幼虫期6月上旬至7月中旬，为害盛期为6月下旬；6月下旬至8月上旬结茧化蛹；第1代成虫7月下旬至8月下旬羽化。第2代卵期为7月下旬至9月上旬；幼虫期为8月下旬至10月上旬，为害盛期为9月中旬；9月下旬以后陆续做茧化蛹越冬。成虫有趋光性，飞翔能力强，寿命5～10天。卵产于寄主植物的叶片背面，聚集成块，每块数粒至数十粒。每雌虫产卵360多粒,卵期 7~12 天。初孵幼虫具有群集性,3~4 龄后分散为害;老熟幼虫在树上缀叶结茧,茧大部分被叶片包着,仅少部分外露;幼虫历期 30 天左右。

【防治措施】(1)物理防治:冬季剪除越冬茧蛹。人工捕杀成虫。利用黑光灯诱杀成虫。

(2)化学防治:参照野蚕防治。

9.40　银杏大蚕蛾

【学名】*Dictyoploca japonica* Moore,属鳞翅目大蚕蛾科,又名白果蚕、栗大蚕蛾。

【寄主与危害】危害核桃、银杏、核桃楸、漆树、蒙古栎、柳、樟、枫杨、栗、柿、李、榛、梨、苹果等 20 科 30 属 38 种林木。幼虫取食叶片,严重时可把全树的叶片吃光,造成树木枯死。

【形态特征】成虫:体长 25~60 mm、翅展 90~150 mm。雄虫触角羽毛状,雌虫栉齿状。体灰褐色或紫褐色。前翅顶角近前缘处有 1 块黑斑,中室端部有月牙形透明斑,翅反面呈眼珠形,周围有白色至暗褐斑纹;后翅中室端部有 1 块大圆形眼斑,中间黑色,外围有橙色圆圈及银白色的线两条,翅反面无眼珠形。卵:短圆柱形,长径为 2~2.5 mm,短径为 1.2~1.5 mm,表面有一层黑褐色胶质。幼虫:老熟幼虫体长 65~110 mm,有两种色型:绿色型气门上线至腹中线两侧为淡绿色,亚背部至气门上部毛瘤有 1~2 根黑色长刺毛,其余均为较短而疏的白色刺毛;黑色型气门上线至腹中线两侧为黑色,气门蓝色,体节密生白色长毛,亚背部至气门上部各节毛瘤上有 3~5 根黑色长刺毛,其余为黑色短刺。蛹:雌蛹较大,长约 50 mm;雄蛹较小,长约 35 mm。复眼呈棕色而凹陷,腹部第 5~7 节间由 3 条棕色带组成。茧:长 55~70 mm,黄褐色,网状,丝质胶结坚硬,网眼粗大,外常黏附寄主枝叶。如图 9.40 所示。

(a) 幼虫 1　　(b) 幼虫 2

(c) 茧　　(d) 成虫

图 9.40　银杏大蚕蛾

【生活习性】一年1代,以在卵中完成胚胎发育的小幼虫滞育在枝干越冬。翌年4月越冬卵开始孵化;幼虫孵化不整齐,初孵幼虫群集在卵块处,1小时后开始上树取食,幼虫3龄前喜群集,4～5龄时开始逐渐分散,5～7龄时单独活动,一般都在白天取食;5～6月进入幼虫为害盛期;6～7月老熟幼虫在树冠下部枝叶间缀叶结茧化蛹,常数个联结一处,后进入夏眠滞育;8～9月恢复活动;8月初成虫羽化。成虫大多于傍晚羽化,羽化后即交尾产卵,9月中旬产卵结束。卵产于裂缝间或树干上附生的苔藓上,数十粒、上百粒堆集成卵块。

【防治措施】(1)物理防治:冬季清除树皮缝隙等处的越冬卵。6～7月结合林地管理,在寄主树下周围的灌木、杂草上拾摘缀叶茧蛹,并集中销毁。8～9月利用黑光灯诱杀成虫。

(2)化学防治:参照野蚕防治。

9.41 天蚕

【学名】*Antheraea yamamai* Guerin-Meneville,属鳞翅目大蚕蛾科,又名半目大蚕蛾。

【寄主与危害】危害栎、忍冬等。幼虫取食植物叶片,致缺刻或仅存叶柄。

【形态特征】成虫:雌成虫体长32～40 mm、翅展130～150 mm,雄成虫体长30～50 mm、翅展120～130 mm。头污黄,触角赭色,双栉齿形。体橙黄色,颈板白色较宽,间杂有紫粉色鳞片。前翅前缘淡黄,有紫色光泽。内线白色,外侧镶有紫色边,内线外侧的中室部位有1条竖立的白色月牙形纹。幼虫:深绿色,在背线的疣突外侧有银白色的辉点。茧:结在两叶间,鲜绿色。如图9.41所示。

【生活习性】一年1代,以在卵中完成胚胎发育的小幼虫滞育越冬。翌年5月上、中旬幼虫孵化。幼虫经50～70天老熟结茧化蛹,蛹期20～27天。7月成虫羽化、交尾、产卵,以卵越冬。

【防治措施】参照银杏大蚕蛾防治。

图9.41 天蚕(茧)

9.42 南方豆天蛾

【学名】*Clanis bilineata bilineata*(Walker),属于鳞翅目天蛾科。

【寄主与危害】危害刺槐和大豆等。幼虫取食刺槐等植物的叶片,常可将叶片食光。

【形态特征】成虫:翅展115～130 mm。体翅灰黄色,胸部背线紫褐色,腹部背面灰褐色,两侧枯黄,第5～7节后缘有棕色横纹。前翅灰褐色,前缘中央有灰白色近三角形斑,内线、中线及外线棕褐色,较明显,顶角近前缘有棕褐色斜纹,近外缘色淡,各占顶角的1/2,R3脉部位的纵带呈棕黑色。后翅棕黑色,前缘及后角附近枯黄色,中央有1条较细的灰黑色横带。前、后翅反面枯黄色,各横线明显灰黑色。前翅基部中央有黑色长条斑,前缘外角有污白色长三角形斑。幼虫:老熟幼虫体长80～90 mm,头深绿色,体淡绿色,前胸有黄色颗粒状突起,中胸有4个皱褶,后胸有6个皱褶。第1～8腹节两侧有黄色斜纹,背有小皱褶及白色刺状颗粒。尾角黄绿色,向后下方弯曲。头部冠缝两侧向上隆起,成单峰,正面观近三角形。蛹:长约50 mm、宽约18 mm,红褐色。第5～7腹节气孔前各有1条横沟纹,臀棘三角形,末端不分叉。如图9.42所示。

【生活习性】一年1代,以老熟幼虫在土中(深约10 mm)越冬。翌年6月上旬至中旬,开始化蛹,7月中旬为化蛹盛期。7月中、下旬为羽化盛期。成虫有趋光性。一般交尾后3小时开始产卵,卵产于叶片背面,极少数在叶正面。7月下旬卵开始孵化。8月上、中旬为幼虫发生盛期,9月上旬为幼虫末期。初孵幼虫吐丝自悬,自然死亡率高。幼虫有避光和转株危害的习性。4龄以前白天幼虫大多数隐藏在叶背面。5龄后体重增加,叶片不能支持,便迁移至枝干上。一般夜间食害最盛,如遇阴天则可整日为害。老熟幼虫在9月上旬入土越冬,虫体呈马蹄形。

图9.42 南方豆天蛾

【防治措施】(1)物理防治:利用黑光灯诱杀成虫。结合耙土或锄草等,人工清除越冬幼虫。

(2)化学防治:成虫发生盛期后的7~9天为防治适期,喷洒25%灭幼脲Ⅲ号3000倍液,或1.8%阿维菌素乳油1000倍液,或0.5%烟碱水剂800~1000倍液,或0.3%印楝素乳油1000~1500倍液,或10%吡虫啉可湿性粉剂1500倍液等。

9.43 榆绿天蛾

【学名】*Callambulyx tatarinovi* (Bremer et Grey),属鳞翅目天蛾科,又名云纹天蛾、榆天蛾。

【寄主与危害】危害榆树、刺榆及柳树。取食植物叶片,严重时树体叶片被吃光,影响生长。

【形态特征】成虫:体长30~33 mm、翅展75~79 mm。翅面粉绿色,有云纹斑。胸背墨绿色。前翅前缘顶角有1块较大的三角形深绿色斑,外横线呈两条弯曲的波状纹,翅的反面近基部后缘淡红色;后翅红色,近后角墨绿色,外缘淡绿色,翅的反面黄绿色。腹部背面粉绿色,每节后缘有棕黄色横纹1条;后缘中部有褐色斑。触角背面白色、腹面褐色。卵:淡绿色,椭圆形。幼虫:鲜绿色,体长约80 mm。头部有散生小白点,各节横皱,有白点并列。腹部两侧有第1节起有7条白斜纹,斜纹两侧有赤褐色线。背线赤褐色,两侧有白线。尾角赤褐色,有白色颗粒。蛹:浓褐色,长约35 mm。如图9.43所示。

【生活习性】一年1~2代,以蛹在土壤中越冬。翌年5月出现成虫,6~7月为羽化高峰期。成虫日伏夜出,趋光性较强。卵散产在叶片背面。6月上、中旬可见卵及幼虫。6~9月为幼虫为害期。

图9.43 榆绿天蛾

【防治措施】(1) 栽培措施:冬季翻土杀死越冬虫蛹。
(2) 化学防治:参照南方豆天蛾防治。

9.44 咖啡透翅天蛾

【学名】*Cephonodes hylas*(Linnaeus),属鳞翅目天蛾科,又名栀子花天蛾。

【寄主与危害】危害栀子花、大栀子、大叶黄杨等。受害重的仅残留主脉和叶柄,甚至把花蕾、嫩枝食光,造成植株光杆或枯死。

【形态特征】成虫:体长22～31 mm、翅展45～57 mm,纺锤形。触角墨绿色,基部细瘦,向端部加粗,末端弯成细钩状。胸部背面黄绿色,腹面白色。腹部背面前端草绿色,中部紫红色,后部杏黄色,各体节间具黑环纹,第5、6腹节两侧生白斑,尾部有黑色毛丛。翅基草绿色,翅透明,翅脉黑棕色,顶角黑色,后翅内缘至后角具绿色鳞毛。卵:长1～1.3 mm,球形,鲜绿色至黄绿色,有光泽。幼虫:末龄幼虫体长52～65 mm,浅绿色,头部椭圆形。前胸背板具颗粒状突起,各节具沟纹8条。背线深绿色,亚背线黄白色。蛹:长25～38 mm,红棕色。后胸背中线各生1条尖端相对的突起线。腹部各节前缘具细刻点,臀棘三角形,黑色。如图9.44所示。

【生活习性】一年5代,以蛹在土中越冬。翌年5月上旬至中旬越冬蛹羽化为成虫,成虫羽化后约10小时交尾产卵,卵多产在寄主嫩叶两面或嫩茎、花蕾、花瓣、嫩枝上。各代幼虫期为:第1代5月中旬至6月下旬,第2代6月中旬至7月下旬,第3代7月上旬至8月下旬,第4代8月上旬至9月下旬,第5代9月中下旬。幼虫多在夜间孵化,昼夜取食,老熟后体色变成暗红色,从植株上爬下并入土化蛹。老熟幼虫在10月下旬后化蛹。

(a) 幼虫　　　　　　　　　(b) 成虫

图9.44 咖啡透翅天蛾

【防治措施】(1) 物理防治:秋冬或早春及时翻耕,把蛹翻出或深埋土中,杀灭越冬蛹。利用黑光灯诱杀成虫。

(2) 化学防治:参照南方豆天蛾防治。

9.45 葡萄天蛾

【学名】*Ampelophaga rubiginosa* Bremer et Grey,属鳞翅目天蛾科。

【寄主与危害】危害葡萄、猕猴桃、爬山虎、黄荆等植物。幼虫取食植物叶片,致使叶片孔洞或缺刻。虫口密度高时,将叶片食尽吃光,严重影响植物生长。

【形态特征】成虫:体长约 45 mm、翅展约 90 mm,体肥大呈纺锤形。体翅茶褐色,背面色暗,腹面色淡,近土黄色。触角短栉齿状,背侧灰白色。前翅各横线均为暗茶褐色,后翅周缘棕褐色,中间大部分为黑褐色,缘毛色稍红。翅中部和外部各有 1 条暗茶褐色横线。卵:球形,直径约 1.5 mm,表面光滑,孵化前淡黄绿色。幼虫:老熟时体长约 80 mm,绿色,背面色较淡。体表布有横条纹和黄色颗粒状小点。头部有两对近于平行的黄白色纵线,分别在蜕裂线两侧和触角之上,均达头顶。蛹:体长 49~55 mm,长纺锤形,初为绿色,逐渐背面呈棕褐色,腹面暗绿色。如图 9.45 所示。

(a) 幼虫(低龄)

(b) 幼虫(高龄)

(c) 成虫

图 9.45 葡萄天蛾

【生活习性】一年 1~2 代,以蛹在表土层内越冬。翌年 5 月底至 6 月上旬开始羽化,6 月中、下旬为成虫羽化盛期,7 月上旬为成虫末期。成虫有趋光性,卵多产于叶背或嫩梢上,单粒散产。成虫寿命 7~10 天。6 月中旬始见幼虫,夜晚取食,白天静伏,幼虫期 40~50 天。7 月下旬开始陆续老熟入土化蛹,蛹期 10 余天。第 1 代成虫 8 月上旬开始羽化,8 月中、下旬为盛期,9 月上旬为末期。第 2 代幼虫 8 月中旬开始为害,一致持续至 9 月下旬。随后,老熟入土化蛹越冬。

【防治措施】参照南方豆天蛾防治。

9.46 构月天蛾

【学名】*Paeum colligata*(Walker),属鳞翅目天蛾科,又名构天蛾、构星天蛾。

【寄主与危害】危害构树、桑树。幼虫取食植物叶片,致叶片孔洞或缺刻。虫口密度高时将叶片食尽吃光,严重影响植物生长。

【形态特征】成虫:翅展 65~80 mm,体翅褐绿色,胸部背板及肩板棕褐色。前翅亚基线灰褐色,内横线与外横线之间呈较宽的茶褐色横带。中室末端有 1 个小白点,外横线暗紫色,顶角有新月形暗紫色斑,四周白色;顶角至后角间有向内呈弓形的白色带。后翅深绿色,外横线色较浅,后角有棕褐色月牙斑 1 块。卵:呈圆球形,淡绿色,直径约 1.5 mm。幼虫:成熟幼虫体长 55~60 mm,体淡绿色;胸部较细,背线褐绿色,前胸有 3 行大颗粒状突起,中胸有 5 个小环节,后胸有 6 个小环节;腹部各节有 6~7 个环节。蛹:长 45~50 mm、宽 8~10 mm,褐色。如图 9.46 所示。

图 9.46 构月天蛾

【生活习性】一年 2 代,以蛹在土中越冬。翌年成虫 6～9 月出现。成虫有趋光性,卵散产于叶片背面,也可见堆产。初孵幼虫群集取食,3 龄后分散为害。老熟幼虫在寄主附近土中做土室化蛹越冬。

【防治措施】参照南方豆天蛾防治。

9.47 芝麻鬼脸天蛾

【学名】*Acherontia styx* Westwood,属鳞翅目天蛾科。

【寄主与危害】危害芝麻及茄科、马鞭草科、豆科、木樨科、紫葳科、唇形科等植物。幼虫取食植物叶片,致叶片孔洞或缺刻。虫口密度高时,将叶片食尽吃光,严重影响植物生长。

【形态特征】成虫:翅展 100～120 mm,头部棕黑色,肩板青蓝色。胸部背面有骷髅纹,前半棕色带褐色,下半较暗。腹部中央有 1 条蓝色中背线,各腹节有黑黄相间的横纹。前翅棕黑色,翅基下部有橙黄色毛丛,翅面间杂有微细白点及黄褐色鳞粉,基线及亚端线由数条隐约可见的波状纹组成,中室有 1 个黄色小点,近外缘有橙黄色横带;后翅黄色,有棕黑色横带两条。如图 9.47 所示。

图 9.47 芝麻鬼脸天蛾

【生活习性】一年 1 代,以蛹在 6～10 mm 深的土室内越冬。成虫于 5～6 月出现。

【防治措施】参照南方豆天蛾防治。

9.48 核桃鹰翅天蛾

【学名】*Oxyambulyx schauffelbergeri* (Bremer et Grey),属鳞翅目天蛾科。

【寄主与危害】危害枫杨、核桃、栎树。幼虫取食植物叶片致叶片孔洞或缺刻,在虫口密度高时,可将叶片食尽吃光,严重影响植物生长。

【形态特征】成虫:翅展 98～105 mm。胸部两侧绿褐色。腹部第 6 节两侧及第 8 节背面有褐色斑。前翅基部附近、前缘和第 1 脉室有褐绿色圆形纹,中线、外线稍显暗褐色、不明显,外线内侧有波状细纹,亚外缘线棕褐色,顶角弓形向后角弯曲,中室横脉上有 1 个棕黑色斑点;后翅茶褐色,布满暗褐色斑纹。如图 9.48 所示。

图 9.48 核桃鹰翅天蛾

【生活习性】一年1代，以蛹越冬。7月间成虫出现。成虫趋光性强。
【防治措施】参照南方豆天蛾防治。

9.49 大背天蛾

【学名】*Meganoton analis*(Felder)，属鳞翅目天蛾科。

【寄主与危害】幼虫危害马鞭草科植物叶片。幼虫取食植物叶片，致叶片孔洞或缺刻。虫口密度高时，将叶片食尽吃光，严重影响植物生长。

【形态特征】成虫：翅展约118 mm。头灰褐色。胸背发达，肩板外缘有较粗的黑色纵线，后缘有黑斑1对。腹部背线褐色，两侧有较宽的赭褐色纵带及断续的白色带。胸、腹部的腹面白色。前翅赭褐色，密布灰白色点，内线不明显，中线赭黑色明显，外线不连续，外缘白色，顶角斜线前有近三角形赭黑色斑，在M脉的近顶端有椭圆形斑，中室有白点1个，并有1条较宽的赭黑色斜线通向R脉与M脉之间；后翅赭黄色，近后角有分开的赭黑色斑，并有不显著的横带达后翅中央。如图9.49所示。

图9.49 大背天蛾

【防治措施】参照南方豆天蛾防治。

9.50 丁香天蛾

【学名】*Psilogramma increta*(Walker)，属鳞翅目天蛾科。

【寄主与危害】危害丁香、梧桐、女贞等植物叶片。幼虫取食植物叶片，致叶片孔洞或缺刻。虫口密度高时，将叶片食尽吃光，严重影响植物生长。

图9.50 丁香天蛾

【形态特征】成虫：翅展108～126 mm。头黑褐色，胸背棕黑色，肩板两侧有纵黑线，后缘有黑斑1对，黑斑内侧前方有白点，下方有黄色斑。腹部背线黑色，两侧有较宽的棕黑色纵带，胸、腹部腹面白色。前翅灰白色，各横线不明显，中室有灰黄色小圆点，周围有较厚的黑色鳞片，形成不甚规则的短横带，顶角有较细的黑色曲线；后翅棕黑色，外缘有白色断线，后角有两块椭圆形灰白色斑。如图9.50所示。

【生活习性】一年2代，以蛹越冬。成虫5～9月出现。

【防治措施】参照南方豆天蛾防治。

9.51 杨二尾舟蛾

【学名】*Cerura menciana* Moore，属鳞翅目舟蛾科，又名双尾天社蛾。

【寄主与危害】危害杨树与柳树。幼虫啃食树叶,初孵幼虫取食卵附近的叶片,4龄以后幼虫分散取食,幼虫密度高时常将叶片食光,影响树木正常生长,甚至导致树木死亡。

【形态特征】成虫:体长28~30 mm,翅展75~80 mm,全体灰白色。前、后翅脉纹黑色或褐色,上有整齐的黑点和黑波纹,纹内有8个黑点,黑点位置:胸背面对称排列8个或10个;前翅基部有2个、外缘8个。中室外有数排内向锯齿状黑色波纹。后翅白色,外缘有7个黑点。卵:赤褐色,馒头形,直径约3 mm,中央有1个黑点,边缘色淡。幼虫:体长50 mm,叶绿色,微带紫色光泽。前胸背板大而坚硬,后胸背面有三角形肉瘤。1对臀足退化成长尾状,其上密生小刺,末端赤褐色。体侧第4腹节后缘有褐边的白色条纹。蛹:赤褐色,长约25 mm,体有颗粒状突起,尾端钝圆。茧:灰黑色,椭圆形,坚实,上端有1个胶质密封羽化孔。如图9.51所示。

(a) 幼虫　　(b) 蛹

(c) 茧　　(d) 成虫1

(e) 成虫2　　(f) 成虫3

图9.51　杨二尾舟蛾

【生活习性】一年2代，以蛹在树干的茧内越冬。翌年4月下旬至5月中旬出现越冬代成虫。第1代幼虫出现在5月下旬至7月上中旬，盛期在7月上旬。第1代成虫出现在7月上旬。第2代幼虫8月开始为害，9月老熟幼虫结茧越冬。卵散产于叶面上，每叶1~3粒。初产时暗绿色，渐变为赤褐色。初孵幼虫体黑色，非常活泼，幼虫受惊时翻出紫红色尾突，并不断摇动。老熟后成紫褐色或绿褐色，体较透明。老熟幼虫爬至树干基部，咬破树皮和木质部吐丝结成坚实硬茧，紧贴树干，其颜色与树皮相近。成虫有趋光性。

【防治措施】（1）物理防治：清除树干上的茧。将虫枝剪下或振落并销毁。利用黑光灯诱杀成虫。

（2）化学防治：参照南方豆天蛾防治。

9.52 杨扇舟蛾

【学名】*Clostera anachoreta* (Fabricius)，属鳞翅目舟蛾科，又名白杨天社蛾。

【寄主与危害】危害杨树与柳树，是杨树常见食叶害虫。初孵幼虫群栖，群集啃食叶肉，2龄后缀叶成苞，在苞内啃食叶肉，形成明显的枯苞，苞内可见多头小幼虫。3龄后分散取食全叶，可造成叶片大量残缺，严重时可将叶片全部吃光，仅剩叶柄。

【形态特征】成虫：体长13~20 mm、翅展28~42 mm，体灰褐色。头顶有1块椭圆形黑斑，臀毛簇末端暗褐色。前翅灰褐色，扇形，有灰白色波状横纹4条，顶角有褐色扇形斑1块，外横线外方斑内有3~5个黄褐色带锈红色的斑点，扇形斑下方有1个较大的黑点；后翅灰褐色。卵：初产时橙红色，孵化时暗灰色，馒头形。幼虫：老熟时体长35~40 mm，头黑褐色，全身密披灰黄色长毛，身体灰赭褐色，背面带淡黄绿色，每个体节两侧各有4个赭色小毛瘤，环形排列，其上有长毛，两侧各有1个较大的黑瘤，上面生有白色细毛1束。蛹：褐色，尾部有分叉的臀棘。茧：椭圆形，灰白色。如图9.52所示。

【生活习性】一年5~6代，以蛹在地面落叶、树干裂缝或基部老皮下结茧越冬。翌年4月中下旬越冬代成虫开始出现、产卵。5月上旬第1代幼虫开始孵化，5月下旬至6月上中旬第1代成虫开始羽化，第2代成虫出现于7月中下旬，第3代成虫于8月上中旬羽化、产卵，9月上旬至9月中旬是第4代幼虫为害高峰期，第5代幼虫于9月下旬发生，至10月中旬开始化蛹越冬。成虫趋光性强，产卵于叶背面和嫩枝上。其中，越冬代成虫，卵多产于枝干上，以后各代主要产于叶背面。交尾后当天即产卵，每雌虫可产100~300粒，最多600粒。卵粒平铺整齐呈块状，卵期7~11天。幼虫共5龄，幼虫期33~34天，老熟时吐丝缀叶并做薄茧化蛹。除越冬蛹外，一般蛹期5~8天，最后1代幼虫老熟后，以薄茧中的蛹在枯叶中、土块下、树皮裂缝、树洞及墙缝等处越冬。每年除第1代幼虫较为整齐外，其余各代世代重叠。

【防治措施】（1）物理防治：冬季翻耕土壤，将树干涂白，清除林内枯枝杂草，消灭越冬蛹。黑光灯诱杀成虫。人工摘除虫苞和卵块。

（2）化学防治：在幼虫期，喷施25%灭幼脲Ⅲ号3000倍液，或1.8%阿维菌素乳油1000倍液，或0.5%烟碱水剂800~1000倍液，或0.3%印楝素乳油1000~1500倍液，或10%吡虫啉可湿性粉剂1500倍液等。

（3）生物防治：在第1代幼虫发生期，喷洒Bt制剂，每公顷用100亿活芽孢/mL乳剂3~4.5 kg或16000 IU/mg可湿性粉剂1~1.5kg加水1000~1500 L。傍晚或阴天释放白僵菌粉孢

（每公顷 22.5 万亿～75 万亿孢子）。

(a) 卵块及初孵幼虫　　　　　　(b) 卵

(c) 初孵幼虫　　　　　　(d) 幼虫 1

(e) 幼虫 2　　　　　　(f) 成虫

图 9.52　杨扇舟蛾

9.53　杨小舟蛾

【学名】*Micromelalopha troglodyta*（Graeser），属鳞翅目舟蛾科。

【寄主与危害】危害杨树与柳树。幼虫取食叶片，受害严重的林分，叶片被全部吃光，树势衰弱，严重影响树木生长。

【形态特征】成虫:体长 11～14 mm、翅展 24～26 mm。体色变化较多,有黄褐色、红褐色和暗褐色等。前翅有 3 条具暗边的灰白色横线,横脉为 1 个小黑点。后翅臀角有 1 块褐色或红褐色小斑。卵:黄绿色,半球形,呈块状排列于叶面。幼虫:老熟幼虫体长 21～23 mm,体色变化大,呈灰褐色或灰绿色,微具紫色光泽,体侧各有 1 条黄色纵带,体上生有不显著的肉瘤,以腹部第 1 节和第 8 节背面的较大,上有短毛。蛹:褐色,近纺锤形。如图 9.53 所示。

(a) 卵　　(b) 卵(即将孵化)　　(c) 卵及幼虫

(d) 低龄幼虫　　(e) 幼虫　　(f) 幼虫(不同龄期)

(g) 成虫 1　　(h) 成虫 2

图 9.53　杨小舟蛾

【生活习性】一年 5～6 代,以蛹在树洞、落叶或地下植被物松土内越冬。翌年 4 月中旬羽化成虫。各代幼虫的出现期为:第 1 代为 5 月上旬,第 2 代 6 月中旬至 7 月上旬,第 3 代 7 月下旬至 8 月上旬,第 4 代 9 月上、中旬,第 5 代 9 月下旬,第 6 代 10 月中、下旬。成虫有趋光性,夜晚活动、交尾、产卵,多将卵产于叶片上,每块有卵 300～400 粒。初孵幼虫具群集性,1～2 龄幼虫仅啃食叶肉,受害叶片呈网膜状,3 龄后分散取食,可造成叶片残缺,仅留粗的叶脉和叶柄,甚至将叶片吃光。7～8 月高温多雨季节发生严重。幼虫白天多伏于树干粗皮缝及树杈间,夜晚上树食叶,黎明时自叶面沿枝干下移隐伏。10 月老熟幼虫吐丝缀叶结薄茧,开始化蛹越冬。

【防治措施】(1)物理防治:人工摘除幼虫,振落和摘除虫苞。利用黑光灯诱杀成虫。
(2)化学防治:参照杨扇舟蛾防治。

9.54 仁扇舟蛾

【学名】*Clostera restitura*（Walker），属鳞翅目舟蛾科。

【寄主与危害】危害杨树、柳树等。常吃光整株叶片,仅留下树枝和叶柄,致使树木生长缓慢,影响材质及景观。

【形态特征】成虫:体灰褐色至暗灰褐色,头顶到胸背中央黑棕色。前翅灰褐至暗灰褐色,顶角斑扇形,红褐色;后翅黑褐色。卵:长约 0.8 mm、宽约 0.6 mm,馒头形,表面具 2 条灰白色条纹。初产时淡青色,孵化前呈红褐色。成片状单层排列。老熟幼虫:体长 28~32 mm,圆筒形,体灰色至淡红褐色,被淡黄色毛。头灰色,具黑色斑点。胸部两侧毛较长,中、后胸背部各有 2 个白色瘤状突起。第 1 和第 8 腹节背面各有 1 个杏黄色大瘤,瘤上着生 2 个小的馒头状突起,瘤后生有 2 个黑色小毛瘤;第 1 腹节的两侧各着生 1 个大黑瘤;第 2 和第 3 腹节背部各有 2 个黑色瘤状突起;其他腹部各节具白色突起 1 对。蛹:长 10~15 mm,近圆锥形,黄褐色,具光泽。背部无明显的纹络,尾部有臀棘。如图 9.54 所示。

(a) 卵　　(b) 幼虫1　　(c) 幼虫2
(d) 雄成虫停息状　　(e) 雌成虫　　(f) 雄成虫

图 9.54　仁扇舟蛾

【生活习性】一年 6~7 代,以卵在枝干上越冬。越冬卵于翌年 4 月上旬开始孵化,初孵幼虫群集叶片取食,不结苞,随着叶片展开而取食叶肉、叶片。3 龄分散取食全叶,白天爬到小枝上。5 月下旬,幼虫老熟后吐丝卷叶并在其内结薄茧化蛹。5 月下旬至 6 月上旬成虫羽化。成虫日伏夜出,有趋光性,交尾后当天产卵。卵聚产叶背,平铺成块。以后基本每月 1 代,11 月上旬最后 1 代成虫羽化交尾,产卵于枝干上。

【防治措施】(1) 物理防治：人工摘除幼虫，振落和摘除虫叶。利用黑光灯诱杀成虫。
(2) 化学防治：参照杨扇舟蛾防治。

9.55　栎掌舟蛾

【学名】*Phalera assimilis*(Bremer *et* Grey)，属鳞翅目舟蛾科，又名彩节天社蛾。

【寄主与危害】危害栗、栎等树种。幼虫常将叶片吃光，影响树体长势。

【形态特征】成虫：雄成虫翅展44～45 mm，雌成虫翅展48～60 mm。头顶淡黄色，触角丝状。胸背前半部黄褐色，后半部灰白色，有两条暗红褐色横线。前翅灰褐色，银白光泽不显著，外线沿顶角斑内缘一段呈棕色，亚端线脉间黑点不清晰，中室内有1条较清晰的小环纹；后翅淡褐色，近外缘有不明显浅色横带。卵：半球形，淡黄色，数百粒单层排列呈块状。幼虫：体长约55 mm，头黑色，暗红色，老熟时黑色，体被较密的灰白色至黄褐色长毛，有8条橙红色纵线，各体节又有1条橙红色横带，并着生淡黄色或橙黄色长毛。蛹：长22～25 mm，纺锤形，黑褐色，有光泽，臀棘6枚，呈放射状排列。如图9.55所示。

(a) 幼虫1　　(b) 幼虫2

(c) 成虫1　　(d) 成虫2

图9.55　栎掌舟蛾

【生活习性】一年2代，以蛹在树下土中越冬。翌年5～6月成虫羽化后白天潜伏在树冠内的叶片上，夜间活动，趋光性较强。成虫羽化后不久即可交尾产卵，卵多成块产于叶背，常数百粒单层排列在一起，卵历期约15天。幼虫孵化后群聚在叶上取食，常成串排列在枝叶上。中龄以后的幼虫食量大增,分散为害。幼虫为害期为 7~9 月。8 月上旬第 1 代成虫出现,幼虫为害至 9 月下旬,幼虫老熟后下树,在 3~5 cm 深的土中越冬。以树下 6~10 cm 深土层中居多。

【防治措施】(1) 物理防治:在低龄幼虫尚未分散前,人工采摘有虫叶片。幼虫分散后可敲击树干,振落幼虫,并集中灭杀。

(2) 化学防治:参照杨扇舟蛾防治。

9.56 榆掌舟蛾

【学名】*Phalera fuscescens* Butler,属鳞翅目舟蛾科,又名榆黄斑舟蛾、黄掌舟蛾、榆毛虫。

【寄主与危害】危害榆、糙叶树。幼虫取食叶片,发生严重时常将叶片蚕食一光,影响树木正常生长与绿化效果。

【形态特征】成虫:体长 18~22 mm、翅展 48~60 mm。头淡黄色。前翅灰褐色,顶端有黄色掌形大斑 1 块,外线沿顶角斑一段呈黑色,后角有黑色斑纹 1 条;后翅灰褐色。卵:圆形,红白色,后黑褐色。幼虫:老熟幼虫体长约 60 mm,黑褐色,亚背线(双道)、气门上线、气门下线白色,头黑色。前胸至第 8 腹节有淡黄色纵斑 8 条,每体节上有橙红色横纹 1 条,第 3~6 腹节的横纹直达腹足外侧。全身被黄褐色长毛,气门下侧毛红色。蛹:纺锤形,深褐色,长约 35 mm。如图 9.56 所示。

(a) 幼虫

(b) 成虫

图 9.56　榆掌舟蛾

【生活习性】一年 1 代,以蛹在寄主周围土中越冬。翌年 5 月成虫羽化,成虫有强趋光性,夜间产卵,卵产在寄主叶背面,呈单层块状排列,卵历期约 7 天。初孵幼虫群集叶背面啃食叶肉,叶片呈箩网状;老熟幼虫有假死性。幼虫静止时,头的方向一致,排列整齐,尾部上翘,似舟形,受惊吞吐丝下垂,随后再折返叶面,叶片食光后,会转株继续为害,8~9 月幼虫为害最盛,9 月中旬幼虫老熟入土化蛹。

【防治措施】(1) 物理防治:冬、春季松土深翻,灭杀越冬蛹。人工振落幼虫并捕杀。利用黑光灯诱杀成虫。

(2) 化学防治:参照杨扇舟蛾防治。

9.57 苹掌舟蛾

【学名】 *Phalera flavescens*(Bremer et Grey)，属鳞翅目舟蛾科，又称苹果舟形毛虫、舟形毛虫、举尾毛虫。

【寄主与危害】 危害苹果、梨、杏、桃、李、梅、樱桃、山楂、海棠、沙果等树种。幼虫取食叶片，常将大部分叶片吃光，影响正常生长。

【形态特征】 成虫：体长 22～25 mm，翅展 49～52 mm。头胸部淡黄白色，雄虫腹背淡黄褐色，雌成虫腹背土黄色，末端均淡黄色。触角黄褐色，丝状。前翅银白色，后翅浅黄白色，近外缘处生 1 条褐色横带，近外缘有 6 条与翅基色彩相反的斑纹，大小相似的椭圆形斑横向排列于前翅外缘，翅面上的横线浅褐色。翅顶角有 2 块灰褐色斑。卵：球形，直径约 1 mm，初淡绿色后变灰色。幼虫：末龄幼虫体长约 55 mm，被灰黄长毛，头、前胸盾、臀板均黑色，胴部紫黑色，背线和气门线及胸足黑色，亚背线与气门上、下线紫红色，体侧气门线上下生有多个淡黄色的长毛簇。蛹：长 20～23 mm，暗红褐色至黑紫色，腹末有臀棘 6 根，中间 2 根较大，外侧 2 根常消失。如图 9.57 所示。

(a) 幼虫 1　　　　　(b) 幼虫 2　　　　　(c) 幼虫 3

(d) 幼虫 4　　　　　(e) 成虫 1　　　　　(f) 成虫 2

图 9.57　苹掌舟蛾

【生活习性】 一年 1 代，以蛹在寄主根部或附近土中越冬。翌年 6 月中旬初见成虫，7 月中、下旬羽化最多，一直可延续至 8 月上、中旬。成虫羽化后数小时或数天交尾，交尾后隔 1～3 天产卵。卵产于寄主中、下部枝条的叶背上，每块数十至百余粒，每雌虫产卵约 300 粒，卵期

6～13天。卵孵化期长达50余天,6月下旬可见幼虫。幼虫有群集性,3龄后逐步分散取食,幼虫的食量随龄期的增大而增加,4龄以后,食量剧增,早、晚取食,白天静伏,头尾翘起,形似小舟,故称舟形毛虫。幼虫共5龄,幼虫期31天左右。8月中、下旬为为害盛期,9月中下旬老熟幼虫沿树干下爬,入土化蛹。

【防治措施】(1) 物理防治:冬春季松土翻泥,杀灭越冬蛹。在7月中、下旬至8月上旬幼虫尚未分散之前,及时剪除群居幼虫的枝和叶。

(2) 化学防治:参照杨扇舟蛾防治。

9.58 槐羽舟蛾

【学名】*Pterostoma sinicum*(Moore),属鳞翅目舟蛾科,又名槐天社蛾、国槐羽舟蛾。

【寄主与危害】危害国槐、龙爪槐、江南槐、蝴蝶槐等树种。幼虫蚕食叶片,常将叶片食光。

【形态特征】成虫:体长约29 mm、翅展约62 mm。头胸部灰黄色,腹部灰褐色,体暗黄褐色,前翅灰黄色,其后缘中部略内凹,翅面有双条红褐色齿状波纹。卵:黄绿色,圆形。幼虫:老熟时体长约55 mm,体光滑粗大,腹部绿色,腹背部为粉绿色。气门线为黄褐色横线,其上缘为蓝黑色细线,足上有黑斑。蛹:黑褐色,椭圆形,有光泽,臀刺4根。茧:长椭圆形,灰色,较粗糙。如图9.58所示。

图9.58 槐羽舟蛾

【生活习性】一年3代,以蛹在土中、墙根和杂草丛下结粗茧越冬。翌年4月下旬至5月上旬成虫羽化,有趋光性,卵散产在叶片上,卵期约7天。幼虫粗壮,食量大,能将树叶食尽。幼虫为害期分别为5月中旬至6月上旬、6月下旬至7月下旬、8月中旬至9月底,具有世代重叠现象。10月上旬幼虫陆续老熟下树越冬。

【防治措施】参照杨扇舟蛾防治。

9.59 黑蕊尾舟蛾

【学名】*Dudusa sphingiformis* Moore,属鳞翅目舟蛾科。

【寄主与危害】危害栾树和槭树。

【形态特征】成虫:雄虫翅展70～83 mm,雌虫翅展86～89 mm。前翅苍褐色,基部有1个黑点,前缘有5、6个暗褐色斑点,从后缘近基部到翅尖的整个后缘区和外缘区,由许多不规则的黑褐色纹组成 1 块大三角形斑,中央暗褐色斜带清晰,亚基线、内线和外线灰白色,内外线较清晰,外线斜"S"形。幼虫:体色除柠檬黄外,还有赭红色、赭黄色等,但胸部无环形黑带,第 1 腹节气门后方有 1 块大圆形白斑。如图 9.59 所示。

【生活习性】一年 1 代,以蛹在土中越冬。7 月羽化成虫,8 月幼虫开始出现,8 月下旬至 9 月上旬最盛,9 月中旬以后老熟幼虫入土化蛹越冬。

【防治措施】参照杨扇舟蛾防治。

图 9.59　黑蕊尾舟蛾

9.60　竹篦舟蛾

【学名】*Besaia goddrica*(Schaus),属鳞翅目舟蛾科,又名纵褶竹舟蛾。

【寄主与危害】危害毛竹、刚竹、淡竹、红壳竹。竹叶受害严重时,毛竹枯死。

【形态特征】成虫:雄虫体长约 20 mm、翅展约 47 mm。体翅灰黄褐色,腹面较淡。触角栉齿状。中胸背面有 1 束竖起毛丛。前翅中央具 1 条贯穿全翅的黄白色纵纹,其上、下沿皆嵌有红褐色边,以下沿的红褐色边最明显,3 内线模糊;中线为内折的灰褐色宽带;外线由 2 列深色点组成;外缘线也为 1 列深色点;顶角被 1 条深色斜纹平分;腹末端具 2 束长毛。雌虫体长约 23 mm、翅展约 54 mm,色泽较雄虫淡;除中央纵纹及顶角斜线较明显外,其他线、斑均模糊或不现;触角丝状。卵:球形,直径约 1.17 mm,无特殊花纹,初产淡黄色,后变黄色。幼虫:老熟幼虫长约 43 mm,青绿色似竹叶。亚背线及气门上线黄白色,气门线鲜黄色,胸节的气门线宽大色艳,下方衬粉红色边。蛹:长约 14 mm、宽约 7.5 mm,深黑褐色,腹部第 5~7 节背面上缘各有 1 列粗大的白齿状刻点,腹末背面有一大块凸出的网纹板,臀棘 4 枚。如图 9.60 所示。

图 9.60　竹篦舟蛾

【生活习性】一年 3 代,以老熟幼虫或蛹在表土或枯枝落叶中越冬。成虫昼伏夜出,有趋光性。初孵幼虫有群聚性,不久即分散活动,3 龄以后食量大增。幼虫有假死性,共 5 龄,历期

35～45天。老熟幼虫在竹根附近化蛹(裸蛹),蛹期15～18天,越冬蛹期有170～190天。

【防治措施】参照杨扇舟蛾防治。

9.61 美国白蛾

【学名】*Hyphantria cunea*(Drury),属鳞翅目灯蛾科。

【寄主与危害】食性非常杂。主要危害糖槭、桑树、悬铃木、白蜡、臭椿、榆树、胡桃、苹果、梧桐、李、樱桃、柿、杨树、榆和柳等。以幼虫取食叶片为害,初孵幼虫有吐丝结网、群居为害的习性,常将整株叶片或成片树叶食光。

【形态特征】成虫:体长9～15 mm,白色。雌虫触角锯齿形,褐色;雄虫双栉齿形,黑色。前足的基部、腿节橘黄色。前、后翅白色,仅雄虫的前翅有时有数块黑斑;越冬代雄成虫的前翅均有许多排列不规则的黑斑,少数雌虫有一至数块黑斑。卵:圆球形,直径约0.5 mm,初产时浅黄绿色或淡绿色,有光泽,表面覆盖有雌成虫腹部脱落的毛和鳞片。幼虫:老熟幼虫体长22～37 mm,头部、前胸盾、前胸足、腹足外侧及臀盾黑色,胸腹部乳黄色至灰黑色,背方纵贯1条黑色宽带,侧方杂有不规则的灰色或黑色斑点;前胸至第8腹节每侧有7～8个毛瘤,第9腹节仅5个,所有背方毛瘤黑色,腹方毛瘤灰色或黑色,其余毛瘤均淡橘黄色,各毛瘤上均丛生白色且混有黑褐色的长刚毛。蛹:体长8～15 mm,平均12 mm,初为淡黄色,渐变为橙色、褐色至暗红褐色,臀棘8～17根。茧:椭圆形,灰白色,丝质混有幼虫体毛,松薄。如图9.61所示。

【生活习性】一年3代,以蛹在土中、墙根和杂草丛下化蛹越冬。翌年3月下旬始见成虫,4月中旬至5月初大量出现越冬成虫,5月上旬至6月中旬为第1代幼虫发生期,6月中旬至7月中旬幼虫老熟并化为蛹,6月下旬至7月下旬为第1代成虫发生期;第2代幼虫期为7月中旬至8月中下旬,7月下旬至8月下旬为第2代蛹期,第2代成虫发生在8月中旬至9月中旬;第3代幼虫期为8月下旬至10月下旬,9月下旬开始化蛹越冬。成虫有弱趋光性和趋味性,对腥臭味敏感度较强。交尾结束后当晚或次日产卵于叶背,卵单层排列成块状。幼虫孵出几个小时后即吐丝结网,第1、2代幼虫主要在树冠中下部结成白色网幕,第3代幼虫在树冠中上部结成白色网幕,低龄幼虫在网幕内取食叶肉,受害叶片仅留叶脉呈白膜状。5龄以后进入暴食期。

【防治措施】(1)检疫措施:严格检疫苗木等,避免从疫区引进苗木。

(2)物理防治:冬、春季刮除主干老树皮上和墙缝内的蛹,集中烧毁落叶。秋季老熟幼虫下树化蛹前,在树干离地面1 m高处围以稻草、干草、草帘或草绳,待幼虫在其中化蛹后再解下围草,并进行灭杀或烧毁。人工剪除网幕并就地销毁。利用信息素或黑光灯诱杀成虫。

(3)化学防治:幼虫期喷洒25%灭幼脲Ⅲ号3000倍液、0.5%阿维菌素乳油1000倍液或0.3%印楝素乳油2000倍液等。若采用飞机超低剂量喷雾,一般用20%氯虫苯甲酰胺悬浮剂20～25倍液或25%灭幼脲Ⅲ号5倍液进行防治。

图 9.61 美国白蛾

9.62 星白雪灯蛾

【学名】 *Spilosoma menthastri*(Esper),属鳞翅目灯蛾科,又名黄星雪灯蛾、星白灯蛾、星白污灯蛾、黄腹白灯蛾。

【寄主与危害】 危害海桐、桑菊花、月季、茉莉等。初孵幼虫群集于叶背,取食叶肉,残留透明的上表皮,4 龄后蚕食叶片仅留叶脉和叶柄。

【形态特征】 成虫:翅展 33~46 mm;白色;下唇须、触角暗褐色,胸足具黑带,腹部背面红色或黄色,如腹部背面为黄色,则胸足腿节上方为黄色,如腹部背面为红色,则胸足腿节上方亦为红色,背面、侧面具黑点列;前翅满布黑点,几乎每个标本黑点数目都不一致;后翅中室端点黑色,黑色亚端点或多或少。卵:圆球形,表面有网状纹。幼虫:淡黑色,背线淡黄色,背面有灰色或灰褐色纵带,气门白色,密生棕黄色至黑褐色长毛。如图 9.62 所示。

图 9.62 星白雪灯蛾

【生活习性】 一年 3 代,以蛹在土中越冬。翌年 4~6 月成虫羽化,成虫白天静伏于隐蔽处,晚上活动交配产卵,有趋光性。卵成块产于叶背,每块卵有数十粒至百余粒,每头雌成虫可产卵 400 粒左右。老熟幼虫遇振动落地卷曲,有假死的习性。5 龄幼虫在地表结粗茧化蛹。

【防治措施】 (1) 物理防治:冬翻土壤,消灭越冬蛹。利用黑光灯诱杀成虫。

(2) 化学防治:参照美国白蛾防治。

9.63 大丽灯蛾

【学名】 *Callimorpha histrio* Walker,属鳞翅目灯蛾科。

【寄主与危害】 危害杉、杂灌木。幼虫食叶为害。

【形态特征】 成虫:雄成虫翅展 66~90 mm,雌成虫翅展 75~100 mm。头、胸、腹橙色,额黑色,颈板黑色、边缘橙色,翅基片黑色,胸部具黑色纵斑,腹部背面具黑带、侧面及腹面具有黑色点列。前翅黑色、有闪光,前缘区有 4 个黄白斑点,中室末端有 1 个橙色斑点,翅顶区 4 个黄白色小斑。后翅橙色,中室中部下方至后缘有 1 条黑带,中室端部至外缘 3 列黑斑,翅顶黑色。如图 9.63 所示。

【防治措施】 参照美国白蛾防治。

图 9.63 大丽灯蛾

9.64 人纹污灯蛾

【学名】*Spilarctia subcarnea*(Walker),属鳞翅目灯蛾科,又名红腹白灯蛾、人字纹灯蛾。

【寄主与危害】危害榆、杨、槐、木槿、蜡梅、芍药、萱草、鸢尾、菊花、月季等。初孵幼虫群居叶背,啃食叶肉,留下表皮。大龄幼虫取食叶片,留下叶脉和叶柄。

【形态特征】成虫:雄虫体长 17~23 mm,翅展 46~58 mm。体黄白色。前翅白色至黄白色,翅面斜列 1 行黑点,停栖时两翅上黑点并列成"人"字形;后翅带红色,缘毛白色;前、后翅的反面或多或少杂有红色。腹部背面深红色至红色。卵:扁圆形,浅绿色。幼虫:头部黑色,胴体淡黄褐色,亚背线暗绿色,胴部各节有 10~16 个突起,突起上簇生淡红色长毛。蛹:紫褐色,尾端有 12 根短刚毛。如图 9.64 所示。

(a) 幼虫 1　　　　　　(b) 幼虫 2　　　　　　(c) 成虫

图 9.64 人纹污灯蛾

【生活习性】一年 2~6 代,以蛹在土中越冬。4~6 月成虫羽化,成虫白天常静伏隐蔽处,晚上活动,有趋光性。卵产于叶背,成块或成行,每处有数十粒至百余粒不等,每头雌成虫可产卵约 400 粒。初孵幼虫群栖叶背面,取食叶肉,3 龄后分散为害,幼虫有假死性,5~9 月为幼虫为害期。

【防治措施】参照美国白蛾防治。

9.65 旋皮夜蛾

【学名】*Eligma narcissu*(Cramer),属鳞翅目夜蛾科,又名臭椿皮蛾。

【寄主与危害】危害臭椿。3龄前幼虫有群栖性,此后分散为害,在小枝及叶柄上栖息,在叶背取食。

【形态特征】成虫:体长约22 mm、翅展约70 mm。头和胸均为黄褐色,翅基片基部及端部各有1个黑点,胸前有3对黑点,腹部杏黄色。前翅狭长褐色,后翅大部分呈橙黄色,外部约1/3为蓝黑色,在翅脉上显出5块粉蓝色晕斑。卵:近圆形,乳白色。幼虫:体长约40 mm,杏黄色,头部黑色,头顶处有黑色粒状突起,前胸背板及臀板褐色,身体背面淡红色,腹面橘黄色,每个体节背面具有不规则的褐色横斑,刚毛白色,极长,着生于稍隆起的毛突之上。蛹:体长约26 mm、宽8~9 mm,暗红色,体扁,各腹节间均有细齿状棱边一道。茧:土黄色,半纺锤状,长约60 mm、宽约55 mm。如图9.65所示。

(a) 幼虫　　(b) 蛹

(c) 成虫1　　(d) 成虫2

图9.65　旋皮夜蛾

【生活习性】一年2代,以蛹在树干上的茧内越冬。翌年4月中下旬成虫羽化,第1代成虫7月出现,第2代幼虫8月上旬孵化为害,9月中下旬幼虫在枝干上化蛹做茧越冬。成虫白天静伏于阴暗处,夜间飞行交尾产卵,有趋光性。卵散产于叶背。幼虫多栖息在叶面背后,蚕食嫩叶。幼虫老熟后啃咬树皮碎屑并用丝相连做茧。

【防治措施】(1)物理防治:冬春季节在树枝、树干上人工摘茧灭蛹。振落捕杀幼虫。利用黑光灯诱杀成虫。

（2）化学防治：幼虫期喷洒 25% 灭幼脲Ⅲ号 3000 倍液、1.8% 阿维菌素乳油 1000 倍液或 10% 吡虫啉可湿性粉剂 1500 倍液等。

9.66　旋目夜蛾

【**学名**】*Speiredonia retorta* Linnaeus，属鳞翅目夜蛾科。

【**寄主与危害**】危害合欢。幼虫危害寄主叶片；成虫吸食成熟的柑橘、梨、桃、枇杷等果实汁液，造成烂果。

【**形态特征**】成虫：体长 21~23 mm、翅展 60~62 mm。雄成虫头部及胸部黑棕色带紫色，腹部背面大部黑棕色，端部及腹面红色。前翅黑棕色带紫色，内线黑色，肾纹后部膨大旋曲，边缘黑色及白色，外线双线黑色，外斜至 6 脉折角内斜，两线相距宽，亚端线双线黑色波浪形，端线双线黑色波浪形，5 脉及 6、7 脉有黑纹，顶角至肾纹有 1 条隐约白纹；后翅黑棕色，端区较灰，中线、外线黑色，亚端线双线黑棕色。雌成虫头部及胸部褐色，胸部背面带淡赭黄色，腹部背面大部分黑棕色，有淡赭黄色横纹，端部及腹面红色。前翅淡赭黄色带褐色，内线内侧有两道黑棕色斜纹，外侧有 1 条黑棕色宽斜条；后翅色同前翅，内线双线黑色粗，中线黑色外侧衬淡黄色，亚端线双线黑色，波浪形，内一线粗，其内缘直。卵：椭圆形，长 1.6~2 mm、宽 1.2~1.5 mm，初产时草绿色，渐变淡褐色，孵化前为淡黑色。幼虫：成熟幼虫体长 48~63 mm，头黄褐色，体褐绿色，背线宽，棕黑色，体侧有白色小点，气门线由小黑点组成，气门下线棕黑色。蛹：长 18~22 mm、宽 8~9 mm，棕褐色，腹部背面各节近前缘处有刻点，腹末臀棘分二叉。如图 9.66 所示。

图 9.66　旋目夜蛾

【**生活习性**】一年 4 代，以蛹在表土层或杂草丛中结茧越冬。翌年 3 月下旬至 5 月上旬成虫羽化。各代幼虫为害期分别为：第 1 代 4 月上旬至 6 月中上旬，第 2 代 6 月上旬至 9 月中旬，第 3 代 7 月下旬至 10 月上旬，第 4 代 9 月上旬至 10 月下旬。此后，幼虫老熟，陆续化蛹越冬。卵历期 6~18 天，幼虫历期 23~47 天，蛹历期 8~13 天，越冬代蛹历期近 200 天，成虫寿命 4~9 天。

成虫多在傍晚羽化，白天栖息在草丛中、寄主枝叶间，夜间活动，具较强趋光性。成虫吸食果汁、花蜜以补充营养，否则不产卵。卵产于树皮裂缝中、树干基部或枝杈处。幼虫傍晚取食，老熟幼虫吐丝缀枝叶成茧，并在茧中化蛹，茧多附于枝杈上或叶丛中。

【**防治措施**】参照旋皮夜蛾防治。

9.67 桑剑纹夜蛾

【学名】*Acronicta major*(Bremer)，属鳞翅目夜蛾科，又名桑夜蛾、桑白毛虫、大剑纹夜蛾。

【寄主与危害】危害桑、桃、李、梅、香椿、柑橘、杏、梨、槐等。幼虫取食叶片，初孵幼虫群居，群集叶面啃食表皮、叶肉致缺刻或孔洞，仅留叶脉。3龄后分散取食，可把全叶吃光，残留叶柄。幼虫有转枝、转株为害的习性，严重影响果木正常生长与观赏。

【形态特征】成虫：体长27~29 mm，翅展62~69 mm。头、胸部灰白带褐色，触角丝状，体深灰色，腹面灰白色。前翅灰白色至灰褐色，剑纹黑色，翅基剑纹树枝状，端剑纹2条，肾纹外侧1条较粗短，近后缘1条较细长，2条均不达翅外缘。环纹灰白色较小，黑边。肾纹灰褐色较大，黑边。内线灰黑色，前半部系双线曲折，后半部为单线较直且不明显。中线灰黑色，外线为锯齿形双线，内侧为灰白色，外侧褐色。缘线由1列小黑点组成。后翅灰褐色，翅脉深褐色。卵：灰绿色，扁馒头形，直径约1 mm。幼虫：老熟幼虫长约52 mm，灰白色，头部黑色，光滑，带蓝色光泽，体散布大小不等的淡褐色圆斑，每体节背各具褐斑1块，全身密布小刺，刚毛较长，灰白色至黄色，黑色短刺毛簇生于体背毛瘤上，故似背线，其两侧及体侧为黄色，体侧毛瘤凸起。蛹：长椭圆形，长24~28 mm、宽6~8 mm，褐色至棕褐色，末端生钩刺4丛。茧：长椭圆形，长26~42 mm、宽12~19 mm，丝质厚，硬实，灰白色至土色，外黏木屑碎枝，内光滑。如图9.67所示。

图9.67 桑剑纹夜蛾

【生活习性】一年1代，以老熟幼虫吐丝缀木屑及枯叶做茧化蛹越冬。翌年7月上旬成虫羽化，成虫趋光性强。产卵于叶背，卵平铺成块，每卵块有数十至数百粒卵。每雌虫可产卵500~600粒，卵历期7天左右。幼虫共6龄，幼虫期30~38天。8月中、下旬是老熟幼虫为害盛期，常食光树叶。

【防治措施】参照旋皮夜蛾防治。

9.68 竹笋禾夜蛾

【学名】*Oligia vulgaris* Butler，属鳞翅目夜蛾科，又名竹笋夜蛾。

【寄主与危害】危害毛竹、红竹、淡竹等绝大多数刚竹属植物的竹笋，以及鹅观草等中间寄主。幼虫取食笋肉，虫粪排于蛀道中，造成竹子节间缩短、断头、折梢、心腐、材脆等现象，严重时可致竹笋死亡。

【形态特征】成虫：体长约17 mm、翅展38~43 mm。头部及胸部黄褐色，颈板、翅基片黑棕色，腹部淡褐灰色。前翅淡褐色，基部有1块大褐斑，亚端区前缘有1块漏斗形大褐斑，基线褐色，从褐斑中穿过。内线双线褐色，波浪形。环纹及肾纹黄白色，肾纹外缘白色。中线褐色、粗、锯齿形，后端与外线相接。外线黄白色，锯齿形，齿尖为褐点和白点。肾纹与外线之间有明显褐斑，亚端线黄白色，在2、5脉处内凸，在5脉处内、外侧均有黑尖纹。端线为1列黑棕色长点，亚端线与端线间的后半带棕色。后翅褐色,基部微黄。卵:近圆球形,乳白色,长约 0.8 mm。幼虫:老熟幼虫体长 36~50 mm,头橙红色,体紫褐色。背线很细、白色,亚背线较宽、白色。第 2 腹节前半段断缺。蛹:长 14~24 mm,红褐色,臀棘 4 根,中间 2 根粗长。如图 9.68 所示。

(a) 危害状　　　　　　(b) 幼虫 1　　　　　　　　(c) 幼虫 2

图 9.68　竹笋禾夜蛾

【生活习性】一年 1 代,以卵在竹林地面的禾本科杂草上越冬。翌年 2 月下旬,越冬卵孵化为幼虫。幼虫孵化后钻入禾本科、莎草科杂草心叶中蛀食,形成枯心、白穗。幼虫在其中蜕皮 2~3 次后,不再生长。4 月初,当竹笋出土时,幼虫即爬到笋上,3 龄幼虫蛀入笋尖小叶,啮食笋内柔软部分,蛀口外有绿色碎屑堆积。竹笋受害后,表面失去光泽,内有蛀孔、虫粪。幼虫在笋内生活 18~25 天,至 5 月上旬老熟幼虫出笋入土结茧化蛹,蛹期 20~30 天,至 6 月上旬羽化为成虫。成虫羽化,昼伏夜出,有趋光性,交尾产卵。成虫在禾本科杂草叶面产卵,卵数十粒排成条状。

【防治措施】(1) 物理防治:加强抚育、除草培土,消灭越冬卵。及早挖去受害的退笋,杀死笋中幼虫。利用黑光灯诱杀成虫。

(2) 化学防治:参照旋皮夜蛾防治。

9.69　两色夜蛾

【学名】*Dichromia trigonalis* Guenee,属鳞翅目夜蛾科。

【形态特征】体长约 13 mm、翅展约 30 mm。头部及胸部黑灰褐色,腹部黄色。前翅暗棕褐色,有灰色细点,尤其基部和亚端线两侧最密。内线黑色外斜至 1 脉,此处内侧带棕红色。外线灰白色,微波浪形,内侧 1 片黑棕色。亚端线灰白色,不规则波曲,1 条黑棕条斜带自顶角至后缘。端线为 1 列灰白色新月形点。后翅黄色,端区 1 条棕黑色带,前宽后窄,止于 2 脉,其外缘毛棕黑色。如图 9.69 所示。

【防治措施】(1) 物理防治:利用黑光灯诱杀成虫。
(2) 化学防治:参照旋皮夜蛾防治。

图 9.69　两色夜蛾

9.70 银纹夜蛾

【学名】*Ctenoplusia agnata*(Standinger),属鳞翅目夜蛾科,又名黑点银纹夜蛾、豆银纹夜蛾、菜步曲、豆尺蛾、大豆造桥虫、豆青虫。

【寄主与危害】危害大豆、十字花科蔬菜。幼虫啃食叶片,虫口密度高,将叶片吃尽,影响绿化景观。

【形态特征】成虫:体长15～17 mm、翅展32～36 mm。头部、胸部及腹部灰褐色。前翅深褐色,外线以内的亚中褶后方及外区带金色,基线、内线银色,2脉基部1块褐心银斑,其外后方1块银斑,肾纹褐色,外线双线褐色波浪形,亚端线黑褐色锯齿形,缘毛中部1块黑斑;后翅暗褐色。卵:馒头形,直径约0.5 mm,淡黄绿色,上有纵向的格形斑,孵化前为紫色。幼虫:末龄幼虫体长25～32 mm,头黑褐色,体绿色,前端细,后端宽,背线白色呈双线状,亚背线白色,两线间白色,气门线黑色,气门黄色,第1、2对腹足退化,故行走时屈伸成拱形。蛹:体长18～20 mm。第1～5节背面前缘灰黑色,腹部末端延伸为方形臀棘。如图9.70所示。

图9.70 银纹夜蛾

【生活习性】一年4代,以蛹越冬。各代幼虫发生期为:第1代7月上旬至7月下旬,第2代7月下旬至9月上旬,第3代8月中旬至9月下旬,第4代9月中旬至11月上旬。气温20～30 ℃(平均27.4 ℃)时,各代历期分别为26～28天、28～31天、35～37天和42～44天。卵期3～4天,幼虫期12～18天,蛹期6～8天,成虫寿命4～14天。成虫羽化多在上午7～10点,昼伏,夜间活动,飞翔能力强,有趋光性,羽化后的成虫需补充营养,2～3天后开始产卵。产卵期2～3天,每雌虫产卵约312粒,最多约750粒。成虫对糖醋液及发酵的胡萝卜、豆饼等有趋性。在叶背面,卵单粒散产,偶见2,3粒粘连一起,甚至7～8粒上下相叠产在一起的。幼虫3龄前在叶背取食叶肉,进入4龄食量大增,蚕食叶片,老熟幼虫在叶背吐丝结茧化蛹。越冬幼虫在1～3 cm的表土内做土室化蛹。幼虫共5龄。

【防治措施】(1)物理防治:利用黑灯光诱杀成虫。

(2)化学防治:参照旋皮夜蛾防治。

9.71 钩白肾夜蛾

【学名】*Edessena hamada* Felder & Rogenhofer,属鳞翅目夜蛾科,又名肾白夜蛾。

【形态特征】成虫:体长约17 mm、翅展约40 mm,体灰褐色。前翅内线暗褐色,肾纹白色,后半向外折而突出,外线暗褐色波浪形,亚端线暗褐色波浪形,两线曲度相似;后翅横脉纹暗褐色,后半为1个白点,外线暗褐色微外弯,亚端线暗褐色。如图9.71所示。

【防治措施】参照旋皮夜蛾防治。

图9.71 钩白肾夜蛾

9.72 枫杨癣皮夜蛾

【学名】*Blenina quinaria* Moore，属鳞翅目夜蛾科，又名枫杨癣皮蛾。

【寄主与危害】危害枫杨。

【形态特征】成虫：体长约16 mm、翅展约38 mm。头部及胸部白色杂黑绿色，下唇须及足跗节有黑斑。腹部灰褐色。前翅白色，布有暗绿色细点，外线与亚端线间布有黄褐色细点，后缘区中部乳黄色，基线黑色达1脉，内线隐约呈波形，前半部黑色，肾纹黑色，前方有1条黑斜纹，外线前半不显，自肾纹后端外斜至臀角明显黑色，亚端线黑色波浪形，外方有1列模糊的黑斑，端线黑色，缘毛白色，有波浪形黑线；后翅黄褐色，端区黑褐色，中带褐色。如图9.72所示。

图9.72 枫杨癣皮夜蛾

【防治措施】参照旋皮夜蛾防治。

9.73 癞皮夜蛾

【学名】*Gadirtha inexacta* Walker，属鳞翅目夜蛾科，又名乌桕癣皮夜蛾、乌桕癞皮蛾。

【寄主与危害】危害乌桕。幼虫食叶致缺刻，虫量高、危害严重时，可将叶片吃尽，仅留叶脉，影响植株生长。

【形态特征】成虫：体长21～24 mm、翅展47～51 mm。头部及胸部灰色杂褐色，腹部淡灰褐色。前翅灰褐色至棕褐色，内线黑色波曲外弯，前段内侧有1块黑斑，中段内侧有许多黑色及棕色点，环纹灰褐色，有不完整的黑边，中有竖鳞，肾纹桃形，尖端向外，褐色黑边，中有竖鳞，外线模糊，双线褐色，波浪形外弯至肾纹后端再稍外斜，前段外侧有1块黑褐色斑，亚端线灰白色波浪形，端线为1列黑点，亚中褶端部有1条黑纹；后翅淡黄褐色至褐色，缘毛黄白色。卵：扁圆球形，长径约1 mm，浅黄色。幼虫：老熟幼虫体长29～31 mm，体暗绿色或棕黄色，并具刺毛。头部黄绿色，头顶有隆起的颗粒。背线黑色或由不连续的黑点组成，胸部的黑点不明显，尾板黑色，三角形，亚背线黄色宽带。气门上线黄色，气门线黄色不明显，刚毛有黑有白，气门褐色。蛹：长17～20 mm、宽5～8 mm，扁椭圆形，红棕色。触角基部突起，胸背光滑呈块状。复眼、触角、足明显高于体表成突起状。翅部较宽，翅下腹部较小。腹节凸起，节部下凹，其中腹下4节最为明显。双翅伸达腹部第5节末端。茧：长约27 mm、宽约8 mm，长椭圆形，两端尖，灰白色或黄褐色，丝质，茧薄，内光外粗糙。如图9.73所示。

图9.73 癞皮夜蛾

【生活习性】一年2～3代，以蛹越冬。翌年5月中旬羽化，第1代成虫期为7月上旬至8月上旬，第2代成虫期为8月下旬至9月上旬。9月下旬后蛹不再羽化，开始越冬，仅发生2代。成虫在晨、晚羽化，昼伏，夜出活动，静止时触角置于背上,前足向前伸。交尾后卵产于叶片上,初孵幼虫有群集性,喜吃嫩叶,3龄后分散为害,可将梢部全片吃光,仅留枝条。老熟幼虫吐丝做茧,于枝干上化蛹。

【防治措施】参照旋皮夜蛾类防治。

9.74 胡桃豹夜蛾

【学名】*Sinna extrema* Walker,属鳞翅目夜蛾科。

【寄主与危害】危害枫杨、核桃、山核桃。

图9.74 胡桃豹夜蛾

【形态特征】成虫:体长约15 mm、翅展32～40 mm。头部及胸部白色,颈板、翅基片及前后胸有橘黄色斑,腹部黄白色,背面微带褐色。前翅橘黄色,有许多白色多边形斑,外线为完整曲折白带,顶角有一大块白斑,中有4块小黑斑,外缘后半部有3个黑点;后翅白色微带淡褐色。如图9.74所示。

【生活习性】一年6代,以老熟幼虫在下木及地被物中结茧化蛹并越冬。此虫越冬代出蛰期不集中,年发生世代多,前后世代有明显的重叠现象,各世代及各虫态历期长短不一。

【防治措施】(1)物理防治:3月中旬在越冬蛹羽化前,人工清除林地灌木、杂草及地被物中的蛹,并集中销毁。4月下旬以后,及时处理各代坠落于地面的老熟幼虫。

(2)化学防治:在10月上旬及4月末至5月初,在越冬代和第1代老熟幼虫下树高峰之前的幼虫期喷洒药剂。药剂参照旋皮夜蛾防治用药。

9.75 小地老虎

【学名】*Agrotis ypsilon* Rottemberg,属鳞翅目夜蛾科,又名切根虫、乌地蚕。

【寄主与危害】食性杂,为地下害虫。危害粮、棉、油、蔬菜、草本花卉、草坪以及多种林木幼苗。幼虫在幼苗茎叶间取食嫩叶,从地面将幼苗植株咬断后拖入土穴中,或咬食未出土的种子,对林木幼苗危害较大。

【形态特征】成虫:体长21～23 mm、翅展48～50 mm。头部与胸部褐色至黑灰色,腹部灰褐色。前翅棕褐色,上有多条弯曲的横线,环纹黑色,有1个圆灰环,肾状纹黑色黑边,其外侧中部有1条楔形黑纹伸至外横线,亚外缘线灰色不规则锯齿状,其内缘在中脉之间有3枚向内伸的尖齿,前缘区色较黑,翅脉纹黑色;后翅半透明白色,翅脉褐色,前缘、顶角及端线褐色。卵:扁圆形,直径约0.5 mm,表面有纵横隆线,初为乳白色,孵化前灰黑色。幼虫:头部暗褐色,侧面有黑褐色斑纹。体黑褐色稍带黄色,密布黑色小圆突,体表粗糙,满布大小不匀且彼此分离、微微隆起的颗粒。前胸背板暗褐色,臀板黄褐色,其上有两条明显的深褐色纵带。腹部末端肛上板有1对明显黑纹,背线、亚背线及气门线均黑褐色,气门长卵形,黑色。蛹:黄褐色至暗褐色,腹末稍延长,有1对较短的黑褐色粗刺。如图9.75所示。

【生活习性】一年4～5代,以蛹及老熟幼虫在土中越冬。翌年3月下旬至4月上、中旬成虫羽化,交尾后第2天产卵。卵多散产于低矮叶密的杂草上,一般以靠近土面的叶上最多。幼虫共6龄,2龄前昼夜均可为害,群集在幼苗茎叶间取食嫩叶;3龄以后分散活动;4龄后白天潜伏于表土的干湿层之间,夜晚出土为害,从地面将幼苗植株咬断后拖入土穴中,或咬食未出土的种子。幼虫有假死性,受到惊扰即蜷缩成团。幼虫老熟后大都迁移到田埂、田边、杂草根旁较干燥的土内深6~10 cm处筑土室化蛹。4月下旬至5月中旬第1代幼虫危害最为明显,其后各代危害不显著。成虫白天潜伏于土隙、枯叶、杂草等隐蔽处,黄昏后开始飞翔、觅食、交尾、产卵等活动,对黑光灯有强烈的趋光性,特别喜欢酸、甜、酒味。

图9.75　小地老虎

【防治措施】(1)物理防治:清除林地周围杂草,消除产卵场所和低龄幼虫的食料。清晨巡视苗圃,发现断苗时刨土捕杀幼虫。在成虫盛发期,用黑光灯或糖醋液诱杀成虫;可用嫩草、菜叶、树叶堆于圃地诱杀幼虫。

(2)化学防治:参照旋皮夜蛾防治。

9.76　大地老虎

【学名】_Agrotis tokionis_ Butler,属鳞翅目夜蛾科,又名地蚕、黑地蚕、切根虫。

【寄主与危害】寄主为棉花、玉米、高粱、烟、杉木、罗汉松、菊花、香石竹、月季花等。幼虫先取食近地面的叶片或将幼苗咬断拖到土穴内取食,常将花圃内的月季茎基部皮层组织咬坏,呈环状后枯萎死亡。

【形态特征】成虫:成虫头胸灰褐色,体长20~23 mm、翅展52~62 mm。雌蛾触角丝状,雄蛾触角栉齿状,栉齿分枝较长,向端部逐渐短小,直达末端。前翅灰黑色,肾状纹和环状纹均为褐色边。后翅灰黄色,外边有很宽的黑褐色,边缘毛淡色。腹部背灰褐色。卵:半球形,宽约1.8 mm、高约1.5 mm。初产时浅黄色,渐变为灰褐色。幼虫:体略平,老熟幼虫体长37~50 mm,体黑褐色稍带黄色。体上密布黑色圆形小颗粒。各腹节后部皱纹不明显。腹部每节背面有两对刚毛,其中一对显著大于另一对。蛹:体长23~29 mm,初为淡黄褐色,后渐变为赤褐色。将羽化时为黑褐色。

图9.76　大地老虎

腹部末端稍延长,黑褐色,着生1对较短且粗的刺,中间分开。如图9.76所示。

【生活习性】一年1代,以3～6龄幼虫在杂草丛或土中越冬潜伏。于3月中旬至4月上旬开始活动危害,5～6月以老熟幼虫进行夏眠。夏眠后,虫体即在土室内化蛹。成虫白天静伏杂草间或枯叶上,夜出活动,趋光性不强,但有趋糖、醋、酒的习性。成虫交尾后次日即可产卵。卵一般产于土表或幼嫩的杂草茎叶上。4龄以前幼虫不入土蛰居,4龄以后幼虫伏于土表下,夜出活动觅食。

【防治措施】(1)物理防治:堆草诱杀幼虫,傍晚时在苗圃地堆放青绿嫩草一堆,或以毒饵放于草堆下,次晨在草堆下捡拾幼虫并加以灭杀。可用90%晶体敌百虫原液1份,加炒香后的饵料(豆饼麦麸)50份,再加适量的水,制成干湿适度撒得开的毒饵,在傍晚撒在根际周围。也可用黑光灯或糖醋液诱杀成虫。

(2)化学防治:用50%辛硫磷1500倍液泼浇根际周围,每根泼200～300 mL。

9.77 苎麻夜蛾

【学名】*Arcte coerula* (Guenée),属鳞翅目夜蛾科,又名摇头虫。

【寄主与危害】主要危害麻类、豆类植物,也危害构树、椿树、黑荆、泡桐、柳等。幼虫食叶致缺刻或孔洞。虫口密集时可将寄主叶片吃尽,只留枝干。

【形态特征】成虫:体长29～35 mm,翅展62～84 mm。头部黑色,喙黄褐色,胸腹部茶褐色。前翅紫棕色,微有白鳞,顶角有1块褐色近三角形斑,基线、内横线和外横线黑色呈波状或锯齿状纹,环状纹为1个黑色小点;后翅棕黑色,有3条青蓝色呈斑块状横带,微有紫光,中间1条较长。卵:扁圆球形,长径约1 mm,米黄色,卵顶端有放射状纵纹,纵纹间有横纹。幼虫:末龄幼虫体长65～70 mm,3龄前体淡黄绿色,3龄后体色变异大,一般可分为两型。黄白色型:体黄白色,头部及胸足棕红色,前胸背板、腹部臀板和腹足橙黄色。黑色型:体黑色,头部、前胸硬皮板及腹部臀板黑褐色,有的个体为红棕色,每节背面有6条黄白色横线。蛹:长28～35 mm、宽10～11.5 mm,初期复眼黑色、头胸、翅翠绿色,体淡黄色,渐变红棕色,后为黑褐色,腹端钝圆,有2根粗壮的尾刺,末端有钩。如图9.77所示。

(a) 幼虫

(b) 成虫

图9.77 苎麻夜蛾

【生活习性】一年4代,以成虫在麻田、草丛、土缝或灌木丛中越冬。各代幼虫发生期为:5月上中旬为第1代,7月上中旬为第2代,8月下旬为第3代,9月下旬至10月上旬为第4代。

成虫有集中产卵习性和趋光性。卵产在叶片背面,呈块状,每块300～400粒。卵经约6天孵化,幼虫共6龄。初孵幼虫群集顶部叶背为害,把叶肉食成筛状小孔,幼虫活跃,受惊后吐丝下垂或以腹足、尾足紧抱叶片左右摆头,口吐黄绿色汁液,3龄后分散为害。老熟后爬至附近枯枝、落叶或表土中化蛹。

【防治措施】(1)物理防治:结合中耕灭蛹。人工摘除着卵部位和杀灭幼虫。

(2)化学防治:参照旋皮夜蛾防治。

9.78 乌桕毒蛾

【学名】*Euproctis bipunctapex*(Hampson),属鳞翅目毒蛾科,又名乌桕黄毒蛾、枇杷毒蛾、油桐叶毒蛾。

【寄主与危害】危害乌桕、油桐、油茶、重阳木等。幼虫除食叶外,也啃食幼芽、嫩枝及果皮,轻则影响树势、桕子减产,重则颗粒无收,并易导致树木枯死。

【形态特征】成虫:体长9～15 mm、翅展26～42 mm,体黄棕色、被橙黄色绒毛。前翅橘黄色,顶角有1块黄色大斑,内有两个黑褐色圆点;后翅黄色、基部红棕色,被绒毛。卵:长径约0.8 mm、短径约0.6 mm,椭圆形,淡绿色或黄绿色,具光泽,排列成块并3～5层重叠,上面密被黄色绒毛。幼虫:体长24～30 mm,头黑褐色,胸腹部黄褐色,被有浅黄色长毛,后胸背面有红色毛瘤。蛹:长10～15 mm,棕褐色,被短绒毛,臀棘有钩刺1丛。茧:长15～20 mm,黄褐色,较薄,附有黄毒毛。如图9.78所示。

【生活习性】一年2代,以3、4龄幼虫群集在树干向阳面的树腋或凹陷处的薄丝幕下越冬。越冬幼虫4月上旬出蛰活动,5月中下旬化蛹,6月上中旬成虫羽化产卵。6月下旬和7月上旬第1代幼虫孵化,8月中下旬化蛹,9月上中旬第1代成虫羽化产卵,9月中下旬第2代幼虫孵化,11月幼虫进入越冬期。成虫有趋光性,羽化当日即可交尾,一般卵产于乌桕叶片背面。幼虫常群集为害,3龄前取食叶肉,留下叶脉和表皮,使叶变色脱落,3龄后食全叶。4龄幼虫常将几枝小叶以丝网缠结一团,隐蔽在内取食为害。老熟后下树在干基周围的石缝、杂草丛中或疏松的表土层中结茧化蛹。

图9.78 乌桕毒蛾

【防治措施】(1)物理防治:冬季幼虫集中在网幕下越冬,易于发现,应及时清除网幕。蛹期在树干基周围的石缝、杂草丛、表层土中寻蛹并灭杀。摘除杀灭叶背卵块。

(2)化学防治:幼虫期喷洒10%高效氯氰菊酯乳油5000～6000倍液,或20%灭幼脲胶悬剂1000～2000倍液,或0.5%阿维菌素乳油2000倍液,或10%吡虫啉可湿性粉剂2000倍液,或48%噻虫啉悬浮剂3000倍液,或25%噻嗪酮可湿性粉剂2500倍液等。

9.79 茶毒蛾

【学名】*Euproctis pseudoconspersa* Strand，属鳞翅目毒蛾科，又名油茶毒蛾、茶毛虫。

【寄主与危害】危害油茶、茶、乌桕、油桐等。危害嫩梢、叶片、嫩枝皮、果皮等，造成茶籽减产，严重影响树木生长，甚至引起干枯死亡。

【形态特征】成虫：体长9～12 mm、翅展20～35 mm。体黄褐色，头部淡黄褐色，腹部淡灰褐色。前翅灰褐色，前缘黄褐色，前缘角区有2条黑色小纹，与后臀角区均为鲜黄色；后翅中央灰黄色。卵：直径0.6～0.8 mm，扁圆形，浅黄色，相叠成块状，表面覆盖厚密的黄色茸毛。幼虫：老熟幼虫体长约20 mm，圆筒形，头红褐色，或金黄色至黄褐色，自前胸至第9腹节均有4对毛疣。蛹：体长8～12 mm，圆锥形，黄褐色，密生黄色短毛，末端有钩状尾刺。茧：浅土黄色。如图9.79所示。

图9.79 茶毒蛾

【生活习性】一年2代，以卵块在油茶、茶树树冠的中、下层或萌条的叶片背面越冬。越冬卵翌年4月上中旬孵化，幼虫6月上中旬老熟，成虫6月中下旬出现，7月上旬产第1代卵。第1代成虫10月上、中旬产第2代卵越冬。成虫羽化当晚或次晚交尾，成虫寿命3～5天。卵产于老叶背面，并覆以黄色茸毛。幼虫取食多在晨昏和夜晚。老熟后分散爬至落叶里，少量聚集并结茧化蛹。

【防治措施】(1) 物理防治：利用黑光灯诱杀成虫。

(2) 化学防治：参照乌桕毒蛾防治。

9.80 榆黄毒蛾

【学名】*Ivela ochropoda* (Eversmann)，属鳞翅目毒蛾科，又名榆黄足毒蛾、榆毒蛾。

【寄主与危害】危害榆树等。幼虫取食叶片，初孵幼虫啃食叶肉，大龄幼虫沿叶缘蚕食，常把叶片蚕食光。常与榆毛胸萤叶甲混同发生，造成严重危害。

【形态特征】成虫：体长12～15 mm、翅展约38 mm，体白色。触角栉齿状，黑色。翅纯白色，前翅密生大而粗的鳞毛，翅脉白色，翅顶较圆。前足腿节半部至跗节，以及中、后足胫节前半部及跗节均为橙黄色。卵:灰黄色,鼓形。幼虫:浅黄色,老熟时长约 30 mm,背线黑色,亚背线黄色,气门线灰黄色,气门下线灰黑色。亚背线及气门线间各节具白色毛瘤,毛瘤基部黑色,腹部第 1、2 节及第 7、8 节尤为显著,虫体毛束灰褐色。腹足灰褐色,外侧有褐色斑。腹部各节有毛瘤,第 1~2 毛瘤黑色且明显,其余为白色。腹部第 6、7 节各有 1 个翻缩腺。蛹:棕黄色,腹面青灰色,头顶有 2 束黑褐色毛。如图 9.80 所示。

图 9.80 榆黄毒蛾

【生活习性】一年 2 代,以初孵幼虫在树皮裂缝、洞孔中结白色薄茧越冬。翌年 4 月开始活动为害,6 月化蛹,7 月成虫羽化。成虫趋光性很强,产卵于枝条和叶背面,相连成串,卵期约 10 天。4~10 月为幼虫为害期,10 月下旬随气温下降进入越冬。低龄幼虫只食叶肉,残留表皮和叶脉。老熟幼虫于叶背或树下灌木丛中或杂草上吐丝连缀毒毛结茧化蛹。

【防治措施】(1) 物理防治:利用黑光灯诱杀成虫。

(2) 化学防治:参照乌桕毒蛾防治。

9.81 刚竹毒蛾

【学名】*Pantana phyllostachysae*(Chao),属鳞翅目毒蛾科,又名竹毒毛虫。

【寄主与危害】危害竹类。幼虫取食竹叶,致受害竹林下年度竹笋减少,影响竹林繁殖。幼虫体被毒毛,触及人体,可引起发肤红肿痒痛。

【形态特征】成虫:雌成虫体长 13 mm、翅展约 36 mm。体灰白色,复眼黑色,下唇区黄色或黄白色,触角栉齿状,灰黑色。颈板和刚毛簇淡黄色。前翅淡黄色,前缘基半部边缘黑褐色,横脉纹为 1 块黄褐色斑,翅后缘接近中央有 1 块橙红色斑,缘毛浅黄色。后翅淡白色,半透明。雄蛾与雌蛾相似,但体色较深,翅展约 32 mm。触角羽毛状。前翅浅黄色,前缘基部边缘黄褐色,内缘近中央有 1 块橙黄色斑,后翅淡黄色,后缘色较深,前后翅反面淡黄色。卵:鼓形,直径和高均约 1 mm,乳白色,卵粒上面略凹陷,卵面中心有 1 个浅褐色斑点,卵面有 1 条浅褐色环形纹。幼虫:老熟幼虫体长约 23 mm,生黄白色与黑色长毛,前胸背板两侧各有 1 束黑色羽状毛向前方伸出,第 1~4 腹节背面有 4 排整齐的棕红色刷状毛,4 个毛刺常聚集一起呈一大红色刺块,第 8 腹节背面有簇橙红色羽状毛,端部黑咖啡色丛毛,毛束内混有羽状毛。蛹:纺锤形,长 9~14 mm,黄棕色或红棕色,各体节着生白色绒毛,臀节乳突状,臀棘 30 余根,共成 1 束。茧:长椭圆形,长 15 mm 左右,丝质薄,灰白色,上附有毒毛。如图 9.81 所示。

【生活习性】一年 3 代,以卵和 1~2 龄幼虫在叶背越冬。翌年 3 月越冬幼虫开始活动,越冬卵也陆续孵化,4 月上中旬孵化完毕。各代幼虫发生期:3 月中旬至 6 月下旬、6 月下旬至 8 月上旬、8 月中旬至 10 月上旬。10 月中旬老熟幼虫化蛹,11 月上旬至中旬成虫羽化,以卵及初孵幼虫进入越冬。成虫活动在清晨和黄昏,趋光性强。产卵于竹冠中,下部叶片的叶背面,每次产卵 3~14 粒,成单行排列,1 排多达 50 余粒。初孵幼虫取食卵壳,在叶背群集为害,受惊后吐丝下垂,可借风力转移。2 龄后有假死性,触动后虫体蜷曲弹跳坠地,高龄幼虫食量大增,善爬动,常转株为害。老熟幼虫多在竹冠上部竹叶背面、竹竿上或竹枝上结茧化蛹。

图9.81 刚竹毒蛾

【防治措施】(1)物理防治:在冬季毛竹改造和夏季成林抚育时,人工灭杀地面、竹竿上的虫卵、蛹及幼虫。

(2)化学防治:可以采取竹腔注射法,即在竹竿基部钻一小孔,注入5~10倍液的5%吡虫啉乳油5~15 mL。幼虫期喷洒10%高效氯氰菊酯乳油5000~6000倍液,或20%灭幼脲胶悬剂1000~2000倍液,或0.5%阿维菌素乳油2000倍液,或8%氯氰菊酯微囊悬浮剂3000倍液,或10%吡虫啉可湿性粉剂2000倍液,或25%噻嗪酮可湿性粉剂2500倍液等。

9.82 桑毛虫

【学名】*Porthesia xanthocampa* Dyer,属鳞翅目毒蛾科,又名黄尾白毒蛾、金毛虫。

【寄主与危害】危害桑、桃、李、苹果、梨、杏等多种果树和林木。幼虫取食桑树芽叶,可将整株树的桑芽吃尽。幼虫体上毒毛,可引起人体红肿疼痛、淋巴发炎,大量吸入时,可致严重中毒。

【形态特征】成虫:体长12~18 mm、翅展30~36 mm。前、后翅白色。复眼球形,黑色。触角双栉齿状,土黄色。前翅后缘有1块茶褐色斑。雄成虫腹面从第3腹节起有黄毛,前翅有2块茶褐色斑,后翅均无纹,缘毛很长。雌成虫腹末具较长的黄色毛丛,雄成虫自第3腹节以后生有黄毛,末端毛丛短小。卵:扁球形,灰黄色,中央略凹入,直径0.6~0.7 mm,卵块排列不规则,上盖雌成虫尾部黄毛。幼虫:体长约26 mm,黄色,有1条红色背线,头部黑褐色,各体节上有很多红、黑色毛疣,上生黑色及黄褐色毛和白毛,在腹部6、7两节背面中央有翻缩腺,红色。蛹:长9~11 mm,圆筒形棕褐色,胸、腹部各节有幼虫期毛瘤遗迹,上生黄色刚毛,翅芽达第4腹节。臀棘较长,表面光滑,末端生细刺一撮。茧:土黄色,长椭圆形,长13~18 mm,茧层薄,附有幼虫期的毒毛。如图9.82所示。

【生活习性】一年3代,幼虫吐丝结茧在桑树或其他树木枝干裂缝、蛀孔等处越冬,并将体毛附着茧上。翌年3月下旬至4月上旬越冬幼虫破茧而出。各代幼虫为害盛期为:第1代为6月中旬,第2代8月上旬,第3代9月上中旬。幼虫老熟后在桑叶背面、树干裂缝或树干的地面结茧化蛹。

【防治措施】化学防治:幼虫期喷洒10%高效氯氰菊酯乳油5000～6000倍液,或20%灭幼脲胶悬剂1000～2000倍液,或0.5%阿维菌素乳油2000倍液,或10%吡虫啉可湿性粉剂2000倍液等。

(a) 危害状1　　(b) 危害状2

(c) 幼虫(网幕内)　　(d) 幼虫

图9.82　桑毛虫

9.83　杨雪毒蛾

【学名】*Leucoma candida*(Staudinger),属于鳞翅目毒蛾科,又名杨毒蛾。

【寄主与危害】危害杨、柳、白桦、榛子等。多在嫩梢处取食叶肉,留下叶脉,4龄以后取食整个叶片,大发生时,将杨树叶全部吃光,形如火烧。

【形态特征】成虫:体长11～20 mm,翅展35～55 mm,白色。触角主干黑色,有白色或灰黑色环节。前、后翅白色不透明。足黑色,胫、跗节有白色环纹。卵:馒头形,灰褐色至黑褐色,块产,卵块上覆盖灰色胶状物。幼虫:体长40～50 mm,黑褐色。头部暗红褐色,冠缝两侧各有黑褐色纵纹1条。体腹面暗棕色,各节具毛瘤,瘤生黑褐色刚毛。蛹:长16～26 mm,暗红褐色有光泽,各节有毛瘤,其上生褐色长毛。如图9.83所示。

【生活习性】一年1代,以幼虫在树皮裂缝、树洞、枯枝落叶等缝隙中群集越冬。翌年4月下旬幼虫开始为害,5月下旬至6月结茧化蛹,6月下旬蛹开始羽化出成虫。成虫昼伏夜出,有趋光性,交尾产卵于叶背和树干上。卵块产,每块有卵200粒左右,每雌虫产卵300余粒。7月初卵开始孵化,8月下旬化蛹,9月初第2代成虫出现,10月中下旬幼虫陆续下树,以低龄幼虫结薄茧越冬。

【防治措施】(1)物理防治:冬季清园,消灭群集越冬幼虫。树干上扎草把,诱集、消灭结茧化蛹的幼虫。利用黑光灯或信息素诱杀成虫。

(2)化学防治:在幼虫期,喷洒10%高效氯氰菊酯乳油5000~6000倍液,或20%灭幼脲胶悬剂1000~2000倍液,或0.5%阿维菌素乳油2000倍液,或10%吡虫啉可湿性粉剂2000倍液等。

(a)幼虫

(b)成虫

图9.83　杨雪毒蛾

9.84　丽毒蛾

【学名】 *Calliteara pudibunda* (Linnaeus),鳞翅目毒蛾科。

【寄主与危害】 危害蔷薇、玫瑰、桦、榉、栎、栗、榛、槭、椴、杨、柳、山楂、苹果、梨、樱桃、悬钩子等多种寄主。幼虫危害嫩叶,初孵幼虫食叶肉,咬叶成孔洞;老熟幼虫将叶卷起结茧化蛹。

【形态特征】 成虫:体长约20 mm,褐色,体下白黄色。雄虫前翅灰白色,带黑色、褐色鳞片,内区灰白色明显,中区暗,亚基线黑色,微波浪形,内线黑色,横脉黑褐色,外线双黑色,外一线大波浪形,端线为黑点1列。卵:淡褐色,扁球形,中央有凹陷1个,正中具1个黑点。幼虫:老龄体长35~52 mm,绿黄色,头淡黄色,第1~5腹节间黑色,第5~8腹节间微黑色,体腹黑灰色;全体被黄色长毛,前胸背两侧各有1丛向前伸的黄毛束,第1~4腹节背各有1排赭黄色刷毛,周围有白毛,第8腹节背面有1丛向后斜的紫红色毛束。蛹:体浅褐色,背有长毛束,腹面光滑,臀棘短圆锥形,末端有许多小钩。茧外面覆盖一层薄的由幼虫脱下的黄色长毛缀合的丝茧。如图9.84所示。

图9.84　丽毒蛾

【生活习性】一年2代,以蛹越冬。翌年4～6月和7～8月出现各代成虫,成虫交尾产卵,卵期约15天。初孵幼虫食叶肉,咬叶成孔洞,5～7月和7～9月分别为各代幼虫期。第2代幼虫危害较重,一直至9月末才结茧化蛹越冬。

【防治措施】(1)物理防治:利用黑光灯诱杀成虫。

(2)化学防治:参见杨雪毒蛾防治。

9.85 紫光箩纹蛾

【学名】*Brahmaea porphyrio* Chu et Wang,属鳞翅目箩纹蛾科。

【寄主与危害】危害桂花、丁香、女贞、油橄榄等。幼虫取食叶片,严重时将整棵树叶食光,树冠下有明显的大粒虫粪。

【形态特征】成虫:体长40～43 mm、翅展125～131 mm,棕褐色,体型大。腹部背面有节间横纹,黄褐色,前胸黄棕色,胸背中央有黄棕色细纵线1条。前翅中部带有黄棕色波浪形纹,其外侧黑色横带上有2块长椭圆形纵斑,其中部有2条紫红色长圆形纹,并在其外侧有1片紫红色区域;后翅中部有1条外突的白色粗线,翅面上有黑色波状细纹9条。卵:单产,球形,直径约2 mm,灰绿色。幼虫:体长约60 mm,头部黑褐色,额两侧各有1块大型黄斑,低龄幼虫土黄色,首尾各有2根刺突。大龄幼虫刺突消失,体黑褐色,胸背正中有黄色细纵线1条,前胸两侧各有3块黄斑,腹部正中为1条黑色背线,气门黑色衬黄边。蛹:黑褐色,长约40 mm。如图9.85所示。

图9.85 紫光箩纹蛾

【生活习性】一年2～3代,以蛹在土中越冬。翌年4月中旬成虫羽化,6月上旬至下旬为第1代幼虫期,7月中旬成虫羽化,第2代幼虫期在8月上旬至9月中旬。

【防治措施】物理防治:人工捕杀幼虫。

9.86 樟细蛾

【学名】*Acrocercops ordinatella* Meyrick,属于鳞翅目细蛾科。

【寄主与危害】危害香樟。幼虫食叶肉,仅留上、下两层皮,致圆形或椭圆形蛀斑,斑周边白膜状,中心绿色,幼虫在斑内由外向里啃食叶肉,最后仅留上、下表皮,斑内留有黑色粉粒状虫粪,蛀斑渐变褐色、腐烂、脱落,影响植株生长和景观效果。如图9.86所示。

【形态特征】成虫:体长3～4 mm,淡黄色,触角长度约为体长的2倍。前翅矛形,端部黑色;后翅细长而尖。腹部末端有毛丛。卵:小,白色透明。幼虫:老熟幼虫体长约12 mm,头部褐色,体淡黄色带枯黄色,被稀毛。蛹:纺锤形,长3～4 mm,头顶有鸟嘴状突起,背腹面有多个小黑点。

【生活习性】3～4月香樟叶受害症状明显,叶上出现细长弯曲蛀道和直径约10 mm的圆形、椭圆形蛀斑,叶表皮半透明。4月下旬幼虫老熟、节间缩短,停食,爬出虫苞,向叶背方卷叶做茧化蛹,5月中下旬成虫羽化,成虫有趋光性,栖息时体与地面呈45°角。卵多产在叶背主脉两侧。

【防治措施】(1)物理防治:人工剪除虫害叶。

(2)化学防治:参照杨雪毒蛾防治。

(a) 危害状

(b) 危害状(已羽化)

(c) 幼虫

图 9.86　樟细蛾

9.87　含羞草雕蛾

【学名】*Homadaula anisocentra*(Meyrick),属鳞翅目雕蛾科。

【寄主与危害】危害合欢、皂荚。幼虫啃食叶片致灰白色网斑,稍大后吐丝,把小枝和叶片连缀在一起做巢,群集于巢中为害。

【形态特征】成虫:体长6 mm、翅展15 mm,触角丝状,单眼大而明显,前翅银灰色,散布许多小黑点,下唇须上弯超过头顶。卵:椭圆形,黑绿色,成片状。幼虫:初孵体黄绿色。老龄体长约13 mm,黑紫色,背线、气门上线和气线黄绿色。蛹:体长约8 mm,红褐色。茧:丝质,灰白色。如图9.87所示。

【生活习性】一年2代,以茧蛹在枯枝落叶下、树皮缝、树洞及附近建筑物上(特别是墙檐下)越冬。翌年6月中下旬(合欢盛花期)成虫羽化,交尾后产卵在叶片上,每片有卵20~30粒。7月中旬幼虫孵化。幼虫特别活跃,7月下旬开始在巢中化蛹,8月上旬第1代成虫羽化,8月下旬第2代幼虫孵化,9月中旬幼虫开始做茧化蛹越冬。

【防治措施】(1)物理防治:在秋、冬季或早春清除树木落叶、树干和附近建筑物缝隙中越冬的茧蛹。幼虫初做巢期剪除虫巢。利用黑光灯诱杀成虫。

(2)化学防治:参照杨雪毒蛾防治。

(a) 危害状1　　　　　　　　(b) 危害状2

(c) 幼虫　　　　　　　　(d) 茧

(e) 成虫　　　　　　　　(f) 蛹和成虫

图9.87　含羞草雕蛾

9.88 银杏超小卷叶蛾

【学名】 *Pammene ginkgoicola* (Liu)，属鳞翅目小卷叶蛾科。

【寄主与危害】 危害银杏。幼虫潜食果枝端部或蛀食当年生嫩梢，受害枝叶枯黄、叶片与幼果脱落,树冠枯黄,果实减产,树木的生长亦明显减慢。

【形态特征】成虫:翅展约 12 mm,体黑褐色,头部淡灰褐色。触角背面暗褐色,腹面黄褐色。前翅黑褐色,前缘自中部到顶角有 7 组较明显的白色钩状纹,中部有深色印影纹,后缘中部有 1 条白色指状纹,翅基部有 4 组白色钩状纹,但不太明显,肛上纹较显著,上有 4 条黑色条纹,缘毛暗褐色;后翅前缘色浅,外围褐色。卵:扁平,椭圆形,长约 0.8 mm、宽约 0.6 mm,表面光滑。幼虫:老熟幼虫体长 11～12 mm,灰白色或灰淡黄色,头部,前胸背板及臀板均系黑褐色,各节背面有 2 对黑色毛斑,各节气门上线和下线各有 1 块黑色毛斑。如图 9.88 所示。

(a) 危害状(局部)   (b) 危害状(整体)

(c) 幼虫 1   (d) 幼虫 2

图 9.88 银杏超小卷叶蛾

【生活习性】一年 1 代,以蛹在粗皮内越冬。翌年 3 月下旬至 4 月中旬成虫羽化。卵期在 4 月中旬至 5 月上旬,幼虫为害盛期在 4 月下旬至 5 月中旬,老熟幼虫向枯叶转移的盛期在 5 月下旬至 6 月上旬,7 月上旬以后呈滞育状态,11 月中旬化蛹。成虫交尾后 2～3 天开始产卵,卵单粒散产,多产于 1～2 年生小枝上,少数产在短枝上。初龄幼虫多爬至短枝凹陷处取食,并吐丝织薄网,自短果枝蛀入或从叶柄蛀入短果枝,在短果枝内横向潜食,使受害的短果枝上着生的叶片及果实全部枯萎死亡;自生长枝基部蛀入的,则向顶端蛀食;自生长枝中部蛀入的,则向基部蛀食,虫道长 20～50 mm。幼虫在枝内为害约 25 天后,在 5 月中旬至 6 月中旬,即转向枯叶,吐丝将枯叶侧缘卷起,或将2~3片枯叶卷粘在一起,虫体在卷苞内栖息取食,然后蛀入树皮,或从落地卷叶内爬向树干,蛀入树皮。幼虫蛀入树皮后,随即将头转向孔口,以蛀屑及丝网将孔口封闭,进入滞育状态,经4个多月后,即在原处结薄茧化蛹越冬。

【防治措施】(1) 物理防治:在4月的每天上午9点前进行人工捕杀。当枝条上出现叶片、幼果枯萎时,应将虫枝及时剪除并烧毁。

(2) 化学防治:在成虫羽化盛期和幼虫孵化期、为害期,喷洒1.2%烟参碱1000倍液或10%吡虫啉可湿性粉剂2000倍液。在老熟幼虫开始转移的5月底或6月初,将2.5%溴氰菊酯乳油2500倍液1份与柴油20份或10%氯氰菊酯乳油1份与柴油20份混合后,用油漆刷在树干基部和上部及主干枝的下部(即树皮厚度在6 mm以上的部位)分别涂4 mm宽的毒环,以杀死转移的幼虫。

9.89 蔗扁蛾

【学名】*Opogona Sacchari*(Bojer),属鳞翅目辉蛾科。

【寄主与危害】危害巴西木、发财树、苏铁、一品红、合欢、木槿等花木。幼虫在枝干皮下取食韧皮部,其下充满虫粪和碎屑,花木因皮层与木质部剥离而枯死。

【形态特征】成虫:体长7.5~9 mm、翅展18~26 mm,雄虫略小。体主要呈黄灰色,具强金属光泽。触角细长纤维毛状,长度达前翅2/3,梗节粗长稍弯。胸背鳞片大而平滑,体较扁。翅平覆,前翅披针形,有2个明显的黑褐色斑点和许多断续的褐纹,雄成虫多连成较完整的纵条斑;后翅色淡,披针形,后缘的缘毛很长,雄成虫翅基具长毛束。雌成虫产卵管细长,常伸出腹端。卵:短卵形,长约0.5 mm、宽约0.38 mm。幼虫:老熟时体长20~30 mm,头部暗红褐色,3对胸足发达,腹部色淡而略透明,背面具4块大而长的毛斑。蛹:长约10 mm、宽约3 mm,背面暗红褐色、腹面淡褐色,头顶具大而坚硬的额突,黑色,腹端有1对粗壮的黑褐色钩状臂棘,向背面弯突。茧:长14.8~22 mm、宽约4 mm,由白色丝织成,外面黏木丝碎片及粪粒等。如图9.89所示。

(a) 危害状

(b) 成虫1

(c) 成虫2

图9.89 蔗扁蛾

【生活习性】一年3~4代,以幼虫在受害植物皮层下越冬。翌春继续为害,5月初化蛹,5月下旬成虫羽化。产卵于巴西木未完全展开的叶片或截径处,散产或集中块产。幼虫孵化后吐丝下垂,很快钻入树皮内为害,很少暴露在寄主之外,常数头集中一起。老熟幼虫在受害皮层下吐丝结茧化蛹。羽化前蛹顶破丝茧和树表皮,蛹体一半外露,羽化后的蛹壳经久不落。成虫在傍晚到午夜活动,白天基本不活动,趋光性不强,有补充营养和趋糖的习性。世代重叠明显。

【防治措施】(1)检疫措施:对巴西木等寄主植物加强检疫,发现病株后应给予隔离,重症株应销毁等。

(2)物理防治:及时清除茎干松软部分的虫粪并杀死幼虫。

(3)化学防治:喷洒10%吡虫啉可湿性粉剂1000倍液,每隔5~10天喷一次,连喷3次。单株盆栽巴西木可喷洒80%敌敌畏乳剂300~500倍液,并用塑料袋密封,杀死潜伏在皮下的幼虫或蛹。

9.90 疖蝙蛾

【学名】*Phassus nodus* Chu et Wang,属鳞翅目蝙蝠蛾科。

【生活习性】危害杉木、柳杉等24科44种植物。幼虫钻蛀枝干,在韧皮部和髓部形成坑道,致使树势衰弱、断干,甚至整株枯死。幼虫蛀食时,在树干上形成1个黄褐色的粪屑包,老熟时,此包常呈环状包裹树干。

【形态特征】成虫:雌成虫体长30~55 mm、翅展69~111 mm,雄成虫体长28~48 mm、翅展60~95 mm。体黄褐色,密被黄褐色鳞片。前翅黄褐色,间有黑色,前翅前缘具4块近圆形的褐斑,前缘近中部有1个疖状凸起,前翅中部具一不明显的黄褐色三角区,雌成虫沿中室下缘有1条黑色条纹;后翅灰黑色。雄成虫前足胫节和跗节宽扁,两侧具长毛,前、中足特化,失去步行作用,具攀附功能。后足较小,胫节膨大,具1束橙红色长毛,雌成虫缺此束长毛。雌、雄成虫各足跗节末端均具1对粗大的爪钩,适于攀悬物体。卵:球形,直径约0.7 mm,初产时黄白色,后变成黑色。幼虫:老熟幼虫体长52~79 mm,体黄褐色,头部红褐色,胸、腹部背面各节均具3块褐色毛片,前一块大,后两块小,排列成"品"字形。蛹:长圆筒形,雌蛹体长46~74 mm,头黑褐色,头顶具4个尖角状的突起,体褐色,节间黄色,形成黄、褐色相间的环,腹部背面第3~7节的前、后缘各具1列向后突出的刺突,前列长达气门,后列略短,腹部腹面第4~7节的节中各具1列向前突出的波形刺突。如图9.90所示。

图9.90 疖蝙蛾

【生活习性】2年一代,以卵在土表落叶层或以幼虫在树干髓部蛀道中越冬。越冬卵始见于翌年5月上旬,4月中旬至8月下旬为幼虫期,8月中旬至9月底为蛹期,9月初至10月上旬为成虫期,9月中旬开始产卵,并以卵越冬。初孵幼虫在腐殖质内取食,3龄前后(5月下旬)陆续离地,在树干表面蛀1条横沟,然后蛀入髓心,即向下蛀成1条坑道,幼虫老熟后,停止取食,在坑道口吐丝做一直径6～11 mm、略圆的黄色丝盖或丝柱,封住坑道。幼虫居于坑底化蛹。成虫羽化前2～3天,蛹体借助腹部刺列,从坑底运动至蛀孔口,顶破孔口的丝盖和粪屑包。卵散落于地面或地被物上。

【防治措施】(1)物理防治:清理垃圾及枯枝落叶,清扫3龄前幼虫的栖息场所,间伐受害严重的树木,并于冬季将大苗地及母条林中有粪屑包的苗木清除或将有虫部分剪下烧毁。在5月下旬幼虫上树前,将树干涂白,防止幼虫上树。幼虫蛀入初期,人工杀灭。

(2)化学防治:在幼虫蛀入初期,喷施20%蛀虫清500倍液。向虫孔内注入杀螟松乳油或敌百虫可溶性粉剂300倍液,或者在除去害虫的粪屑包后,将蘸取上述药液的药棉塞入孔洞。

9.91　闽鸠蝠蛾

【学名】*Phassus minanus* Yang,属鳞翅目蝙蝠蛾科。

【寄主与危害】危害茶、柑橘和枇杷等果树。幼虫在树干基部作环状蛀害,可致受害果茶树全株枯死。

【形态特征】成虫:雄蛾体长约36 mm、翅展约62 mm。后足胫节外侧具一鲜黄色长毛簇。翅宽大,前翅黄褐色,亚缘线至外缘线间色较淡。前缘具褐斑4块,其中第3斑最大。亚缘脉区也有褐斑4块,中室有一大三角形黄褐色区,室端有1块小三角形黄白色斑。雌蛾体长约43 mm、翅展约81 mm,体色较雄蛾淡,后足胫节外侧无鲜黄色毛簇。前翅淡黄色,前缘具4块杏黄色斑,中室有一大三角形杏黄色区。亚缘线和缘线为不明显的圆斑带。卵:圆形,直径约0.7 mm,黑色。幼虫:末龄幼虫体长48～52 mm,圆筒形。头大而圆,暗赤褐色。胸部和腹部黄白色,各节毛片黄褐色。前胸气门上前方有一椭圆形黑色毛片。胸足赤褐色。如图9.91所示。

(a) 危害状(初期)

(b) 危害状(枯死)

(c) 危害状(蛀孔)

(d) 幼虫

图9.91　闽鸠蝠蛾

【生活习性】2年一代,以卵和幼虫越冬。翌年越冬幼虫继续取食为害,至10月间化蛹,并羽化出成虫。10月下旬至11月上旬成虫产卵越冬。成虫白天静伏杂草丛中或茶树和小灌木枝叶上,以胸足抱住植物体,体翅下垂悬空。黄昏前后开始活动,交尾产卵。卵散产于地上,每雌虫可产卵数千粒。成虫有趋光性,扑灯快速而凶猛。幼虫在离地20～25 mm处的寄主主干上,蛀直行隧道。隧道的方向多数向下,少数向上,长度为65～80 mm、直径约7 mm,内壁光滑,幼虫平时隐藏其中。取食时,幼虫爬出洞口,沿地下部树干周围环绕咬食韧皮部,露出木质部,呈宽9～12 mm的虫道一圈,有时多达2～3圈。幼虫老熟后,在隧道中化蛹。

【防治措施】(1) 物理防治:钩杀幼虫。

(2) 化学防治:使用注射器将50%敌敌畏乳油300倍液、90%敌百虫晶体800倍液或50%杀螟松乳油500倍液等药液注入蛀孔,然后将蛀孔封以黏土。

9.92 青凤蝶

【学名】*Graphium sarpedon*(Linnaeue),属鳞翅目凤蝶科,原名樟青凤蝶。

【寄主与危害】危害樟树、楠、月桂、白兰、含笑、阴香、鳄梨、柑橘等树种。幼虫取食叶片,严重时将叶片食光,影响树木生长。

【形态特征】成虫:翅展70～85 mm,翅黑色或浅黑色。前翅有1列青蓝色的方斑,从顶角内侧开始斜向后缘中部,从前缘向后缘逐斑递增,近前缘的1块斑最小,后缘的1块斑变窄。后翅前缘中部到后缘中部有3块斑,其中近前缘的1块斑为白色或淡青白色,外缘区有1列新月形青蓝色斑纹,外缘波状,无尾突。雄蝶后翅有内缘褶,其中密布灰白色的发香鳞。前翅反面除色淡外,其余与正面相似。后翅反面的基部有1条红色短线,中后区有数条红色斑纹,其他与正面相似。有春、夏型之分,春型稍小,翅面青蓝色斑列稍宽。卵:球形,底面浅凹,乳黄色,表面光滑,有强光泽,直径约为1.3 mm。幼虫:初龄幼虫头部与身体均为暗褐色,末端为白色。4龄时全体底色已转为绿色,胸部每节各有1对圆锥形突,气门淡褐色,臭角淡黄色。蛹:长约33 mm,中胸中央有1个前伸的剑状突,背部有纵向棱线,由头顶的剑状突起向后延伸分为3支,2支向体侧呈弧形到达尾端,1支向背中央伸至后胸前缘时又二分,呈弧形走向尾端。如图9.92所示。

【生活习性】一年2～3代,以蛹在枝条或叶上悬挂越冬。翌年4月中旬至5月下旬陆续羽化。越冬代及第1～3代幼虫期分别为:5月中旬至6月中旬、7月上旬至8月中旬、8月下旬至9月下旬。成虫夜间羽化,产卵1粒于嫩叶尖端,偶尔2粒。幼虫5龄,以5龄幼虫食量最大。幼虫老熟后爬行至隐蔽的小枝叶背后,用丝固定尾部,2～3天化蛹。

【防治措施】(1) 物理防治:成虫产卵期及时摘除卵粒。

(2) 化学防治:幼虫期喷洒10%高效氯氰菊酯乳油5000～6000倍液,或20%灭幼脲胶悬剂1000～2000倍液,或0.5%阿维菌素乳油2000倍液,或10%吡虫啉可湿性粉剂2000倍液等。

(a) 幼虫(低龄)   (b) 幼虫(高龄)

(c) 蛹   (d) 成虫

图 9.92 青凤蝶

9.93 柑橘凤蝶

【学名】*Papilio xuthus* Linnaeus,属鳞翅目凤蝶科,又名花椒凤蝶、黄菠萝凤蝶。

【寄主与危害】危害柑橘属植物和构橘、花椒、臭檀、吴茱萸、黄檗等芸香科植物。幼虫取食寄主嫩芽、嫩叶和嫩梢,严重时可将整株叶片吃光,影响柑橘和花椒生长发育和结实。

【形态特征】成虫:体长约 27 mm、翅展约 91 mm。翅绿黄色,沿脉纹有黑色带,臀脉上黑带分叉。外缘黑带宽,其外缘嵌有 8 块绿黄色新月斑,中室端有 2 块黑斑,基部有 4~5 条黑色纵纹。后翅黑带中嵌有 6 块绿黄色新月斑,其内有蓝色斑列,臀角处有 1 块橙黄色圆斑,斑内有黑点。中脉第 3 支向外延伸呈燕尾状。卵:卵球形,直径 1.2~1.3 mm,初产时黄白色,后呈灰黑色。幼虫:黄绿色,体长约 48 mm。4 龄前黑褐色,杂有白色,形似鸟粪,后变黄绿色,似玉带凤蝶幼虫,但体侧无斜行色带,仅有两条白线。蛹:纺锤形。如图 9.93 所示。

【生活习性】一年 4~6 代,以蛹在枝条、建筑物等处越冬。世代重叠。4~11 月均可见成虫活动。卵产于嫩梢、叶上。幼虫 3 龄前食叶肉,体白,褐色似鸟粪,后呈黄绿色,食全叶,受惊时会伸出橘黄色臭丫腺。雄蝶喜欢在湿地吸水;雌蝶无此习性,喜欢采吸花蜜。

【防治措施】(1) 物理防治:冬春在树枝、建筑檐下捕杀蛹。

（2）化学防治：参照青凤蝶防治。

(a) 幼虫 1

(b) 幼虫 2

(c) 成虫 1

(d) 成虫 2

图 9.93　柑橘凤蝶

9.94　白带螯蛱蝶

【学名】*Charazes bernardus*(Fabficius)，属鳞翅目蛱蝶科，原名茶褐樟蛱蝶。

【寄主与危害】危害樟树、天竺桂等树种。幼虫取食叶片，严重时叶片被食光。

【形态特征】成虫：体长 34～36 mm、翅展 65～70 mm，体背、翅红褐色，腹面浅褐色，触角黑色。后胸、腹部背面，前、后翅缘近基部密生红褐色长毛。前翅外缘及前缘外半部带黑色，中室外方饰有白色大斑，后翅有尾突 2 个。卵：半球形，直径约 2 mm，深黄色，散生红褐色斑点。幼虫：老熟幼虫体长约 55 mm，绿色，头部后缘有骨质突起的浅紫褐色四齿形锄枝刺，第 3 腹节背中央镶 1 块圆形淡黄色斑。蛹：体长约 25 mm，粉绿色，稍有光泽，悬挂在叶或枝下。如图 9.94 所示。

【生活习性】一年 3 代，以老熟幼虫在背风、向阳、枝叶茂密的树冠中部的叶面主脉处越冬。翌年 3 月活动取食，4 月中旬化蛹，5 月上旬前后羽化成虫，5 月中旬产卵，5 月下旬幼虫孵化。各代幼虫分别于 6 月、8～9 月及 11 月取食叶片为害。第 1 代成虫 7 月下旬羽化，第 2 代成虫

10月上旬羽化,第3代幼虫于10月下旬出现,12月上旬前后末龄幼虫陆续越冬。成虫常飞至栎树伤口处,吸食伤口流汁以补充营养,随后交尾、产卵。卵多产于樟树老叶上,卵散产,一般一叶1卵。初孵化幼虫先取食卵壳,后爬至中等老叶上取食,老熟幼虫吐丝缠在树枝或小叶柄上进行化蛹。

图 9.94　白带螯蛱蝶

【防治措施】(1)物理防治:人工摘除有虫叶及蛹。
(2)化学防治:参照青凤蝶防治。

第 10 章 膜翅目害虫

10.1 榆三节叶蜂

【学名】 *Arge captiva* Smith,属膜翅目三节叶蜂科。

【寄主与危害】 危害榆科树种,包括榔榆、白榆、家榆、垂榆及榆树造型树等。幼虫取食多种榆树的叶片,严重时受害叶片仅剩叶柄,严重影响榆树生长和园林景观。

【形态特征】 成虫:雌虫体长 8.4~11.6 mm、翅展 16.2~24.3 mm,触角长 6.1~8.3 mm,胸部及小盾片均为橘红色。翅烟褐色,半透明。头、腹、足蓝黑色。腹部具蓝紫色金属光泽。触角 3 节,黑色,圆筒形。卵:椭圆形,长 1.3~2.2 mm,初产卵淡绿色,孵化前变黑色。幼虫:老熟幼虫体长为 20.6~26.5 mm,黄绿色,头部黑褐色,虫体各节具褐色肉瘤 3 排,体两侧近基部具褐色肉瘤 1 个,较大,臀板为黑色。蛹:雌体长 8.1~12.5 mm,雄体小,淡黄绿色。茧:棕黄色,圆柱形,长 7~9 mm。如图 10.1 所示。

(a) 幼虫　　　　　　　　　　(b) 幼虫及危害状

(c) 成虫1　　　　　　　　　　(d) 成虫2

图 10.1　榆三节叶蜂

【生活习性】一年2代,老熟幼虫在土中吐丝做茧以预蛹越冬。翌年5月上旬开始化蛹,5月下旬开始羽化、产卵,6月上旬幼虫孵化,7月中旬陆续老熟,8月中旬第2代幼虫孵化,9月中旬老熟幼虫入土结茧越冬。成虫白天活动,夜间静伏于树枝上,早晚交尾,雌蜂一生仅交尾一次,卵产于嫩叶的叶缘上、下表皮之间。幼虫共5龄,历时14~20天。幼虫亦具假死性,受惊吓后即卷曲落地。第1代老熟幼虫多爬至寄主下方土缝内或在枯枝落叶下1~2 cm处,吐丝黏结土粒并做茧化蛹,经6~8天成虫羽化。越冬幼虫钻入土缝内5~8 cm深处做茧越冬。

【防治措施】(1)物理防治:在冬、春季至成虫羽化前,人工挖除表土中的虫茧并集中烧毁。人工振落幼虫并集中灭杀。

(2)化学防治:幼虫发生期喷洒1.8%阿维菌素1000~1500倍液,或10%吡虫啉可湿性粉剂1000倍液,或3%啶虫脒乳油1000~1500倍液,或25%噻嗪酮可湿性粉剂1500~2000倍液,或2.5%溴氰菊酯乳油2000倍液等。

10.2 杜鹃三节叶蜂

【学名】*Arge similes* Vollenhoven,属膜翅目三节叶蜂科。

【寄主与危害】危害杜鹃科植物,包括杜鹃花、五月红、石榴红、云锦杜鹃、西洋杜鹃等。幼虫取食叶片,取食时从近叶柄基部叶缘开始,逐渐将叶食尽,仅留主脉及部分叶尖。

【形态特征】成虫:雌成虫体长9~10 mm,雄成虫略短于雌成虫,且体型较瘦小。触角3节,黑色。体色暗蓝色,有金属光泽,头胸被黑色短绒毛。复眼大,椭圆形,单眼3个,位于头顶,呈三角形排列。胸部背板光滑,中胸盾片发达,中部有1个长心型隆起。小盾片发达,隆起明显。卵:椭圆形,初产卵乳白色,略透明,孵化时黄褐色,略有膨大。幼虫:共5龄,头浅黄色,胴部黄色或黄绿色,每个体节背面有3列横排的黑色毛瘤,毛瘤上长有3根较长的黑色硬毛。蛹:离蛹,椭圆形,黄白色,体被淡黄白色丝茧。茧:长3~9 mm,椭圆形。如图10.2所示。

(a) 幼虫　　　　　　　　(b) 茧

(c) 成虫1　　　　　　　(d) 成虫2

图10.2 杜鹃三节叶蜂

【生活习性】一年3代,以老熟幼虫在浅土层或落叶中结茧越冬。4月中旬化蛹,4月下旬羽化、交尾、产卵。5月、8月和9～10月为各代幼虫为害期,10月下旬幼虫老熟,结茧越冬。成虫全天可羽化,但以天气晴朗的早晨居多。每雌虫产卵26～74粒。1～3龄有群集取食习惯,食量小。3龄后期食量大增,开始分散取食,大都从叶缘开始。老熟幼虫化蛹时直接从植株跌落地面或向下爬行至地面,再入土吐丝结茧化蛹。

【防治措施】(1) 物理防治:冬季消除落叶杂草、翻土,可消灭部分越冬幼虫。

(2) 化学防治:参照榆三节叶蜂防治。

10.3 玫瑰三节叶蜂

【学名】*Arge geei* Rohwer,属膜翅目三节叶蜂科,又名蔷薇叶蜂、田舍三节叶蜂、月季叶蜂。

【寄主与危害】危害玫瑰、月季、蔷薇等花木。幼虫群集于叶片取食,发生严重时可将叶片吃光,仅剩主脉。成虫产卵于嫩枝梢组织内,导致枝梢枯萎。

【形态特征】成虫:雌蜂体长7.5～10.6 mm、翅展16.7～19.3 mm,雄蜂体长7.3～9.1 mm、翅展14.3～19.8 mm。头、胸及足黑色,具光泽。腹部黄色。翅黑色,半透明,翅痣黑色。触角黑色,鞭状,3节,雄蜂第3节长于胸部,雌蜂第3节向端部加粗。卵:长椭圆形,长1.1～1.8 mm,初产褐黄色,孵化前浅黄褐色半透明。幼虫:老熟幼虫体长为16～23 mm,黄色。幼虫胴部各有3条横向黑色斑点带。胸足3对,腹足6对。蛹:离蛹,浅黄色,长6.92～8.84 mm。茧:椭圆形,丝质,分内外两层,长径约9.6 mm、短径约5.1 mm。如图10.3所示。

图 10.3 玫瑰三节叶蜂

【生活习性】一年4～5代,以老熟幼虫在寄主植株下的土中做茧越冬。翌年3月中旬开始化蛹。4月上旬越冬代成虫羽化。越冬代成虫出现历期较长,延至5月中旬结束。第1代成虫出现于5月下旬,第2代成虫出现于7月上旬,第3代成虫出现于8月上旬,第4代成虫出现于9月中旬,11月上、中旬后第5代老熟幼虫陆续下树入土做茧越冬。卵期平均为13.6天。初孵幼虫群集叶片边缘取食,3龄后分散取食。幼虫取食后常用胸足固着叶片上,腹部举起呈"S"形。幼虫期平均为24天。

【防治措施】(1) 物理防治:冬季翻土开盘,杀死越冬茧。结合玫瑰修剪,检查嫩枝、嫩梢,在发现纵裂的产卵痕时应及时剪除销毁。低龄幼虫期剪除被该虫群集为害的枝叶并加以销毁。

(2) 化学防治:参照榆三节叶蜂防治。

10.4　浙江黑松叶蜂

【学名】 *Nesodiprion zhejangensis* Zhou et Xiao，属膜翅目松叶蜂科。

【寄主与危害】 危害马尾松、火炬松、湿地松、黑松、雪松等。幼虫取食针叶，大发生时有虫株率100%，将成片的松针吃光，严重影响树木生长。

【形态特征】 成虫：雌虫体长6.4～8.2 mm，体黑色，触角栉齿状，触角第1、2节及下颚须暗黄色，前胸背板两侧后缘、中胸小盾片大部分及第7、8腹节背板两侧缘斑点黄白色。翅透明，翅脉及翅痣黑褐色。头、胸部具有中等光泽，腹部具光泽，微带蓝色。雄虫体长5.9～7.4 mm，触角双栉齿状，中胸小盾片黑色，其余特征与雌虫同。卵：船底形，长1.2～1.5 mm，两端宽约0.3 mm，初产时淡黄色，后渐成灰黑色。幼虫：初孵幼虫体黑褐色，老熟幼虫体长19～26 mm，头蓝色具光泽，腹部黄绿色，背

图10.4　浙江黑松叶蜂

上有两条绿色纵线，体侧各有1条深蓝色或墨绿色气门上线，胸部各节具4个小横褶，腹部第1～9节各有6个小横褶，刚毛少而短。蛹：长5～7 mm、宽2～2.5 mm，黄白色，触角及足为白色。茧：棕黄色，丝质，长6～9 mm、宽3 mm。如图10.4所示。

【生活习性】 一年3代，老熟幼虫在松针上或枝杈间结茧，以预蛹越冬。翌年5月上旬羽化交尾产卵。各代幼虫的为害盛期分别为：第1代5～6月，第2代7～8月，第3代9～11月。11月中旬老熟结茧。成虫寿命平均4～5天。幼虫5龄，少数6龄，具群集性。老熟幼虫在松针叶上结茧化蛹，化蛹前虫体缩短，体色变为深黄绿色，无光泽。预蛹期2～4天。

【防治措施】（1）物理防治：在越冬代茧期，人工除去针叶上的虫茧。

（2）化学防治：参照榆三节叶蜂防治。

10.5　南华松叶蜂

【学名】 *Diprion nanhuaensis* Xiao，属膜翅目叶蜂科。

【寄主与危害】 寄主为云南松、华山松、马尾松、大别山五针松等。幼虫取食针叶，严重时可将松树针叶取食殆尽，影响树木生长。

【形态特征】 成虫：雌虫体长9～11 mm。触角黑色，共20～22节。头黑色。胸部黑色，前胸背板、中胸前侧片上端、前盾片侧缘前部、盾片前部边缘、小盾片后缘、后胸背板除小盾片外均为黄色。翅透明，翅脉暗褐色，翅痣基部黑褐色，前端红褐色。腹部第1、2、3背板前缘两侧及侧缘均为浅黄色。锯腹片较粗壮，10环。雄虫体长7～9 mm，黑色。触角22节，翅透明，翅脉暗褐色，翅痣基半部黑色，端半部黄褐色。腹部第2背板中央黄褐色。卵：略似肾形，微扁，卵壳柔软且薄。初产时灰白色，中期乳黄色，孵化前灰黑色。幼虫：初孵幼虫体灰黑色。2龄幼虫体色淡，灰白色，逐渐出现花纹。3龄幼虫花纹明显。4龄幼虫老熟时体长34～36 mm、宽3.8～

4 mm,体粗壮,灰白色。头黑色,具金属光泽,背线、气门上线黑色。各体节有1条黑色宽横带,3~5条细黑横带。蛹:长9~12 mm,触角达中足腿节,后足末端达腹部第8节中部。茧:椭圆形,初期灰白色,后期褐色,具光泽。如图10.5所示。

【生活习性】一年2代,以预蛹在茧内越冬。翌年5月上旬越冬代成虫开始羽化,中旬为羽化盛期。5月上旬第1代卵及幼虫始见,第1代为害盛期是7月,8月上、中旬为第1代幼虫结茧化蛹盛期,第1代成虫8月中旬始见。8月中旬,第2代卵始见,第2代幼虫8月下旬始见,为害盛期是10月,11月中旬幼虫开始老熟。成虫羽化后,沿茧的一端,用上颚将茧壳划出1个圆形小盖,破盖并爬出茧壳,成虫多数交尾一次。雌虫交尾后1~3小时开始产卵。卵一般产于松针内侧叶肉内。雌虫产卵时,先用产卵器将针叶组织划破再将卵产入,卵呈"一"字形排列,每束针叶产卵7~20粒。成虫无趋光性。

(a) 幼虫　　　　　　　　(b) 茧

(c) 蛹(背面)　　　　　　(d) 蛹(腹面)

(e) 雌成虫　　　　　　　(f) 雄成虫

图10.5　南华松叶蜂

幼虫有群居性。3龄以上幼虫受惊时头向后抬起,胸足前伸,口吐带松脂味白色液泡,待安定后恢复原状。老熟幼虫分散下树,三五成群在树下枯枝落叶层中或地被物背面结茧,也有在落叶层下的表土中结茧的,在茧内度过预蛹期并进入蛹期。

【防治措施】参照榆三节叶蜂防治。

10.6　樟叶蜂

【学名】*Mesonura rufonota* Rohwer,属膜翅目叶蜂科。

【寄主与危害】危害樟树。幼虫取食樟树嫩叶和嫩梢,初孵幼虫在叶背咬食叶肉成凹槽,2龄咬食嫩叶,受害叶成网状而焦枯,3~4龄食量增大,危害最重。严重时将整株树叶吃光,造成嫩枝干枯,直至植株死亡。

【形态特征】成虫:雌成虫体长7~10 mm、翅展16~20 mm,雄虫6~8 mm、翅展14~16 mm。头黑褐色,有光泽,触角丝状,黑色。前胸背板、中胸背板和侧板褐黄色,中胸背板有"叉"字形凹纹,中胸背板和后胸等褐色。雌成虫尾部可明显看到产卵锯。卵:乳白色,肾形,长0.7~1 mm,近熟时呈椭圆形,可见到卵内幼虫的黑褐色眼点。幼虫:初孵时乳白色,老熟幼虫体长15~18 mm,淡绿色,头部黑色,体两侧黄绿色,腹部及第1、2腹节背面有黑点,体多横列皱纹,腹部后半部弯曲。幼虫共4龄。蛹:长7~9 mm,离蛹。如图10.6所示。

(a) 危害状1　　(b) 危害状2　　(c) 幼虫

(d) 幼虫及危害状　　(e) 成虫

图 10.6　樟叶蜂

【生活习性】一年1~3代,以老熟幼虫入土结茧越冬。翌年3月上中旬开始化蛹,3月下旬至4月上旬羽化交尾产卵。4月上中旬出现大量第1代幼虫,5月上旬入土结茧,一部分幼虫滞育越冬,一部分幼虫化蛹。5月中下旬出现大量2代幼虫,7月出现第3代幼虫。由于滞育现象,各代发生期很不整齐。每头雌成虫产卵量约50粒。

【防治措施】(1)物理防治:冬季开盘翻耕,清除土中虫茧。

(2)化学防治:参照榆三节叶蜂防治。

10.7　朴童锤角叶蜂

【学名】*Agenocimbex jucumda*,属膜翅目锤角叶蜂科,又名沙朴叶蜂。

【寄主与危害】危害榆科的沙朴。初孵幼虫危害嫩叶片,严重为害时将叶片食光,影响林木生长和风景观赏。

图10.7　朴童锤角叶蜂

【形态特征】成虫:体长16～18 mm,黄色,触角黑色锤状,3节,肩板黄色,具绒密金黄色长毛,中胸背板黑色突起,有倒箭形沟,前、后胸背板有长而密的白色长毛。翅透明,翅脉淡褐色,腹背黄色,每节有3个黑点。足具蓝黑色光泽。卵:长卵圆形,长3～4 mm,白色,透明。幼虫:体长38～40 mm,灰白色或暗黄色,上被白粉。体上有5列黑点,老熟时鲜黄色。蛹:长17～19 mm,淡黄色。茧:长15～18 mm,棕褐色。如图10.7所示。

【生活习性】一年1代,老熟幼虫于树基部或树枝叉及落叶内的茧中越冬。翌年3月下旬至4月初化蛹,蛹经10天于4月上中旬羽化成虫。成虫很活跃,白天飞翔,需取食花蜜以补充营养,羽化后1～3天交尾产卵。产卵时,先在当年生嫩枝或1年生小枝的薄皮上划1个小切口,每个切口处产卵1粒。卵经5～7天,于4月中旬孵化,初孵幼虫危害嫩叶,4龄后幼虫取食量大增,可取食老叶。幼虫除取食外,一般不活动,幼虫约经26天老熟,5月中旬老熟幼虫爬行下树,结茧越冬。

【防治措施】(1)物理防治:发现茧或幼虫时应立即杀灭。

(2)化学防治:参照榆三节叶蜂防治。

10.8　绿柳叶蜂

【学名】*Nematus Srenalis* Thomson,属膜翅目叶蜂科。

【寄主与危害】危害柳树。幼虫取食叶片,致叶片残缺不全或秃枝,严重影响观赏价值。

【形态特征】幼虫:体长10～14 mm,浅绿色,头部棕黄色。蛹:长7～9 mm。茧:有两种类型。树上茧黄绿色,椭圆形,革质,单层;土中茧土褐色,双层,附有土粒。如图10.8所示。

【生活习性】一年2～3代,老熟幼虫在树干基部土中结茧,以预蛹越冬。翌年3月上、中旬成虫羽化,产卵于树叶正面边缘表皮下,4月中下旬幼虫老熟,在叶面或重叠叶间结茧化蛹。第2代幼虫5月上旬至6月上旬活动。老熟幼虫部分入土结茧越夏、越冬,

图10.8　绿柳叶蜂

部分在树上结茧并发生3代,第3代幼虫6月下旬入土结茧越夏、越冬。

【防治措施】(1) 物理防治:冬季抚育时,开盘翻土,消灭土中越冬茧。

(2) 化学防治:参照榆三节叶蜂防治。

10.9 杏丝角叶蜂

【学名】*Nematus prunivorous* Xiao,属膜翅目叶蜂科。

【寄主与危害】危害杏、梅和李等植物。幼虫取食植物叶片,造成叶片残缺或秃枝,严重时整株枯死,影响树势生长和果实产量。

【形态特征】成虫:雌虫体长11~13 mm,雄虫体长8~10 mm,黑色,具紫蓝色光泽。触角黑色,丝状,9节。翅黄色透明。足黑色,基节尖端、转节基端、腿节基端、胫节基端黄白色,跗节黑色。幼虫:老熟幼虫体长20~25 mm,体黑褐色,第5腹节至体末均为淡黄色,前、中胸背线及后胸背、腹面均为乳白色。如图10.9所示。

(a) 危害状1　　(b) 危害状2

(c) 幼虫1　　(d) 幼虫2

(e) 成虫及卵　　(f) 成虫

图10.9 杏丝角叶蜂

【生活习性】一年2代,以预蛹在土中茧内越冬。3月中旬化蛹,4月上旬成虫开始羽化。第1代幼虫4月中旬至5月上旬为害,第2代幼虫9月为害,10月下旬结茧以预蛹越冬。

【防治措施】(1)物理防治:冬季结合管理翻土灭蛹。幼虫3龄前沿叶缘聚集取食,可摘除叶片并予以灭杀。

(2)化学防治:参照榆三节叶蜂防治。

10.10　榆少锤角叶蜂

【学名】*Agenocimbex ulmusvora* Yang,属膜翅目锤角叶蜂科。

【寄主与危害】危害榆树。虫体大,食量大,可将叶片食尽,地面可见幼虫爬行寻食和许多虫粪,既影响榆树生长和景观,又造成环境污染。

【形态特征】成虫:体长21.5～22 mm,翅展41.5～45 mm,黄褐色,头部具较长的黄褐色及黑色毛,胸部具中等长、腹部具很短的黄褐色毛。触角端部红褐色,基部黑褐色,共8节,端部膨大,锤状。翅透明,褐黄色。幼虫:老熟幼虫头宽4～4.2 mm、体长37～42 mm,除腹部第10节外,每节具3块不规则黑斑,全体翠绿色或黄绿色。茧:长25～26 mm,牛皮纸质,红褐色,上面有落叶及土粒,结实且不透明,内壁光滑。如图10.10所示。

图10.10　榆少锤角叶蜂

【生活习性】一年1代,老熟幼虫在枯枝落叶下或草丛根部浅土表层中结茧,以预蛹过夏越冬。翌年3月下旬陆续化蛹,4月上、中旬成虫羽化,5月下旬幼虫相继老熟,下树结茧,以预蛹过夏越冬。

【防治措施】(1)物理防治:清除枯枝落叶和杂草根部虫茧。

(2)化学防治:参照榆三节叶蜂防治。

10.11 六万松叶蜂

【学名】*Diprion linwanensis* Huang et Xiao,属膜翅目叶蜂科。

【寄主与危害】危害马尾松、黄山松。取食松针全叶或仅留叶鞘部分。

【形态特征】成虫:雌成虫体长 8.8~10 mm,头部黑色,前胸背板黄褐色。翅透明,翅痣以后部分烟褐色,后翅顶端稍带烟褐色。腹部第 1、2、3 节背板前缘黄色。触角黑色,21 节,短栉齿状。雄虫体长 7~9.3 mm,黑色,触角双栉齿状,23 节。翅透明,翅脉淡黄褐色,翅痣黑褐色。幼虫:头部深褐色,有光泽,胸部淡褐色,背面有暗色纵纹数条。如图 10.11 所示。

(a) 危害状 1   (b) 危害状 2

(c) 幼虫   (d) 茧 1

(e) 茧 2   (f) 成虫

图 10.11 六万松叶蜂

【生活习性】一年2代,以预蛹在树冠下的枯枝落叶及杂草丛中的茧内越冬。翌年5月上、中旬化蛹,6月上旬成虫羽化,6月中旬产卵,幼虫6月下旬孵化,8月上旬幼虫老熟结茧,8月下旬成虫羽化,9月上旬为产卵盛期,10月下旬第2代幼虫老熟并结茧越冬。

【防治措施】(1)物理防治:人工剪除有虫枝条。

(2)化学防治:参照榆三节叶蜂防治。

10.12 日本扁足叶蜂

【学名】*Croesus iaponicus* Takeuchi,属膜翅目叶蜂科。

【寄主与危害】危害核桃、枫杨等。幼虫孵化后常数头群集叶缘,尾部翘起,排列整齐。幼虫取食植物叶片,轻则使叶片残缺不全,重则吃光全叶,严重时影响树势生长和核桃产量。

【形态特征】成虫:雌虫体长约7 mm,黑色,有光泽。头部黑色,触角9节,黑色。翅透明,翅痣、翅脉褐色,前足腿节赤褐色,股节基半部白色,跗节淡褐色。后足基节、转节白色,腿节褐色,基跗节黑色,胫节前端及基跗节膨大。腹部褐色。雄成虫较小,形态与雌虫相似。卵:长椭圆形,长约0.8 mm,白色。幼虫:老熟幼虫体长约15 mm,头部黑色,有光泽,胸部和腹部黄绿色,从气门上线至背中线有1条蓝黑色光亮的宽纵带。蛹:黄褐色。茧:椭圆形,褐色。如图10.12所示。

【生活习性】一年2代,老熟幼虫在干基土中做茧,以预蛹越冬。翌年5月上旬化蛹,5月中下旬成虫羽化、交尾、产卵,6月上、中旬幼虫孵化、为害。第1代成虫6月下旬至7月上旬羽化。第2代幼虫于7月中旬至8月上旬出现,9~10月幼虫相继入土做茧越冬。入土深度为15~20 mm。

【防治措施】(1)物理方法:人工振落并捕杀幼虫。

(2)化学防治:参照榆三节叶蜂防治。

(a)茧

(b)幼虫

图10.12 日本扁足叶蜂

10.13 杨扁角叶蜂

【学名】*Stauronematus compressicornis*(Fabricius),属膜翅目叶蜂科。

【寄主与危害】危害北京杨、小叶杨、钻天杨、小青杨等。幼虫取食植物叶片,取食前在周围先分泌白色泡沫状液体,后凝固成蜡丝,具有预防其他昆虫取食的功能。

【形态特征】成虫:雌蜂体长 7～8 mm,黑色,具光泽。触角被褐色短绒毛,约为体长的 70%。翅基片黄色。足黄褐色,基节基部、前中足跗节、后足胫节端半及跗节黑褐色,足爪端部分 2 齿,近中部具较大的基叶。雄蜂体长 5～6 mm,触角比雌蜂短,第 3～8 节端部稍加宽呈角状。如图 10.13 所示。

【生活习性】一年多代,以老熟幼虫(预蛹)在土中做丝茧越冬。

【防治措施】化学防治:参照榆三节叶蜂防治。

(a) 危害状　　　　　　　　(b) 幼虫　　　　　　　　(c) 茧

图 10.13　杨扁角叶蜂

10.14　竹瘿广肩小蜂

【学名】*Aiolomorphus rhopaloides* Walker,属膜翅目小蜂总科。

【寄主与危害】危害竹类。受害竹株以新竹最为严重,造成竹叶多而密厚,枝叶下垂,后期竹节膨大,形成虫瘿,枝叶渐黄而枯落。受害严重的植株营养大量消耗,长势减退,发笋减少,立竹头重脚轻,易遭雪压,导致竹林衰败,继而枯死。如图 10.14 所示。

图 10.14　竹瘿广肩小蜂

【形态特征】成虫:雌虫体长 8～12 mm,黑色,散生灰黄白色长毛。上颚、下唇须、前胸两侧、前足和中足转节以下、后足胫节以下、后足腿节基部及最末端、翅基片、翅脉、腹基部及产卵器，触角载角突、柄节、梗节及棒节末端红褐色，触角其余部分同体色；翅透明淡黄褐色，被毛褐色。雄虫体长7~10 mm，与雌虫相似，但虫体较纤细，触角上的刚毛黑色。

【生活习性】一年1代，以蛹在虫瘿内越冬。翌年4月中下旬羽化，6月上旬羽化结束。羽化的成虫先不出孔，需在虫瘿中停留8~17天，再咬出1个圆形羽化孔飞出。成虫需补充花蜜，交尾后5~6小时寻找嫩梢产卵，每处产卵1粒，每雌虫产卵量在17~103粒。卵期2~3天。幼虫孵出后附于小枝的竹管间吸汁，随着虫体的增大，受害组织逐渐膨大。受害枝端部长3~7个分枝，呈丛生状，分枝上的叶片较小。幼虫为害期为6月上旬至9月下旬，9月上旬后陆续化蛹越冬。

【防治措施】(1) 物理方法：在成虫羽化出瘿期(3月下旬至4月下旬)，在竹林内挂设黑光灯，集中捕杀成虫。

(2) 化学防治：在成虫羽化出瘿期，用1.8%阿维菌素2000倍液等进行防治。采取竹腔注药法，在6~8月，将40%辛硫磷200~400倍液打孔注入竹腔，每株用药1~5 mL，以杀死虫瘿内幼虫。

10.15　黄连木种子小蜂

【学名】*Eurytoma plotnikovi* Nikolskaya，属膜翅目小蜂总科，又名木橑种子小蜂。

【寄主与危害】危害黄连木等。幼虫在果实内取食种仁，造成严重减产或绝收。

【形态特征】成虫：雌虫体长3~4.5 mm，头、胸腹节及后腹部第1节黑色，后腹部两侧有黑斑，其余红褐色。足、触角柄节及梗节暗黄色，棒节色较浅。翅脉黄色。足关节、胫节末端及跗节黄色，跗节末端、爪及垫基部褐色，垫端部黄色。头、胸的刻点不深，被白毛。产卵器微突出。雄虫体长2.6~3.3 mm，黑色。足黄色，后足腿节稍暗。卵：乳白色，长椭圆形，长约0.3 mm、宽约0.1 mm，具丝状白色卵柄，柄与卵大致等长。幼虫：老熟幼虫体长4.3~5 mm，两头尖、中间宽，头、胸向腹面弯曲。初孵时乳白色，老熟后黄白色。头极小，骨化上颚发达，镰刀状，黄褐色。蛹：长3.2~4 mm，宽1.2~1.6 mm。初期白色至米黄色，羽化前眼由橘红色变为红色，体黄褐色。如图10.15所示。

图10.15　黄连木种子小蜂

【生活习性】1年一代(少数2年一代)，以老熟幼虫在果实内越冬。翌年4月中旬开始化蛹，蛹期15~20天。4月底、5月初成虫开始羽化，5月中、下旬为羽化盛期。成虫产卵初期一般在5月上旬，盛期在5月中、下旬，末期在6月中旬。雌蜂多在幼果缝线及其两侧产卵，少量产在心皮上。卵期一般3~5天。幼虫分为5龄，在果内发育明显地分为3个阶段：缓慢生长阶段、迅速发育阶段和休眠阶段。在黄连木果实种胚膨大前，幼虫在内果皮与胚之间活动，食量甚小，生长缓慢，一直处于1龄阶段，故称缓慢生长阶段。7月中旬开始，子叶开始发育时，幼虫取食胚乳和发育中的子叶，很快进入2龄，幼虫将子叶食光并发育到5龄，此阶段称为迅速发育阶段。子叶被取食一空后，幼虫发育老熟，进入休眠阶段。9月以后，虫果绝大部分落到地面，幼虫开始过冬。

【防治措施】（1）检疫措施：加强种子检疫，禁止带虫种子调出调进。

（2）物理方法：采尽种子，杜绝越冬虫源。虫害严重的林地可在秋后深翻土地。在黄连木结果小年，将花序摘净，使黄连木种子小蜂失去寄主。果实采摘期及时摘除黄连木虫果并碾碎。

（3）化学防治：在成虫羽化期以及幼虫蛀胚前，喷施10%吡虫啉可湿性粉剂1000～1500倍液、1.8%阿维菌素1000～1500倍液或3%啶虫脒乳油1000～1500倍液等。

10.16　栗瘿蜂

【学名】*Dryocosmus kuriphilus* Yasumatsu，属膜翅目瘿蜂科，又称栗瘤蜂。

【寄主与危害】危害板栗、锥栗及茅栗。以幼虫危害芽和叶片，受害芽春季长成瘤状虫瘿、使叶片畸形，小枝枯死。受害严重时植株满布虫瘿，很少长出新梢，不能结实，树势衰弱，枝条枯死，该虫是影响板栗生产的主要害虫之一。

【形态特征】成虫：雌虫体长2.5～3 mm，黑褐色，具光泽。触角14节，基3节黄褐色，第3节较细。小盾片前沟较宽，内具并列的短刻条。胸腹节具3条纵隆线，有金属光泽。足黄褐色，跗节端部黑褐色。如图10.16所示。

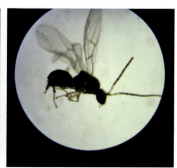

（a）危害状1　　　　　　（b）危害状2　　　　　　（c）成虫

图10.16　栗瘿蜂

【生活习性】一年1代，以初孵幼虫在芽内越冬。翌年4月上旬栗芽萌动时开始取食为害，4月下旬形成虫瘿，受害芽不能长出枝条而逐渐膨大形成坚硬的木质化虫瘿。幼虫在瘿内做虫室，继续取食为害，老熟后即在虫室内化蛹。每个虫瘿有1～5个虫室。5月中旬至6月下旬为蛹期。5月下旬至6月底为成虫羽化期。成虫咬出1个圆孔后从瘿中钻出，成虫出瘿后即可产卵，营孤雌生殖。成虫在栗芽上产卵，尤其喜欢在枝条顶端的饱满芽上产卵，一般从顶芽开始，向下可连续5～6个芽。每个芽内产卵1～10粒，一般为2～3粒。卵期约15天。幼虫孵化后即在芽内为害，于9月中旬开始进入越冬状态。

【防治措施】（1）物理方法：在新虫瘿形成期，及时剪除虫瘿及虫瘿周围的无效枝。

（2）化学防治：在春季（4～5月）幼虫开始活动时，用40%辛硫磷乳油1∶1涂树干（每棵树用药20 mL）。在成虫脱瘿高峰期（6～7月），喷施10%吡虫啉可湿性粉剂1000倍液或25%噻嗪酮可湿性粉剂1500～2000倍液等。

10.17 梨茎蜂

【学名】 *Janus piri* Okanota et Muramatsu,属膜翅目茎蜂科,又名梨梢茎蜂或梨茎锯蜂梨,俗称折梢虫、剪枝虫、剪头虫等。

【寄主与危害】 危害梨树、棠梨等。在梨树初花期,成虫用锯齿状产卵器将嫩梢锯伤,并在伤口处的髓部产卵。锯口以上嫩梢萎蔫下垂,风吹即落,受害部位从上而下慢慢干缩,造成梨树叶幕不能早成形。幼虫蛀食嫩梢髓部,致受害梢变黑枯死。如图10.17所示。

图 10.17 梨茎蜂

【形态特征】 成虫:长 9~10 mm,体细长,黑色。前胸后缘两侧、翅基、后胸后部和足均为黄色。翅淡黄色、半透明。雌虫腹部内有锯状产卵器。卵:长约 1 mm,椭圆形,稍弯曲,乳白色、半透明。幼虫:长约 10 mm,初孵化时白色渐变淡黄色,头黄褐色。蛹:全体白色,离蛹,羽化前变黑色,复眼红色。

【生活习性】 一年1代,老熟幼虫在受害枝橛下2年生小枝内越冬。翌年3月中下旬化蛹,梨树花期时成虫羽化。当新梢长至 5~8 cm,即4月上中旬时开始产卵。产卵前先用锯状产卵器在新梢下部 3~4 cm 处,将上部嫩梢锯断,但一边皮层不断,断梢暂时不落,萎蔫干枯,成虫在锯断处下部小橛 2~3 mm 的皮层与木质部之间产1粒卵,然后再将小橛上1、2片叶锯掉。成虫产卵为害期很短,前后仅10天左右。卵期7天。幼虫孵化后向下蛀食,受害嫩枝逐渐变黑干枯,内充满虫粪。5月下旬以后蛀入2年生小枝继续取食,老熟幼虫调转身体,头部向上做膜状薄茧后进入休眠,10月以后越冬。成虫具有假死性、群集性及趋光性,白天活跃,傍晚及夜间不活动,停息于梨叶背面,阴雨天不活动。

【防治措施】(1)物理防治:在幼虫损害的断梢脱落前,及时剪掉下部短橛。冬季修剪时注意剪掉干橛内的老熟幼虫。

(2)化学防治:落花后及时喷洒药剂。常用药剂如10%吡虫啉可湿性粉剂 1000~1500 倍液,或 1.8% 阿维菌素 1000~1500 倍液,或 3% 啶虫脒乳油 1000~1500 倍液,或 25% 噻嗪酮可湿性粉剂 1500~2000 倍液等。

第 11 章　双翅目害虫

11.1　山核桃瘿蚊

【学名】 *Contarinia caryafloralis* Jiao, Bu & Kolesik, 属双翅目瘿蚊科, 又称花蕾蛆、花苞虫、蛆虫。

【寄主与危害】 危害山核桃。主要危害山核桃雌、雄花序及叶片, 以幼虫刺吸山核桃雄花序和雌花蕾的汁液。受害雄花序弯曲膨大、变短粗, 若遇阴雨天气则水肿发黑, 散发异味, 在散粉前便枯萎凋落, 不能产生花粉, 从而导致雌花无法授粉; 受害的雌花序基部不育叶柄膨大, 雌花蕾花萼肿胀, 导致雌花蕾不能开放而枯萎凋谢, 严重影响山核桃的产量。该虫还刺吸山核桃叶脉, 严重时会造成叶片皱缩枯萎、落叶, 从而影响山核桃的生长与结实。

【形态特征】 成虫: 雌虫体长 1.3~1.5 mm, 纤细, 椭圆形, 暗黄褐色, 全身被有柔软细毛。腹末有 1 根细长的伪产卵管。触角细长, 柄节和梗节橙黄色, 为短圆柱形。足极细长, 灰黄色。胸部发达, 橙黄色。前翅发达, 基部较狭, 之后近卵形, 膜质, 薄而透明, 有紫色闪光, 翅膜与翅脉上着生有微毛。后翅退化为 1 对平衡棒。雄虫与雌虫外形相似, 但体型稍小, 长 0.8~1.2 mm, 触角较长, 念珠状, 鞭节明显膨大。卵: 长约 0.12 mm、宽 0.03~0.04 mm, 长椭圆形, 初产时淡红色, 孵化前红色, 外包层胶质, 卵的一端有 1 根胶质的丝状体, 无色透明, 表面光滑。幼虫: 低龄幼虫白色近透明。老熟幼虫体长 1.2~1.7 mm、宽 0.4~0.6 mm, 黄色, 无足型, 纺锤形, 前胸腹面具"丫"字形骨片, 称剑骨片。蛹: 体深褐色, 长约 2 mm、宽约 0.6 mm。前端略大, 头前面有 1 对白色毛, 为感觉毛。前胸背面向前伸出 1 对黑褐色稍弯曲的长毛, 为呼吸管。触角与翅芽贴在腹侧, 足细长远伸过翅芽端部。体外有一层胶质透明的蛹壳。如图 11.1 所示。

【生活习性】 一年 1 代, 以老熟幼虫在林地周围的土壤中越冬。翌年 3 月下旬至 4 月上旬羽化出土并交配产卵。在 4 月上中旬至 4 月下旬卵孵化幼虫。4 月下旬, 幼虫老熟自行弹落或者随花序凋落入土。幼虫入土后, 结土茧越夏、越冬。成虫在下午 3 点以后活动旺盛, 直至下午 6 点仍有少量山核桃瘿蚊活动。成虫羽化与土壤温度和湿度、日照和雨量有一定的相关性。土壤温度 17 ℃左右、湿度 58%左右是其羽化的最适温湿度。

【防治措施】（1）物理防治: 冬季采取林地翻耕等措施, 消灭越冬幼虫。

（2）化学防治: 在羽化出土前后（3 月下旬至 4 月上旬）, 对地面喷施 75%灭蝇胺可湿性粉剂 3500~4000 倍液。

(a) 危害状(雄花)　(b) 危害状(雌花)
(c) 卵　(d) 幼虫
(e) 老熟幼虫与土茧　(f) 蛹　(g) 雌成虫　(h) 雄成虫

图 11.1　山核桃瘿蚊

11.2 江苏泉蝇

【学名】 *Prgomya kiangsuensis* Fan,属双翅目泉蝇科。

【寄主与危害】 危害多种竹类,以毛竹受害最重。幼虫蛀食竹笋,使大量竹笋腐烂。

【形态特征】 成虫:暗灰黄色,长 6.5~8.5 mm。触角黑色,仅第 2 节端部有时带黄色,第 3 节长约为第 2 节的 2 倍,具细毛。复眼紫红色,单眼橙黄色,三角区为黑褐色。下颚须端带黑色而基部棕黄色,中缘具粉被。翅略带黄色。足黄色,仅跗节棕黑色。腹部较胸部狭,侧面观胸、腹等长,有狭长的正中黑色条。雄虫第 3 腹板侧缘膨曲,长约为宽的 1.5 倍。第 5 腹板较突出,侧叶后部亮褐色,无粉被,有楞状纹,后缘内卷,肛尾叶末端狭尖;侧尾叶近端部内缘有 1 个小指状的短突,着生于亚基节后面。卵:乳白色,长圆筒形,长径约 1.5 mm,短径约 0.5 mm。幼虫:黄白色,蛆型,前气门呈喇叭形,棕红色,后气门棕褐色。蛹:深褐色,围蛹,形似腰鼓,长 5.5~7.5 mm、宽 2.5~3 mm。如图 11.2 所示。

(a) 幼虫及危害状　　　　　　　(b) 成虫

图 11.2　江苏泉蝇

【生活习性】 一年 1 代,以蛹在土中越冬。翌年 3 月下旬开始羽化,4 月中旬雌成虫大量出土,此时正是毛竹出笋期,卵产在刚出土的 1~8 cm 长的竹笋笋箨内壁,每笋有卵数 10 粒至 300 多粒,卵期 4~5 天。幼虫蛀入笋内取食,开始时害状不明显,与健康笋不易区分。经 5~6 天后,笋尖清晨无露珠凝结,生长停止,10 天后笋肉腐烂。幼虫 5 月中旬老熟,沿笋箨向上爬行至顶尖后落地,在 1~6 cm 深的土中化蛹越冬。

【防治措施】 (1) 物理防治:挖除受害的退笋,切去受害部分,杀死幼虫。用糖醋或鱼肠、死蚯蚓、鲜竹笋等为饵料,用捕蝇笼诱捕成虫。

(2) 化学防治:对用材竹林喷洒 10% 吡虫啉可湿性粉剂 1000~1500 倍液等药剂,出笋前喷一次,出笋后每隔 10 天喷一次,连喷 2~3 次,杀虫保笋。密度较大的竹林,在成虫出现期,可以采用阿维菌素烟剂等进行防治。

第 12 章 缨翅目害虫及真螨目害虫

12.1 茶黄蓟马

【学名】*Scirtothrips dorsalis* Hood,属缨翅目蓟马科,又名茶黄硬蓟马。

【寄主与危害】危害茶叶、银杏、葡萄、山茶、柑橘、月季等。成虫、若虫刺吸茶树新梢嫩叶为害。常聚集在叶背面吸食嫩叶汁液,吸食后叶片很快失绿,严重时叶片白枯导致早期落叶。如图 12.1 所示。

【形态特征】成虫:雌虫体长约 0.9 mm,橙黄色。触角暗黄色,8 节。复眼暗红色。头背许多细横纹。胸背片布满横纹线。前翅窄,橙黄色,近基部有 1 块小淡黄色区。前缘鬃 24 根。雄虫腹部多暗斑和前缘线常不显著,第 9

图 12.1 茶黄蓟马

腹节背片鬃长。卵:肾形,长约 0.2 mm,初期乳白色,半透明,后变淡黄色。若虫:初孵若虫白色透明,2 龄若虫淡黄色,体长约 0.8 mm,形状与成虫相似,缺翅。复眼红色,触角粗短。头、胸约占体长的一半,胸宽于腹部。蛹(4 龄若虫):出现单眼,触角分节不清楚,伸向头背面,翅芽明显。

【生活习性】一年 4 代,以蛹在土壤缝隙、枯枝落叶层和树皮缝中越冬。翌年 4 月下旬成虫羽化后扩散到叶背面取食并产卵。卵产于叶背面叶脉处。初孵若虫在嫩叶背面取食,3 龄若虫不再取食,3 龄若虫蜕皮后即为蛹(4 龄若虫),钻入土壤缝隙及枯枝落叶层或树皮缝处化蛹。成虫活泼、喜跳跃,受惊后能从栖息场所迅速跳开或举翅迁飞。成虫在叶背面和正面均可取食。成虫有趋向嫩叶取食和产卵的习性。成虫、若虫还有避光趋湿的习性。茶黄蓟马第 1 代的为害期在 5 月中下旬开始;7 月中下旬达到高峰,即为第 2、3 代的为害期,有世代重叠;9 月初虫量消退,为第 4 代陆续下地化蛹期。

【防治措施】(1) 物理防治:清除枯枝杂草,对虫害地进行秋翻和冬灌,清除越冬虫源。

(2) 化学防治:4 月下旬,在地面和树干上喷药防治成虫。5 月中下旬,在叶片上开始出现茶黄蓟马时,对树体进行喷药防治。6 月中下旬,喷第 2 次药。7 月中下旬在虫口密度最大时,第 3 次喷药。药剂可以选择多 2.5% 杀菌素 1000 倍液,或 10% 吡虫啉悬浮剂 1500 倍液,或噻虫啉 3000 倍液,或 3% 啶虫脒乳油 1000~1500 倍液等。

12.2 柳叶刺皮瘿螨

【学名】*Aculops niphocladae* Keifer,属真螨目瘿螨科。

【寄主与危害】危害柳树。危害寄主叶片，受害叶片背面形成许多小圆珠状瘿瘤，呈红色或黄色，后期呈紫褐色，叶表面外圈失绿呈黄色，中间为红色，叶片扭曲变形。受害严重时，1张叶片可有数十个瘿瘤，影响植物正常生长。如图12.2所示。

【形态特征】成虫：雌螨体长0.18～0.21 mm，纺锤形略平，前圆后细，棕黄色。足2对。背盾板有前叶突，背纵线虚线状，环纹不光滑，有锥状微突。尾端有短毛2根。

图12.2　柳叶刺皮瘿螨

【生活习性】一年数代，以成螨在芽鳞间或皮缝中越冬。借风、昆虫和人员活动等传播。4月下旬至5月上旬活动为害。随着气温升高，繁殖加速，危害加重，雨季螨量下降。受害叶片表面产生组织增生，形成珠状叶瘿，每个叶瘿在叶背只有1个开口，螨体经此口转移为害，形成新的虫瘿，受害叶片上常有数十个虫瘿。

【防治措施】（1）物理防治：冬季清园、中耕除草，将树干涂白以降低越冬虫口密度。

（2）化学防治：冬季喷洒波美0.3～0.5度石硫合剂，连续施用2～3次，减少螨类的越冬虫源。6～7月喷洒5％唑螨酯乳油1500倍液、15％哒螨灵乳油2000倍液或25％三唑锡可湿性粉剂1000倍液等。

12.3　木樨瘤瘿螨

【学名】*Aceria osmanthis* Kuang，属真螨目瘿螨科。

图12.3　木樨瘤瘿螨

【寄主与危害】危害桂花。受害桂花在叶面形成针尖状瘿瘤，多时布满叶面，导致叶片枯黄早落。如图12.3所示。

【形态特征】成虫：体蠕虫形，长145～160 μm、宽约60 μm，乳黄色，无前叶尖，盾板光滑，背瘤位于盾后缘，背毛斜后指。雌性外生殖器钵状，生殖器盖板光滑，羽状爪单一，3支，爪端球不明显。

【生活习性】以螨体在瘿瘤内越冬。翌年桂花新梢萌动期成螨从瘿瘤内转移到新叶上为害，在新叶上形成瘿瘤。

【防治措施】（1）植物检疫：做好检疫工作，严禁引进带螨苗木。

（2）物理防治：冬季清除林地杂草。

（3）化学防治：冬季喷洒波美0.3～0.5度石硫合剂，连续施用2～3次，减少螨类的越冬虫源。春季防治应在越冬成螨向春梢新叶转移阶段用药，可以喷洒5％唑螨酯乳油1500倍液、15％哒螨灵乳油2000倍液或25％三唑锡可湿性粉剂1000倍液。

参 考 文 献

[1] 安徽森林病虫图册编写组. 安徽森林病虫图册[M]. 合肥:安徽科学技术出版社,1988.
[2] 曹志华,束庆龙,张鑫. 安徽油茶病害发生与识别[J].安徽林业科技,2011,37(1):55-58.
[3] 蔡青年. 植物保护手册[M]. 北京:中国农业科学技术出版社,2000.
[4] 蔡平,祝树德. 园林植物昆虫学[M]. 北京:中国农业出版社,2003.
[5] 邓望喜. 城市昆虫学[M]. 北京:中国农业出版社,1995.
[6] 国家林业局森林病虫害防治总站. 林业有害生物防治历[M]. 北京:中国林业出版社,2010.
[7] 何学友. 油茶常见病及昆虫原色生态图鉴[M]. 北京:科学出版社,2016.
[8] 湖南省林业厅. 湖南森林昆虫图鉴[M]. 长沙:湖南科学技术出版社,1992.
[9] 嵇保中,刘曙雯. 昆虫学基础与常见种类识别[M]. 北京:科学出版社,2011.
[10] 巨云为,赵盼盼,黄麟,等. 美国薄壳山核桃病害发生规律及防控[J]. 南京林业大学学报(自然科学版),2015,39(4):29-34.
[11] 李成德. 森林昆虫学[M]. 北京:中国林业出版社,2003.
[12] 李孟楼. 森林昆虫学通论[M]. 北京:中国林业出版社,2010.
[13] 梁傢林,姚圣忠. 张家口林果花卉昆虫[M]. 北京:中国林业出版社,2016.
[14] 宁波市森林病虫防治检疫站. 宁波林业害虫原色图谱[M]. 北京:中国农业科学技术出版社,2012.
[15] 任利利,李镇宇,李颖超,等.《中国森林昆虫》第2版中主要昆虫学名的订正[J]. 林业科学. 2016,52(4):110-115.
[16] 石进. 长江中下游地区常见森林昆虫与蜘蛛[M]. 哈尔滨:东北林业大学出版社,2008.
[17] 束庆龙. 油茶栽培与病虫害防治[M]. 合肥:中国科学技术大学出版社,2019.
[18] 王国良. 八角金盘疮痂型炭疽病初步研究[J]. 浙江林业科技,2007,27(5):64-67.
[19] 王焱. 上海林业病虫[M]. 上海:上海科学技术出版社,2007.
[20] 武三安. 园林植物病虫害防治[M]. 2版. 北京:中国林业出版社,2006.
[21] 邬承先,李文杰. 中国黄山蝶蛾[M]. 合肥:安徽科学技术出版社,1997.
[22] 萧刚柔. 中国森林昆虫[M]. 北京:中国林业出版社,1992.
[23] 新疆林业有害生物防治检疫局. 新疆林业有害生物图谱:林业害虫卷[M]. 北京:中国林业出版社,2012.

- [24] 徐公天.园林植物病虫害防治原色图谱[M].北京:中国农业出版社,2003.
- [25] 徐公天,杨志华.中国园林害虫[M].北京:中国林业出版社,2007.
- [26] 杨子琦,曹华国.园林植物病虫病防治图鉴[M].北京:中国林业出版社,2002.
- [27] 姚小华,常君,王开良,等.中国薄壳山核桃[M].北京:科学出版社,2014.
- [28] 叶建仁,贺伟.林木病理学[M].3版.北京:中国林业出版社,2011.
- [29] 袁嗣令.中国乔、灌木病害[M].北京:科学出版社,1997.
- [30] 虞国跃,王合.北京林业昆虫图谱:Ⅰ[M].北京:科学出版社,2017.
- [31] 张灿峰.林业有害生物防治药剂药械使用指南[M].北京:中国林业出版社,2010.
- [32] 张东柱,谢焕儒,张瑞璋,等.台湾常见树木病害[Z].台北:台湾省林业试验所,1999.
- [33] 张汉鹄,谭济才.中国茶树害虫及其无公害治理[M].合肥:安徽科学技术出版社,2004.
- [34] 张执中.森林昆虫学[M].北京:中国林业出版社,1997.
- [35] 中国科学院动物研究所.中国蛾类图鉴:Ⅰ[M].北京:科学出版社,1981.
- [36] 中国科学院动物研究所.中国蛾类图鉴:Ⅱ[M].北京:科学出版社,1982.
- [37] 中国科学院动物研究所.中国蛾类图鉴:Ⅲ[M].北京:科学出版社,1982.
- [38] 中国科学院动物研究所.中国蛾类图鉴:Ⅳ[M].北京:科学出版社,1983.
- [39] 诸立新,刘子豪,虞磊,等.安徽蝴蝶志[M].合肥:中国科学技术大学出版社,2017.
- [40] 朱弘复,王林瑶,方承莱.蛾类幼虫图册:一[M].北京:科学出版社,1979.
- [41] 朱天辉.园林植物病理学[M].北京:中国农业出版社,2016.